2019

贵阳统计年鉴

GUIYANG STATISTICAL YEARBOOK

贵阳市统计局　　国家统计局贵阳调查队　编

Compiled Guiyang Bureau of Statistics　NBS Survey Office in Guiyang

图书在版编目（CIP）数据

贵阳统计年鉴．2019／贵阳市统计局，国家统计局贵阳调查队编．-- 北京：中国统计出版社，2019.12
ISBN 978-7-5037-9090-4

Ⅰ．①贵… Ⅱ．①贵… ②国… Ⅲ．①统计资料-贵阳-2019-年鉴 Ⅳ．①C832.731-54

中国版本图书馆 CIP 数据核字（2019）第 275882 号

贵阳统计年鉴-2019

作　　者／贵阳市统计局　国家统计局贵阳调查队
责任编辑／钟　钰
装帧设计／杨　敏
出版发行／中国统计出版社有限公司
地　　址／北京市丰台区西三环南路甲 6 号　　邮政编码／100073
电　　话／邮购（010）63376909　　书店（010）68783171
网　　址／http：//www. zgtjcbs. com
印　　刷／贵州康信印务有限公司
经　　销／新华书店
开　　本／890mm×1240mm 1/16
字　　数／710 千字
印　　张／30
版　　别／2019 年 12 月第 1 版
版　　次／2019 年 12 月第 1 次印刷
定　　价／300.00 元

如有印装差错，由本社发行部调换。

编 者 说 明

一、《贵阳统计年鉴-2019》是一部全面反映贵阳市国民经济和社会发展情况的资料性年刊，信息量大，综合性强。本书收录了2018年贵阳市经济和社会发展等各方面的统计数据以及改革开放以来的主要统计数据。

二、本年鉴内容包括：行政区划和自然资源；综合；人口与计划生育；从业人员及职工工资；固定资产投资；能源消费；工业；建筑业；农业；国内外贸易及旅游；交通、运输、邮电、城市公用事业；财政、税收、金融、证券、保险；城乡调查；科技、教育、文化、广播；卫生、体育、民政及其他；全国、全省及省会城市和副省级城市主要经济指标；主要年份资料。

三、本年鉴资料来源于统计年报、抽样调查和部门资料，部分统计指标的范围及统计口径变化在表下加有注释。

四、本年鉴部分数据合计数或相对数由于四舍五入而产生的计算误差均未作机械调整。

五、凡有以前出版的统计资料数据与本年鉴不一致的，均以本年鉴为准。

六、本年鉴县域经济中各区（市、县）资料有部分指标是区（市、县）属口径。

七、本年鉴表中的符号使用说明：空格表示该项数据不详或无数据，#表示其中数，-表示该项指标取消或无可比性，无法计算。

本年鉴在编辑过程中得到有关部门的大力支持和帮助，在此深表感谢！由于时间紧、信息量大和水平有限，书中难免存在不足之处，为了更好地满足社会各界的需要，希望广大读者提出宝贵意见和建议。

2019年12月

Preface

Ⅰ. *Guiyang Statistical Yearbook* 2019 (hereinafter Yearbook) is an annual statistical publication, which comprehensively reflects the economic and social development in Guiyang. It covers data of all aspects, such as economical and social development, of Guiyang in 2018 and key statistical data since the reform and opening-up of China.

Ⅱ. The Yearbook contains seventeen chapters: 1. Divisions of Administrative Areas and National Resources; 2. General Survey; 3. Population and Family Planning; 4. Employment and Wages; 5. Investment in Fixed Assets; 6. Energy Consumption; 7. Industry; 8. Construction; 9. Agriculture; 10. Domestic Trade, Foreign Trade and Tourism; 11. Traffic, Transportation, Postal and Telecommunication Services, Urban Public Utilities; 12. Government, Taxation, Banking, Securities and Insurance; 13. Urban and Rural Survey; 14. Science and Technology, Education, Culture and Broadcast; 15. Public Health, Sports, Civil Administration and Others; 16. Major Economic Indicators of China, Guizhou Province, Provincial Capital and Deputy Provincial Cities in China; 17. Major Indicators in Main Years.

Ⅲ. The major data sources of this publication are obtained from annual statistical reports, sample surveys and document of related departments. Some statistical data in this yearbook have been adjusted accordingly, and we have made footnotes to these indicators.

Ⅳ. Statistical discrepancies of some statistical total number and relative number due to rounding are not adjusted in this yearbook.

Ⅴ. In case of any discrepancy of data between previous yearbook and this one, data in this Yearbook shall prevail.

Ⅵ. Some indicators of districts (city, county) in the Yearbook have their own regional standards.

Ⅶ. Notations used in this yearbook: blank indicates that data are not available or unknown; "#" indicates the major items of the table; "-" indicates the data are cancelled or not comparable, which are beyond number.

During the edition of this yearbook, we have won strong support from related departments, and we deeply thank for these all. Because of the massive information, limited time and our ability, some mistakes are unavoidable in the book. Any candid comments and criticism are welcome.

Dec. 2019

《贵阳统计年鉴-2019》编辑委员会

Editorial Board

《贵阳统计年鉴-2019》编辑人员

主　　编：张　缨　张　英

副 主 编：王远志　姚梦兰　涂　勇　严朋华　李雪非　樊红梅　李亚雄　李　宁　戴旻乐

编辑部主任：李　堃

编辑部副主任：杨　敏

分科主编：袁明亮　王　强　肖　飞　徐　勇　梁春梅　申晓希　杨　云　涂　彪　路海燕　马燕斌　段　江　熊武冬　谭　平　刘　贤　王小燕　岑　琪　罗　均　罗庆玲　李　玲　但修卫　管　意　崔　笛　曾　杰　徐　琼　曾文革　胡婷婷　欧阳轶　钟智评　高　雯　刘　颖　马　龙

编辑人员：陈天娥　裴　俊　张　萍　何　刚　杨承伟　付珊珊　熊　雁　臧丰芸　田　红　陈　警　贺　敬　令狐昌敏　胡雪晖　柯　莉　张　波　杨　丹　尤平美　余汪洋　冯　倩　申浩浩

英文翻译：夏誉芩

电脑排版：李竹涛

Editorial Staff

目　　录

CONTENTS

一、行政区划和自然资源

Divisions of Administrative Areas and Natural Resources

二、综　合

General Survey

三、人口与计划生育

Population and Family Planning

四、从业人员及职工工资

Employment and Wages

五、固定资产投资

Investment in Fixed Assets

六、能源消费

Energy Consumption

七、工　业

Industry

八、建筑业

Construction

九、农 业

Agriculture

十、国内外贸易及旅游

Domestic Trade, Foreign Trade and Tourism

十一、交通、运输、邮电、城市公用事业

Traffic, Transportation, Postal and Telecommunication Services, Urban Public Utilities

十二、财政、税收、金融、证券、保险

Government Finance, Taxation, Banking, Securities, Insurance

十四、科技、教育、文化、广播

Science and Technology, Education, Culture and Radio

十五、民政、卫生、体育与其他

Social Welfare, Public Health, Sports and Others

十六、全国、全省及省会城市和副省级城市主要经济指标

Major Economic Indicators of China, Guizhou, Provincial Capitals and Deputy Provincial Cities in China

十七、主要年份指标

Major Indicators in Main Years

附 录

Appendix

One

行政区划和自然资源

Divisions of Administrative Areas and Natural Resources

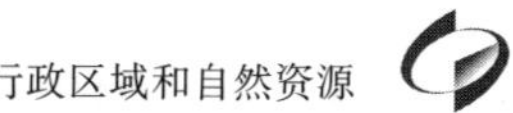

1-1 区(市、县)及乡(镇)、社区名称(2018 年)
Name of Each District(City,County), Township (Town) Office and Community Office(2018)

区县(市)名称 District, County(City)	乡(镇、社区)名称 Township (Town and Community Office)				
南明区 Nanming	新华社区服务中心	西湖社区服务中心	大南社区服务中心	中南社区服务中心	市府社区服务中心
	Xinhua	Xihu	Danan	Zhongnan	Shifu
	河滨社区服务中心	遵义社区服务中心	兴关社区服务中心	沙冲社区服务中心	花果社区服务中心
	Hebin	Zunyi	Xingguan	Shachong	Huaguo
	油榨社区服务中心	中曹社区服务中心	二戈社区服务中心	见龙社区服务中心	龙洞社区服务中心
	Youzha	Zhongcao	Erge	Jianlong	Longdong
	太慈社区服务中心	沙南社区服务中心	水口寺社区服务中心	湘雅社区服务中心	后巢乡
	Taici	Shanan	Shuikousi	Xiangya	Houchao
	永乐乡	云关乡	小碧布依族苗族乡		
	Yongle	Yunguan	Xiaobi Bouyei and Miao Village		
云岩区 Yunyan	中华社区服务中心	中环社区服务中心	中东社区服务中心	东山社区服务中心	延中社区服务中心
	Zhonghua	Zhonghuan	Zhongdong	Dongshan	Yanzhong
	北京路社区服务中心	市西社区服务中心	普陀社区服务中心	贵乌社区服务中心	金狮社区服务中心
	Beijinglu	Shixi	Putuo	Guiwu	Jinshi
	中天社区服务中心	黔东社区服务中心	栖霞社区服务中心	威清社区服务中心	头桥社区服务中心
	Zhongtian	Qiandong	Xixia	Weiqing	Touqiao
	金龙社区服务中心	三桥社区服务中心	圣泉社区服务中心	宅吉社区服务中心	省府社区服务中心
	Jinlong	Sanqiao	Shengquan	Zhaiji	Shengfu
	金关社区服务中心	蔡关社区服务中心	金鸭社区服务中心	荷塘社区服务中心	普天社区服务中心
	Jinguan	Caiguan	Jinya	Hetang	Putian
	金惠社区服务中心	黔灵镇	水东社区服务中心		
	Jinhui	Qianlin	Shuidong		
花溪区 Huaxi	明珠社区服务中心	阳光社区服务中心	贵筑社区服务中心	清溪社区服务中心	溪北社区服务中心
	Mingzhu	Yangguang	Guizhu	Qingxi	Xibei
	花孟社区服务中心	黔江社区服务中心	清浦社区服务中心	瑞华社区服务中心	兴隆社区服务中心
	Huameng	Qianjiang	Qingpu	Ruihua	Xinglong
	黄河社区服务中心	三江社区服务中心	平桥社区服务中心	金竹社区服务中心	金欣社区服务中心
	Huanghe	Sanjiang	Pingqiao	Jinzhu	Jinxin
	小孟社区服务中心	航天社区服务中心	航空社区服务中心	高坡苗族乡	
	Xiaomeng	Hangtian	Hangkong	Gaopo Miao Village	
	黔陶布依族苗族乡		马铃布依族苗族乡		
	Qiantao Bouyei and Miao Village		Maling Bouyei and Miao Village		
	孟关苗族布依族乡		久安乡	燕楼镇	麦坪镇
	Mengguan Miao and Bouyei Village		Jiuan	Yanlou	Maiping
	青岩镇	石板镇			
	Qingyan	Shiban			
乌当区 Wudang	振新社区服务中心	创新社区服务中心	顺新社区服务中心	新天社区服务中心	高新社区服务中心
	Zhenxin	Chuangxin	Shunxin	Xintian	Gaoxin
	新场镇	下坝镇	百宜镇	东风镇	水田镇
	Xinchang	Xiaba	Baiyi	Dongfeng	Shuitian
	羊昌镇	新堡布依族乡	偏坡布依族乡		
	Yangchang	Xinpu Bouyei Village	Pianpo Bouyei Village		

1-1 续表 (continued)

区县(市)名称 District, County(City)	乡(镇、社区)名称 Township(Town and Community Office)				
白云区 Baiyun	艳山红社区服务中心 Yanshanhong	红云社区服务中心 Hongyun	大山洞社区服务中心 Dashandong	白沙关社区服务中心 Baishaguan	铝兴社区服务中心 Lvxing
	都新社区服务中心 Duxin	都拉布依族乡 Dula Bouyei Village	牛场布依族乡 Niuchang Bouyei Village		艳山红镇 Yanshanhong Town
	麦架镇 Maijia	沙文镇 Shawen	泉湖社区服务中心 Quanhu		
观山湖区 Guanshanhu	金源社区服务中心 Jinyuan	金岭社区服务中心 Jinling	金麦社区服务中心 Jinmai	新世界社区服务中心 Xinshijie	世纪城社区服务中心 Shijicheng
	碧海社区服务中心 Bihai	逸景社区服务中心 Yijing	金华园社区服务中心 Jinhuayuan	会展城社区服务中心 Huizhancheng	金华镇 Jinhua
	朱昌镇 Zhuchang	百花湖镇 Baihuahu	观山社区服务中心 Guanshan		
开阳县 Kaiyang	紫兴社区服务中心 Zixing	南山社区服务中心 Nanshan	毛云乡 Maoyun	南龙乡 Nanlong	龙水乡 Longshui
	米坪乡 Miping	宅吉乡 Zhaiji	高寨布依族苗族乡 Gaozhai Bouyei and Miao Village		
	禾丰布依族苗族乡 Hefeng Bouyei and Miao Village		南江布依族苗族乡 Nanjiang Bouyei and Miao Village		城关镇 Chengguan
	双流镇 Shuangliu	金中镇 Jinzhong	冯三镇 Fengsan	楠木渡镇 Nanmudu	龙岗镇 Longgang
	永温镇 Yongwen	花梨镇 Huali			
息烽县 Xifeng	新华社区服务中心 Xinhua	流长镇 Liuchang	鹿窝镇 Luwo	西山镇 Xishan	石硐镇 Shidong
	养龙司镇 Yanglongsi	永靖镇 Yongjing	小寨坝镇 Xiaozhaiba	温泉镇 Wenquan	青山苗族乡 Qingshan Miao Village
	九庄镇 Jiuzhuang				
修文县 Xiuwen	龙岗社区服务中心 Longgang	珍珠河社区服务中心 Zhenzhuhe	谷堡镇 Gupu	小箐镇 Xiaojing	六屯镇 Liutun
	洒坪镇 Saping	大石布依族乡 Dashi Bouyei Village	龙场镇 Longchang	扎佐镇 Zhazuo	久长镇 Jiuchang
	六广镇 Liuguang	六桶镇 Liutong			
清镇市 Qingzhen	红新社区服务中心 Hongxin	新岭社区服务中心 Xinling	百花社区服务中心 Baihua	巢凤社区服务中心 Chaofeng	红塔社区服务中心 Hongta
	流长苗族乡 Liuchang Miao Village	王庄布依族苗族乡 Wangzhuang Bouyei and Miao Village		麦格苗族布依族乡 Maige Miao and Bouyei Village	
	红枫湖镇 Hongfenghu	犁倭镇 Liwo	暗流镇 Anliu	站街镇 Zhanjie	新店镇 Xindian
	卫城镇 Weicheng	时光社区服务中心 Shiguang	乡愁社区服务中心 Xiangchou		

1-2 行政区划(2018 年)
Administrative Divisions(2018)

单位:个 (unit)

区(市、县)名称	District (City, County)	乡 Township	#民族乡 Ethnic Township	镇 Town	社区居委会 Community Council	村民委员会 Village Committee	社区服务中心 Community Service Center	社区服务机构 Community Service Institution
贵阳市	**Guiyang**	**26**	**17**	**49**	**628**	**912**	**98**	**2224**
南明区	Nanming	4	1		177	29	19	272
云岩区	Yunyan			1	155	19	27	231
花溪区	Huaxi	5	4	4	56	122	18	236
乌当区	Wudang	2	2	6	31	76	5	143
白云区	Baiyun	2	2	3	38	56	7	132
观山湖区	Guanshanhu			3	75	49	10	126
开阳县	Kaiyang	8	3	8	22	111	2	241
息烽县	Xifeng	1	1	9	16	161	1	309
修文县	Xiuwen	1	1	9	17	108	2	213
清镇市	Qingzhen	3	3	6	41	181	7	319

注:社区服务机构包括:社区服务中心、社区服务站、社区养老机构、社区互助型养老机构、其他社区服务机构;其中包括市本级 1 个。

a) Community Service Institutions include service center, service station, pension agency, mutual aid retirement organization and others, among which there is a city at corresponding level.

1-3 区(市、县)土地面积(2018 年)
Areas of District(City, County)(2018)

单位:平方公里 (sq. km)

区(市、县)名称	District(City, County)	面积 Area
贵阳市	**Guiyang**	**8043.37**
南明区	Nanming	209.28
云岩区	Yunyan	91.65
花溪区	Huaxi	964.15
乌当区	Wudang	683.22
白云区	Baiyun	269.52
观山湖区	Guanshanhu	307.64
开阳县	Kaiyang	2023.32
息烽县	Xifeng	1036.53
修文县	Xiuwen	1071.47
清镇市	Qingzhen	1386.58

注:土地面积数据来源于市自然资源和规划局。

a) The data of land areas are from Guiyang Municipal Natural Resources and Planing Bureau.

1-4 气象情况(2018 年)

指 标		Item		年 Year	一 月 January	二 月 February
平均气温	(℃)	Average Temperature	(℃)	14.8	4	6.3
平均最高气温	(℃)	Average Highest Temperature	(℃)	19.1	7.1	11
平均最低气温	(℃)	Average Lowest Temperature	(℃)	12.2	2.2	3.5
极端最高气温	(℃)	Annual Highest Temperature	(℃)	32.9	17.6	22.5
极端最高气温出现日期	(日)	Occurring Date of Annual Highest Temperature	(day)	7月18日	1月6日	2月16日
极端最低气温	(℃)	Annual Lowest Temperature	(℃)	-4.7	-4.5	-3
极端最低气温出现日期	(日)	Occurring Date of Annual Lowest Temperature	(day)	2月4日 2月5日	1月29日	2月4日 2月5日
总降水量	(mm)	Total Precipitation	(mm)	1253.2	57.2	15.2
一日最大降水量	(mm/日)	Daliy Precipitation	(mm/day)	55.1	14.2	9.3
最大降水量出现日期	(日)	Occurring Date of Maximum Daily Precipitation	(day)	5月26日	1月4日	2月27日
最长连续降水日数	(天)	Longest Continuous Rainy Days	(day)	8	4	3
最长连续无降水日数	(天)	Longest Continuous Dry Days	(day)	10	7	9
雨	(天)	Rain	(day)	224	21	8
雾	(天)	Fog	(day)	51	12	4
露	(天)	Dew	(day)	88	2	2
雪	(天)	Snow	(day)	11	4	4
结冰	(天)	Freeze	(day)	20	7	7
霜	(天)	Frost	(day)	2	1	1
平均气压	(百帕)	Average Atmospheric Pressure	(100 Pa)	877.5	879.4	880.3
平均相对湿度	(%)	Relative Humidity	(%)	80	87	74
日照时数	(小时)	Sunshine Hours	(hour)	1067.2	15.9	52.2

Basic Statistics on Meteorology(2018)

三 月 March	四 月 April	五 月 May	六 月 June	七 月 July	八 月 August	九 月 September	十 月 October	十一月 November	十二月 December
13.8	16.7	20	21.1	24.3	23.2	20	13.7	10.3	4.6
19	22.3	24.7	24.7	28.9	28.4	24.4	16.6	14.3	7.7
10.7	13.4	17	18.5	21.2	20	17.5	11.9	7.6	2.6
26.3	29	30.2	29.3	32.9	32.1	31.1	21.1	21.9	22.3
3月4日	4月13日	5月17日	6月8日	7月18日	8月14日	9月5日	10月31日	11月10日	12月3日
3.7	5.9	13.2	14.2	19.9	18.1	13.1	7.9	3.6	-4.7
3月9日	4月6日	5月10日	6月6日	7月18日	8月26日	9月27日	10月11日	11月23日	12月30日 12月31日
111.4	77	251.3	234.4	98.4	145.5	147.4	39.6	56.5	19.3
44.9	30.9	55.1	36.6	52.9	32.6	37.8	7.9	15	4.9
3月13日	4月1日	5月26日	6月12日	7月6日	8月1日	9月26日	10月13日	11月5日	12月30日
6	5	7	8	4	5	3	4	7	8
6	9	5	6	5	7	5	10	6	4
19	14	20	19	17	21	18	27	16	24
4	1	2	4		1	4	7	7	5
7	2	7	7	14	20	11	4	8	4
									3
									6
877.6	877	874.8	872.5	871.4	872.5	877.8	882.4	881.6	882.5
75	74	80	82	76	78	82	84	83	86
106	117.2	109.4	81.7	169.3	176.6	98.8	27.3	83.8	29.0

1-5 自然资源(2018 年)
Natural Resources(2018)

指 标		Item		数 量 Amount
土 地		Land		
国土面积	(平方公里)	Total Land Area	(sq. km)	8043. 37
耕地面积	(平方公里)	Total Land Area	(sq. km)	2588. 12
气 候		Climate		
平均温度	(℃)	Average Temperature	(℃)	14. 8
极值高温	(℃)	Highest Temperature	(℃)	32. 9
极值低温	(℃)	Lowest Temperature	(℃)	-4. 7
年降水量	(毫米)	Annual Precipitation	(mm)	1253. 2
平均相对湿度	(%)	Average Relative Humidity	(%)	80. 0
日照时数	(小时)	Sunshine Hours	(hour)	1067. 2
森 林		Forest		
森林面积(管护面积)	(万亩)	Forest Area(guarded)	(Ten thousand mu)	615
森林覆盖率	(%)	Forest Coverage Rate	(%)	52. 2
水 利		Water Conservancy		
地表水资源总量	(亿立方米)	Annual Average Surface Water Resources	(100 million cubicmeters)	48. 08
地下水资源总量	(亿立方米)	Annual Average Underground Water Resources	(100 million cubicmeters)	13. 36
河长 10 公里以上或流域面积大于 20 平方公里河流	(条)	Number of River over 10 Kilometres Long or with Drainage Area over 20 Square kilometers	(line)	98
多年平均径流量	(亿立方米)	Average Runoff	(100 million cubicmeters)	45. 15
水能理论蕴藏量	(万千瓦)	Hydroenergy Reserves in Theory	(10 000 kwh)	128. 22
水能可开发量	(万千瓦)	Available Hydroenergy Resources	(10 000 kwh)	101. 64
大中型水库总容量	(亿立方米)	Total Capacity of Large and Medium-sized Reservoirs	(100 million cubicmeters)	28. 20
矿 产(保有储量)		Ensured Reserves of Minerals		
铝 土	(亿吨)	Alumina	(100 million tons)	5. 31
磷	(亿吨)	Phosphorus	(100 million tons)	13. 21
煤	(亿吨)	Coal	(100 million tons)	19. 26

注:1)国土面积、耕地面积数据来源于市自然资源和规划局;
2)森林面积(管护面积)是指贵阳市天然林资源保护二期工程森林管护面积。
a) Data of land area and cultivated area are from Guiyang Municipal Natural Resources and Planing Bureau;
b) Forest area (guarded) refers to areas of guarded forest in the second phase of the natural forest resources protection project of Guiyang.

主要统计指标解释

行政区划 指国家对行政区域的划分。根据宪法规定,我国的行政区域划分如下:(1)全国分为省、自治区、直辖市;(2)省、自治区分为自治州、县、自治县、市;(3)自治州分为县、自治县、市;(4)县、自治县分为乡、民族乡、镇;(5)直辖市和较大的市分为区、县;(6)国家在必要时设立的特别行政区。

气　候 指地球与大气之间长期能量交换与质量交换所形成的一种自然环境状态,它是多种因素综合作用的结果。气温、降水、湿度等气象要素的多年平均值是用来描述一个地区气候状况的主要参数,而各种气象要素某年、某月的平均值(或总量)则可以反映出该时期天气气候状况的重要特征。

自然资源 指人类可以直接从自然界获得,并用于生产和生活的物质资源。自然资源一般可以分成可再生资源和非再生资源两大类。可再生资源指在较短时间内可以再生、可以循环利用的资源,包括土地资源、水资源、气候资源、生物资源和海洋资源等。非再生资源指在使用后不能再生的资源,包括矿产资源和地热能源。

国　土 指中华人民共和国国家管辖下的领土、领海和领空。

耕地面积 指经过开垦用以种植农作物并经常进行耕耘的土地面积。包括种有作物的土地面积、休闲地、新开荒地和抛荒未满三年的土地面积。

森林面积 指由乔木树种构成,郁闭度0.2以上(含0.2)的林地或冠幅宽度10米以上的林带的面积,即有林地面积。森林面积包括天然起源和人工起源的针叶林面积、阔叶林面积、针阔混交林面积和竹林面积,不包括灌木林地面积和疏林地面积。

森林覆盖率 指一个国家或地区森林面积占土地总面积的百分比。森林覆盖率是反映森林资源的丰富程度和生态平衡状况的重要指标。在计算森林覆盖率时,森林面积包括郁闭度0.2以上的乔木林地面积和竹林地面积,国家特别规定的灌木林地面积、农田林网以及四旁(村旁、路旁、水旁、宅旁)林木的覆盖面积。计算公式为:

森林覆盖率(%)=森林面积/土地总面积×100%

气　温 指空气的温度,我国一般以摄氏度(℃)为单位表示。气象观测的温度表是放在离地面约1.5米处通风良好的百叶箱里测量的,因此,通常说的气温指的是离地面1.5米处百叶箱中的温度。其统计计算方法为:

月平均气温是将全月各日的平均气温相加,除以该月的天数而得。

年平均气温是将12个月的月平均气温累加后除以12而得。

相对湿度 指空气中实际所含水蒸气密度和同温度下饱和水蒸气密度的百分比值。其统计方法与气温相同。

降水量 指从天空降落到地面的液态或固态(经融化后)水,未经蒸发、渗透、流失而在地面上积聚的深度。其统计计算方法为:

月降水量是将全月各日的降水量累加而得。

年降水量是将12个月的月降水量累加而得。

日照时数 指太阳实际照射地面的时间。其统计方法与降水量相同。

水资源 水在自然界中以固体、液体和气态三种聚集状态存在,分布于海洋、陆地(包括土壤)以及大气之中,通过水循环形成水资源。水资源包括经人类控制并直接可供灌溉、发电、给水、航运、养殖等用途的地表水和地下水,以及江河、湖泊、井、泉、潮汐、港湾和养殖水域等。水资源是发展国民经济不可缺少的重要自然资源。

地表水和地下水 陆地上的水因空间分布不同,分为地表水和地下水。地表水指分别存在于河流、湖泊、沼泽、冰川和冰盖等水体中水分的总称,又称陆地水。地下水指储存在地面以下饱和岩土孔隙、裂隙及溶洞中的水。贵阳市属于岩溶地区,浅层地下水最终成为地表径流的一部分,其总量含在地表水资源量中。

水资源总量 一定区域内的水资源总量指当地降水形成的地表和地下产水量,即地表径流量与降水入渗补给量之和,不包括过境水量。

矿产资源 矿产指由地质作用形成,富集于地壳中或出露于地表达到工农业利用要求的有用矿物。

Explanatory Notes on Main Statistical Indicators

Divisions of Administrative Areas refer to the division of administrative areas by the State. The relative laws stipulate that 1) the whole country is divided into provinces, autonomous regions and municipalities directly under the Central Government; 2) provinces and autonomous regions are further divided into autonomous prefectures, counties, autonomous counties and cities; 3) autonomous prefectures are further divided into counties, autonomous counties and cities; 4) counties and autonomous counties are further divided into townships, ethnic townships and towns; 5) municipalities directly under the Central Government and large cities are divided into districts and counties, 6) the State shall, when necessary, establish special administrative regions.

Climate refers to the natural environmental status formed by the long-term exchange of energy and mass between the earth and the atmosphere, and is the result of interaction of many factors. The average values across several years of meteorological factors such as temperature, rainfall and humidity are used as important parameters to describe the climate of a region, while the average values (or total values) of a given year or month of meteorological factors reflect the key characteristics of climate for that period of time.

Natural Resources refer to material resources that could be obtained from the nature by human being and used for production and living. Natural resources in general can be classified as renewable resources and non-renewable resources. Renewable resources refer to resources that could be renewed and recycled during a relatively short period of time, including land resource, water resource, climate resource, biology resource and marine resource. Non-renewable resources include resources that could not be renewed, such as minerals and geothermal resource.

Territory refers to territorial land, sea and air space under the administration of the People´s Republic of China.

Area of Cultivated Land refers to area of land reclaimed for the regular cultivation of various farm crops, including crop-cover land, fallow, newly reclaimed land and land laid idle for less than 3 years.

Forest Area refers to wooded area, i. e. the area of forest where trees and bamboo grow with a canopy density above 0. 2 (inclusive) or a crown width above 10 meters, including natural and planted coniferous forest, broad-leaved forest, mixed forest, and bamboo groves, but excluding shrubbery and open forest.

Forest Coverage Rate refers to the ratio of area of afforested land to total land area. It is a very important indicator that reflects the status of abundance of forest resource and balance of the ecosystem. Forest land includes the area of trees and bamboo growing with a canopy density above 0. 2, the area of shrubby trees according to regulations of the government, the area of forest land inside farm land and the area of trees planted by the side of villages, farm houses and along roads and rivers. The formula for calculating forest coverage rate is as follows:

$$\text{Forestry coverage rate (\%)} = \frac{\text{Area of Afforested Land}}{\text{Area of Total Land}} \times 100\%$$

Temperature refers to the air temperature. China uses centigrade as the unit. The thermometry used for weather observation is put in a breezy shutter, which is 1. 5 meters high from the ground. Therefore, the commonly used temperature refers to the temperature in the breezy shutter 1. 5 meters away from the ground. The calculation method is as follows:

Monthly average temperature is the summation of average daily temperature of one month divided by the actual days of that particular month.

Annual average temperature is the summation of monthly average of a year divided by 12 months.

Relative Humidity refers to the ratio of actual water vapour pressure to the saturation water vapour density under the current temperature. The calculation method is the same as that of temperature.

Volume of Precipitation refers to the deepness of liquid state or solid state (thawed) water falling from the sky to the ground that has not been evaporated, infiltrated or run off. The calculation method is as follows:

Monthly precipitation is the summation of daily precipitation of a month.

Annual precipitation is the summation of 12 months precipitation of a year.

Sunshine Hours refer to the actual hours of sun irradiating the earth. The calculation method is the same as that of the precipitation.

Water Resource Water exists in the nature in solid, liquid and gaseous states, is distributed in the ocean, land (including earth) and air, and constitutes the water resource through the circulation of water. Water resource includes surface water and ground water that is controlled by the human being for irrigation, power-generation, water supply, navigation and cultivation. It also includes rivers, lakes, wells, springs, tides, gulf and water area for cultivation. Water resource as an important natural resource is indispensable for the development of the national economy.

Surface Water and Ground Water Water on earth can be divided into surface water and ground water according to its distribution. Surface water refers to different forms of water existing in rivers, lakes, swamps, glaciers, icecaps and so on. It is also called land water. Ground water refers to water deposited underground in crannies and holes of saturated rock soil and in water-eroded caves. Guiyang city belongs to the karst area, shallow groundwater eventually become a part of surface runoff, the total amount of the surface water resources.

Total Water Resources refer to total volume of water resources measured as run-off for surface water from rainfall and recharge for groundwater in a given area, excluding transit water.

Mineral Resources refer to useful minerals that can be used for industrial or agricultural purposes enriched in lithosphere or on earth surface due to geological processes.

Two

综　合

General Survey

2-1　国民经济主要指标及增长速度
Main Indicators of National Economy and Growth Rate

指　　标		Item		2018	2017	2018年比2017年增长(%) Growth Rate in 2018 over 2017 (%)
年末总人口(常住半年及以上)	(万人)	Population at Year-end (half year and above)	(10 000 persons)	488.19	480.20	1.7
年平均人口(常住半年及以上)	(万人)	Annual Average Population (half year and above)	(10 000 persons)	484.20	474.94	1.9
人口密度	(人/平方公里)	Population Density	(person/sq. km)	606.95	597.01	1.7
生产总值(现价)	(万元)	GDP(current Price)	(10 000 yuan)	37984539	35379637	9.9
第一产业	(万元)	Primary Industry	(10 000 yuan)	1531032	1473307	6.6
第二产业	(万元)	Secondary Industry	(10 000 yuan)	14136716	13751804	7.9
工　业	(万元)	Industry	(10 000 yuan)	8749589	8725688	7.5
建筑业	(万元)	Construction	(10 000 yuan)	5387128	5026116	8.6
第三产业	(万元)	Tertiary Industry	(10 000 yuan)	22316790	20154526	11.3
人均生产总值	(元)	Per Capita GDP	(yuan)	78449	74493	7.8
规模以上工业总产值增长	(%)	Gross Output Value of Enterprises Above Designated Size	(%)	-	-	5.3
农林牧渔业总产值(当年价)	(万元)	Gross Output Value of Agriculture, Forestry, Animal Husbandry and Fishery (current price)	(10 000 yuan)	2562556	2479970	6.7
固定资产投资总额增长	(%)	Total Investment in Fixed Assets	(%)	-	-	15.0
社会消费品零售总额	(万元)	Total Retail Sales of Consumer Goods	(10 000 yuan)	12994714	12030837	8.0
建筑业总产值(当年价)	(万元)	Gross Output Value of Construction (current price)	(10 000 yuan)	20470800	18360977	11.5
财政总收入	(万元)	General Financial Revenue	(10 000 yuan)	9032558	7828488	15.4
#一般公共预算收入	(万元)	Public Budgetary Revenue	(10 000 yuan)	4113402	3778473	8.9
#税收收入	(万元)	Tax Revenue	(10 000 yuan)	3198440	2964789	-
一般公共预算支出	(万元)	Public Budgetary Expenditure	(10 000 yuan)	6242193	5824776	7.2
进出口总额	(万美元)	Total Value of Imports and Exports	(10 000 USD)	349380	299156	15.2
金融机构本外币住户存款余额	(万元)	Saving Deposits of Urban and Rural Households	(10 000 yuan)	28539446	26633626	7.2
在岗职工平均工资	(元)	Average Wage of On-post Staff	(yuan)	82685	73939	11.8
城镇常住居民人均可支配收入	(元)	Per Capita Disposable Income of Urban Households	(yuan)	35115	32186	7.3
农村常住居民人均可支配收入	(元)	Per Capita Disposable Income of Rural households	(yuan)	15648	14264	8.2

注:1)本表绝对数为当年价格,增长速度按可比价格和可比口径计算;
2)城镇(农村)常住居民人均可支配收入为实际增长(已扣除物价因素);
3)在岗职工平均工资为城镇非私营单位口径,包含劳务派遣人员。
4)因国家统计报表制度变化,此处作为对比,2017年社会消费品零售总额按2018年口径调整。
5)2018年进出口总额与2017年不可比。

a) The absolute figures in this table are calculated at current prices, whereas the growth rates are calculated at comparable prices.
b) Annual per capita disposable income of urban household and rural household refers to real increase, allowing for inflation.
c) Average wage of employed persons in Urban Mon-private Units, and included wage of dispatched persons.
d) On account of changes in national statistical systems and in order to make a contrast and comparison between the two years, the data of total retail sales of consumer goods in 2017 has been adjusted according to the related caliber of 2018.
e) The data of total value of imports and exports of 2018 are incomparable with those of 2017.

2-2 国民经济主要指标比例关系

单位:(%)

指　　标	Item	2001	2002	2003
生产总值三次产业	**GDP of Three Industries**	**100**	**100**	**100**
第一产业	Primary Industry	8. 10	7. 70	7. 40
第二产业	Secondary Industry	47. 30	47. 00	45. 90
第三产业	Tertiary Industry	44. 60	45. 30	46. 80
农林牧渔业增加值比例(现价)	**Added Value Proportion of Agriculture, Forestry, Animal Husbandry and Fishery(current price)**	**100**	**100**	**100**
农　业	Agriculture	66. 60	61. 31	63. 92
林　业	Forestry	1. 88	2. 25	1. 32
牧　业	Animal Husbandry	29. 92	32. 85	31. 36
渔　业	Fishery	1. 60	1. 44	1. 23
农、林、牧、渔专业及辅助性活动	Services of Agriculture, Forestry, Animal Husbandry and Fishery		2. 15	2. 18
规模以上工业增加值中轻重工业比例	**Industrial Added Value Proportion of Light and Heavy Industry in the Enterprises Above Designated Size**	**100**	**100**	**100**
轻工业	Light Industry	40. 90	41. 00	40. 58
重工业	Heavy Industry	59. 10	59. 00	59. 42
规模以上工业增加值经济类型结构	**Economic Structure of Industrial Added Value in the Enterprises Above Designated Size**	**100**	**100**	**100**
国有企业	State-owned Enterprises	40. 42	24. 87	39. 34
集体企业	Collective-owned Enterprises	4. 21	4. 13	2. 31
股份合作企业	Joint—equity Cooperative Enterprises	0. 44	0. 38	0. 38
联营企业	Joint Ownership Enterprises	0. 20	0. 61	0. 28
有限责任公司	Limited Liability Companies	35. 33	33. 62	18. 41
股份有限公司	Companies Limited by Shares	9. 95	22. 36	25. 45
私营企业	Private Enterprises	6. 38	11. 28	7. 08
其他企业	Other Enterprises			
港澳台投资企业	Enterprises with Funds from Hong Kong, Macao and Taiwan	1. 48	1. 51	0. 92
外商投资企业	Enterprises with Foreign Investment	1. 59	1. 21	5. 82

注:1)生产总值2000-2004年为第一次经济普查调整数,2006-2008年为第二次经济普查调整数;
2)农林牧渔业增加值2002年以后按新标准划分,2006年、2007年农业为第二次农业普查调整数,2010年按国家对粮食生产核实数作相应调整;
3)2000-2011年规模以上工业增加值口径为年主营业务收入500万元及以上工业企业,2012年起为年主营业务收入2000万元及以上工业企业。

The Ratio between the Main Indicators of the National Economy

(%)

2004	2005	2006	2007	2008	2009	2010	2011	2012	2013	2014	2015	2016	2017	2018
100	**100**	**100**	**100**	**100**	**100**	**100**	**100**	**100**	**100**	**100**	**100**	**100**	**100**	**100**
6.90	6.70	6.29	6.57	5.82	5.10	5.10	4.60	4.23	3.91	4.33	4.49	4.34	4.16	4.03
46.90	47.40	48.39	46.41	46.97	40.70	40.70	42.40	41.94	40.69	39.10	38.34	38.60	38.87	37.22
46.20	45.90	45.32	47.02	47.21	54.20	54.20	53.00	53.83	55.40	56.57	57.70	57.06	56.97	58.75
100	**100**	**100**	**100**	**100**	**100**	**100**	**100**	**100**	**100**	**100**	**100**	**100**	**100**	**100**
63.06	62.47	65.16	66.69	67.24	71.72	72.38	70.48	70.20	69.79	72.05	66.90	66.80	67.47	70.40
0.92	0.68	0.71	0.53	1.32	0.66	0.57	0.80	0.63	0.70	0.57	0.60	0.60	0.67	1.00
34.21	34.67	32.11	30.61	29.47	25.53	24.89	26.73	27.17	27.50	25.40	24.90	25.30	24.70	22.00
1.33	1.53	1.04	1.17	1.10	1.23	1.20	1.22	1.20	1.17	1.24	1.10	1.10	1.06	0.20
0.49	0.64	0.97	1.01	0.87	0.86	0.90	0.83	0.81	0.83	0.73	6.50	6.20	6.10	6.40
100	**100**	**100**	**100**	**100**	**100**	**100**	**100**	**100**	**100**	**100**	**100**	**100**	**100**	**100**
40.10	43.32	40.54	40.59	41.04	45.96	44.85	46.11	49.05	51.59	49.66	49.57	49.18	49.42	49.80
59.90	56.68	59.46	59.41	58.96	54.04	55.15	53.89	50.95	48.41	50.34	50.43	50.82	50.58	50.20
100	**100**	**100**	**100**	**100**	**100**	**100**	**100**	**100**	**100**	**100**	**100**	**100**	**100**	**100**
37.46	39.07	34.61	40.98	39.22	39.42	37.86	45.94	41.17	37.42	33.91	34.98	27.43	27.60	33.22
1.26	1.17	0.54	0.60	0.35	0.28	0.26	0.36	0.11	0.09	0.11	0.25	0.23	0.22	0.14
0.53	0.64	0.85	1.20	1.47	0.46	0.12	0.11	0.02	0.01	0.03	0.03	0.00	0.00	
0.42	0.12	0.11	0.13	0.11	0.10	0.11	0.05	0.06	0.06	0.01	0.01	0.01	0.01	0.01
24.48	26.70	27.01	24.45	26.63	29.55	27.21	20.50	26.08	32.83	35.67	33.86	36.46	40.85	38.22
23.42	21.23	24.58	19.75	19.10	15.66	20.70	13.00	14.64	13.20	10.73	12.03	11.84	9.47	10.53
6.54	8.08	7.15	7.56	8.20	8.07	6.98	13.49	11.95	10.52	10.94	12.78	14.92	14.90	12.41
								0.00	0.09	0.11	0.05	0.00	0.00	0.11
1.29	0.89	1.05	1.18	1.36	2.50	2.96	2.19	1.59	1.04	1.82	2.10	4.76	4.06	1.86
4.61	2.10	4.09	4.14	3.57	3.95	3.81	4.36	4.39	4.73	4.54	3.92	4.36	2.89	3.49

a) GDPs of 2000–2004 are the adjusted figures of the First Economic Census; GDPs of 2006–2008 are the adjusted figures of the Second EconomicFigures;

b) The added value of agriculture, forestry, animal husbandry and fishery is calculated according to the new cretiea since 2002, The data of agriculture in 2006–2007 come from the second economic census, It has made an adjustment according to verification of food production in 2010;

C) The caliber of industrial added value of enterprises above the designated size over 2000–2011 refers to the industrial enterprises with annual main business income of 5 million yuan and above, since 2012 it refers to industrial enterprises with the main business income of 20 million yuan and above.

2-3 贵阳市主要经济指标占全省的比重
The Proportion of Main Economic Indicators of Guiyang to Guizhou Province

指　　标	Item	贵州 Guizhou Province 2018	2017	贵阳 Guiyang City 2018	2017	贵阳占全省比重(%) The Ratio of Guiyang to Guizhou Province(%) 2018	2017
土地面积　(平方公里)	**Area of Land　(sq. km)**	**176167**	**176167**	**8043**	**8043**	**4.57**	**4.57**
年末总人口(常住半年及以上)　(万人)	**Population at Year-end (half year and above)　(10 000 persons)**	**3600.00**	**3580.00**	**488.19**	**480.20**	**13.56**	**13.41**
生产总值　(亿元)	**GDP　(100 million yuan)**	**14806.45**	**13540.83**	**3798.45**	**3537.96**	**25.65**	**26.13**
第一产业　(亿元)	Primary Industry　(100 million yuan)	2159.54	2020.78	153.10	147.33	7.09	7.29
第二产业　(亿元)	Secondary Industry　(100 million yuan)	5755.54	5439.63	1413.67	1375.18	24.56	25.28
#工　业　(亿元)	Industry　(100 million yuan)	4378.91	4271.97	874.96	872.57	19.98	20.43
第三产业　(亿元)	Tertiary Industry　(100 million yuan)	6891.37	6080.42	2231.68	2015.45	32.38	33.15
人均生产总值　(元)	Per Capita GDP　(yuan)	41244	37956	78449	74493	-	-
财政、金融	**Finance**						
财政总收入　(亿元)	General Financial Revenue　(100 million yuan)	2973.36	2648.31	903.26	782.85	30.38	29.56
#一般公共预算收入　(亿元)	Public Budgetary Revenue　(100 million yuan)	1726.85	1613.84	411.34	377.85	23.82	23.41
一般公共预算支出　(亿元)	Public Budgetary Expenditure　(100 million yuan)	5029.68	4612.52	624.22	582.48	12.41	12.63
金融机构人民币各项存款余额　(亿元)	Total Deposits of Financial Institutions　(100 million yuan)	26473.34	26088.89	11357.44	10814.51	42.90	41.45
#住户存款余额　(亿元)	Household Balance　(100 million yuan)	10588.61	9580.29	2835.74	2646.09	26.78	27.62
金融机构人民币各项贷款余额　(亿元)	Loan Balance of Financial Institutions　(100 million yuan)	24715.05	20860.34	12412.75	10403.12	50.22	49.87
固定资产投资	**Investment in Fixed Assets**						
固定资产投资总额增长　(%)	Growth of Total Investment in Fixed Assets　(%)	15.8	20.1	15.0	18.1	-	-
#工　业　(%)	Industry　(%)	13.1	5.2	10.5	0.9	-	-

注:固定资产投资中的工业投资不含工业园区基础设施投资。

a) Industrial investment in fixed assets investment excludes infrastructure investment of industrial parks.

2-3 续表 (continued)

指 标	Item	贵州 Guizhou Province 2018	2017	贵阳 Guiyang City 2018	2017	贵阳占全省比重(%) The Ratio of Guiyang to Guizhou Province(%) 2018	2017
国内外贸易	**Domestic and Foreign Trade**						
社会消费品零售总额 (亿元)	Total Retail Sales of Consumer Goods (100 million yuan)	-	4154.00	1299.47	1335.28	-	32.14
进出口总额 (万美元)	Total Value of Imports and Exports (10 000 USD)	760286	816231	349380	299156	45.95	36.65
出口 (万美元)	Imports (10 000 USD)	512339	579371	251496	227146	49.09	39.21
进口 (万美元)	Exports (10 000 USD)	247947	236860	97884	72009	39.48	30.40
实际利用外资 (万美元)	**Total Amount of Foreign Investment Actually Utilized (10 000 USD)**	**448582**	**389062**	**158906**	**134540**	**35.42**	**34.58**
旅游	**Tourism**						
海外旅游人数 (万人次)	Number of Overseas Visitors (10 000 person-times)	146.55	126.79	54.06	40.95	36.89	32.30
国内旅游人数 (万人次)	Number of Domestic Visitors (10 000 person-times)	96711.56	74290.64	18792.19	14863.59	19.43	20.01
旅游外汇收入 (万美元)	Foreign Exchange Earnings from International Tourism (10 000 USD)	31762.59	28326.58	23359.56	18562.96	73.54	65.53
国内旅游收入 (亿元)	Earnings from Domestic Tourism (100 million yuan)	9449.58	7097.91	2440.44	1860.24	25.83	26.21
教育、文化、卫生	**Education, Culture and Health Care**						
专任教师数 (万人)	Full-time Teachers (10 000 persons)	54.62	53.26	7.99	7.91	14.62	14.85
在校学生数 (万人)	Students Enrollment (10 000 persons)	937.06	927.91	146.82	146.42	15.67	15.78
医院、卫生院数 (个)	Number of Hospitals, Health Centers (unit)	2705	2682	268	261	9.91	9.73
医院、卫生院床位数 (张)	Number of Beds of Hospitals, Health Centers (bed)	232701	220940	34669	33312	14.90	15.08
医生数 (人)	Number of Doctors (person)	81476	75535	17794	16858	21.84	22.32
城镇常住居民人均可支配收入 (元)	Per Capita Disposable Income of Urban Households (yuan)	31592	29080	35515	31286	-	-
农村常住居民人均可支配收入 (元)	Per Capita Disposable Income of Rural Households (yuan)	9716	8869	15648	14264	-	-

注:1)医生数指执业医生和执业助理医生。
2)因国家制度调整,社会消费品零售总额2017年数据与2018年数据不可比(2017年数据未按2018年统计口径调整)。

a) The number of doctors refers to licensed doctors and assistant doctors.

b) Due to the dhanges in national statistical systems, the data of total retail sales of consumer goods in 2017 has not been adjusted according to the related caliber of 2018, thus, There is no comparability between the data in 2018 and 2017.

2-4 全市基本情况
Basic Situation of Guiyang

指 标	Item	2018 全 市 The Whole City	2018 市辖区 Municipal District	2017 全 市 The Whole City	2017 市辖区 Municipal District
行政区划、人口、劳动力及土地面积	**Divisions of Administrative Areas, Population, Labour and Land Area**				
行政区数 (个)	Number of Administrafive Districts (unit)	6		6	
行政县数 (个)	Number of Countries (unit)	3		3	
行政县级市数 (个)	Number of Cities at County Level (unit)	1		1	
年末总人口(公安户籍) (万人)	Total Population at Year-end (Public Security Registration) (10 000 persons)	418.45	258.89	408.31	250.54
年末常住人口(常住半年及以上) (万人)	Permanent Residents at Year-end (half year and above) (10 000 persons)	488.19	347.40	480.20	341.07
年平均常住人口(常住半年及以上) (万人)	Annual Average Permanent Residents(half year and above) (10 000 persons)	484.2	344.23	474.94	337.48
年末单位从业人员数(城 镇) (万人)	Engaged Persons at Year-end (urban area) (10 000 persons)	106.33	95.50	109.06	98.35
第一产业(农、林、牧、渔业) (万人)	Primary Industry(Agriculture, Forestry, Animal Husbandry and Fishery) (10 000 persons)	0.17	0.06	0.14	0.03
第二产业 (万人)	Secondary Industry (10 000 persons)	51.86	47.53	54.47	50.45
第三产业 (万人)	Tertiary Industry (10 000 persons)	54.30	47.91	54.45	47.86
年末城镇登记失业人员数 (人)	Registrated Unemployment in Urban Area at Year-end (person)	34951		34971	26691
行政区域土地面积 (平方公里)	Land Area in Administrative Area (sq. km)	8043.37	2525.46	8043.37	2525.46
地表水资源总量 (亿立方米)	Annual Average Surface Water Resources (100 million cu. m)	48.08		52.65	
综合经济	**General Economy**				
生产总值(当年价格) (万元)	**Gross Domestic Product (current price) (10 000 yuan)**	**37984539**	**28759285**	**35379637**	**26760750**
第一产业增加值 (万元)	Added Value of Primary Industry (10 000 yuan)	1531032	491021	1473307	484333
第二产业增加值 (万元)	Added Value of Secondary Industry (10 000 yuan)	14136716	9672068	13751804	9419298
第三产业增加值 (万元)	Added Value of Tertiary Industry (10 000 yuan)	22316790	18596196	20154526	16857119
人均生产总值(常住人口平均) (元)	Per Capita GDP (permanent resident average) (yuan)	78449	83545	74493	79295
生产总值增长率 (%)	Growth Rate of Gross Domestic Product (%)	9.9	10.4	11.3	11.8
人均生产总值增长率 (%)	Growth Rate of Per Capita GDP (%)	7.8	8.3	9.2	10.1
人均生产总值(户籍人口平均) (元)	Per Capita GDP(registered permanent residence average) (yuan)	91887	112905	87394	108037
财政、金融、保险	**Government Finance, Banking and Insurance**				
一般公共预算收入 (万元)	Public Budgetary Revenue (10 000 yuan)	4113402	2202067	3778473	2068932
#各项税收 (万元)	Taxes (10 000 yuan)	3198440	1888042	2964789	1726419
#企业所得税 (万元)	Corporate Income Tax (10 000 yuan)	462944	276503	370425	195099
个人所得税 (万元)	Individual Income Tax (10 000 yuan)	277030	174823	160189	90070

2-4 续表 1 (continued)

指 标	Item	2018 全 市 The Whole City	2018 市辖区 Municipal District	2017 全 市 The Whole City	2017 市辖区 Municipal District
一般公共预算支出 (万元)	Public Bedgetary Expenditure (10 000 yuan)	6242193	3347598	5824776	3066872
#一般公共服务支出 (万元)	Expenditure for General Public Services (10 000 yuan)	924438	626017	780771	493915
科学技术支出 (万元)	Expenditure for Science and Technology (10 000 yuan)	247794	192669	166542	107430
教育支出 (万元)	Expenditure for Education (10 000 yuan)	1210969	609199	1047672	533727
文化体育与传媒支出 (万元)	Expenditure for Culture, Sport and Media (10 000 yuan)	74503	37412	79356	36951
社会保障和就业支出 (万元)	Expenditure for Social Security and Employment Effort (10 000 yuan)	534794	243818	542986	249381
医疗卫生与计划生育 (万元)	Expenditure for Medical and Health Care (10 000 yuan)	451189	167937	425028	143484
城乡社区事务支出 (万元)	Expenditure for Urban and Rural Community Affairs (10 000 yuan)	809155	548944	729676	505909
交通运输支出 (万元)	Expenditure for Transportation (10 000 yuan)	167636	35358	101938	11943
节能环保支出 (万元)	Expenditure for Environment Protection (10 000 yuan)	163334	89231	186122	109178
年末金融机构各项存款余额(人民币) (亿元)	Deposits of Financial Institutions at Year-end (RMB) (100 million yuan)	11357. 44	10668. 38	10814. 51	10188. 99
#住户存款 (亿元)	Saving Deposits of Urban and Rural Households (100 million yuan)	2835. 74	2492. 85	2646. 09	2332. 99
年末金融机构各项贷款余额(人民币) (亿元)	Loans of Financial Institutions at Year-end (100 million yuan)	12412. 75	11723. 13	10403. 12	9885. 72
保费收入 (万元)	Premium (10 000 yuan)	1615282		1425863	
财产险 (万元)	Property Insurance (10 000 yuan)	785625		683071	
人身险 (万元)	Life Insurance (10 000 yuan)	829657		742793	
赔款、给付 (万元)	Payment of Claims (10 000 yuan)	601456		495900	
财产险 (万元)	Property Insurance (10 000 yuan)	412604		347879	
人身险 (万元)	Life Insurance (10 000 yuan)	188852		148022	
农 业	**Agriculture**				
蔬菜及食用菌产量 (万吨)	Output of Vegetables and Edible Mushrooms (10 000 tons)	237. 28		206. 32	
园林水果产量 (万吨)	Output of Garden Fruits (10 000 tons)	31. 78		24. 21	
肉类总产量 (万吨)	Output of Meat (10 000 tons)	13. 00		12. 48	
牛奶产量 (吨)	Output of Milk (ton)	38021		39800	
水产品产量 (吨)	Output of Aquatic Products (ton)	2316		9821	
工 业	**Industry**				
年销售收入 2000 万元及以上工业企业	Industrial Enterprises with Annual Sales Revenue of 20 million yuan and above				
工业企业数 (个)	Number of Industrial Enterprises (unit)	772	474	743	

备注:农业 2017 年数据为第三次全国农业普查最终修订数。
a) The 2017 agricultural data are the final revision of the third national agricultural census.

2-4 续表 2 (continued)

指　　标	Item	2018 全 市 The Whole City	2018 市辖区 Municipal District	2017 全 市 The Whole City	2017 市辖区 Municipal District
内资企业（个）	Domestic-funded Enterprises (unit)	733	445	715	432
国有企业（个）	State-owned Enterprises (unit)	27	23	22	19
私营企业（个）	Private Enterprises (unit)	323	154	327	162
港、澳、台商投资企业（个）	Enterprises with Funds from Hong Kong, Macao and Taiwan (unit)	19	12	18	12
外商投资企业（个）	Enterprises with Foreign Investment (unit)	20	17	14	10
工业总产值增长（%）	Growth of Gross Industrial Output Value (%)	5.3	3.4	8.8	
工业增加值增长（%）	Growth of Industrial Value Added (%)	7.4	5.5	9.7	
#内资企业（%）	Domestic-funded Enterprises (%)	7.4	5.9	13.3	
国有企业（%）	State-owned Enterprises (%)	11.9	10.1	2.2	
私营企业（%）	Private Enterprises (%)	5.0	10.3	24.1	
港、澳、台商投资企业（%）	Enterprises with Funds from Hong Kong, Macao and Taiwan (%)	2.4	5.8	-17.3	
外商投资企业（%）	Enterprises with Foreign Investment (%)	-1.3	-1.9	-36.0	
从业人员年平均人数（万人）	Avarage Annual Employed Persons (10 000 persons)	26.27	11.76	18.53	
流动资产合计（亿元）	Total Current Assets (100 million yuan)	1799.47	1137.05	1705.14	
主营业务收入（亿元）	Revenue from Principal Business (100 million yuan)	2160.52	1259.92		
主营业务成本（亿元）	Cost of Principal Business (100 million yuan)	1545.15	800.57	2750.11	
主营业务税金及附加（亿元）	Tax and Extra Charges from Principle Business (100 million yuan)	123.99	116.47	2148.60	
本年应交增值税（亿元）	Value-added Tax Payable (100 million yuan)	80.08	57.29	114.03	
利润总额（亿元）	Total Profits (100 million yuan)	206.20	172.78	85.33	
交通运输、邮电通信、能源电力	**Transportation, Postal and Telecommunication Services, Energy and Electric Power**				
民用汽车拥有量（辆）	Possession of Civil Vehicles (unit)	1157420		995522	
#个人汽车拥有量（辆）	Possession of Private Vehicles (unit)	1027333		875986	
民用车辆拥有量（辆）	Possession of Civil Vehicles (unit)	1492425		1314018	
#个人车辆拥有量（辆）	Private Vehicles (unit)	1360002		1192524	

2-4 续表 3 (continued)

指 标	Item	2018		2017	
		全 市 The Whole City	市辖区 Municipal District	全 市 The Whole City	市辖区 Municipal District
铁路客运量 (万人)	Passenger Traffic of Railways (10 000 persons)	3102		2553	
铁路货运量 (万吨)	Freight Traffic of Railways 10 000(tons)	1470		1246	
公路客运量(全社会) (万人)	Passenger Traffic of Highways (in the Whole City) (10 000 persons)	76415		68522	
公路货运量(全社会) (万吨)	Freight Traffic of Highways (in the Whole City) (10 000 tons)	52451		44839	
境内公路里程 (公里)	Length of Highways (km)	10372		10342	
#境内等级公路里程 (公里)	Length of Class I to IV Highways (km)	9848		9791	
#境内高速公路里程 (公里)	Length of Expressways (km)	612		603	
水运客运量(全社会) (万人)	Passenger Traffic of Waterways (in the Whole City) (10 000 persons)	148.02		184.06	
水运货运量(全社会) (万吨)	Freight Traffic of Waterways (in the Whole City) (10 000 tons)	14.01		12.16	
内河航道通航里程 (公里)	Length of Navigable Inland Waterways (km)	513		513	
#六级以上航道 (公里)	Inland Waterways above Class VI (km)	316		316	
民用航空货邮运量 (万吨)	Freight Traffic of Civil Aviation (10 000 ton)	11.24		10.24	
民用航空客运量 (万人)	Passenger Traffic of Civil Aviation (person)	2010		1811	
年末邮政局(所)数 (处)	Number of Postal Offices at Year-end (unit)	187		187	
邮政业务收入 (万元)	Business Revenue of Postal Services (10 000 yuan)	237278		200304	
电信业务收入 (万元)	Business Revenue of Telecommunication Services (10 000 yuan)	683391		636276	
固定电话用户年末用户数 (万户)	Subscribers of Fixed Telephone at Year-end (10 000 households)	78.21		83.85	
移动电话年末用户数 (万户)	Subscribers of Mobile Telephone at Year-end (10 000 households)	804.94		748.95	
#4G 移动电话用户 (万户)	4G Mobile Phone Subscribers (10 000 households)	569.03		497.66	
互联网宽带接入用户数 (万户)	Subscribers of Internet Broadband Access (10 000 households)	190.52		145.60	
全年用电量 (亿千瓦时)	Electricity Consumption of theWhole Year (100 million kwh)	257.77		249.61	
#工业用电 (亿千瓦时)	Industrial Electricity Consumption (100 million kwh)	139.23		145.82	
城乡居民生活用电 (亿千瓦时)	Households Electricity Consumption (100 million kwh)	60.60		66.00	
内外贸易、外经、旅游	**Foreign Trade, Economy and Tourism**				
社会消费品零售总额 (万元)	Total Retail Sales of Consumer Goods (10 000 yuan)	12994714	12245925	12030837	11338313
限额以上批发零售贸易业商品销售总额 (万元)	Total Sales Value of Enterprises above Designated Size of Wholesale and Retail Trade (10 000 yuan)	21982042	20895560	21111394	18863222
限额以上批发零售贸易企业数(法人数) (个)	Number of Enterprises above Designated Size of Wholesale and Retail Trades (unit)	605	498	567	461
#零售业 (个)	Retail Trade (unit)	348	271	337	254
限额以上批发零售贸易业企业财务	Finances of Enterprises of Wholesale and Retail Trades aboveDesignated Size				
流动资产合计 (万元)	Total Current Assets (10 000 yuan)	10703634	10176561	9473973	
固定资产合计 (万元)	Total Fixed Assets (10 000 yuan)	611781	556106	732764	

注:因国家统计报表制度变化,此处作为对比,2017 年社会消费品零售总额按 2018 年口径调整。

a) On account of changes in national statistical systems and in order to make a contrast and comparison between the two years, the data of total retail sales of consumer goods in 2017 has been adjusted according to the related caliber of 2018.

2-4 续表 4 (continued)

指 标	Item	2018 全 市 The Whole City	2018 市辖区 Municipal District	2017 全 市 The Whole City	2017 市辖区 Municipal District
主营业务收入 (万元)	Revenue from Principal Business (10 000 yuan)	19389890	18485483	18421864	
主营业务成本 (万元)	Cost of Principal Business (10 000 yuan)	17622582	16827513	16865729	
主营业务税金及附加 (万元)	Tax and Extra Charges from Principal Business (10 000 yuan)	154542	151518	157437	
本年应交增值税 (万元)	Value-added Tax Payable (10 000 yuan)	325572	316956	328784	
利润总额 (万元)	Total Profits (10 000 yuan)	515222	484707	483408	
进出口额(外贸数) (万美元)	Total Value of Imports and Exports (10 000 USD)	349380		299156	
进口额 (万美元)	Total Imports (10 000 USD)	97884		72009	
出口额 (万美元)	Total Exports (10 000 USD)	251496		227146	
外国和港澳台地区在华直接投资	Direct Investments from Foreign Countries, Hong Kong, Macao and Taiwai				
当年新签项目(合同)个数 (个)	New Contracts (unit)	52		33	
合同引资额 (万美元)	Contracted Capital (10 000 USD)	334002		192227	
实际利用外资金额 (万美元)	Total Amount of Foreign Investment Actually Utilized (10 000 USD)	158906	91108	134540	86565
海外游客人数(含一日游游客) (人)	Overseas Tourists (including one-day tour tourists) (person)	540590		409538	
#外国人 (人)	Foreigners (person)	292392		210015	
港、澳、台同胞 (人)	Chinese Compatriots from Hong Kong, Macao and Taiwai (person)	248198		199523	
旅游(外汇)收入 (万美元)	Foreign Exchange Earnings from Tourism (10 000 USD)	23359.56		18562.96	
星级饭店数 (个)	Number of Star-rated Hotels (unit)	43		48	
固定资产投资	**Investment in Fixed Assets**				
固定资产投资总额增长 (%)	Growth of Total Investment in Fixed Assets (%)	15.0		18.1	
#房地产开发投资 (%)	Real Estate Development (%)	-3.9		10.7	
#住 宅 (%)	Residential Buildings (%)	7.4		20.9	
全年新增固定资产增长 (%)	Growth of Newly Increased Fixed Assets This Year (%)	-2.6		26.9	
本年施工住宅面积增长 (%)	Growth of Floor Space under Construction This Year (%)	1.4		-10.8	
本年竣工住宅面积增长 (%)	Growth of Floor Space Completed This Year (%)	-32.0		-66.4	
房地产	Real Estate				
商品房屋销售面积 (万平方米)	Floor Space of Commercialized Buildings Sold (10 000 sq. m)	1118.97	910.18	1077.88	953.43
#住 宅 (万平方米)	Residential Buildings (10 000 sq. m)	947.51	751.73	877.61	771.28
#高档别墅公寓 (万平方米)	Villas, High-grade Apartments (10 000 sq. m)	13.07	8.75	26.73	26.66
商品房屋销售额 (亿元)	Total Sale of Commercialized Buildings (100 million yuan)	1044.89	932.66	780.00	723.55
#住 宅 (亿元)	Residential Buildings (100 million yuan)	835.63	735.22	572.08	533.07
#高档别墅公寓 (亿元)	Villas, High-grade Apartments (100 million yuan)	19.70	14.64	39.44	39.40
待售面积 (万平方米)	Floor Space of Commercialized Buildings for Sale (10 000 sq. m)	147.56	136.26	234.59	212.97

2-4 续表5 （continued）

指 标	Item	2018 全 市 The Whole City	2018 市辖区 Municipal District	2017 全 市 The Whole City	2017 市辖区 Municipal District
教育、科技、文化、卫生	**Education, Technology, Culture and Health Care**				
学校数	Number of Schools				
普通高等学校 （所）	Regular Institutions of Higher Education （unit）	34		34	
成人高等学校 （所）	Institutions of Higher Education for Adult （unit）	2	2	2	2
中等职业教育（学校） （所）	Secondary Vocational Education（Schools） （unit）	56	49	56	49
普通中学 （所）	Regular Secondary Schools （unit）	322	248	315	242
职业中学（初中） （所）	Vocational Secondary Schools （Junior Secondary Schools） （unit）			1	
小 学 （所）	Primary Schools （unit）	538	357	542	361
专任教师数	Full-time Teachers				
普通高等学校 （人）	Regular Institutions of Higher Education （person）	20492		20289	
成人高等学校 （人）	Institutions of Higher Education for Adult （person）	353	353	326	326
中等职业教育（学校） （人）	Secondary Vocational Education（Schools） （person）	5199	4698	5565	5303
普通中学 （人）	Regular Secondary Schools （person）	18890	16112	18492	12920
职业中学（初中） （人）	Vocational Secondary Schools （Junior Secondary Schools） （person）			23	
小 学 （人）	Primary Schools （person）	21016	12381	19747	14000
在校学生数	Number of Students Enrollment				
普通高等学校 （人）	Regular Institutions of Higher Education （person）	437600		419461	
成人高等学校 （人）	Institutions of Higher Education for Adult （person）	4394	4394	5398	
中等职业教育（学校） （人）	Secondary Vocational Education（Schools） （person）	126589	113744	129482	121185
普通中学 （万人）	Regular Secondary Schools （10 000 persons）	23. 72	16. 45	23. 45	16. 31
#高 中 （万人）	Senior Secondary School （10 000 persons）	8. 77		8. 79	
职业中学（初中） （人）	Vocational Secondary Schools （Junior Secondary Schools） （person）			195	
小 学 （万人）	Primary Schools （10 000 persons）	39. 89	28. 05	37. 03	26. 19
初中毕业生升学率 （%）	Promotion Rate from Junior Secondary Schools to Senior Secondary Schools （%）	95. 0		91. 9	
专利申请受理量 （件）	Number of Patents Application Accepted （case）	17850		14118	
专利申请授权量 （件）	Number of Patents Application Granted （case）	9113		5641	
#发 明 （件）	Inventions （case）	1160		1072	
剧场、影剧院数 （个）	Number of Theaters, Music Halls and Cinemas （unit）	5		5	
公共图书馆图书总藏量 （万册、件）	Total Collections of Public Libraries （10 000 copies）	446		389	
医院、卫生院数 （个）	Number of Hospitals and Health Centers （unit）	268		261	

2-4 续表 6 (continued)

指 标	Item	2018 全 市 The Whole City	2018 市辖区 Municipal District	2017 全 市 The Whole City	2017 市辖区 Municipal District
医院、卫生院床位数 (张)	Number of Beds in Hospitals and Health Centers (bed)	34699		33312	
医生数 (人)	Number of Doctors (person)	17794		16858	
#医院、卫生院医生数 (人)	Number of Doctors in Hospital and Health Centers (person)	12850		12174	
注册护士 (人)	Registered Nurses (person)	23395		20509	
#医院、卫生院注册护士 (人)	Registered Nurses in Hospital and Health Centers (person)	18176		15865	
人民生活、社会保障	**People's Living Condition and Social Security**				
城镇居民人均住宅建筑面积 (平方米/人)	Per Capita Building Space of Urban Households (sq. m/person)	37.50		35.60	
农民人均住房面积(平方米/人)	Per Capita Living Space of Rural Households (sq. m/person)	55.70		55.30	
在岗职工平均人数 (万人)	Average Number of On-post Staff (10 000 persons)	93.06	83.16	96.69	87.01
在岗职工工资总额 (万元)	Total Wage Bill of On-post Staff (10 000 yuan)	7694559	6916753	7149404	6486537
在岗职工年平均工资 (元)	Annual Average Wage of On-post Staff (yuan)	82685	83174	73939	74549
城镇居民家庭总收入 (元)	Total Household Income (yuan)		39760		33841
工资性收入 (元)	Income from Wages and Salaries (yuan)		22056		19135
经营净收入 (元)	Net Business Income (yuan)		4261		2886
财产净收入 (元)	Net Property Income (yuan)		3933		2951
转移净收入 (元)	Net Income from Transfer (yuan)		4866		7214
城镇常住居民人均可支配收入 (元)	Annual Per Capita Disposable Income of Urban Households (yuan)		35115		32186
最低 20%户人均可支配收入 (元)	Lowest Annual Per Capita Disposable Income(first ten percent group) (yuan)		12532		14159
最高 20%户人均可支配收入 (元)	Highest Annual Per Capita Disposable Income(first ten percent group) (yuan)		80814		63264
城镇常住居民人均消费支出 (元)	Per Capita Consumption Expenditure of Urban Permanent Residents (yuan)		28250		26063
食品烟酒 (元)	Food, Tobacco and Liquor (yuan)		7844		7987
衣 着 (元)	Clothing (yuan)		2113		1821
生活用品及服务 (元)	Daily Necessities and Service (yuan)		1846		1834
医疗保健 (元)	Health Care and Medical Services (yuan)		1787		1528
交通通信 (元)	Transportation and Communication (yuan)		5091		3336
教育文化娱乐 (元)	Education, Culture and Entertainment (yuan)		3347		3877
居 住 (元)	Residence (yuan)		5537		5089
其他用品和服务 (元)	Others (yuan)		685		591
每百户城市居民家庭拥有:	Per 100 Rural Households Owned:				
家用电脑 (台)	Computer (set)		65.49		56.70
固定电话 (部)	Fixed Telephone (set)		17.43		41.50

2-4 续表 7 (continued)

指 标	Item	2018		2017	
		全 市 The Whole City	市辖区 Municipal District	全 市 The Whole City	市辖区 Municipal District
移动电话 (部)	Mobile Telephone (set)		247. 68		215. 70
电冰箱(柜) (台)	Refrigerator(freezer) (set)		101. 38		98. 80
彩色电视机 (台)	Color TV Set (set)		106. 72		105. 60
家用汽车 (辆)	Automobile (Unit)		55. 87		32. 20
中高档乐器 (套)	Mid &High-grade instruments (Unit)		9. 18		4. 10
空调机 (台)	Air Condition (set)		22. 72		18. 30
洗衣机 (台)	Washing Machine (set)		101. 95		100. 00
居民消费价格指数(上年为 100) (%)	Consumer Price Index (100 last year) (%)		101. 7		101. 0
农村常住居民人均可支配收入 (元)	Per Capita Disposable Income of Rural Households (yuan)	15648		14264	
养老保险参保人数 (人)	Endowment Insurance Contributors (person)	2238658		1864859	
在职职工养老保险人数 (人)	Endowment Insurance of On-the-job Staff (person)	1871787		1575898	
离退休养老保险人数 (人)	Retirement Endowment Insurance Contributors (person)	366871		288961	
基本医疗保险参保人数 (人)	Basic Medical Care Insurance Contributors (person)	1466481		1384451	
失业保险参保人数 (人)	Unemployment Insurance Contributors (person)	808085		745727	
生育保险参保人数 (人)	Maternity Insurance Contributors (person)	1385748		1301986	
工伤保险参保人数 (人)	Work Injury Insurance Contributors (person)	1069438		975294	
城乡福利院机构数 (个)	Number of Social Welfare Homes (unit)	96		91	
城乡福利院床位数 (张)	Number of Beds in Social Welfare Institutes (bed)	11920		11818	
居民最低生活保障线以下人数 (人)	Number of Persons under Minimum Living Standard (person)	77547		87546	
城镇居民 (人)	Urban Households (person)	47434		50990	
农村居民 (人)	Rural Households (person)	30113		36556	
社会治安	**Social Security**				
火灾事故死亡人数 (人)	Number of Deaths in Fire Accidents (person)	7		3	
火灾事故损失额 (万元)	Economic Losses in Fire Accidents (10 000 yuan)	780. 53		536. 32	
刑事案件立案数 (件)	Number of Criminal Cases Registered (case)	6788		7639	
犯罪人数 (人)	Number of Offenders (person)	9638		10724	

注:1)火灾为消防部门提供生产经营性火灾。

2)刑事案件立案数及犯罪人数由中级人民法院提供,犯罪人数为生效判决人数。上年同期数为一审受理案件人数,故对 2017 年数据进行修正。

3)因机构改革,民政局统计指标口径有变化,城乡福利院机构数及床位数与上年不可比。

a) The fire accidents are production and operation fire provided by the fire department.

b) The number of criminal cases registered and offenders are provided by the Guiyang Intermediate People´s Court. The number of offenders refers to effective sentences and the cases accepted in the first instance last year, thus the data in 2017 are revised.

c) Due to the institutional restructuring, the statistical caliber of the civil affairs bureau has been changed, therefore, the number of beds in social welfare institutes are incomparable with the previous year.

2-4 续表 8 (continued)

指 标	Item	2018 全 市 The Whole City	2018 市辖区 Municipal District	2017 全 市 The Whole City	2017 市辖区 Municipal District
市政公用事业	**Municipal Public Utilities**				
城市维护建设资金支出 (万元)	Expenditure on Municipal Infrastructure (10 000 yuan)		14806		16693
年末实有城市道路面积 (万平方米)	Area of Paved Roads(at year-end) (10 000 sq. m)		2924		2937
排水管道长度 (公里)	Length of City Sewage Pipes (km)	4032	3659		3474
供水综合生产能力 (万立方米/日)	Production Capacity of Tap Water Supply (10 000 cu. m/day)	171. 2	154. 5		151. 5
供水总量 (万立方米)	Total Volume of Tap Water Supply (10 000 cu. m)	41403	38353		34993
售水量 (万立方米)	Total Volume of Tap Water Sold (10 000 cu. m)	32476	29480		27121
#居民生活用水量(万立方米)	Water Consumption for Residential Use (10 000 cu. m)	20629	18423		24124
用水人口 (万人)	Number of Residents with Access to Tap Water (10 000 persons)	478	431		376
煤气(人工天然气)供气总量 (万立方米)	Volume of Coal Gas Supply (artificial natural gas) (10 000 cu. m)		34285		30692
#家庭用量 (万立方米)	Households Consumption (10 000 cu. m)		14493		11731
用天然气人口 (万人)	Population with Access to Natural Gas (10 000 persons)		312		288
液化石油气供气总量 (万吨)	Volume of Liquefied Petroleum Gas Supply (10 000 tons)		4. 80		4. 60
液化石油气销售气总量 (万吨)	Volume of Liquefied Petroleum Gas Sold (10 000 tons)		4. 80		4. 60
#家庭用量 (万吨)	Households Consumption (10 000 tons)		4. 80		4. 60
用液化气人口 (万人)	Number of Residents with Access to Liquefied Petroleum Gas (10 000 persons)		72		72
年末实有公共汽(电)车营运车辆数 (辆)	Number of Public Vehicles under Operation at Year-end (unit)	3350	3210	3477	3346
全年公共汽(电)车客运总量 (万人次)	Passengers Transported by Public Vehicles in the Whole year (10 000 person-times)	57227	55358	58605	56033
年末实有出租汽车数 (辆)	Actual Number of Taxies at Year-end (unit)	10513	9539	9497	8623
建成区绿地面积 (公顷)	Garden Green Land of Completed Area (hectare)		13993		13884
建成区公园绿地面积 (公顷)	Area of Public Greenland in Built-up Districts (hectare)	5803. 5	5125. 31		4328
建成区绿化覆盖面积 (公顷)	Green Covered Area of Completed Area (hectare)	17163. 75	14800. 34		14684
环境保护	**Environment Protection**				
工业废水排放量 (万吨)	Emission of Industrial Sewage (10 000 tons)		5854		4452
工业二氧化硫排放量 (吨)	Emission of Industrial Surplur Dioxide (ton)		16758		50631
工业固体废物综合利用率 (%)	Comprehensible Utilization Ratio of Industrial Solid Wastes (%)		47. 54		33. 86
生活垃圾无害化处理率 (%)	Harmless Treatment Ratio of Household Refuse (%)		97. 80		97. 52

2-5 生产总值
Gross Domestic Product

指 标	Item	2018 绝对数（万元）Absolute Figures（10 000 yuan）	2018 构 成（%）Proportion（%）	2017 绝对数（万元）Absolute Figures（10 000 yuan）	2017 构 成（%）Proportion（%）	2018年比2017年增长（%）Growth Rate in 2018 over 2017（%）
生产总值	**Gross Domestic Product**	**37984539**	**100.0**	**35379637**	**100.0**	**9.9**
第一产业	Primary Industry	1531032	4.0	1473307	4.2	6.6
农、林、牧、渔业	Agriculture, Forestry, Animal Husbandryand Fishery	1636356	4.3	1569017	4.4	6.5
农、林、牧、渔专业及辅助性活动	Service of Agriculture, Forestry, Animal Husbandry and Fishery	105324	0.3	95710	0.3	5.8
第二产业	Secondary Industry	14136716	37.2	13751804	38.9	7.9
工 业	Industry	8749589	23.0	8725688	24.7	7.5
建筑业	Construction	5387128	14.2	5026116	14.2	8.6
第三产业	Tertiary Industry	22316790	58.8	20154526	57.0	11.3
交通运输、仓储和邮政业	Transportation, Storage and Post	2849713	7.5	2769416	7.8	7.6
信息传输、计算机服务和软件业	Information Transmission, Software Industry and Computer Services	2619459	6.9	2087792	5.9	37.2
批发和零售业	Wholesale and Retail Trades	3126391	8.2	2950410	8.3	3.6
住宿和餐饮业	Hotels and Catering Services	1548002	4.1	1412280	4.0	3.0
金融业	Financial Industry	4060241	10.7	3815473	10.8	5.4
房地产业	Real Estate	1161724	3.1	1027834	2.9	4.3
租赁和商务服务业	Leasing and Business Services	680054	1.8	542025	1.5	37.2
科学研究和技术服务业	Scientific Research, Technic Services and Geological Exploration	758039	2.0	691712	2.0	4.3
水利、环境和公共设施管理业	Management of Water Conservancy, Environment and Public Facilities	113427	0.3	103502	0.3	4.3
居民服务、修理和其他服务业	Services to Household, Repair and Other	642775	1.7	512312	1.4	37.2
教 育	Education	1103218	2.9	1006688	2.8	4.3
卫生和社会工作	Health and Social Work	643748	1.7	587422	1.7	4.3
文化、体育和娱乐业	Culture, Sports and Entertainment	853645	2.2	680382	1.9	37.2
公共管理和社会组织	Public Management and Social Organization	2051030	5.4	1871569	5.3	4.3
人均生产总值（元）	**Per Capita Gross Domestic Product（yuan）**	**78449**		**74493**		**7.8**

注：1）表中绝对数按当年价格计算，增长速度按可比价格计算；
2）表中人均生产总值按常住半年及以上平均总人口计算。

a) The absolute figures in this table are calculated at current prices, whereas the growth rates are calculated at comparable prices;
b) Per capita gross domestic product in this table is calculated according to average annual population who live in Guiyang for six months or above.

2-6 各区(市、县)生产总值(2018 年)
Gross Domestic Product of District(City, County) in Guiyang(2018)

区(市、县)名称	District(City, County)	生产总值 Gross Domestic Product	第一产业 Primary Industry	第二产业 Secondary Industry	第三产业 Tertiary Industry	人均生产总值(元) Per Capita Gross Product (yuan)
绝对值(万元)	**Absolute Figures (10 000 yuan)**					
南明区	Nanming	8003645	16150	1897516	6089979	86857
云岩区	Yunyan	8057099	4697	1355129	6697273	80882
花溪区	Huaxi	6404484	200550	3668719	2535214	95273
乌当区	Wudang	1907545	166771	877173	863602	76059
白云区	Baiyun	2315811	67298	1109513	1139000	79033
观山湖区	Guanshanhu	2070702	35555	764018	1271128	67078
开阳县	Kaiyang	2498715	330648	1349636	818431	65266
息烽县	Xifeng	1867916	191968	827901	848047	77348
修文县	Xiuwen	1931066	243414	850738	836914	69292
清镇市	Qingzhen	3359349	273981	1543228	1542140	67654
增速(%)	**Growth Rate(%)**					
南明区	Nanming	11.2	0.3	14.0	10.4	9.5
云岩区	Yunyan	10.0	-9.7	3.5	11.3	9.9
花溪区	Huaxi	10.7	6.7	9.9	12.2	8.6
乌当区	Wudang	9.3	6.7	5.8	13.5	7.2
白云区	Baiyun	9.2	6.6	2.4	16.8	6.9
观山湖区	Guanshanhu	11.6	6.5	13.6	10.5	0.7
开阳县	Kaiyang	10.5	6.8	9.4	13.6	9.1
息烽县	Xifeng	4.0	6.9	1.0	6.5	1.4
修文县	Xiuwen	11.1	6.8	11.2	12.0	9.0
清镇市	Qingzhen	10.4	6.6	7.9	13.4	8.3

注:1)本表绝对值按当年价格计算,增长速度按可比价格计算;
2)人均生产总值按常住半年及以上平均人口数计算。

a) The absolute figures in this table are calculated at current prices, whereas the growth rates are calculated at comparable prices;
b) Per capita gross domestic product in this table is calculated according to average annual population who live in Guiyang for six months or above.

2-7 非公有制经济增加值
Added Value of Non-public Sector of the Economy

单位:万元 (10 000 yuan)

指 标	Item	GDP 总量 Total GDP		非公有制经济 Non-public Economy		
		2018	2017	2018	2017	增长(%) Growth Rate (%)
生产总值	**Gross Domestic Product**	**37984539**	**35379637**	**20797231**	**19269077**	**10. 2**
第一产业	Primary Industry	1531032	1473307	1255060	1201165	6. 6
第二产业	Secondary Industry	14136716	13751804	7625157	7478630	5. 0
工 业	Industry	8749589	8725688	5060885	5086198	3. 3
建筑业	Construction	5387128	5026116	2564273	2392431	8. 6
第三产业	Tertiary Industry	22316790	20154526	11917014	10589282	14. 1
交通运输、仓储和邮政业	Transportation, Storage and Post	2849713	2769416	1960602	1883203	8. 8
批发和零售业	Wholesale and Retail Trades	3126391	2950410	2594905	2425237	4. 6
住宿和餐饮业	Hotels and Catering Services	1548002	1412280	1439642	1319069	2. 6
金融业	Financial Industry	4060241	3815473	466928	423518	9. 2
房地产业	Real Estate	1161724	1027834	975848	863380	4. 3
其他营利性服务业	Other For-profit Services	4795933	3822511	3405113	2694870	38. 1
非营利性服务业	Nonprofit Services	4669463	4260893	1073976	980005	4. 3

主要统计指标解释

不变价格 指以同类产品某年的平均价格作为固定价格，用于计算各年的产品价值。按不变价格计算的产品价值消除了价格变动因素，不同时期对比可以反映生产的发展速度。新中国成立后，随着工农业产品价格水平的变化，国家统计局先后五次制定了全国统一的工业产品不变价格和农业产品不变价格。从 1952 年到 1957 年使用 1952 年工（农）业产品不变价格，从 1957 年到 1970 年使用 1957 年不变价格，从 1971 年到 1980 年使用 1970 年不变价格，从 1981 年到 1990 年使用 1980 年不变价格，从 1991 年到 2000 年使用 1990 年不变价格，从 2001 到 2005 年使用 2000 年不变价格，从 2006 到 2010 年使用 2010 年不变价格，从 2011 年开始使用 2010 年不变价格，从 2016 年开始使用 2015 年不变价格。

可比价格 指计算各种总量指标所采用的扣除了价格变动因素的价格，可进行不同时期总量指标的对比。按可比价格计算总量指标有两种方法：一种是直接用产品产量乘某一年的不变价格计算；另一种是用价格指数进行缩减。

企业（单位）登记注册类型 是以在工商行政管理机关登记注册的各类企业为划分对象，以工商行政管理部门对企业登记注册的类型为依据，将企业登记注册类型分为内资企业、港澳台商投资企业和外商投资企业三大类。内资企业包括国有企业、集体企业、股份合作企业、联营企业、有限责任公司、股份有限公司、私营公司和其他企业；港澳台商投资企业和外商投资企业分别包括合资经营企业、合作经营企业、独资经营企业和股份有限公司。对不在工商行政管理部门进行登记注册的行政机关、事业单位和社会团体，主要按其经费来源和管理方式进行划分。

国有企业 指企业全部资产归国家所有，并按《中华人民共和国企业法人登记管理条例》规定登记注册的非公司制的经济组织。不包括有限责任公司中的国有独资公司。

集体企业 指企业资产归集体所有，并按《中华人民共和国企业法人登记管理条例》规定登记注册的经济组织。

股份合作企业 指以合作制为基础，由企业职工共同出资入股，吸收一定比例的社会资产投资组建，实行自主经营，自负盈亏，共同劳动，民主管理，按劳分配与按股分红相结合的一种集体经济组织。

联营企业 指两个及两个以上相同或不同所有制性质的企业法人或事业单位法人，按自愿、平等、互利的原则，共同投资组成的经济组织。联营企业包括国有联营企业、集体联营企业、国有与集体联营企业和其他联营企业。

有限责任公司 指根据《中华人民共和国公司登记管理条例》规定登记注册，由两个以上、五十个以下的股东共同出资，每个股东以其所认缴的出资额对公司承担有限责任，公司以其全部资产对其债务承担责任的经济组织。有限责任公司包括国有独资公司以及其他有限责任公司。

股份有限公司 指根据《中华人民共和国公司登记管理条例》规定登记注册，其全部注册资本由等额股份构成并通过发行股票筹集资本，股东以其认购的股份对公司承担有限责任，公司以其全部资产对其债务承担责任的经济组织。

私营企业 指由自然人投资设立或由自然人控股，以雇佣劳动为基础的营利性经济组织。包括按照《公司法》、《合伙企业法》、《私营企业暂行条例》规定登记注册的私营有限责任公司、私营股份有限公司、私营合伙企业和私营独资企业。

其他内资企业 指上述企业之外的其他内资经济组织。

与港澳台商合资经营企业 指港澳台地区投资者与内地企业依照《中华人民共和国中外合资经营企业法》及有关法律的规定，按合同规定的比例投资设立、分享利润和分担风险的企业。

与港澳台商合作经营企业 指港澳台地区投资者与内地企业依照《中华人民共和国中外合作经营企业

法》及有关法律的规定,依照合作合同的约定进行投资或提供条件设立、分配利润和分担风险的企业。

港澳台商独资经营企业 指依照《中华人民共和国外资企业法》及有关法律的规定,在内地由港澳台地区投资者全额投资设立的企业。

港澳台商投资股份有限公司 指根据国家有关规定,经外经贸部依法批准设立,其中港、澳、台商的股本占公司注册资本的比例达25%以上的股份有限公司。凡其中港、澳、台商的股本占公司注册资本的比例小于25%的,属于内资企业中的股份有限公司。

中外合资经营企业 指外国企业或外国人与中国内地企业依照《中华人民共和国中外合资经营企业法》及有关法律的规定,按合同规定的比例投资设立、分享利润和分担风险的企业。

中外合作经营企业 指外国企业或外国人与中国内地企业依照《中华人民共和国中外合作经营企业法》及有关法律的规定,依照合作合同的约定进行投资或提供条件设立、分配利润和分担风险的企业。

外资企业 指依照《中华人民共和国外资企业法》及有关法律的规定,在中国内地由外国投资者全额投资设立的企业。

外商投资股份有限公司 指根据国家有关规定,经外贸部依法批准设立,其中外资的股本占公司注册资本的比例达25%以上的股份有限公司。凡其中外资股本占公司注册资本的比例小于25%的,属于内资企业中的股份有限公司。

行政机关、事业单位和社会团体 参照企业登记注册类型,主要按其经费来源和管理方式划分。具体规定如下:

(1)行政机关:包括国家机关和政党机关,原则上均列为"国有"。但有特殊规定的,如供销社等,则列为"集体"。

(2)事业单位:包括经国家机构编制部门和有关业务主管部门批准成立的各类事业单位,不包括实行企业化管理的事业单位。事业单位的划分办法如下:

①由国家财政预算拨款或列入财政预算外资金管理以及经费主要来源于国有主管部门或国有上级单位的事业单位,列为"国有"。

②经费主要来源于集体单位的事业单位,列为"集体"。

③公民个人(或个人合伙)开办的事业单位,列为"私营"。

④上述以外的其他事业单位,如果其经费来源不明确,按管理方式进行归类。

(3)社会团体:包括经民政部门批准成立以及未纳入社会团体管理条例范围的工会、妇联等各类社会团体。社会团体的划分办法如下:

①未纳入民政部社会团体管理条例范围的工会、妇联、共青团、青联、工商联、科协、侨联等社会团体,国家拨款设立的基金会或基金管理组织以及经费主要来源于国有业务主管部门或国有上级单位的社会团体,列为"国有"。

②经费主要来源于集体单位的社会团体,列为"集体"。

③公民个人(或个人合伙)开办的社会团体,划为"私营"。

④上述以外的其他社会团体,如果其经费来源不明确,改按管理方式进行归类。

生产总值(GDP) 指一个国家(或地区)所有常住单位在一定时期内生产活动的最终成果。生产总值有三种表现形态,即价值形态、收入形态和产品形态。从价值形态看,它是所有常住单位在一定时期内生产的全部货物和服务价值超过同期中间投入的全部非固定资产货物和服务价值的差额,即所有常住单位的增加值之和;从收入形态看,它是所有常住单位在一定时期内创造并分配给常住单位和非常住单位的初次收入分配之和;从产品形态看,它是所有常住单位在一定时期内最终使用的货物和服务价值与货物和服务净出口价值之和。在实际核算中,生产总值有三种计算方法,即生产法、收入法和支出法。三种方法分别从不同的方面反映生产总值及其构成。

三大产业 是根据社会生产活动历史发展的顺序对产业结构的划分,产品直接取自自然界的部门称为第一产业,对初级产品进行再加工的部门称为第二产业,为生产和消费提供各种服务的部门称为第三产业。它是世界上较为通用的产业结构分类，但各国的划分不尽一致。

我国的三次产业划分是：

第一产业：农业（包括种植业、林业、牧业、渔业）和农林牧渔服务业。

第二产业：工业（包括采掘业，制造业，电力、煤气及水的生产和供应业）和建筑业。

第三产业：除第一、第二产业以外的其他各业。由于第三产业包括的行业多、范围广，根据我国的实际情况，第三产业可分为两大部分：一是流通部门，二是服务部门。

最终消费 指常住单位在一定时期内对于货物和服务的全部最终消费支出，也就是常住单位为满足物质、文化和精神生活的需要，从本国经济领土和国外购买的货物和服务的支出；不包括非常住单位在本国经济领土内的消费支出。最终消费分为居民消费和政府消费。

居民消费 指常住住户对货物和服务的全部最终消费支出。居民消费按市场价格计算，即按居民支付的购买者价格计算。购买者价格是购买者取得货物所支付的价格，包括购买者支付的运输和商业费用。居民消费除了直接以货币形式购买货物和服务的消费之外，还包括以其他方式获得的货物和服务的消费支出，即所谓的虚拟消费支出。居民虚拟消费支出包括以下几种类型：单位以实物报酬及实物转移的形式提供给劳动者的货物和服务；住户生产并由本住户消费了的货物和服务，其中的服务仅指住户的自有住房服务；金融机构提供的金融媒介服务；保险公司提供的保险服务。

政府消费 指政府部门为全社会提供公共服务的消费支出和免费或以较低价格向住户提供的货物和服务的净支出。前者等于政府服务的产出价值减去政府单位所获得的经营收入的价值，政府服务的产出价值等于它的经常性业务支出加上固定资产折旧；后者等于政府部门免费或以较低价格向住户提供的货物和服务的市场价值减去向住户收取的价值。

公路里程 指在一定时期内实际达到《公路工程[WTBZ]技术标准 JTJ01-88》规定的等级公路，并经公路主管部门正式验收交付使用的公路里程数。包括大中城市的郊区公路以及通过小城镇街道部分的公路里程和桥梁、渡口的长度，不包括大中城市的街道、厂矿、林区生产用道和农业生产用道的里程。两条或多条公路共同经由同一路段，只计算一次，不得重复计算里程长度。

非公有制经济 按国家统计局《关于统计上划分经济成分的规定》：公有经济包括国有经济和集体经济，非公有经济包括私有经济、港澳台经济和外商经济。

非公有制经济是从经济管理角度进行划分的一种经济形式，其基本特征主要表现在：从产权关系上看，具有产权主体多元化、产权明晰和利益分配明确等特征。非公有制经济多数为自筹资金、自由组合的经济实体，无论是个人投资、合伙投资或外商投资以及集体筹资创办的企业，其产权关系和利益关系都比较明确。

就本书而言，非公有制经济是对指除国有企业及国有控股企业以外的其他多种所有制经济的统称，包括个体工商户、私营企业、集体企业、港澳台投资企业和外商投资企业。

Explanatory Notes on Main Statistical Indicators

Constant Prices refer to the average price of a given product in a certain year which is used for evaluating the output value of similar products over time as a fixed-price. As the output value at constant prices removes the influence of price changes, the comparison among constant prices of different periods reflects the development speed of production over time. Since the foundation of the People's Republic of China in 1949, with the changes of industrial and agricultural products, National Bureau of Statistics of China has set nationally unified constant prices five times: the 1952 constant prices for the period from 1952 to 1957; the 1957 constant prices for the period from 1957 to 1970; the 1970 constant prices for the period from 1971 to 1980; the 1980 constant prices for the period from 1981 to 1990; the 1990 constant prices for the period from 1991 to 2000; the 2000 constant prices for the period from 2001 to 2005; the 2010 constant prices for the period from 2006 to 2010; the 2010 constant prices has been adopted since 2011; and the 2015 constant prices has been adopted since 2016.

Comparable Prices refer to prices that have removed the influence of price changes in calculating aggregate indicators and they can be used to facilitate comparison of aggregate indicators of different periods. There are two methods for calculating aggregate indicators at comparable prices: first, to multiply output of products by their constant prices of a certain year; and second, to deflate price indices.

Registration Types of Enterprises (Units) refer to three kinds of classifications of enterprises, namely domestic-funded enterprises, enterprises with investment from Hong Kong, Macao and Taiwan as well as foreign-invested enterprises, in the light of the registration type of an enterprise at industry and business administrative departments. Domestic-funded enterprises include state-owned enterprises, collective-owned enterprises, cooperative enterprises, joint ownership enterprises, limited liability corporations, share-holding corporations Ltd., private enterprises and other enterprises. Enterprises with investment from Hong Kong, Macao and Taiwan and foreign-invested enterprises both consist of joint-venture enterprises, cooperative enterprises, enterprises with sole fund and share-holding corporations Ltd. For administrative organizations, public institutions and social organizations which are not requested to register at industrial and commercial administrative departments, they are classified mainly by their sources of funding and manners of management.

State-owned Enterprises refer to unincorporated economic units where the entire assets are owned by the State and which have been registered in accordance with Regulations *of the People's Republic of China for Controlling the Registration of Enterprises as Legal Persons*. State sole funded corporations classified into limited liability companies are not included.

Collective-owned Enterprises refer to economic units where the assets are owned collectively and which have been registered in accordance with *Regulations of the People's Republic of China for Controlling the Registration of Enterprises as Legal Persons*.

Joint-equity Cooperative Enterprises refer to collective economic units whose capitals come mainly from employees as their shares, with certain proportion of social capital and who is organized on the basis of independent operation, responsibility for their own profits and losses, shared labor, democratic management and a distribution system that integrates remuneration according to work with sharing profits according to contributions.

Joint Ownership Enterprises refer to economic units established by two or more corporate enterprises or institutional persons of the same or different ownerships, through joint investment on the basis of voluntary participation, equality, and mutual benefits, including State joint ownership enterprises, collective joint ownership enterprises, joint State-collective enterprises and other joint ownership enterprises.

Limited Liability Companies refer to economic units established with investment from 2 to 50 investors and registered in accordance with *Regulations of the People's Republic of China on the Administration of Company Registration.* Besides, each investor bears limited liabilities in accordance with the amount of money he funded and the corporation bears the liability to pay off its debts with its total assets. Included in this category are State sole funded corporations and other limited liability companies.

Companies Limited by Shares refer to economic units registered in accordance with *Regulations of the People's Republic of China on the Administration of Company Registration*, with total registered capital raised through issuing equal shares. Besides, each investor bears limited liabilities in accordance with his shares of investment in the corporation he funded and the corporation bears the liability to pay off its debts with its total assets.

Private Enterprises refer to profit-making economic units invested and established or controlled by natural persons hiring labors. Included in this category are private limited liability companies, private companies limited by shares, private partnership enterprises and private exclusively funded enterprises registered in accordance with the *Company Law*, *Partnership Enterprise Law and Interim Regulations on Private Enterprises.*

Other Domestic-funded Enterprises refer to domestic-funded economic units other than those mentioned above.

Joint-venture Enterprises with Funds from Hong Kong, Macao and Taiwan refer to enterprises established by investors from Hong Kong, Macao and Taiwan with enterprises in mainland China in accordance with *Law of the People's Republic of China on Chinese-foreign Equity Joint-ventures* and other relevant laws, where the proportions of investment and the sharing of profits and risks are stipulated under cooperative contracts.

Cooperative Enterprises with Funds from Hong Kong, Macao and Taiwan refer to enterprises established by investors from Hong Kong, Macao and Taiwan with enterprises in mainland China in accordance with *Law of the People's Republic of China on Chinese-foreign Equity Joint-ventures* and other relevant laws, where the proportions of investment or provision of facilities and the sharing of profits and risks are stipulated under cooperative contracts.

Enterprises with Sole Fund from Hong Kong, Macao and Taiwan refer to enterprises established in mainland China with exclusive investment from investors from Hong Kong, Macao and Taiwan in accordance with *Law of the People's Republic of China on Foreign-capital Enterprises* and other relevant laws.

Companies Limited by Shares with Funds from Hong Kong, Macao and Taiwan refer to companies limited by shares established in accordance with relevant regulations and with the approval from Ministry of Foreign Trade, where the share of investment from Hong Kong, Macao or Taiwan businessmen exceeds 25% of the total registered capital. In case the share of investment from Hong Kong, Macao or Taiwan is less than 25% of the total registered capital, the enterprise is to be classified as domestic-funded companies limited by shares.

Sino-foreign Equity Joint Enterprises refer to enterprises jointly established by foreign enterprises or foreigners with enterprises in mainland China in accordance with *Law of the People's Republic of China on Chinese-foreign Equity Joint-ventures* and other relevant laws, where the sharing of investment, profits and risks is stipulated under contract.

Sino-foreign Collective Operation Enterprises refer to enterprises jointly established by foreign enterprises or foreigners with enterprises in mainland China in accordance with *Law of the People's Republic of China on Chinese-foreign Equity Joint-ventures* and other relevant laws, where the proportions of investment or provision of facilities and the sharing of profits and risks are stipulated under cooperative contracts.

Foreign-funded Enterprises refer to enterprises established in mainland China with exclusive investment from foreign investors in accordance with *Law of the People's Republic of China on Foreign-capital Enterprises* and other relevant laws.

Companies Limited by Shares with Foreign Funds refer to companies limited by shares established in accordance with relevant regulations and with the approval from Ministry of Foreign Trade, where the share of investment from foreign investors exceeds 25% of the total registered capital. In case the share of investment from foreign investors is less than 25% of the total registered capital, the enterprise is to be classified as domestic-funded companies limited by shares.

Administrative Organizations, Public Institutions and Social Organizations are classified into following categories by source of funds and means of management taking reference of the registration types of enterprises:

(1) Administrative organizations: include state and party agencies, classified in principle as state-owned. But there are exceptions, such as supply and marketing cooperatives which are classified as collective.

(2) Public Institutions: include institutions of various types established with the approval from departments managing state executive establishments and relative competent departments for services but exclude public institutions adopting the management modes of enterprises. Public Institutions are further classified as follows:

(a) Public institutions whose expenditures come from state budget funds or are in the managing list of extra-budgetary funds and mainly from State-owned competent departments or superior units. Such institutions are classified as State-owned.

(b) Public institutions whose expenditures mainly come from collective units. Such institutions are classified as collective.

(c) Public institutions established by individuals or a group of citizens. Such institutions are classified as private.

(d) Public institutions other than those mentioned above whose expenditures are undefined. Such institutions are classified by the manner of management.

(3) Social organizations: include such organizations as labor unions and women's federations established with the approval from civil affairs departments and not covered by social organization management regulations. Social organizations as further classified as follows:

(a) Social organizations that are not covered by social organization management regulations of civil affairs departments such as trade unions, women's federations, communist youth leagues, youth associations, industrial and commerce associations, scientists associations, overseas Chinese associations, foundations and fund management organizations established with funds from the State and social organizations whose funds mainly come from State-owned competent departments or superior units. Such organizations are classified as State-owned.

(b) Social organizations whose expenditures mainly come from collective units. Such organizations are classified as collective-owned.

(c) Social organizations established by individual or a group of citizens. Such organizations are classified as private.

(d) Social organizations other than those mentioned above whose expenditures are undefined. Such organizations are classified by manner of management.

Gross Domestic Product (GDP) refers to the final products of all resident units in a country (or a region) during a certain period of time. Gross domestic product is expressed in three different forms, i. e. value, income, and products respectively. The form of value refers to the difference between the total value of all products as well as services produced by all resident units during a certain period of time and total value of intimidate input of materials and services of non-fixed assets or the summation of the added-value of all resident units; the form of income includes all the income created by all resident units and distributed primarily to all resident and non-resident units; the form of products refers to the total sum of the value of all final goods and services for final use by all resident units and the value of net exports of goods and services during a given period of time. In actual adjust accounts, gross domestic product is calculate with three approaches, i. e. production approach, income approach and expenditure approach, which reflect gross domestic product and its composition from different aspects.

Three Industries refer to three kinds of industry structures classified according to the historical sequences of social productive activities. Primary industry refers to extraction of natural resources; secondary industry involves processing of primary products; and tertiary industry provides services of various kinds for production and consumption. The above classification is universal although it varies to some extent form country to country.

Three industries in China comprises:

Primary industry: agriculture (include farming, forestry, animal husbandry and fishery) and services of farming, forestry, animal husbandry and fishery.

Secondary industry: industry (including mining and quarrying, manufacturing as well as production and supply of electricity, water and gas) and building industry.

Tertiary industry: all other industries not included in primary or secondary industries.

Due to the fact that tertiary industry involves a large variety of industries in China, it is divided into two sectors: circulation sector and service sector.

Final Consumption refers to the total expenditure of resident units on final consumption of goods and services in a certain period, namely the expenditure of the resident units for purchases of goods and services within domestic economic territory and from abroad to meet the requirements of material, cultural and spiritual life. It excludes the expenditure of non-resident units on consumption within domestic economic territory. The final consumption is classified into household consumption and government consumption.

Households Consumption refers to the total expenditure of resident households on the final consumption of goods and services. The household consumption is calculated at market prices, namely the purchaser′s prices which the households pay; the purchasers′ prices of goods are the prices the households pay when they obtain the goods, including delivery fees and commercial expenses paid by the households. In addition to the purchases of goods and services by the households directly with money, households purchase goods and services in other means, namely virtual expenditure. And virtual expenditure includes the following types: a) goods and services provided to the households by the units in the form of payment in kind and transfer in kind; b) goods and services produced and consumed by the households themselves, in which the services refer only to owners′ self-owned dwelling services; c) services of financial intermediary provided by the financial institutions; d) insurance services provided by the insurance companies.

Government Consumption refers to the expenditure on the consumption of public services provided by government to the whole society and net expenditure on goods and services provided by government to the households at free charge or lower prices. The former equals to the value gained by using the output value of government services to minus the value of operating income obtained by the government departments and the output value of government services equals to the total sum of its regular operating expenditure and depreciation of fixed assets. The latter equals to the value gained by using the market value of the goods and services provided by the government for free or at low prices to the households to minus the value received by the government from the households.

Highway Mileage refers to the length of highways which are built in conformity with the standards stipulated in *Highway Engineering Standards* [*WTBZ*] *technical Standards JTJ*01-88, have been formally checked and accepted by competent departments of highways and put into use. The length of highways includes that of the suburb highways in large and medium-sized cities, highways passing through streets in small cities and towns, and also the length of bridges and ferries. It does not include the length of streets in big and medium-sized cities and highways built for production in factories, mines, forest areas and agricultural areas. If two or more highways pass through the same section of a highway, the length of the section is only calculated once and no duplication is allowed.

Non-public Sectors of Economy In accordance with Stipulations on Economic Sectors Used in Statistics issued by National Bureau of Statistics of China, there are mainly two sectors: public economy, including state-owned economy and collective economy, as well as non-public economy, including private economy, economies manipulated by Hong Kong, Macao and Taiwan and foreign economy.

Non-public economy is a form of economy classified from the perspective of economic management. Its essential features reveal in property relations, namely, non-public economy has diverse property rights entities, clear property rights and clear-cut benefit distributions, etc. Because most entities of non-public economy raise funds by themselves and combine freely, whether individually invested, jointly invested, foreign-invested or collectively invested enterprises, they have clear-cut property relations and benefit relationships.

When it comes to this book, non-public economy refers to other economies with different types of ownerships apart from state-owned enterprises and state holding enterprises, including individual businesses, private enterprises, collective enterprises, enterprises with investments from Hong Kong, Macao and Taiwan as well as foreign-invested enterprises.

人口与计划生育

Population and Family Planning

3-1 常住人口主要指标变动情况
Main Indicators on Permanent Resident Population

指　　标	Item	2018		2017		2018年比2017年增长(%) Growth Rate in 2018 over 2017(%)
		人　数（万人） Population (10 000 persons)	构　成（%） Proportion (%)	人　数（万人） Population (10 000 persons)	构　成（%） Proportion (%)	
年平均人口	Annual Average Population	484. 20		474. 94		2. 0
年末总人口	Total Population (at year-end)	488. 19		480. 20		1. 7
按城镇、乡村分	**Grouped by Residence**					
城 镇	Urban Population	368. 24	75. 43	359. 19	74. 80	2. 5
乡 村	Rural Population	119. 95	24. 57	121. 01	25. 20	-0. 9
按性别分	**Grouped by Gender**					
男	Male	250. 05	51. 22	244. 81	50. 98	2. 1
女	Female	238. 14	48. 78	235. 39	49. 02	1. 2
性别比(以女性为100)	Sex Ratio(Female=100)	105		104		
人口出生率(‰)	Birth Rate(‰)	13. 07		11. 76		1. 31个千分点 (1. 31permillage)
人口死亡率(‰)	Death Rate(‰)	4. 53		5. 68		-1. 15个千分点 (-1. 15permillage)
自然增长率(‰)	Natural Growth Rate(‰)	8. 54		6. 08		2. 46个千分点 (2. 46permillage)

3-2 常住人口增长情况(2018年)
Increase Indicators on Permanent Resident Population(2018)

区(市、县)名　称	District(City, County)	年末总人口（万　人） Total Population at Year-end (10 000 persons)	年平均人口（万　人） Annual Average Population (10 000 persons)	人口密度（人/平方公里） Population Density (person/sq. km)
贵 阳 市	**Guiyang**	**488. 19**	**484. 20**	**606. 95**
南 明 区	Nanming	92. 39	92. 15	4414. 66
云 岩 区	Yunyan	99. 64	99. 61	10871. 79
花 溪 区	Huaxi	67. 74	67. 22	702. 59
乌 当 区	Wudang	25. 28	25. 08	370. 01
白 云 区	Baiyun	29. 58	29. 30	1097. 51
观山湖区	Guanshanhu	32. 77	30. 87	1065. 21
开 阳 县	Kaiyang	38. 34	38. 29	189. 49
息 烽 县	Xifeng	24. 33	24. 15	234. 73
修 文 县	Xiuwen	28. 09	27. 87	262. 16
清 镇 市	Qingzhen	50. 03	49. 65	360. 82

注：土地面积来源于市自然资源和规划局。

a) Data of land area come from Guiyang Municipal Natural Resources and Planing Bureau.

3-3 公安户籍人口变动情况
Household Registered Population

指　　标	Item	2018 人数(万人) Population (10 000 persons)	2018 构成(%) Proportion (%)	2017 人数(万人) Population (10 000 persons)	2017 构成(%) Proportion (%)	2018年比2017年增长(%) Growth Rate in 2018 over 2017(%)
年末总人口	**Total Population (at year-end)**	**418.45**	**100.0**	**408.31**	**100.0**	**2.5**
农　业	Agricultural	143.85	34.4	148.05	36.3	-2.8
非农业	Non-agricultural	274.60	65.6	260.26	63.7	5.5
按性别分	**Grouped by Gender**					
男	Male	210.42	50.3	205.69	50.4	2.3
女	Female	208.03	49.7	202.62	49.6	2.7
性别比(以女性为100)	Sex Ratio(Female=100)	1.01		1.02		
人口出生率(‰)	Birth Rate(‰)	18.42		20.31		-1.9个千分点 (-1.9permillage)
人口死亡率(‰)	Death Rate(‰)	4.14		11.05		-6.9个千分点 (-6.9permillage)
自然增长率(‰)	Natural Growth Rate(‰)	14.29		9.26		5.0个千分点 (5.0permillage)

3-4 各区(市、县)户籍人口(2018年)
Registered Population of Districts (City, County) (2018)

区(市、县)名称	District (City, County)	年末总人口(万人) Total Population at Year-end (10 000 persons)	非农业人口 Non-agricultural Population	农业人口 Agricultural Population	年平均人口(万人) Annual Average Population (10 000 persons)
全市合计	**Total**	**418.45**	**274.60**	**143.85**	**413.38**
南明区	Nanming	64.40	61.55	2.85	63.51
云岩区	Yunyan	66.14	66.14	0.00	65.51
花溪区	Huaxi	52.40	35.51	16.89	51.72
乌当区	Wudang	22.03	11.81	10.22	21.72
白云区	Baiyun	22.62	20.74	1.88	22.26
观山湖区	Guanshanhu	31.30	23.30	8.00	30.00
开阳县	Kaiyang	45.46	17.52	27.95	45.36
息烽县	Xifeng	27.47	9.51	17.97	27.36
修文县	Xiuwen	32.80	10.80	21.99	32.60
清镇市	Qingzhen	53.83	17.73	36.10	53.34

注：本表资料为公安户籍数。

a) Data in this table are registered permanent residence of the police station.

3-5 出生及新婚情况(2018 年)
Statistics on Birth and Marriage(2018)

单位:人 (person)

区(市、县)名称	District (City,County)	年初以来累计出生人数 Births Since the Beginning of the Year									
		合计 Total					一孩 1st Birth				
		小计 Subtotal	计划内 Planned		计划外 Unplanned		小计 Subtotal	计划内 Planned		早育 Early Childbirth	
			男 Male	女 Female	男 Male	女 Female		男 Male	女 Female	男 Male	女 Female
合计	**Total**	**58575**	**29406**	**27044**	**1059**	**1066**	**23097**	**11287**	**10815**	**453**	**542**
南明区	Nanming	8573	4457	4030	52	34	4055	2085	1942	13	15
云岩区	Yunyan	7676	3990	3612	41	33	3851	2003	1825	14	9
花溪区	Huaxi	7611	3729	3534	188	160	2977	1384	1415	84	94
乌当区	Wudang	3916	1968	1759	108	81	1453	697	669	50	37
白云区	Baiyun	3967	1993	1827	81	66	1420	689	681	23	27
观山湖区	Guanshanhu	6188	3123	2973	52	40	2587	1268	1286	16	17
开阳县	Kaiyang	5994	2925	2673	167	229	2070	956	923	77	114
息烽县	Xifeng	3669	1833	1632	102	102	1164	545	489	65	65
修文县	Xiuwen	4517	2164	2025	136	192	1412	619	634	61	98
清镇市	Qingzhen	6464	3224	2979	132	129	2108	1041	951	50	66

注:本表数据来源于市卫生健康局(下表同)。
a) Data in this table come from Guiyang Municipal Health Bureau (the same below).

3-5 续表 (continued)

单位:人 (person)

区(市、县)名称	District (City,County)	年初以来累计出生人数 Births Since the Beginning of the Year										年初以来死亡人数 Deaths Since the Beginning of the Year
		二孩 2nd Birth					多孩 3rd Birth and Above					
		小计 Subtotal	计划内 Planned		早育 Early Childbirth		小计 Subtotal	计划内 Planned		计划外 Unplanned		
			男 Male	女 Female	男 Male	女 Female		男 Male	女 Female	男 Male	女 Female	
合计	**Total**	**31808**	**16611**	**14897**	**144**	**156**	**3670**	**1508**	**1332**	**462**	**368**	**21172**
南明区	Nanming	4208	2238	1962	4	4	310	134	126	35	15	2824
云岩区	Yunyan	3577	1877	1687	6	7	248	110	100	21	17	2821
花溪区	Huaxi	4242	2211	1987	22	22	392	134	132	82	44	4091
乌当区	Wudang	2192	1169	1008	9	6	271	102	82	49	38	1330
白云区	Baiyun	2297	1211	1073	8	5	250	93	73	50	34	1171
观山湖区	Guanshanhu	3348	1741	1600	3	4	253	114	87	33	19	978
开阳县	Kaiyang	3335	1724	1546	26	39	589	245	204	64	76	2466
息烽县	Xifeng	2133	1114	992	15	12	372	174	151	22	25	1489
修文县	Xiuwen	2654	1364	1245	19	26	451	181	146	56	68	1596
清镇市	Qingzhen	3822	1962	1797	32	31	534	221	231	50	32	2406

3-6 节育及领独生子女证情况(2018年)
Statistics on Contraception and Only-child Certificate Obtained(2018)

单位:人 (person)

区(市、县)名称	District (City, County)	育龄妇女 Number of Child-bearing Women	已婚育龄妇女 Number of Married Child-bearing Woman					采取措施的已婚育龄妇女人数 Number of Female Contraception Users
			小计 Subtotal	无孩 No Child	一孩 1st Birth	二孩 2nd Birth	多孩 3rd Birth and Above	
合计	**Total**	**1196892**	**824771**	**41566**	**359203**	**330784**	**93218**	**666954**
南明区	Nanming	218056	144208	7894	76468	46957	12889	118462
云岩区	Yunyan	200277	125267	6992	70101	39179	8995	100423
花溪区	Huaxi	180955	123487	6430	53279	49826	13952	97724
乌当区	Wudang	70588	51029	2782	22994	21059	4194	39637
白云区	Baiyun	82701	59521	2409	23269	25484	8359	47316
观山湖区	Guanshanhu	128558	91511	5360	40764	36333	9054	74543
开阳县	Kaiyang	90934	63833	2982	21276	30451	9124	53933
息烽县	Xifeng	49573	37644	1690	12522	18242	5190	30676
修文县	Xiuwen	68282	51454	1977	15569	26095	7813	41910
清镇市	Qingzhen	106968	76817	3050	22961	37158	13648	62330

主要统计指标解释

人口数 指一定时点、一定地区范围内的有生命的个人的总和。年度统计的年末人口数指每年12月31日24时的人口数。

市镇总人口和乡村总人口其定义有两种口径:

第一种口径(按行政建制)

市人口:市管辖区域内的全部人口(含市辖镇,不含市辖区县);

镇人口:县辖镇的全部人口(不含市辖镇);

县人口:县辖乡人口。

第二种口径(按常住人口划分)

市人口:设区的市的区人口和不设区的市所辖的街道人口;

镇人口:不设区的市所辖镇的居民委员会人口和县辖镇的居民委员会人口;

县人口:除上述两种人口以外的全部人口。

出生率(又称粗出生率) 指在一定时期内(通常为一年)平均每千人所出生的人数的比率,一般用千分率表示。计算公式为:

出生率=年出生人数/年平均人数×1000‰

式中:出生人数指活产婴儿,即胎儿脱离母体时(不管怀孕月数),有过呼吸或其他生命现象。

年平均人数指年初、年底人口数的平均数,也可用年中人口数代替。

死亡率(又称粗死亡率) 指在一定时期内(通常为一年)一定地区的死亡人数与同期平均人数(或期中人数)之比,一般用千分率表示。计算公式为:

死亡率=年死亡人数/年平均人数×1000‰

人口自然增长率 指在一定时期内(通常为一年)人口自然增加数(出生人数减死亡人数)与该时期内平均人数(或期中人数)之比,一般用千分率表示。计算公式为:

人口自然增长率=(本年出生人数-本年死亡人数)/年平均人数×1000‰

= 人口出生率-人口死亡率。

Explanatory Notes on Main Statistical Indicators

Total Population refers to the total number of people alive at a certain point of time within a given area. The annual statistics on total population at year-end is taken at 24, the 3lst of December.

Urban Population and Rural Population the definition is determined according to two standards as follows:

The first standard – Administrative System

Urban Population includes total population of cities and population of towns under the jurisdiction of cities, excluding districts and counties under the jurisdiction of cities;

Population of County-administrated Towns includes total population of towns under the jurisdiction of counties, excluding population of towns under the jurisdiction of cities;

Population of Counties includes total population of townships under the jurisdiction of counties.

The second standard – Permanent Resident Population

Urban Population includes population living in districts under the jurisdiction of cities with sub-districts and population living in communities under the jurisdiction of cities without sub-districts;

Population of County-administrated Towns includes total number of residents living in towns under the jurisdiction of cities without sub-districts and total number of residents living in towns under the jurisdiction of counties;

Population of Counties includes total population except those mentioned above.

Permanent Resident Population refers to those people who live or stay at home more than 6 months in the whole year, and their economy and life become an organic with their own households. Labors working outside although live outside more than 6 months, yet with income mainly brought to home, as well as economy and household united, so they are also considered as permanent resident population; state employees and retirees living at home with economy and household united are also considered as permanent resident population. But serviceman, students in technical secondary schools (except day students) and labors working outside not staying at home (except visiting relatives or receiving medical treatment) with stable careers and places to live are not included into permanent resident population. Permanent Resident Population includes: 1. Those who live in their own households (as well as those living in their own households with less than half a year outside), with registered permanent residence belonging to their own village, town and committee. 2. Those who live in their own households more than half a year, with registered permanent residence belonging to other villages, towns and committees. 3. Those who has left the former registered place more than half a year and live in their own households less than half a year with registered permanent residence belonging to other villages, towns and committees. 4. Those who live in their own households, with registered permanent residence undetermined.

Birth Rate (or Rough Birth Rate) refers to the ratio of the number of births to the average population (or mid-period population) during a certain period of time (usually a year), expressed in ‰. Birth rate in the chapter refers to annual birth rate. The following formula is used:

Birth Rate = (Number of Births)/(Annual Average Population) ×1000‰

Number of births in the formula refers to live births, i. e. when a baby has breathed or showed any vital phenomena regardless of the length of pregnancy.

Annual average population is the average of the number of population at the beginning of the year and that at the end of the year. Sometimes it is substituted by the mid-year population.

Death Rate (or Rough Death Rate) refers to the ratio of the number of deaths to the average population (or mid-period population) during a certain period of time (usually a year), expressed in ‰. The following formula is used:

Death Rate= (Number of Deaths)/(Annual Average Population) ×1000‰

Natural Growth Rate of Population refers to the ratio of natural increase in population (number of births minus number of deaths) in a certain period of time (usually a year) to the average population (or mid-period population) of the same period, expressed in ‰. The following formula is applied:

Natural Growth Rate of Population = (Number of Births-Number of Deaths)/(Annual Average Population) × 1000‰ = Birth Rate-Death Rate

Four

从业人员及职工工资

Employment and Wages

4-1 按国民经济行业分组的城镇非私营从业人员人数(2018年)
Number of Employed Persons in Urban Non-Private Units by Sector(2018)

单位:人 (person)

指 标	Item	从业人员年末人数 Number of Employed Persons at Year-end			
		合 计 Total	国有单位 State-owned Units	城镇集体单位 Urban Collective -owned Units	其他单位 Units of Other Types of Ownership
总 计	**Total**	**1063285**	**337396**	**11212**	**714677**
按执行会计标准类别分组	**By Enterprises, Institutions and Agencies**				
企 业	Enterprises	840450	125036	9752	705662
事 业	Institutions	135852	135852		
机 关	Agencies	73856	73856		
民间非营利组织	Non-profit Civil Organizations	5433		1380	4053
其 他	Other Organizations	7694	2652	80	4962
按国民经济行业分组	**By Sector**				
农、林、牧、渔业	Agriculture, Forestry, Animal Husbandry and Fishery	1700	575		1125
采矿业	Mining	6766	408	97	6261
制造业	Manufacturing	119467	14533	1560	103374
电力、热力、燃气及水生产和供应业	Production and Supply of Electricity, Heating Power, Gas and Water	56876	46981	117	9778
建筑业	Construction	335470	2286	2490	330694
批发和零售业	Wholesale and Retail Trades	55040	3750	567	50723
交通运输、仓储和邮政业	Transport, Storage and Post	78797	37868	375	40554
住宿和餐饮业	Hotels and Catering Services	11119	1541	228	9350
信息传输、软件和信息技术服务业	Services of Information Transmission, Software and Information Technology	19141	1191	61	17889
金融业	Financial Industry	25967	5012	1101	19854
房地产业	Real Estate	40166	1496	260	38410
租赁和商务服务业	Leasing and Business Services	37044	3351	1958	31735
科学研究、技术服务业	Scientific Research and Technical Service	30397	12539	86	17772
水利、环境和公共设施管理业	Management of Water Conservancy, Environment and Public Facilities	12360	3702	32	8626
居民服务、修理和其他服务业	Services to Household, Repair and Others	7886	1080	100	6706
教 育	Education	78526	69938	180	8408
卫生和社会工作	Health and Social Service	45653	36520	643	8490
文化、体育和娱乐业	Culture, Sports and Entertainment	9754	5868		3886
公共管理、社会保障和社会组织	Public Management, Social Security and Social Organization	91156	88757	1357	1042

4-2 按国民经济行业分组的城镇非私营从业人员工资总额(2018年)
Total Wage Bill of Employed Persons in Urban Non-Private Units by Sector(2018)

单位:万元 (10 000 yuan)

指标	Item	从业人员工资总额 Total Wage Bill of Employed Persons			
		合计 Total	国有单位 State-owned Units	城镇集体单位 Urban Collective -owned Units	其他单位 Units of Other Types of Ownership
总计	**Total**	**8375134**	**3083474**	**76041**	**5215619**
按执行会计标准类别分组	**By Enterprises, Institutions and Agencies**				
企业	Enterprises	6481924	1258900	60693	5162331
事业	Institutions	1185157	1185157		
机关	Agencies	618559	618559		
民间非营利组织	Non-profit Civil Organizations	38292		14872	23420
其他	Other Organizations	51203	20859	476	29869
按国民经济行业分组	**By Sector**				
农、林、牧、渔业	Agriculture, Forestry, Animal Husbandry and Fishery	8853	4329		4525
采矿业	Mining	36387	3540	416	32431
制造业	Manufacturing	950977	129275	6124	815579
电力、热力、燃气及水生产和供应业	Production and Supply of Electricity, Heating Power, Gas and Water	605100	492584	794	111722
建筑业	Construction	2139077	12176	11722	2115179
批发和零售业	Wholesale and Retail Trades	342851	43265	2544	297042
交通运输、仓储和邮政业	Transport, Storage and Post	754180	387060	2090	365031
住宿和餐饮业	Hotels and Catering Services	56691	8411	1709	46570
信息传输、软件和信息技术服务业	Information Transmission, Software and Information Technology in services	193928	12510	260	181158
金融业	Financial Industry	448423	72649	15346	360427
房地产业	Real Estate	294775	21500	1033	272242
租赁和商务服务业	Leasing and Business Services	223000	27550	9930	185520
科学研究、技术服务业	Scientific Research and Technical Services	318799	128622	570	189607
水利、环境和公共设施管理业	Management of Water Conservancy, Environment and Public Facilities	67050	25408	161	41480
居民服务、修理和其他服务业	Services to Household, Repair and Others	35390	5539	351	29499
教育	Education	663915	612129	699	51087
卫生和社会工作	Health and Social Service	393424	327434	7334	58656
文化、体育和娱乐业	Culture, Sports and Entertainment	107098	55373		51725
公共管理、社会保障和社会组织	Public Management, Social Security and Social Organization	735216	714120	14956	6140

4-3 按国民经济行业分组的城镇非私营从业人员平均工资(2018年)
Average Wage of Employed Persons in Urban Non-Private Units by Sector(2018)

单位:元 (yuan)

指标	Item	从业人员平均工资 Average wage of Employed Persons			
		合计 Total	国有单位 State-owned Units	城镇集体单位 Urban Collective -owned Units	其他单位 Units of Other Types of Ownership
总计	**Total**	**80485**	**92029**	**64523**	**75181**
按执行会计标准类别分组	**By Enterprises, Institutions and Agencies**				
企业	Enterprises	79113	101241	59387	75389
事业	Institutions	87732	87732		
机关	Agencies	84640	84640		
民间非营利组织	Non-profit Civil Organizations	70222		100150	59021
其他	Other Organizations	67037	82185	59438	59499
按国民经济行业分组	**By Sector**				
农、林、牧、渔业	Agriculture, Forestry, Animal Husbandry and Fishery	51563	75021		39690
采矿业	Mining	53135	87410	42866	51105
制造业	Manufacturing	80152	89340	37895	79522
电力、热力、燃气及水生产和供应业	Production and Supply of Electricity, Heating Power, Gas and Water	106244	105687	67838	109221
建筑业	Construction	67709	55146	46332	67972
批发和零售业	Wholesale and Retail Trades	62769	115681	44794	59039
交通运输、仓储和邮政业	Transport, Storage and Post	95990	101877	55005	90813
住宿和餐饮业	Hotels and Catering Services	50472	54940	74969	49161
信息传输、软件和信息技术服务业	Information Transmission, Software and Information Technology in services	104341	105126	42656	104504
金融业	Financial Industry	173652	145678	148271	182025
房地产业	Real Estate	69991	146160	40039	67408
租赁和商务服务业	Leasing and Business Services	61488	82609	41408	60759
科学研究、技术服务业	Scientific Research and Technical Services	105573	103736	66302	107050
水利、环境和公共设施管理业	Management of Water Conservancy, Environment and Public Facilities	55031	69307	50438	48881
居民服务、修理和其他服务业	Services to Household, Repair and Others	45735	54358	35130	44568
教育	Education	85150	87971	40428	62195
卫生和社会工作	Health and Social Service	87488	90647	113887	71505
文化、体育和娱乐业	Culture, Sports and Entertainment	108696	94252		130028
公共管理、社会保障和社会组织	Public Management, Social Security and Social Organization	81358	81265	102301	59550

4-4 按国民经济行业分组的城镇非私营在岗职工人数(2018年)
Number of On-Post Staff and Workers in Urban Non-Private Units by Sector(2018)

单位:人 (person)

指　标	Item	在岗职工年末人数 Number of On-post Staff at Year-end			
		合　计 Total	国有单位 State-owned Units	城镇集体单位 Urban Collective -owned Units	其他单位 Units of Other Types of Ownership
总　计	**Total**	**939029**	**316827**	**10953**	**611249**
按执行会计标准类别分组	**By Enterprises, Institutions and Agencies**				
企　业	Enterprises	730116	118019	9497	602600
事　业	Institutions	126143	126143		
机　关	Agencies	70451	70451		
民间非营利组织	Non-profit Civil Organizations	5263		1376	3887
其　他	Other Organizations	7056	2214	80	4762
按国民经济行业分组	**By Sector**				
农、林、牧、渔业	Agriculture, Forestry, Animal Husbandry and Fishery	1607	567		1040
采矿业	Mining	6569	302	97	6170
制造业	Manufacturing	117339	14397	1458	101484
电力、热力、燃气及水生产和供应业	Production and Supply of Electricity, Heating Power, Gas and Water	52089	42279	109	9701
建筑业	Construction	244192	2231	2435	239526
批发和零售业	Wholesale and Retail Trades	54285	3685	557	50043
交通运输、仓储和邮政业	Transport, Storage and Post	76033	36669	374	38990
住宿和餐饮业	Hotels and Catering Services	10627	1427	190	9010
信息传输、软件和信息技术服务业	Information Transmission, Software and Information Technology in services	18768	1171	61	17536
金融业	Financial Industry	25021	4859	1093	19069
房地产业	Real Estate	38889	1482	257	37150
租赁和商务服务业	Leasing and Business Services	34350	3272	1945	29133
科学研究、技术服务业	Scientific Research and Technical Service	28289	12107	86	16096
水利、环境和公共设施管理业	Management of Water Conservancy, Environment and Public Facilities	11728	3070	32	8626
居民服务、修理和其他服务业	Services to Household, Repair and Others	7503	870	97	6536
教　育	Education	74445	66054	177	8214
卫生和社会工作	Health and Social Service	41067	32195	628	8244
文化、体育和娱乐业	Culture, Sports and Entertainment	9337	5676		3661
公共管理、社会保障和社会组织	Public Management, Social Security and Social Organization	86891	84514	1357	1020

注:数据含劳务派遣人员,即:在岗职工+劳务派遣人员。
a) The data include labour dispatch staff which refer to staff of on-post and labour service.

4-5 按国民经济行业分组的城镇非私营在岗职工工资总额(2018 年)
Total Wage Bill of On-Post Staff in Urban Non-Private Units by Sector(2018)

单位:万元 (10 000 yuan)

指标	Item	在岗职工工资总额 Total Wage Bill of On-post Staff 合计 Total	国有单位 State-owned Units	城镇集体单位 Urban Collective -owned Units	其他单位 Units of Other Types of Ownership
总计	**Total**	**7694559**	**3013402**	**75094**	**4606063**
按执行会计标准类别分组	**By Enterprises, Institutions and Agencies**				
企业	Enterprises	5854390	1240233	59764	4554394
事业	Institutions	1146831	1146831		
机关	Agencies	606667	606667		
民间非营利组织	Non-profit Civil Organizations	37678		14855	22824
其他	Other Organizations	48992	19671	476	28845
按国民经济行业分组	**By Sector**				
农、林、牧、渔业	Agriculture, Forestry, Animal Husbandry and Fishery	8526	4306		4220
采矿业	Mining	36186	3420	416	32350
制造业	Manufacturing	938997	128554	5771	804673
电力、热力、燃气及水生产和供应业	Production and Supply of Electricity, Heating Power, Gas and Water	596929	485036	760	111132
建筑业	Construction	1589854	11958	11631	1566264
批发和零售业	Wholesale and Retail Trades	339522	43166	2524	293832
交通运输、仓储和邮政业	Transport, Storage and Post	739666	379605	2089	357973
住宿和餐饮业	Hotels and Catering Services	54106	7914	1518	44675
信息传输、软件和信息技术服务业	Services Information Transmission, Software and Information Technology	192110	12392	260	179458
金融业	Financial Industry	445525	72265	15282	357978
房地产业	Real Estate	290736	21443	1017	268276
租赁和商务服务业	Leasing and Business Services	210431	27258	9823	173349
科学研究、技术服务业	Scientific Research and Technical Services	302574	126168	570	175835
水利、环境和公共设施管理业	Management of Water Conservancy, Environment and Public Facilities	64662	23047	161	41454
居民服务、修理和其他服务业	Services to Household, Repair and Others	34374	5055	340	28980
教育	Education	651815	600634	691	50490
卫生和社会工作	Health and Social Service	372325	307236	7284	57806
文化、体育和娱乐业	Culture, Sports and Entertainment	105379	54156		51224
公共管理、社会保障和社会组织	Public Management, Social Security and Social Organization	720841	699790	14956	6094

注:数据含劳务派遣人员,即:在岗职工+劳务派遣人员。
a) The data include labour dispatch staff which refer to staff of on-post and labour service.

4-6 按国民经济行业分组的城镇非私营在岗职工平均工资(2018年)
Average Wage of On-Post Staff in Urban Non-Private Units by Sector(2018)

单位:元 (yuan)

指　　标	Item	在岗职工平均工资 Average wage of On-post Staff			
		合　计 Total	国有单位 State-owned Units	城镇集体单位 Urban Collective -owned Units	其他单位 Units of Other Types of Ownership
总　　计	**Total**	**82685**	**95634**	**65225**	**76262**
按执行会计标准类别分组	**By Enterprises, Institutions and Agencies**				
企　业	Enterprises	80949	105181	60052	76499
事　业	Institutions	91431	91431		
机　关	Agencies	87194	87194		
民间非营利组织	Non-profit Civil Organizations	71212		100300	59905
其　他	Other Organizations	69295	90526	59438	59881
按国民经济行业分组	**By Sector**				
农、林、牧、渔业	Agriculture, Forestry, Animal Husbandry and Fishery	52501	75682		39999
采矿业	Mining	54374	114385	42866	51686
制造业	Manufacturing	80595	89666	38419	79933
电力、热力、燃气及水生产和供应业	Production and Supply of Electricity, Heating Power, Gas and Water	113213	114089	69734	109999
建筑业	Construction	66723	55542	46994	67035
批发和零售业	Wholesale and Retail Trades	63180	116918	45238	59373
交通运输、仓储和邮政业	Transport, Storage and Post	97477	103342	55121	92335
住宿和餐饮业	Hotels and Catering Services	50472	56325	79879	48959
信息传输、软件和信息技术服务业	Information Transmission, Software and Information Technology in services	105456	105913	42656	105650
金融业	Financial Industry	178926	148419	148801	188370
房地产业	Real Estate	72202	147377	39871	69579
租赁和商务服务业	Leasing and Business Services	61770	83846	41153	60976
科学研究、技术服务业	Scientific Research and Technical Services	107387	105518	66302	108991
水利、环境和公共设施管理业	Management of Water Conservancy, Environment and Public Facilities	55975	75812	50438	48885
居民服务、修理和其他服务业	Services to Household, Repair and Others	46704	62483	35031	44902
教　育	Education	88126	91337	41131	62830
卫生和社会工作	Health and Social Service	92199	96624	115990	72638
文化、体育和娱乐业	Culture, Sports and Entertainment	110937	95294		134235
公共管理、社会保障和社会组织	Public Management, Social Security and Social Organization	83747	83704	102301	60394

注:数据含劳务派遣人员,即:在岗职工+劳务派遣人员。
a) The data include labour dispatch staff which refer to staff of on-post and labour service.

4-7 按国民经济行业分组的城镇非私营其他从业人员人数及报酬(2018年)
Number and Wage of Other Employed Persons in Urban Non-Private Units by Sector(2018)

指　　标	Item	其他从业人员(人) Number of Other Employed Persons (Person)	其他从业人员工资总额(万元) Total Wage of Other Employed Persons (10 000 yuan)
总　　计	**Total**	**124256**	**680575**
按执行会计标准类别分组	**By Enterprises, Institutions and Agencies**		
企　业	Enterprises	110334	627534
事　业	Institutions	9709	38325
机　关	Agencies	3405	11892
民间非营利组织	Non-profit Civil Organizations	170	613
其　他	Other Organizations	638	2211
按国民经济行业分组	**By Sector**		
农、林、牧、渔业	Agriculture, Forestry, Animal Husbandry and Fishery	93	327
采矿业	Mining	197	201
制造业	Manufacturing	2128	11980
电力、热力、燃气及水生产和供应业	Production and Supply of Electricity, Heating Power, Gas and Water	4787	8171
建筑业	Construction	91278	549223
批发和零售业	Wholesale and Retail Trades	755	3329
交通运输、仓储和邮政业	Transport, Storage and Post	2764	14514
住宿和餐饮业	Hotels and Catering Services	492	2584
信息传输、软件和信息技术服务业	Information Transmission, Software and Information Technology in services	373	1819
金融业	Financial Industry	946	2898
房地产业	Real Estate	1277	4038
租赁和商务服务业	Leasing and Business Services	2694	12569
科学研究、技术服务业	Scientific Research and Technical Services	2108	16226
水利、环境和公共设施管理业	Management of Water Conservancy, Environment and Public Facilities	632	2387
居民服务、修理和其他服务业	Services to Household, Repair and Others	383	1016
教　育	Education	4081	12101
卫生和社会工作	Health and Social Service	4586	21099
文化、体育和娱乐业	Culture, Sports and Entertainment	417	1719
公共管理、社会保障和社会组织	Public Management, Social Security and Social Organization	4265	14375

4-8 私营企业基本情况(2018年)
Number of Engaged Persons in Private Enterprises(2018)

指标	Total	户数(户) Number of Household (unit)	城镇 Urban Area	乡村 Rural Area	雇工人数(人) Number of Engaged Persons (person)	城镇 Urban Area	乡村 Rural Area
总计	**Total**	**180315**	**140897**	**39418**	**644672**	**62979**	**581693**
按国民经济行业分组	**By Sector**						
农、林、牧、渔业	Agriculture, Forestry, Animal Husbandry and Fishery	7914	3155	4759	564717	4800	559917
采矿业	Mining	228	104	124	701	318	383
制造业	Manufacturing	5764	3028	2736	10666	5125	5541
电力、热力、燃气及水的生产和供应业	Production and Supply of Electricity, Gas and Water	119	75	44	28	4	24
建筑业	Construction	14623	11715	2908	1619	1310	309
交通运输、仓储和邮政业	Transport, Storage and Post	3216	2288	928	530	374	156
信息传输、软件和信息技术服务业	Information Transmission, Information Technology Services and Software Industry	13086	11125	1961	2768	2324	444
批发和零售业	Wholesale and Retail Trades	70856	56981	13875	36142	29600	6542
住宿和餐饮业	Hotels and Catering Services	4284	2820	1464	7910	4184	3726
金融业	Financial Industry	633	565	68	393	274	119
房地产业	Real Estate	4379	3588	791	140	120	20
租赁和商务服务业	Leasing and Business Services	33024	27844	5180	8951	7268	1683
科学研究、技术服务业	Scientific Research and Technical Services	9393	7804	1589	1339	1125	214
水利、环境和公共设施管理业	Management of Water Conservancy, Environment and Public Facilities	1567	1280	287	60	41	19
居民服务、修理和其他服务业	Services to Household and Others	7098	5236	1862	6455	4788	1667
教育	Education	586	425	161	515	260	255
卫生和社会工作	Health and Social Welfare	279	210	69	672	305	367
文化、体育和娱乐业	Culture, Sports and Entertainment	3095	2511	584	968	679	289
其他行业	Others	171	143	28	98	80	18

注:本表资料来源于市市场监督管理局(下表同)。

a) Data in this table come from Market Supervision Administration of Guiyang Municipality(the same below).

4-9 个体工商业基本情况(2018 年)
Number of Engaged Persons in Self-employed Individuals(2018)

指标	Total	户数(户) Number of Household (unit)	城镇 Urban Area	乡村 Rural Area	从业人员(人) Number of Engaged Persons (person)	城镇 Urban Area	乡村 Rural Area
总计	**Total**	**271751**	**164350**	**107401**	**521574**	**329379**	**192195**
按国民经济行业分组	**By Sector**						
农、林、牧、渔业	Agriculture, Forestry, Animal Husbandry and Fishery	8446	3442	5004	17232	5379	11853
采矿业	Mining	207	7	200	849	17	832
制造业	Manufacturing	6182	1542	4640	15171	3686	11485
电力、热力、燃气及水的生产和供应业	Production and Supply of Electricity, Gas and Water	22	5	17	37	8	29
建筑业	Construction	428	238	190	1166	605	561
交通运输、仓储和邮政业	Transport, Storage and Post	5801	3817	1984	10744	7773	2971
信息传输、软件和信息技术服务业	Information Transmission, Information Technology Services and Software Industry	731	304	427	1206	551	655
批发和零售业	Wholesale and Retail Trades	166024	100631	65393	265958	168105	97853
住宿和餐饮业	Hotels and Catering Services	49244	32812	16432	124887	87748	37139
金融业	Financial Industry	23	14	9	35	21	14
房地产业	Real Estate	156	132	24	604	506	98
租赁和商务服务业	Leasing and Business Services	4677	2974	1703	10573	6964	3609
科学研究、技术服务业	Scientific Research and Technical Services	86	48	38	161	89	72
水利、环境和公共设施管理业	Management of Water Conservancy, Environment and Public Facilities	125	72	53	224	141	83
居民服务、修理和其他服务业	Services to Household, Repair and Others	26882	16519	10363	64187	41729	22458
教育	Education	126	93	33	388	291	97
卫生和社会工作	Health and Social Welfare	912	672	240	2735	1971	764
文化、体育和娱乐业	Culture, Sports and Entertainment	877	575	302	3652	2823	829
其他行业	Others	802	453	349	1765	972	793

主 要 统 计 指 标 解 释

从业人员 指在16周岁及以上,从事一定社会劳动并取得劳动报酬或经营收入的人员。这一指标反映了一定时期内全部劳动力资源的实际利用情况,是研究我国基本国情国力的重要指标。

单位从业人员 指在各级国家机关、政党机关、社会团体及企业、事业单位中工作,取得工资或其他形式的劳动报酬的全部人员。包括在岗职工、再就业的离退休人员、民办教师以及在各单位中工作的外方人员和港澳台方人员、兼职人员、借用的外单位人员和第二职业者。不包括离开本单位仍保留劳动关系的职工。各单位的就业人员反映了各单位实际参加生产或工作的全部劳动力。

国有单位 指资产归国家所有的经济组织。包括按《中华人民共和国企业法人登记管理条例》规定登记注册的非公司制的经济组织,以及中央、地方各级国家机关、事业单位和社会团体。

集体单位 指生产资料归集体所有,并按《中华人民共和国企业法人登记管理条例》规定登记注册的经济组织。

其他单位 包括股份合作单位、联营单位、有限责任公司、股份有限公司、港澳台商投资单位以及外商投资单位等其他登记注册类型单位。

在岗职工 指在本单位工作并由单位支付工资的人员,以及有工作岗位,但由于学习、病伤产假等原因暂未工作,仍由单位支付工资的人员。

工资总额 指各单位在一定时期内直接支付给本单位全部就业人员的劳动报酬总额。工资总额的计算原则应以直接支付给就业人员的全部劳动报酬为根据。各单位支付给就业人员的劳动报酬以及其他根据有关规定支付的工资,不论是计入成本的还是不计入成本的,不论是按国家规定列入计征奖金税项目的,还是未列入计征奖金税项目的,不论是以货币形式支付的还是以实物形式支付的,均包括在工资总额内。

平均工资 指企业、事业、机关单位的就业人员在一定时期内平均每人所得的货币工资额。它表明一定时期职工工资收入的高低程度,是反映就业人员工资水平的主要指标。计算公式为:

平均工资=报告期实际支付的全部就业人员工资总额/报告期全部就业人员平均人数

Explanatory Notes on Main Statistical Indicators

Employed Persons refer to persons aged 16 and over who are engaged in gainful employment and thus receive remuneration payment or earn business income. This indicator reflects the actual utilization of total labour force during a certain period of time and is often used for the research on China′s economic situation and national power.

Persons Employed in Various Units refer to all the persons working in government agencies of various levels, party organizations, social organizations, enterprises and institutions, and receiving wages or other forms of payment. They include fully-employed staff and workers, re-employed retirees, teachers in schools run by the local people, foreigners and Chinese compatriots from Hong Kong, Macao, and Taiwan working in various units, part-time employees, employees of other units working temporarily at current posts, and employees holding the second job, but exclude staff and workers who have left their working units while keeping their labour contract (employment relation) unchanged. This indicator reflects the total number of laborers actually engaged in production or other operations in various units.

State-owned Units refer to economic units whose assets are owned by the state, including non-corporation units registered according to *Regulations of the People′s Republic of China for Controlling the Registration of Enterprises as Legal Persons*, state organs, institutions and social organizations at the central-level and local levels.

Collective-owned Units refer to economic units registered according to *Regulations of the People′s Republic of China for Controlling Registration of Enterprises as Legal Persons* where the means of production are collectively owned.

Units of Other Types of Ownership refer to units registered with other types of ownership, including cooperative units, joint ownership units, limited liability corporations, share holding corporations, units funded by entrepreneurs from Hong Kong, Macao, and Taiwan, and foreign- funded units.

On-Post Staff refer to persons who work in working units and working units would pay wages for them. Persons who have their work posts but are temporarily absent from work for reasons of study or on sick, injury or maternal leave and still receive wages from their working units are also included.

Total Wages Bill refers to the total remuneration payment to staff and workers in various units during a certain period of time. The calculation of total wages is based on the total remuneration payment to the staff and workers. Therefore, total wage bill, whether or not included in cost and national bonus tax, whether or not paid in money or in kind, shall be included in the calculation of total wage.

Average Wage refers to the average per capita wage in money terms during a certain period of time for employed persons. It shows the general level of wage income of staff and worker during a certain period of time, one major indicator to reflect the wage level. It is calculated as follows:

$$\text{Average Wage} = \frac{\text{Total Wage Bill of Staff and Workers at Reference Time}}{\text{Average Number of Staff and Workers at Reference Time}}$$

Five

固定资产投资

Investment in Fixed Assets

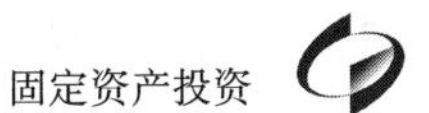

5-1 固定资产投资
Total Investment in Fixed Assets in the Whole City

指　　标	Item	2018 构成（%）Proportion（%）	2017 构成（%）Proportion（%）	2018年比2017年增长（%）Growth Rate in 2018 over 2017（%）
投资总额	**Total Investment**	**100.0**	**100.0**	**15.0**
#住　宅	Residential Buildings	22.7	24.5	6.2
按隶属关系分	**By Jurisdiction of Management**			
中　央	Central Investment	3.3	5.8	-34.9
地　方	Local Investment	96.7	94.2	18.1
按登记注册类型分	**By Status of Registration**			
内　资	Domestic Funded Enterprises	98.9	96.9	17.3
#国　有	State-owned Enterprises	16.5	14.5	31.3
集　体	Collective-owned Enterprises	0.0	0.0	-71.0
股份合作	Joint-equity Cooperative Enterprises		0.0	-100.0
集体联营企业	Collective Joint Ownership Enterprises			
国有与集体联营	Joint State-collective Enterprises			
其他联营	Other Joint Ownership Enterprises			
国有独资公司	State Sole Funded Corporations	43.8	21.7	131.9
其他有限责任公司	Other Limited Lialities Companies	40.4	46.2	0.6
股份有限公司	Companies Limited by Shares	2.8	3.2	-2.3
私营个体	Individual Owned Enterprises	15.9	5.1	254.5
其　他	Others	0.3	0.2	114.6
港澳台投资	Enterprises with Funds from Hong Kong, Macao and Taiwan	0.4	2.7	-83.2
#合资经营	Joint-venture Enterprises	0.4	0.8	-41.4
合作经营	Cooperative Business Operation			
独　资	Solely Funded Enterprises	0.0	1.9	-99.8
股份有限	Companies Limited by Shares			
外商投资	Enterprises with Foreign Investment	0.7	0.4	121.5
#合资经营	Joint-venture Enterprises	0.4	0.0	1507.5
合作经营	Cooperative Business Operation		0.0	-100.0
独　资	Solely Funded Enterprises	0.3	0.3	-5.8
股份有限	Companies Limited by Shares			
按产业分	**Grouped by Three Strata of Industry**			
第一产业	Primary Industry	2.1	2.6	-5.5
第二产业	Secondary Industry	10.9	11.5	9.4
第三产业	Tertiary Industry	52.4	85.9	-29.8
按管理类别分	**By Management**			
#建设项目	Construction Project	65.5	58.7	28.3
房地产开发	Real Estate Development	34.5	41.3	-3.9
按城乡分	**Grouped by Urban and Rural Areas**			
城　镇	Urban Area	92.7	88.9	19.8
农　村	Rural Area	7.3	11.1	-23.7
按构成分	**Grouped by Structure**			
建筑安装工程	Construction and Installation	75.3	73.8	17.3
设备工器具购置	Purchase of Equipment and Instruments	5.1	3.6	63.7
其他费用	Others	19.6	22.6	-0.3
本年新增固定资产(万元)	**Newly Increased Fixed Assets (10 000 yuan)**			**-2.6**
房屋建设面积(平方米)	**Floor Space of Buildings(sq. m)**			
施工面积	Floor Space under Construction	100.0	100.0	-1.3
#住　宅	Residential Buildings	48.5	47.2	1.4
竣工面积	Floor Space Completed	100.0	100.0	-43.9
#住　宅	Residential Buildings	26.3	21.7	-32.0

5-2 固定资产投资(按国有和非国有经济分)
Total Investment in Fixed Assets in the Whole City (Grouped by State-owned Economy and Non-state-owned Economy)

指标	Item	2018年比2017年增长(%) Growth Rate in 2018 over 2017(%)	
		国有经济 State-owned Economy	非国有经济 Non-state-owned Economy
投资额(万元)	**Total Investment(10 000 yuan)**	**19.1**	**11.0**
按产业分	Grouped by Three Strata of Industry		
第一产业	Primary Industry	-23.3	3.2
第二产业	Secondary Industry	13.8	7.6
第三产业	Tertiary Industry	20.3	-85.7
按构成分	Grouped by Structure		
建筑安装工程	Construction and Installation	27.9	8.4
设备、工器具购置	Purchase of Equipment and Instruments	61.2	65.1
其他费用	Others	-8.9	17.0
本年资金来源小计(万元)	**Source of Funds for Investment (10 000 yuan)**	**10.4**	**13.5**
国家预算内资金	State Budget	-47.1	-77.9
国内贷款	Domestic Loans	72.6	44.6
债券	Bond	112.8	-86.5
利用外资	Foreign Investment	1971.9	-59.0
自筹资金	Self-raised Funds	-20.8	-3.0
其他资金	Others	-59.8	-87.5
新增固定资产(万元)	**Newly Increased Fixed Assets(10 000 yuan)**	**-7.8**	**6.3**
房屋建筑面积(平方米)	**Floor Space of Buildings(sq. m)**		
施工面积	Floor Space under Construction	4.6	-4.0
#住宅	Residential Buildings	-14.3	8.5
竣工面积	Floor Space Completed	-42.6	-44.4
#住宅	Residential Buildings	18.0	-68.5

注:本表按控股情况划分。

a) Figures in this table were grouped by share-holding conditions.

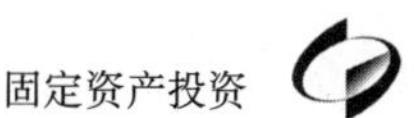

5-3 固定资产投资资金来源情况
Source of Funds for Investment in Fixed Assets in the Whole City

指　　标	Item	2018 构　成（%） Proportion（%）	2017 构　成（%） Proportion（%）	2018 年比 2017 年增长（%） Growth Rate in 2018 over 2017（%）
上年末结余资金	**Surplus Fund from the Year-end of Preceding Year**	**100. 0**	**100. 0**	**32. 5**
本年资金来源小计	**Subtotal of Source of Funds This Year**	**100. 0**	**100. 0**	**12. 0**
国家预算内资金	State Budget	1. 0	2. 2	47. 6
国内贷款	Domestic Loans	27. 6	18. 6	66. 5
债　券	Bond	0. 1	0. 1	41. 0
利用外资	Foreign Investment Utilization	0. 2	0. 0	729. 5
自筹资金	Self-raised Funds	36. 4	46. 2	-11. 8
其他资金来源	Others	6. 2	32. 9	-78. 9
本年各项应付款合计	**Total Payment**	**100. 0**	**100. 0**	**29. 1**
#工程款	Projects Funds	55. 4	65. 8	8. 7

5-4 按国民经济行业分组的固定资产投资
Total Investment in Fixed Assets in the Whole City by Sector

指 标	Item	2018 构 成(%) Proportion(%)	2017 构 成(%) Proportion(%)	2018 年比 2017 年增长(%) Growth Rate in 2018 over 2017(%)
总 计	**Total**	**100. 0**	**100. 0**	**15. 0**
农、林、牧、渔业	**Agriculture, Forestry, Animal Husbandry and Fishery**	**2. 14**	**2. 60**	**-5. 5**
农 业	Agriculture	1. 74	0. 69	189. 3
林 业	Forestry	0. 03	0. 02	56. 2
畜牧业	Animal Husbandry	0. 28	0. 10	210. 4
渔 业	Fishery	0. 05	0. 01	445. 4
农、林、牧、渔专业及辅助性活动	Service of Agriculture, Forestry, Animal Husbandry and Fishery	0. 03	0. 06	-35. 3
采矿业	**Mining**	**0. 67**	**0. 48**	**60. 1**
煤炭开采和洗选业	Coal Mining and Dressing	0. 17	0. 03	489. 8
石油和天然气开采业	Petroleum and Natural Gas Mining			
黑色金属矿采选业	Ferrous Metal Ores Mining and Dressing		0. 01	-100. 0
有色金属矿采选业	Non-ferrous Metal Ores Mining and Dressing	0. 04	0. 01	439. 0
非金属矿采选业	Non-metal Minerals Mining and Dressing	0. 45	0. 42	23. 6
开采辅助活动	Mining Support Activities	0. 01		
其他开采业	Others		0. 00	-100. 0
制造业	**Manufacturing**	**8. 34**	**9. 64**	**-0. 5**
农副食品加工业	Processing of Food from Agricutural Products	0. 40	0. 72	-36. 7
食品制造业	Manufacture of Foods	0. 11	0. 26	-52. 7
酒、饮料和精制茶制造业	Manufacture of Liquor, Beverages and Refined Tea	0. 24	0. 29	-5. 9
烟草制品业	Manufacture of Tobacco	0. 02	0. 02	35. 1
纺织业	Manufacture of Textile		0. 02	-100. 0
纺织服装和服饰业	Manufacture of Textile, Wearing Apparel and Accessories	0. 02	0. 02	77. 1
皮革、毛皮、羽毛(绒)及其制品业	Manufacture of Leather, Furs, Feather and Related Products	0. 03	0. 00	888. 1
木材加工及木、竹、藤、棕、草制	Processing of Timer, Manufacture of Wood, Bamboo, Rattan, Palm, and Straw Products	0. 08	0. 04	123. 8
家具制造业	Manufacture of Furniture	0. 01	0. 04	-68. 8
造纸及纸制品业	Manufacture of Paper and Paper Products	0. 05	0. 04	44. 3
印刷业和记录媒介的复制	Printing and Reproductionn of Recording Media	0. 23	0. 09	200. 1
文教体育用品制造业	Manufacture of Articles for Culture, Education and Sport Activities		0. 02	-100. 0
石油加工、炼焦及核燃料加工业	Processing of Petroleum, Coking and Processing of Nuclear Fuel	0. 09	0. 02	474. 0
化学原料及化学制品制造业	Manufacture of Raw Chemical Materials and Chemical Products	0. 58	0. 61	8. 8

5-4 续表 1 (continued)

指　　标	Item	2018 构　成(%) Proportion (%)	2017 构　成(%) Proportion (%)	2018 年比 2017 年增长(%) Growth Rate in 2018 over 2017 (%)
医药制造业	Manufacture of Medicines	0. 59	0. 60	18. 5
化学纤维制造业	Manufacture of Chemical Fibres			
橡胶和塑料制品业	Manufacture of Plastics and Rubber	0. 12	0. 95	85. 7
非金属矿物制品业	Manufacture of Non-metallic Mineral Products	0. 39	3. 56	-45. 5
黑色金属冶炼和压延加工业	Smelting and Pressing of Ferrous Metals	0. 04	0. 24	-82. 2
有色金属冶炼和压延加工业	Smelting and Pressing of Non-ferrous Metals	0. 09	0. 57	-90. 2
金属制品业	Manufacture of Metal Products	0. 15	1. 06	-52. 0
通用设备制造业	Manufacture of General Purpose Machinery	0. 20	0. 66	61. 0
专用设备制造业	Manufacture of Special Purpose Machinery	0. 57	0. 59	52. 4
汽车制造业	Manufacture of Automobiles	1. 46	0. 51	-23. 7
铁路、船舶、航空航天等制造业	Manufacture of Railway, Watercraft, Aviation, Aerospace and Other Transport Equipment	0. 10	0. 48	271515. 4
电气机械及器材制造业	Manufacture of Electrical Machinery and Equipment	1. 62	0. 80	515. 3
计算机、通信和其他电子设备制造业	Manufacture of Computers, Communication and Other Electronic Equipment	0. 07	0. 49	13. 4
仪器仪表制造业	Manufacture of Measuring Instruments and Machinery	0. 00	0. 06	-51. 7
其他制造业	Other Manufacturing	0. 06	0. 06	910. 2
废弃资源综合利用业	Utilization of Waste Resources	0. 01	0. 10	99. 5
金属制品、机械和设备修理业	Repair Service of Metal Products, Machinery and Equipment	0. 01	0. 00	-7. 9
电力、热力、燃气及水的生产和供应业	**Production and Supply of Electricity, Heat, Gas and Water**	**1. 61**	**1. 87**	**76. 8**
电力、热力的生产和供应业	Production and Supply of Electricity and Heat	0. 47	0. 70	75. 0
燃气生产和供应业	Production and Supply of Gas	0. 15	0. 20	140. 8
水的生产和供应业	Production and Supply of Water	1. 00	0. 97	71. 0
建筑业	**Construction**		**0. 18**	**-100. 0**
房屋建筑业	Construction of Buildings		0. 10	-100. 0
土木工程建筑业	Civil Engineering		0. 02	-100. 0
建筑安装业	Building Installation		0. 05	-100. 0
建筑装饰和其他建筑业	Building Decoration and Others		0. 02	-100. 0
批发和零售业	**Wholesale and Retail Trades**	**0. 73**	**2. 52**	**-62. 6**
批发业	Wholesale　Trade	0. 36	1. 68	-72. 3
零售业	Retail Trade	0. 37	0. 84	-42. 8

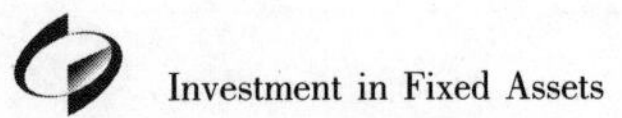

5-4 续表 2 (continued)

指　　标	Item	2018 构　成(%) Proportion(%)	2017 构　成(%) Proportion(%)	2018 年比 2017 年增长(%) Growth Rate in 2018 over 2017(%)
交通运输、仓储和邮政业	**Transport, Storage and Post**	**6.07**	**5.43**	**34.7**
铁路运输业	Railway Transport	0.61	0.49	49.4
道路运输业	Road Transport	3.77	2.87	58.2
水上运输业	Water Transport	0.01		
航空运输业	Air Transport	1.12	1.46	-7.6
管道运输业	Pipeline Transport	0.07	0.00	33970.4
装卸搬运和运输代理业	Loading, Unloading and Forwarding Agency	0.07	0.19	-54.3
仓储业	Storage	0.42	0.42	21.4
邮政业	Post			
住宿和餐饮业	**Hotels and Catering Services**	**0.86**	**0.82**	**25.8**
住宿业	Hotels	0.79	0.74	28.1
餐饮业	Catering Services	0.07	0.08	5.2
信息传输、软件和信息技术服务业	**Information Transmision, Software and Information Technology**	**2.65**	**2.13**	**50.5**
电信、广播电视和卫星传输服务业	Telecommunication, Radio, Television and Satellite Transmission Service	0.75	0.71	27.4
互联网和相关服务业	Internet and Related Services	0.67	0.48	69.8
软件和信息技术服务业	Software and Information Technology	1.24	0.94	58.1
金融业	**Financial Intermediation**	**0.03**	**0.19**	**-83.4**
货币金融业	Monetary and Financial Industry	0.02	0.19	-84.9
资本市场业	Capital Markets	0.00	0.00	163.8
保险业	Insurance		0.00	-100.0
其他金融业	Others			
房地产业	**Real Estate Industry**	**33.68**	**40.20**	**1.0**
房地产业	Real Estate	33.68	40.20	1.0
租赁和商务服务业	**Leasing and Business Services**	**2.02**	**1.50**	**62.3**
租赁业	Leasing	0.00	0.00	-12.1
商务服务业	Business Services	2.02	1.50	62.4
科学研究和技术服务业	**Scientific Research and Technical Services**	**0.19**	**0.03**	**698.8**
研究与试验发展	Research and Experimental Development	0.07	0.00	6232.6
专业技术服务业	Professional Technical Services	0.09	0.02	540.8
科技交流和推广服务业	Services of Science and Technique Exchange and Popularization	0.03	0.01	241.1

5-4 续表3 (continued)

指　　标	Item	2018 构成(%) Proportion(%)	2017 构成(%) Proportion(%)	2018年比2017年增长(%) Growth Rate in 2018 over 2017(%)
水利、环境和公共设施管理业	**Management of Water Conservancy, Environment and Public Facilities**	**20.31**	**18.80**	**30.2**
水利管理业	Management of Water Conservancy	1.31	0.84	88.6
生态保护和环境治理业	Ecological Protection and Environmental Treatment	0.36	0.11	304.0
公共设施管理业	Public Facilities Management	18.60	17.85	25.6
土地管理业	Land Management	0.04		
居民服务和其他服务业	**Services to Households and Other Services**	**0.16**	**0.13**	**51.6**
居民服务业	Services to Households	0.09	0.12	-11.5
机动车、电子产品和日用产品修理业	Motor Vehicle, Electronic and Household Products Repair	0.01	0.00	338.9
其他服务业	Others	0.06	0.00	26354.1
教　育	**Education**	**2.93**	**2.07**	**70.2**
教　育	Education	2.93	2.07	70.2
卫生和社会工作	**Health and Social Service**	**1.84**	**1.05**	**110.0**
卫　生	Health	1.77	0.93	128.8
社会工作	Social Service	0.07	0.12	-32.4
文化、体育和娱乐业	**Culture, Sports and Entertainment**	**1.79**	**1.27**	**69.3**
新闻和出版业	Journalism and Publishing Industry			
广播、电视、电影和影视录音制作业	Radio, Television, Motion Picture and Vodeotape Programme Production Services	0.04	0.07	-24.6
文化艺术业	Culture and Art	0.38	0.56	-17.1
体　育	Sports	0.20	0.23	5.4
娱乐业	Entertainment	1.16	0.42	233.7
公共管理和社会组织	**Public Management and Social Organizations**	**0.19**	**0.10**	**140.7**
中国共产党机关	Organs of the Communist Party of China			
国家机构	Government Agencies	0.13	0.07	127.6
人民政协和民主党派	PPCC and Democratic Parties			
社会保障	Social Security	0.03	0.02	47.6
群众团体、社会团体和其他成员组织	Mass Organizations, Social Organizations and Other Membership Organizations	0.03	0.00	4570.6
基层群众自治组织	Grassroots Self-Governing Organizations	0.00	0.00	565.0
国际组织	**International Organization**			
国际组织	International Organization			

5-5 建设项目投资
Investment in Construction Projects

指 标	Item	2018 构成（%） Proportion（%）	2017 构成（%） Proportion（%）	2018年比2017年增长（%） Growth Rate in 2018 over 2017（%）
投资总额	**Total Investment**	**100.0**	**100.0**	**28.3**
按隶属关系分	**By Jurisdiction of Management**			
中 央	Central Investment	0.8	1.5	-60.1
省	Provincial Investment	11.6	5.1	73.8
市	Municipal Investment	21.2	8.5	89.2
县	Prefectural Investment	40.4	22.9	33.6
其 他	Others	26.0	21.0	-6.5
按登记注册类型分	**By Status of Registration**			
内资	Domestic Funded Enterprises	98.4	58.4	27.4
#国 有	State-owned Enterprises	24.8	14.5	29.2
集体	Collective-owned Enterprises	0.0	0.0	-71.0
股份合作	Joint-equity Cooperative Enterprises		0.0	-100.0
国有联营	State Joint Ownership Enterprises			
集体联营	Collective Joint Ownership Enterprises			
国有独资公司	State Sole Funded Enterprises	30.3	35.9	-36.1
其他有限责任公司	Other Limited Liailities Companies	31.8	16.8	42.7
股份有限公司	Companies Limited by Shares	2.5	2.8	-32.9
私营个体	Private Enterprises	8.6	5.0	30.1
其 他	Others	0.4	0.2	114.6
港澳台商投资	Enterprises with Funds from Hong Kong, Macao and Taiwan	1.0	0.1	397.2
#合资经营	Joint-venture Enterprises	0.6	0.1	258.5
独 资	Solely Funded Enterprises	0.0	0.0	-76.8
外商投资	Foreign Funded Enterprises		0.4	-100.0
#合资经营	Joint-venture Enterprises	1.0	0.0	4116.5
独 资	Solely Funded Enterprises	0.4	0.3	-5.8
按产业分	**Grouped by Strata of Industry**			
第一产业	Primary Industry	3.3	2.6	-5.5
第二产业	Secondary Industry	16.7	11.5	9.4
第三产业	Tertiary Industry	80.1	44.8	35.2
按构成分	**Grouped by Structure**			
建筑安装工程	Construction and Installation	74.3	41.5	35.5
设备工器具购置	Purchase of Equipment and Instruments	7.7	3.4	68.7
其他费用	Others	18.0	14.0	-2.7
按建设性质分	**By Type of Construction**			
#新 建	New Construction	89.8	52.5	29.5
扩 建	Expansion	4.5	3.6	-5.4
改建和技术改造	Reconstruction and Technical Transformation	4.7	2.2	58.8
新增固定资产	Newly Increased Fixed Assets	61.7	47.2	-1.0

5-6 按国民经济行业分组的建设项目投资
Total Investment in Construction Projects by Sector

指　标	Item	2018 构成(%) Proportion (%)	2017 构成(%) Proportion (%)	2018年比2017年增长(%) Growth Rate in 2018 over 2017 (%)
总　计	**Total**	**100.0**	**100.0**	**28.3**
农、林、牧、渔业	**Agriculture, Forestry, Animal Husbandry and Fishery**	**2.5**	**35.9**	**-5.5**
农　业	Agriculture	2.0	9.5	189.3
林　业	Forestry	0.0	0.3	56.2
畜牧业	Animal Husbandry	0.3	1.4	210.4
渔　业	Fishery	0.1	0.2	445.4
农、林、牧、渔专业及辅助性活动	Service of Agriculture, Forestry, Animal Husbandry and Fishery	0.0	0.8	-35.3
采矿业	**Mining**	**0.8**	**6.6**	**60.1**
煤炭开采和洗选业	Coal Mining and Dressing	0.2	0.5	489.8
石油和天然气开采业	Petroleum and Natural Gas Mining			
黑色金属矿采选业	Ferrous Metals Ores Mining and Dressing		0.2	-100.0
有色金属矿采选业	Non-ferrous Metals Ores Mining and Dressing	0.0	0.1	439.0
非金属矿采选业	Non-metal Minerals Mining and Dressing	0.5	5.8	23.6
开采辅助活动	Mining Support Activities	0.0		
其他开采业	Others		0.1	-100.0
制造业	**Manufacturing**	**9.7**	**133.1**	**-0.5**
农副食品加工业	Processing of Foods from Agricultural Products	0.5	9.9	-36.7
食品制造业	Manufacture of Foods	0.1	3.6	-52.7
酒、饮料和精制茶制造业	Manufacture of Liquor, Beverages and Refined Tea	0.3	4.0	-5.9
烟草制品业	Manufacture of Tobacco	0.0	0.2	35.1
纺织业	Manufacture of Textile		0.3	-100.0
纺织服装和服饰业	Manufacture of Textile Wearing Apparel and Accessories	0.0	0.2	77.1
皮革、毛皮、羽毛(绒)及其制品业	Manufacture of Leather, Furs, Feather and Related Products	0.0	0.0	888.1
木材加工及木、竹、藤、棕、草制	Processing of Timer, Manufacturof Wood, Bamboo, Rattan, Palm, and Straw Products	0.1	0.6	123.8
家具制造业	Manufacture of Furniture	0.0	0.6	-68.8
造纸及纸制品业	Manufacture of Paper and Paper Products	0.1	0.5	44.3
印刷业和记录媒介的复制	Printing and Reproduction of Recording Media	0.3	1.2	200.1
文教体育用品制造业	Manufacture of Articles for Culture, Education and Sports Activities		0.3	-100.0
石油加工、炼焦及核燃料加工业	Petroleum Processing, Coking and Nuclear Fuel Processing	0.1	0.3	474.0

5-6 续表 1 (continued)

指 标	Item	2018 构成(%) Proportion(%)	2017 构成(%) Proportion(%)	2018年比2017年增长(%) Growth Rate in 2018 over 2017(%)
化学原料及化学制品制造业	Manufacture of Raw Chemical Materials and Chemical Products	0. 7	8. 4	8. 8
医药制造业	Manufacture of Medicines	0. 8	9. 3	18. 5
化学纤维制造业	Manufacture of Chemical Fibers			
橡胶和塑料制品业	Manufacture of Plastics and Rubber	0. 2	1. 2	85. 7
非金属矿制品业	Manufacture of Non-metallic Mineral Products	0. 5	13. 4	-45. 5
黑色金属冶炼和压延加工业	Smelting and Pressing of Ferrous Metals	0. 1	3. 9	-82. 2
有色金属冶炼和压延加工业	Smelting and Pressing of Non-ferrous Metals	0. 1	17. 2	-90. 2
金属制品业	Manufacture of Metal Products	0. 2	6. 0	-52. 0
通用设备制造业	Manufacture of General Purpose Machinery	0. 3	2. 3	61. 0
专用设备制造业	Manufacture of Special Purpose Machinery	0. 8	7. 0	52. 4
汽车制造业	Manufacture of Automobiles	2. 0	35. 9	-23. 7
铁路、船舶、航空航天等制造业	Manufacture of Railway, Watercraft, Aviation, Aerospace and Other Transport Equipment	0. 1	0. 0	271515. 4
电气机械及器材制造业	Manufacture of Electrical Machinery and Equipment	2. 2	5. 0	515. 3
计算机、通信和其他电子设备制造业	Manufacture of Computers, Communication and Other Electronic Equipment	0. 1	1. 1	13. 4
仪器仪表制造业	Manufacture of Measuring Instruments and Machinery	0. 0	0. 2	-51. 7
其他制造业	Other Manufacturing	0. 1	0. 1	910. 2
废弃资源综合利用业	Utilization of Waste Resources	0. 0	0. 1	99. 5
金属制品、机械和设备修理业	Repair Service of Metal Products, Machinery and Equipment	0. 0	0. 1	-7. 9
电力、热力、燃气及水的生产和供应业	**Production and Supply of Electricity, Heat, Gas and Water**	**2. 2**	**17. 1**	**76. 8**
电力、热力的生产和供应业	Production and Supply of Electricity and Heat	0. 6	5. 0	75. 0
燃气生产和供应业	Production and Supply of Gas	0. 2	1. 1	140. 8
水的生产和供应业	Production and Supply of Water	1. 4	11. 0	71. 0
建筑业	**Construction**		**1. 5**	**-100. 0**
房屋建筑业	Construction of Buildings		0. 0	-100. 0
土木工程建筑业	Civil Engineering		1. 5	-100. 0
建筑安装业	Building Installation		0. 0	-100. 0
建筑装饰和其他建筑业	Building Decoration and Others		0. 0	-100. 0
批发和零售业	**Wholesale and Retail Trade**	**1. 0**	**36. 8**	**-62. 6**
批发业	Wholesale Trade	0. 5	24. 7	-72. 3
零售业	Retail Trade	0. 5	12. 2	-42. 8

5-6 续表 2 （continued）

指　　标	Item	2018 构 成（%）Proportion（%）	2017 构 成（%）Proportion（%）	2018 年比 2017 年增长（%）Growth Rate in 2018 over 2017（%）
交通运输、仓储和邮政业	**Transport, Storage and Post**	**8.4**	**84.7**	**34.7**
铁路运输业	Railway Transport	0.8	7.7	49.4
道路运输业	Road Transport	5.2	44.7	58.2
水上运输业	Water Transport	0.0		
航空运输业	Air Transport	1.5	22.7	-7.6
管道运输业	Pipeline Transport	0.1	0.0	33970.4
装卸搬运和运输代理业	Loading, Unloading and Forwarding Agency	0.1	3.0	-54.3
仓储业	Storage	0.6	6.6	21.4
邮政业	Posts			
住宿和餐饮业	**Hotels and Catering Services**	**1.2**	**12.9**	**25.8**
住宿业	Hotels	1.1	11.6	28.1
餐饮业	Catering Services	0.1	1.3	5.2
信息传输、软件和信息技术服务业	**Information Transmission, Software and Information Technology**	**3.7**	**33.1**	**50.5**
电信、广播电视和卫星传输服务业	Telecommunication, Radio, Television and Satellite Transmission Service	1.0	11.0	27.4
互联网和相关服务业	Internet and Related Service	0.9	7.4	69.8
软件和信息技术服务业	Software and Information Technology	1.7	14.7	58.1
金融业	**Financial Intermediation**	**0.0**	**3.0**	**-83.4**
货币金融业	Monetary and Financial Industry	0.0	3.0	-84.9
资本市场业	Capital Markets	0.0	0.0	163.8
保险业	Insurance		0.0	-100.0
其他金融业	Others			
房地产业	**Real Estate Industry**	**6.2**	**56.2**	**51.1**
房地产业	Real Estate	6.2	56.2	51.1
租赁和商务服务业	**Leasing and Business Services**	**2.8**	**23.4**	**62.3**
租赁业	Leasing	0.0	0.0	-12.1
商务服务业	Business Services	2.8	23.4	62.4
科学研究和技术服务业	**Scientific Research and Technical Services**	**0.3**	**0.5**	**698.8**
研究与试验发展	Research and Development	0.1	0.0	6232.6
专业技术服务业	Professional Technical Services	0.1	0.3	540.8
科技交流和推广服务业	Services of Science and Technique Exchange and Popularization	0.0	0.2	241.1

5-6 续表3 (continued)

指　　标	Item	2018 构成(%) Proportion(%)	2017 构成(%) Proportion(%)	2018年比2017年增长(%) Growth Rate in 2018 over 2017(%)
水利、环境和公共设施管理业	**Management of Water Conservancy, Environment and Public Facilities**	**28.0**	**292.9**	**30.2**
水利管理业	Management of Water Conservancy	1.8	13.0	88.6
生态保护和环境治理业	Ecological Protection and Environmental Treatment	0.5	1.7	304.0
公共设施管理业	Public Facilities Management	25.6	278.2	25.6
土地管理业	Land Management	0.1		
居民服务和其他服务业	Services to Households and Other Services	0.2	2.0	51.6
居民服务业	Services to Households	0.1	1.9	-11.5
机动车、电子产品和日用产品修理业	Motor Vehicle, Electronic and Household Products Repair	0.0	0.0	338.9
其他服务业	Others	0.1	0.0	26354.1
教　育	**Education**	**4.0**	**32.3**	**70.2**
教　育	Education	4.0	32.3	70.2
卫生和社会工作	**Health and Social Service**	**2.5**	**16.4**	**110.0**
卫　生	Health	2.4	14.5	128.8
社会工作	Social Service	0.1	1.9	-32.4
文化、体育和娱乐业	**Culture, Sports and Entertainment**	**2.5**	**19.8**	**69.3**
新闻和出版业	Press and Publishing industry			
广播、电视、电影和影视录音制作业	Radio, Television, Motion Picture and Vodeotape Programme Production Services	0.1	1.0	-24.6
文化艺术业	Culture and Art	0.5	8.7	-17.1
体　育	Sport	0.3	3.6	5.4
娱乐业	Entertainment	1.6	6.5	233.7
公共管理和社会组织	**Public Management and Social Organizations**	**0.3**	**1.5**	**140.7**
中国共产党机关	Organs of the Communist Party of China			
国家机构	Government Agencies	0.2	1.1	127.6
人民政协和民主党派	PPCC and Democratic Parties			
社会保障	Social Security	0.0	0.4	47.6
群众团体、社会团体和其他成员组织	Mass Organizations, Social Orgnizations and Other Membership Organizations	0.0	0.0	4570.6
基层群众自治组织	Grassroots Self-Govering Organizations	0.0	0.0	565.0
国际组织	**International Organization**			
国际组织	International Organization			

 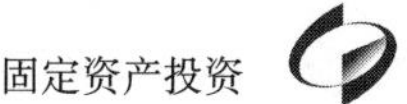

5-7 建设项目施工、投产项目个数和房屋建筑面积
Number of Construction Projects under Construction, Put into Use and Floor Space of Buildings

指 标	Item	2018	2017	2018 年比 2017 年增长(%) Growth Rate in 2018 over 2017(%)
项目个数	**Number of Projects**			
施工项目个数 (个)	Number of Projects under Construction (unit)	1570	3844	-59.2
#本年新开工 (个)	Number of Projects Started in Current Year (unit)	792	3113	-74.6
投产项目个数 (个)	Number of Projects Put into Use (unit)	987	3130	-68.5
房屋建筑面积	**Floor Space of Buildings**			
施工面积 (平方米)	Floor Space under Construction (sq. m)	18542248	21950215	-15.5
#住 宅 (平方米)	Residential Buildings (sq. m)	669468	1651053	-59.5
竣工面积 (平方米)	Floor Space Completed (sq. m)	4998296	9617603	-48.0
#住 宅 (平方米)	Residential Buildings (sq. m)	608533	750042	-18.9

5-8 各区(市、县)固定资产投资
Investment in Fixed Assets by District (City, County)

单位:万元 (10 000 yuan)

区(市、县)名 称	District(City, County)	2018 年比 2017 年增长(%) Growth Rate in 2018 over 2017(%)
南明区	Nanming	20.9
云岩区	Yunyan	8.3
花溪区	Huaxi	20.7
乌当区	Wudang	15.2
白云区	Baiyun	14.5
观山湖区	Guanshanhu	19.3
开阳县	Kaiyang	15.5
息烽县	Xifeng	-12.2
修文县	Xiuwen	12.8
清镇市	Qingzhen	1.0

5-9 房地产开发投资主要指标
Main Indicators of Enterprises for Real Estate Development

指　　标	Item	2018	2017	2018 年比 2017 年的增长(%) Growth Rate of 2018 over 2017(%)
企业个数(个)	**Number of Enterprises(unit)**	**706**	**758**	**-6.9**
土地开发及购置(平方米)	**Land Developing and Purchase (sq. m)**			
待开发土地面积	**Land Space Pending Development**	**2545306**	**2134794**	**19.2**
本年土地购置面积	Land Space Purchased This Year	1206251	2217074	-45.6
本年完成投资额(万元)	**Investment Completed This Year(10 000 yuan)**	**9859559**	**10264336**	**-3.9**
#配套工程投资	Supporting Projects			
按工程用途分:	**Engineering Application**			
住　宅	Residental Buildings	6402693	5963919	7.4
#90 平方米以下	Below 90 Square Meters	1769249	1855984	-4.7
140 平方米以上	Above 140 Square Meters	1106336	1219104	-9.3
办公楼	Office Buildings	645821	798514	-19.1
商业营业用房	Houses for Business Use	1473915	2006873	-26.6
其　他	Others	1337130	1495030	-10.6
按构成分:	**Grouped by Structure of Investment**			
建筑工程	Construction	7211171	7785425	-7.4
安装工程	Installation	393670	286356	37.5
设备工器具购置	Purchase of Equipment and Instruments	27639	42840	-35.5
其　他	Others	2227079	2149715	3.6
资金来源小计(万元)	**Sources of Funds(10 000 yuan)**	**10577890**	**9522068**	**11.1**
#国内贷款	Domestic Loans	684964	693126	-1.2
利用外资	Foreign Investment			
自筹资金	Self-raised Funds	2322420	2331340	-0.4
其他资金	Others	393730	6497602	-93.9
本年新增固定资产(万元)	**Newly Increased Fixed Assets This Year (10 000 yuan)**	**815828**	**1034808**	**-21.2**
房屋建筑面积(平方米)	**Floor Space of Buildings(square meters)**			
施工面积	Floor Space under Construction	61180347	58826002	4.0
住　宅	Residental Buildings	37963364	36466347	4.1
#90 平方米以下	Below 90 Square Meters	9820466	11400999	-13.9
140 平方米以上	Above 140 Square Meters	5483490	5061736	8.3
办公楼	Office Buildings	4696712	4803057	-2.2
商业营业用房	Houses for Business Use	8381132	8030571	4.4
其　他	Others	10139139	9526027	6.4
本年新开工面积	Floor Space Started This Year	13666409	9030532	51.3
住　宅	Residental Buildings	9519468	5616074	69.5

5-9 续表 (continued)

指　　标	Item	2018	2017	2018 年比 2017 年的增长(%) Growth Rate of 2018 over 2017(%)
#90 平方米以下	Below 90 Square Meters	1410286	1127747	25. 1
140 平方米以上	Above 140 Square Meters	1655415	838685	97. 4
办公楼	Office Buildings	367692	503150	-26. 9
商业营业用房	Houses for Business Use	1375681	1391726	-1. 2
其　他	Others	2403568	1519582	58. 2
商品房屋竣工面积(平方米)	**Floor Space of Commercialized Buildings Completed(square meters)**	**2161987**	**3136308**	**-31. 1**
住　宅	Residental Buildings	1274171	2019173	-36. 9
#90 平方米以下	Below 90 Square Meters	425310	271494	56. 7
140 平方米以上	Above 140 Square Meters	192490	356119	-45. 9
办公楼	Office Buildings	255217	175745	45. 2
商业营业用房	Houses for Business Use	271091	440631	-38. 5
其　他	Others	361508	500759	-27. 8
商品房销售面积(平方米)	**Floor Space of Commercialized Buildings Sold(square meters)**	**11189724**	**10778765**	**3. 8**
住　宅	Residental Buildings	9475097	8776130	8. 0
#90 平方米以下	Below 90 Square Meters	1023532	1715441	-40. 3
140 平方米以上	Above 140 Square Meters	1363617	1163622	17. 2
办公楼	Office Buildings	628209	864061	-27. 3
商业营业用房	Houses for Business Use	878151	879209	-0. 1
其　他	Others	208267	259365	-19. 7
商品房销售额(万元)	**Total Sale of Commercialized Buildings(10 thousand yuan)**	**10448910**	**7799995**	**34. 0**
住　宅	Residental Buildings	8356343	5720809	46. 1
#90 平方米以下	Below 90 Square Meters	837421	1064591	-21. 3
140 平方米以上	Above 140 Square Meters	1394920	897220	55. 5
办公楼	Office Buildings	606362	621611	-2. 5
商业营业用房	Houses for Business Use	1363565	1349965	1. 0
其　他	Others	122640	107610	14. 0
商品房待售面积(平方米)	**Floor Space of Commercialized Buildings Sold(square meters)**	**1475625**	**2345864**	**-37. 1**
住　宅	Residental Buildings	746738	1411987	-47. 1
#90 平方米以下	Below 90 Square Meters	227061	269256	-15. 7
140 平方米以上	Above 140 Square Meters	114411	262163	-56. 4
办公楼	Office Buildings	240008	320360	-25. 1
商业营业用房	Houses for Business Use	303105	375259	-19. 2
其　他	Others	185774	238258	-22. 0

5-10 按各种分组的房地产开发企业指标完成情况(2018 年)

单位:万元、平方米

指标	Item	企业数(个) Number of Enterprises (unit)	计划总投资 Total Investment Planned	自开始建设累计完成投资 Accumulative Investment Actually Completed Since Starting of Construction up to the End of This Year
总计	**Total**	**706**	**76587262**	**53288991**
按登记注册类型分组	**By Status of Registration**			
内资企业	Domestic Funded Enterprises	679	76446237	53227625
国有企业	State-owned Enterprises	10	1163073	616569
集体企业	Collective-owned Enterprises	1		
股份合作企业	Joint-equity Cooperative Enterprises			
国有联营企业	State Joint Ownership Enterprises			
集体联营企业	Collective Joint Ownership Enterprises			
国有与集体联营企业	Joint State-collective Enterprises			
其他联营企业	Other Joint Ownership Enterprises			
国有独资公司	State Sole Funded Corporations	37	3414958	1833326
其他有限责任公司	Other Limited Liability Companies	458	38371139	22487041
股份有限公司	Companies Limited by Shares	7	2217528	1410800
私营独资企业	Private-Solely Funded Enterprises			
私营合伙企业	Private Partnership Enterprises			
私营有限责任公司	Private Limited Liability Companies	157	30553062	26121003
私营股份有限公司	Private Companies Limited by Shares	9	726477	758886
其他企业	Other Enterprises			
港澳台商投资企业	Enterprises with Funds from Hong Kong, Macao and Taiwan	20	107300	35271
与港澳台商合资经营企业	Joint-venture Enterprises	13	17800	10784
与港澳台商合资合作经营企业	Cooperative Enterprises			
港澳台商独资经营企业	Enterprises with Sole Fund	7	89500	24487
港澳台商投资股份有限公司	Companies Limited by Shares			
其他港澳台投资	Others			
外商投资企业	Enterprises with Foreign Investment	7	33725	26095
中外合资经营企业	Chinese-foreign Equity Joint Ventures	3	33725	26095
中外合作经营企业	Chinese-foreign Cooperative Enterprises	2		
外资企业	Foreign-Funded Enterprises	2		
外商投资股份有限公司	Companies Limited by Shares			
其他外商投资	Others			
按控股情况分	**By Share Holding**			
国有控股	State-holding Enterprises	112	16667315	12618484
集体控股	Collective-Holding Enterprises	9	2637500	2196633
私人控股	Private Enterprises	493	47537860	30605521
港澳台商控股	Hong Kong, Macao and Taiwan Holding Enterprises	17	4154681	3396945
外商控股	Foreign Holding Enterprises	4	248725	225200
其　他	Others	71	5341181	4246208
按资质等级分	**By Grade**			
一　级	First Grade	2		
二　级	Second Grade	73	25386346	21372838
三　级	Third Grade	124	8723243	7237201
四　级	Fourth Grade	135	3340463	2082498
暂　定	Provisional	322	35161007	19705202
其　他	Others	50		
按隶属关系分	**By Administrative Relationship**			
中　央	Central	24	6438724	5806839
省(自治区、直辖市)	Provinces(Autonomous Region, Municipality)			
地区(州、盟、省辖市)	Region(Prefecture, League, Provincial Cities)			
县(区、市、旗)	County(District, City, Banner)			
街　道	Street			
镇	Town			
乡	Countryside			
居委会	Neighborhood Committee			
村委会	Village Committee			
其　他	Others	626	60015248	41529027

Actually Completed Investment of Enterprises in Real Estate by Groups(2018)

(10 000 yuan;sq. m)

本 年 完成投资 Investment Completed This Year	#配套工程投资 Supporting Projects Investment	按构成分:By Composition of Funds					
		#建筑工程 Construction	安装工程 Installation	设备工器具购置 Purchase of Equipment and Instruments	其他费用 Other Expenses	#旧建筑物购置费 Old Buildings Purchase Expenses	土地购置费 Land Purchase Expenses
9859559		**7211171**	**393670**	**27639**	**2227079**	**4244**	**1505358**
9836353		7191494	393670	27639	2223550	4244	1505358
87089		69873			17216	4244	
903489		405484	21550	4420	472035		315085
5604825		4330195	230097	12539	1031994		826704
325833		270163	26303	65	29302		25299
2896688		2098816	115720	10615	671537		337027
18429		16963			1466		1243
311					311		
311					311		
22895		19677			3218		
22895		19677			3218		
2365355		1657896	32067	8970	666422	4244	447592
314053		303791	1981	371	7910		
5558899		3786191	333344	16414	1422950		959577
814320		787729	26278	2	311		
21299		11208			10091		10091
785633		664356		1882	119395		88098
2231473		1772329	29118	2289	427737		102547
988548		777915	135319	196	75118		46447
375189		263750	3703	3126	104610	4244	75470
5703197		3907706	213038	21458	1560995		1245032
791906		750638	12505		28763		
7248764		5624322	334210	18939	1271293		767304

5-10 续表 1

单位:万元、平方米

指　　标	Item	按工程用途分:住宅 By Engineering Application: Residential Buildings	#90 平方米以下住房 Residential Buildings below 90 Square Meters	140 平方米以上住房 Residential Buildings above 140 Square Meters	别墅、高档公寓 Villas, High-grade Apartments
总　　计	**Total**	**6402693**	**1769249**	**1106336**	**200774**
按登记注册类型分组	**By Status of Registration**				
内资企业	Domestic Funded Enterprises	6402693	1769249	1106336	200774
国有企业	State-owned Enterprises	47773	15553	18975	5440
集体企业	Collective-owned Enterprises				
股份合作企业	Joint-equity Cooperative Enterprises				
国有联营企业	State Joint Ownership Enterprises				
集体联营企业	Collective Joint Ownership Enterprises				
国有与集体联营企业	Joint State-collective Enterprises				
其他联营企业	Other Joint Ownership Enterprises				
国有独资公司	State Sole Funded Corporations	595338	265631		
其他有限责任公司	Other Limited Liability Companies	3890524	894131	805224	146235
股份有限公司	Companies Limited by Shares	306894	13716	105102	18111
私营独资企业	Private-Solely Funded Enterprises				
私营合伙企业	Private Partnership Enterprises				
私营有限责任公司	Private Limited Liability Corporations	1543907	570041	173647	30988
私营股份有限公司	Private Companies Limited by Shares	18257	10177	3388	
其他企业	Other Enterprises				
港澳台商投资企业	Enterprises with Funds from Hong Kong, Macao and Taiwan				
与港澳台商合资经营企业	Joint-venture Enterprises				
与港澳台商合资合作经营企业	Cooperative Enterprises				
港澳台商独资经营企业	Enterprises with Sole Fund				
港澳台商投资股份有限公司	Companies Limited by Shares				
其他港澳台投资	Others				
外商投资企业	Enterprises with Foreign Investment				
中外合资经营企业	Chinese-foreign Equity Joint Ventures				
中外合作经营企业	Chinese-foreign Cooperative Enterprises				
外资企业	Foreign-Funded Enterprises				
外商投资股份有限公司	Companies Limited by Shares				
其他外商投资	Others				
按控股情况分	**By Share Holding**				
国有控股	State-holding Enterprises	1652479	485627	290076	43500
集体控股	Collective-Holding Enterprises	190827	14819	86545	833
私人控股	Private Enterprises	3340056	835603	531753	140527
港澳台商控股	Hong Kong, Macao and Taiwan Holding Enterprises	725799	259102	141632	15814
外商控股	Foreign Holding Enterprises	19390	13575	5	
其　他	Others	474142	160523	56325	100
按资质等级分	**By Grade**				
一　级	First Grade				
二　级	Second Grade	1343727	418303	247496	46362
三　级	Third Grade	824720	342855	139099	27489
四　级	Fourth Grade	203924	52519	22612	
暂　定	Provisional	3678800	900601	537091	126923
其　他	Others	351522	54971	160038	
按隶属关系分	**By Administrative Relationship**				
中　央	Central	598513	30062	225444	39077
省(自治区、直辖市)	Provinces(Autonomous Region, Municipality)	485634	137657	23100	
地区(州、盟、省辖市)	Region(Prefecture, League, Provincial Cities)	436062	183152	40392	4135
县(区、市、旗)	County(District, City, Banner)	51723	13716	3271	
街　道	Street				
镇	Town				
乡	Countryside				
居委会	Neighborhood Committee				
村委会	Village Committee				
其　他	Others	4830761	1404662	814129	157562

(continued)

(10 000 yuan; sq. m)

办公楼 Office Buildings	商业营业用房 Houses for Business Use	其他 Others	新增固定资产 Newly Increased Fixed Assets	待开发土地面积 Land Space Pending Development	本年购置土地面积 Total Area of Land Purchased This Year	本年土地成交价款 Land Transaction Price This Year
645821	**1473915**	**1337130**	**815828**	**2082206**	**1438812**	**741517**
629036	1469285	1335339	815828	2082206	1438812	741517
	13870	25446				
3073	101488	203590		15200		
274587	851516	588198	599901	1557336	1032466	476533
	7868	11071	53082		47648	42334
351326	494522	506933	162845	382102	358698	222650
50	21	101		127568		
		311				
		311				
16785	4630	1480				
16785	4630	1480				
73901	270813	368162	245789	486343		
73248	47992	1986				
383572	996248	839023	544949	1045433	1438812	741517
5883	51647	30991				
	1218	691				
109217	105997	96277	25090	550430		
341500	285710	260536	113249		162888	30390
1532	87980	74316	256500	725542	28020	12975
29179	59047	83039	29061			
200362	932142	891893	415038	1356664	1194849	659072
73248	109036	27346	1980		53055	39080
15664	123611	54118	145086	334846		
3143	60242	115083		304356		
12563	263483	347427	27084	15200	217574	198125
	12070	31459	37991			
614451	1014509	789043	605667	1427804	1221238	543392

5-10 续表 2

单位:万元、平方米

指　　标	Item	本年资金来源合计 Total Funds This Year	国内贷款 Domestic Loans	利用外资 Foreign Investment Utilization	自筹资金 Self-raised Funds	其他资金 Other Funds
总　　计	**Total**	**10577890**	**684964**		**2322420**	**393730**
按登记注册类型分组	**By Status of Registration**					
内资企业	Domestic Funded Enterprises	10548014	684964		2318549	393730
国有企业	State-owned Enterprises	149475	10000		5100	733
集体企业	Collective-owned Enterprises					
股份合作企业	Joint-equity Cooperative Enterprises					
国有联营企业	State Joint Ownership Enterprises					
集体联营企业	Collective Joint Ownership Enterprises					
国有与集体联营企业	Joint State-collective Enterprises					
其他联营企业	Other Joint Ownership Enterprises					
国有独资公司	State Sole Funded Corporations	635773	166500		343969	
其他有限责任公司	Other Limited Liability Companies	7158670	275949		1605638	301190
股份有限公司	Companies Limited by Shares	420805	8500		33602	195
私营独资企业	Private-Solely Funded Enterprises					
私营合伙企业	Private Partnership Enterprises					
私营有限责任公司	Private Limited Liability Companies	2152183	224015		327016	90383
私营股份有限公司	Private Companies Limited by Shares	31108			3224	1229
其他企业	Other Enterprises					
港澳台商投资企业	Enterprises with Funds from Hong Kong, Macao and Taiwan	311			311	
与港澳台商合资经营企业	Joint-venture Enterprises	311			311	
与港澳台商合资合作经营企业	Cooperative Enterprises					
港澳台商独资经营企业	Enterprises with Sole Fund					
港澳台商投资股份有限公司	Companies Limited by Shares					
其他港澳台投资	Others					
外商投资企业	Enterprises with Foreign Investment	29565			3560	
中外合资经营企业	Chinese-foreign Equity Joint Ventures	29565			3560	
中外合作经营企业	Chinese-foreign Cooperative Enterprises					
外资企业	Foreign-Funded Enterprises					
外商投资股份有限公司	Companies Limited by Shares					
其他外商投资	Others					
按控股情况分	**By Share Holding**					
国有控股	State-holding Enterprises	2350475	334500		493209	105142
集体控股	Collective-Holding Enterprises	297209	1222		1000	
私人控股	Private Enterprises	6361422	230942		1599712	209024
港澳台商控股	Hong Kong, Macao and Taiwan Holding Enterprises	487401	5000		311	6873
外商控股	Foreign Holding Enterprises	14795			600	
其　他	Others	1066588	113300		227588	73691
按资质等级分	**By Grade**					
一　级	First Grade					
二　级	Second Grade	2306753	183005		129903	119782
三　级	Third Grade	1170364	93553		85494	17637
四　级	Fourth Grade	611261	36622		155728	12529
暂　定	Provisional	5995055	371649		1820081	236282
其　他	Others	494457	135		131214	7500
按隶属关系分	**By Administrative Relationship**					
中　央	Central	1192636	145000		84002	3775
省(自治区、直辖市)	Provinces(Autonomous Region, Municipality)	348080	120500		154619	1248
地区(州、盟、省辖市)	Region (Prefecture, League, Provincial Cities)	909155	100202		343294	24895
县(区、市、旗)	County(District, City, Banner)	49827	10000		14891	
街　道	Street					
镇	Town					
乡	Countryside					
居委会	Neighborhood Committee					
村委会	Village Committee					
其　他	Others	8078192	309262		1725614	363812

(continued)

(10 000 yuan; sq. m)

本年各项应付款 Total Account Payable This Year	#工程款 Project Funds	房屋施工面积 Total Floor Space of Buildings under Costruction	住宅 Residential Buildings	#90平方米及以下住房 Residential Buildings below 90 Square Meters	144平方米以上住房 Residential Buildings above 144 Square Meters	办公楼 Office Buildings	商业营业用房 Houses for Business Use	其他 Others
3126531	**1322774**	**61180347**	**37963364**	**9820466**	**5483490**	**4696712**	**8381132**	**10139139**
3126531	1322774	60940168	37949027	9811948	5479746	4638100	8296865	10056176
49184	25848	1194148	737499	123850	164095		60267	396382
676613	74258	3008151	1642741	633266		289684	360339	715387
1244383	649593	31389153	21727676	5289983	3612384	1902838	3579728	4178911
15104	12701	1407424	1110133	276337	145878		164828	132463
1140303	559983	23100117	12077570	3289371	1387149	2388346	4074144	4560057
944	391	841175	653408	199141	170240	57232	57559	72976
51890		122502	14337	8518	3744		56275	51890
56275	51890	122502	14337	8518	3744		56275	51890
		117677				58612	27992	31073
		117677				58612	27992	31073
1206135	374320	14627795	9606736	3507242	1279055	790727	1397120	2833212
23069	2507	936425	293454	106438	40956	438040	100644	104287
1548497	914876	39421381	24327766	4881719	3736288	2782024	5819907	6491684
179045		1120963	466670	214936	107865	1956	312844	339493
1300	1300	789205	767835	166359	50208		8370	13000
168485	29771	4284578	2500903	943772	269118	683965	742247	357463
693225	374401	14109898	7979069	1658062	1273388	1590190	1423368	3117271
267656	143439	9155054	7005641	1874936	1169332	320164	952466	876783
105354	46979	3447856	2037485	454505	413861	304935	523086	582350
1923169	699633	32217740	20095310	5706340	2186464	1860715	5084780	5176935
137127	58322	2249799	845859	126623	440445	620708	397432	385800
252207	207453	5134333	3293952	847612	530708	203941	728422	908018
513976	24078	1370083	799300	192470	44816	86396	293656	190731
313780	107756	6784801	3832139	1705109	482007	442129	916140	1594393
66698	22488							
1979870	960999	47544413	29823487	7047316	4382069	3964246	6401135	7355545

5-10 续表 3

单位:万元、平方米

指 标	Item	#新开工面积 Floor Space Started This Year	住 宅 Residential Buildings	#90 平方米及以下住房 Residential Buildings below 90 Square Meters	144 平方米以上住房 Residential Buildings above 144 Square Meters	办公楼 Office Buildings
总 计	**Total**	**13666409**	**9519468**	**1410286**	**1655415**	**367692**
按登记注册类型分组	**By Status of Registration**					
内资企业	Domestic Funded Enterprises	13666409	9519468	1410286	1655415	367692
国有企业	State-owned Enterprises	69169	27962	11903		
集体企业	Collective-owned Enterprises					
股份合作企业	Joint-equity Cooperative Enterprises					
国有联营企业	State Joint Ownership Enterprises					
集体联营企业	Collective Joint Ownership Enterprises					
国有与集体联营企业	Joint State-collective Enterprises					
其他联营企业	Other Joint Ownership Enterprises					
国有独资公司	State Sole Funded Corporations	465665	245910	19849		
其他有限责任公司	Other Limited Liability Companies	9715655	7502406	994939	1456952	217492
股份有限公司	Companies Limited by Shares	364112	308893	64822	46421	
私营独资企业	Private-Solely Funded Enterprises					
私营合伙企业	Private Partnership Enterprises					
私营有限责任公司	Private Limited Liability Companies	3040878	1423367	311632	152042	150200
私营股份有限公司	Private Companies Limited by Shares	10930	10930	7141		
其他企业	Other Enterprises					
港澳台商投资企业	Enterprises with Funds from Hong Kong, Macao and Taiwan					
与港澳台商合资经营企业	Joint-venture Enterprises					
与港澳台商合资合作经营企业	Cooperative Enterprises					
港澳台商独资经营企业	Enterprises with Sole Fund					
港澳台商投资股份有限公司	Companies Limited by Shares					
其他港澳台投资	Others					
外商投资企业	Enterprises with Foreign Investment					
中外合资经营企业	Chinese-foreign Equity Joint Ventures					
中外合作经营企业	Chinese-foreign Cooperative Enterprises					
外资企业	Foreign-Funded Enterprises					
外商投资股份有限公司	Companies Limited by Shares					
其他外商投资	Others					
按控股情况分	**By Share Holding**					
国有控股	State-holding Enterprises	1927840	1283906	224511	209685	77809
集体控股	Collective-Holding Enterprises					
私人控股	Private Enterprises	11314738	7937172	1124734	1444063	289883
港澳台商控股	Hong Kong, Macao and Taiwan Holding Enterprises	9260	9260		1667	
外商控股	Foreign Holding Enterprises	57541	37541	15000		
其 他	Others	357030	251589	46041		
按资质等级分	**By Grade**					
一 级	First Grade					
二 级	Second Grade	1810078	1287413	86205	376173	77809
三 级	Third Grade	1271230	1048905	260367	193514	
四 级	Fourth Grade	814779	642640	107942	55786	25112
暂 定	Provisional	9216434	6236704	954645	811237	264771
其 他	Others	553888	303806	1127	218705	
按隶属关系分	**By Administrative Relationship**					
中 央	Central	265110	262215	101071	77061	
省(自治区、直辖市)	Provinces (Autonomous Region, Municipality)	488281	318310	26990	12213	
地区(州、盟、省辖市)	Region (Prefecture, League, Provincial Cities)	1356712	794817	85390	235418	
县(区、市、旗)	County (District, City, Banner)					
街 道	Street					
镇	Town					
乡	Countryside					
居委会	Neighborhood Committee					
村委会	Village Committee					
其 他	Others	11382430	8038148	1181987	1297907	367692

 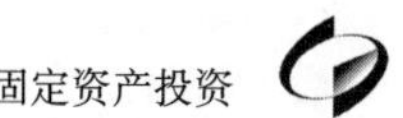

(continued)

(10 000 yuan; sq. m)

商业营业用房 Houses for Business Use	其他 Others	竣工面积 Floor Space of Buildings Completed	住宅 Residential Buildings	#90平方米及以下住房 Residential Buildings below 90 Square Meters	144平方米以上住房 Residential Buildings above 144 Square Meters	办公楼 Office Buildings	商业营业用房 Houses for Business Use	其他 Others
1375681	**2403568**	**2161987**	**1274171**	**425310**	**192490**	**255217**	**271091**	**361508**
1375681	2403568	2161987	1274171	425310	192490	255217	271091	361508
9803	31404							
105821	113934							
664861	1330896	1365552	759647	305126	127512	230342	164588	210975
6311	48908	162506	126147	90500			36359	
588885	878426	633929	388377	29684	64978	24875	70144	150533
214581	351544	887638	772185	277356	127512		17703	97750
1143078	1944605	1166020	441902	119548	54478	234129	250025	239964
7000	13000							
11022	94419	108329	60084	28406	10500	21088	3363	23794
62612	382244	473018	275959	18848	115113		80039	117020
22906	199419	920279	812076	395926	77377	21088	6408	80707
65186	81841	93365				45302	15177	32886
1196386	1518573	665125	175936	336		188827	169467	130895
28591	221491	10200	10200	10200				
	2895	471507	440115	225818	66877		1350	30042
39415	130556							
91757	470138	135423	135423	51202				
1226278	1750312	1433708	613974	147954	125613	255217	261726	302791

5-10 续表 4

单位:万元、平方米

指 标	Item	商品房销售面积 Floor Space of Commercialized Buildings Sold	住 宅 Residential Buildings	#90 平方米及以下住房 Residential Buildings below 90 Square Meters	144 平方米以上住房 Residential Buildings above 144 Square Meters
总 计	**Total**	**11189724**	**9475097**	**1023532**	**1363617**
按登记注册类型分组	**By Status of Registration**				
内资企业	Domestic Funded Enterprises	11187048	9474241	1022773	1363617
国有企业	State-owned Enterprises	85941	78008	33191	10692
集体企业	Collective-owned Enterprises				
股份合作企业	Joint-equity Cooperative Enterprises				
国有联营企业	State Joint Ownership Enterprises				
集体联营企业	Collective Joint Ownership Enterprises				
国有与集体联营企业	Joint State-collective Enterprises				
其他联营企业	Other Joint Ownership Enterprises				
国有独资公司	State Sole Funded Corporations	524195	432855	118178	51249
其他有限责任公司	Other Limited Liability Companies	7183833	6118309	451755	938901
股份有限公司	Companies Limited by Shares	573577	560716	48756	75130
私营独资企业	Private-Solely Funded Enterprises				
私营合伙企业	Private Partnership Enterprises				
私营有限责任公司	Private Limited Liability Companies	2632136	2098072	285135	263328
私营股份有限公司	Private Companies Limited by Shares	187366	186281	85758	24317
其他企业	Other Enterprises				
港澳台商投资企业	Enterprises with Funds from Hong Kong, Macao and Taiwan	2676	856	759	
与港澳台商合资经营企业	Joint-venture Enterprises	463			
与港澳台商合资合作经营企业	Cooperative Enterprises				
港澳台商独资经营企业	Enterprises with Sole Fund	2213	856	759	
港澳台商投资股份有限公司	Companies Limited by Shares				
其他港澳台投资	Others				
外商投资企业	Enterprises with Foreign Investment				
中外合资经营企业	Chinese-foreign Equity Joint Ventures				
中外合作经营企业	Chinese-foreign Cooperative Enterprises				
外资企业	Foreign-Funded Enterprises				
外商投资股份有限公司	Companies Limited by Shares				
其他外商投资	Others				
按控股情况分	**By Share Holding**				
国有控股	State-holding Enterprises	2549949	2145840	294417	393603
集体控股	Collective-Holding Enterprises	271000	99559		38689
私人控股	Private Enterprises	6754261	5888134	616828	762114
港澳台商控股	Hong Kong, Macao and Taiwan Holding Enterprises	569449	565782	16183	100784
外商控股	Foreign Holding Enterprises	15500	15500	15500	
其 他	Others	1029565	760282	80604	68427
按资质等级分	**By Grade**				
一 级	First Grade				
二 级	Second Grade	2558610	2154742	182321	488953
三 级	Third Grade	1237787	1059826	146712	215548
四 级	Fourth Grade	714737	621154	152992	31481
暂 定	Provisional	6324857	5471030	540551	559763
其 他	Others	353733	168345	956	67872
按隶属关系分	**By Administrative Relationship**				
中 央	Central	911917	729317	51260	269724
省(自治区、直辖市)	Provinces(Autonomous Region, Municipality)	431728	406497	130148	62844
地区(州、盟、省辖市)	Region(Prefecture, League, Provincial Cities)	1047795	775078	49828	49467
县(区、市、旗)	County(District, City, Banner)				
街 道	Street				
镇	Town				
乡	Countryside				
居委会	Neighborhood Committee				
村委会	Village Committee				
其 他	Others	8740847	7506768	792296	979546

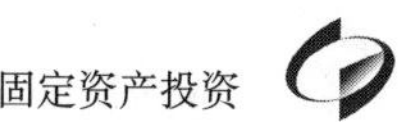

(continued)

(10 000 yuan; sq. m)

办公楼 Office Buildings	商业营业用房 Houses for Business Use	其他 Others	商品房销售额(万元) Total Sale of Commercialized Buildings Sold (10 000 yuan)	住宅 Residential Buildings	90平方米及以下住房 Residential Buildings below 90 Square Meters	144平方米以上住房 Residential Buildings above 144 Square Meters	办公楼 Office Buildings	商业营业用房 Houses for Business Use	其他 Others
628209	**878151**	**208267**	**10448910**	**8356343**	**837421**	**1394920**	**606362**	**1363565**	**122640**
628209	876794	207804	10442169	8355640	836794	1394920	606362	1357667	122500
	7933		109373	93162	35348	16792		16211	
36866	1240	53234	444174	354000	112845	60167	36325	1800	52049
455109	484486	125929	6841303	5615390	398816	981090	457273	715810	52830
	12861		520831	505601	37061	100954		15230	
135449	369974	28641	2369171	1630943	179938	215133	112401	608206	17621
785	300		157317	156544	72786	20784	363	410	
	1357	463	6741	703	627			5898	140
		463	140						140
	1357		6601	703	627			5898	
116804	172493	114812	2363425	1947258	243737	421095	126446	214174	75547
121134	49735	572	277999	81011		41273	117527	79328	133
190882	584524	90721	6175059	5019412	492122	714130	180222	929981	45444
1365	1839	463	560168	551809	15483	124201	1477	6742	140
			14541	14541	14541				
198024	69560	1699	1057718	742312	71538	94221	180690	133340	1376
121300	233001	49567	2217340	1653279	124422	469795	110724	430310	23027
55383	102447	20131	1168679	972419	122238	217307	51169	135379	9712
57774	35194	615	710385	570195	144886	26668	76878	63154	158
262078	454367	137382	5998631	5021976	445293	610501	239437	647608	89610
131674	53142	572	353875	138474	582	70649	128154	87114	133
11912	135166	35522	1031542	850888	48915	305169	21357	149992	9305
4349	20882		338580	304872	108313	63106	3165	30543	
72788	146695	53234	969383	632250	40673	41485	69598	215486	52049
539160	575408	119511	8072140	6531068	639520	983779	512242	967544	61286

5-10 续表5

单位:万元、平方米

指标	Item	待售面积(平方米) For sale Floor Space (sq. m)	住宅 Residential Buildings
总计	**Total**	**1475625**	**746738**
按登记注册类型分组	**By Status of Registration**		
内资企业	Domestic Funded Enterprises	1472304	746738
国有企业	State-owned Enterprises		
集体企业	Collective-owned Enterprises		
股份合作企业	Joint-equity Cooperative Enterprises		
国有联营企业	State Joint Ownership Enterprises		
集体联营企业	Collective Joint Ownership Enterprises		
国有与集体联营企业	Joint State-collective Enterprises		
其他联营企业	Other Joint Ownership Enterprises		
国有独资公司	State Sole Funded Corporations	63858	63858
其他有限责任公司	Other Limited Liability Companies	447439	114854
股份有限公司	Companies Limited by Shares	22288	9316
私营独资企业	Private-Solely Funded Enterprises		
私营合伙企业	Private Partnership Enterprises		
私营有限责任公司	Private Limited Liability Companies	906669	555396
私营股份有限公司	Private Companies Limited by Shares	32050	3314
其他企业	Other Enterprises		
港澳台商投资企业	Enterprises with Funds from Hong Kong, Macao and Taiwan	3321	
与港澳台商合资经营企业	Joint-venture Enterprises	3321	
与港澳台商合资合作经营企业	Cooperative Enterprises		
港澳台商独资经营企业	Enterprises with Sole Fund		
港澳台商投资股份有限公司	Companies Limited by Shares		
其他港澳台投资	Others		
外商投资企业	Enterprises with Foreign Investment		
中外合资经营企业	Chinese-foreign Equity Joint Ventures		
中外合作经营企业	Chinese-foreign Cooperative Enterprises		
外资企业	Foreign-Funded Enterprises		
外商投资股份有限公司	Companies Limited by Shares		
其他外商投资	Others		
按控股情况分	**By Share Holding**		
国有控股	State-holding Enterprises	203064	137128
集体控股	Collective-Holding Enterprises		
私人控股	Private Enterprises	1078014	551708
港澳台商控股	Hong Kong, Macao and Taiwan Holding Enterprises	9831	769
外商控股	Foreign Holding Enterprises	2771	
其他	Others	181945	57133
按资质等级分	**By Grade**		
一级	First Grade		
二级	Second Grade	728623	539167
三级	Third Grade	283587	86906
四级	Fourth Grade	147753	12904
暂定	Provisional	314743	106842
其他	Others	919	919
按隶属关系分	**By Administrative Relationship**		
中央	Central	70965	10098
省(自治区、直辖市)	Provinces(Autonomous Region, Municipality)	65702	53853
地区(州、盟、省辖市)	Region(Prefecture, League, Provincial Cities)	65366	65366
县(区、市、旗)	County(District, City, Banner)		
街道	Street		
镇	Town		
乡	Countryside		
居委会	Neighborhood Committee		
村委会	Village Committee		
其他	Others	1273592	617421

(continued)

(10 000 yuan; sq. m)

#90 平方米及以下住房 Residential Buildings below 90 Square Meters	144 平方米以上住房 Residential Buildings above 144 Square Meters	办公楼 Office Buildings	商业营业用房 Houses for Business Use	其他 Others
227061	**114411**	**240008**	**303105**	**185774**
227061	114411	240008	303105	182453
42085	44479	116842	123642	92101
169	8670		12972	
183217	59754	107462	159021	84790
1590	1508	15704	7470	5562
				3321
				3321
15014	48631	2407	30038	33491
192421	55910	201102	221562	103642
	343		2600	6462
			977	1794
19626	9527	36499	47928	40385
170260	55654	70712	57460	61284
20696	42271	38629	114929	43123
1980	3252	34622	38928	61299
34125	12315	96045	91788	20068
	919			
280	8907		60867	
14734	30405		2420	9429
	1508			
212047	73591	240008	239818	176345

5-11 按各种分组的房地产开发企业财务状况情况(2018年)

单位:万元

指　　标	Item	企业数(个) Number of Enterprises (unit)	年初存货 Stock (at Year-beginning)	流动资产 Circulating Funds	应收账款 Account Receivable
总　　计	**Total**	**706**	**23551931**	**55469575**	**2974576**
按登记注册类型分组	**By Status of Registration**				
内资企业	Domestic Funded Enterprises	679	21617804	52445389	2862817
国有企业	State-owned Enterprises	10	58314	133144	6736
集体企业	Collective-owned Enterprises	1	700	709	
股份合作企业	Joint-equity Cooperative Enterprises				
国有联营企业	State Joint Ownership Enterprises				
集体联营企业	Collective Joint Ownership Enterprises				
国有与集体联营企业	Joint State-collective Enterprises				
其他联营企业	Other Joint Ownership Enterprises				
国有独资公司	State Sole Funded Corporations	37	3261422	8529407	1004355
其他有限责任公司	Other Limited Liability Companies	458	15131747	36612326	1616047
股份有限公司	Companies Limited by Shares	7	235907	324057	-6898
私营独资企业	Private-solely Funded Enterprises				
私营合伙企业	Private Partnership Enterprises				
私营有限责任公司	Private Limited Liability Companies	157	2846397	6689709	234986
私营股份有限公司	Private Companies Limited by Shares	9	83315	156037	7591
其他企业	Other Enterprises				
港澳台商投资企业	Enterprises with Funds from Hong Kong, Macao and Taiwan	20	1812839	2840201	81361
与港澳台商合资经营企业	Joint-venture Enterprises	13	732017	1132360	8737
与港澳台商合资合作经营企业	Cooperative Enterprises				
港澳台商独资经营企业	Enterprises with Sole Fund	7	1080821	1707842	72623
港澳台商投资股份有限公司	Companies Limited by Shares				
其他港澳台投资	Others				
外商投资企业	Enterprises with Foreign Investment	7	121289	183985	30398
中外合资经营企业	Chinese-foreign Equity Joint Ventures	3	40668	58926	301
中外合作经营企业	Chinese-foreign Cooperative Enterprises	2	80621	116378	29863
外资企业	Foreign-Funded Enterprises	2		8682	234
外商投资股份有限公司	Companies Limited by Shares				
其他外商投资	Others				
按控股情况分	**By Share Holding**				
国有控股	State-holding Enterprises	112	8429073	18362501	1626152
集体控股	Collective-Holding Enterprises	9	561516	1601205	45849
私人控股	Private Enterprises	493	10300340	28019268	753937
港澳台商控股	Hong Kong,Macao and Taiwan Holding Enterprises	17	1741168	2732695	81061
外商控股	Foreign Holding Enterprises	4	80621	125059	30097
其　他	Others	71	2439214	4628848	437481
按隶属关系分	**By Administrative Relationship**				
中　央	Central	24	2079302	3988202	18925
省(自治区、直辖市)	Provinces(Autonomous Region, Municipality)				
地区(州、盟、省辖市)	Region(Prefecture, League, Provincial Cities)				
县(区、市、旗)	County(District, City, Banner)				
街　道	Street				
镇	Town				
乡	Countryside				
居委会	Neighborhood Committee				
村委会	Village Commitee				
其　他	Others	626	17514853	41746317	1705915
按资质等级分	**By Grade**				
一　级	First Grade	2	156594	164926	403
二　级	Second Grade	73	7224111	16376505	793808
三　级	Third Grade	124	3182566	6219121	185714
四　级	Fourth Grade	135	1039065	3045768	100753
暂　定	Provisional	322	9939730	23325118	1105312
其　他	Others	50	2009866	6338138	788586

Financial Indicators of Enterprises in Real Estate by Groups(2018)

(10 000 yuan)

#存 货 Stock	固 定 资 产 Fixed Assets	固定资产原 价 Original Fixed Assets	累计折旧 Total Depreciation	#本年折旧 Depreciation This Year	在建工程 Under Construction	资 产 Assets	流动负债 liquid Liabilities	#应付账款 Account Payable
27429041	**955072**	**1234604**	**284611**	**49170**	**1737674**	**75582552**	**42767398**	**4828988**
25574364	879937	1127916	252823	40772	1736670	71527262	40045681	4044522
84226	4751	7143	2392	193	17001	165489	142309	26228
700	137	366	229	10		905	754	480
3642704	349524	355761	6274	1072	749934	14246049	3848514	535160
17986302	477276	676706	201209	33974	960106	49116686	29722453	304553
256454	2259	2239	480	36		332231	262837	29531
3517520	41580	80627	41503	5253	9466	7476460	5956063	367333
86459	4410	5073	736	234	163	189442	112751	40238
1729766	74889	105398	30774	8256	1004	3842592	2623342	768691
696129	74137	99851	25714	4528	1004	1304872	1105292	61448
1033637	752	5548	5060	3728		2537721	1518050	707243
124911	246	1291	1014	142		212698	98376	15775
49464	218	716	498	40		84186	44660	2
75447	21	411	360	20		118079	46686	15773
	7	163	156	83		10434	7030	
9011624	426917	461801	34921	6358	1627867	27568930	11565000	1467347
568737	1658	4840	3183	277		1613405	1149749	149779
13227938	394256	578249	187011	29004	98788	37555763	24302071	2180275
1658095	74851	104953	30367	8251	1004	3732289	2494074	768304
75447	28	575	516	103		128513	53716	15773
2887200	57362	84187	28613	5177	10015	4983653	3202788	247509
2098702	18422	25863	7441	1049	6057	4742121	3747365	275976
21004961	899483	1156353	262633	44993	536832	54487109	35032735	4116175
146504	1336	3579	2244	169	147	196277	150279	13369
7372036	267432	372124	104747	21334	868216	25855075	13766033	1580594
3042264	94141	155717	63747	8666	20521	7297118	5773651	349898
1550285	53090	101259	48565	5009	9956	4943019	2389914	220482
13194057	457035	503279	47881	10688	833428	26923982	18313250	2464371
2123895	82038	98646	17427	3303	5405	10367081	2374271	200275

5-11 续表1

单位:万元

指　　标	Item	非流动负债 Non-liquid Liabilities	负　债 Liabilities	所有者权益 Owners Equity	#实收资本 Paid-up Capital
总　计	Total	14143422	57306255	18276297	7510089
按登记注册类型分组	**By Status of Registration**				
内资企业	Domestic Funded Enterprises	13478553	53920868	17606394	7097745
国有企业	State-owned Enterprises	4772	147081	18409	16467
集体企业	Collective-owned Enterprises				
股份合作企业	Joint-equity Cooperative Enterprises				
国有联营企业	State Joint Ownership Enterprises				
集体联营企业	Collective Joint Ownership Enterprises				
国有与集体联营企业	Joint State-collective Enterprises				
其他联营企业	Other Joint Ownership Enterprises				
国有独资公司	State Sole Funded Corporations	6106203	9954716	4291333	545350
其他有限责任公司	Other Limited Liability Companies	6587857	36705867	12410819	5890582
股份有限公司	Companies Limited by Shares	49344	312181	20050	24942
私营独资企业	Private-Solely Funded Enterprises				
私营合伙企业	Private Partnership Enterprises				
私营有限责任公司	Private Limited Liability Companies	712610	6669750	806710	562524
私营股份有限公司	Private Companies Limited by Shares	17767	130518	58924	57730
其他企业	Other Enterprises				
港澳台商投资企业	Enterprises with Funds from Hong Kong, Macao and Taiwan	663190	3286532	556061	379796
与港澳台商合资经营企业	Joint-venture Enterprises	270985	1376277	-71405	84821
与港澳台商合资合作经营企业	Cooperative Enterprises				
港澳台商独资经营企业	Enterprises with Sole Fund	392205	1910255	627466	294975
港澳台商投资股份有限公司	Companies Limited by Shares				
其他港澳台投资	Others				
外商投资企业	Enterprises with Foreign Investment	1680	98856	113842	32548
中外合资经营企业	Chinese-foreign Equity Joint Ventures		44660	39526	25890
中外合作经营企业	Chinese-foreign Cooperative Enterprises	1680	47166	70913	3200
外资企业	Foreign-Funded Enterprises		7030	3404	3458
外商投资股份有限公司	Companies Limited by Shares				
其他外商投资	Others				
按控股情况分	**By Share Holding**				
国有控股	State-holding Enterprises	8482143	20090276	7478655	1860919
集体控股	Collective-Holding Enterprises	20000	1169749	443656	281614
私人控股	Private Enterprises	4440030	28670195	8885568	4434943
港澳台商控股	Hong Kong, Macao and Taiwan Holding Enterprises	663190	3157264	575024	366686
外商控股	Foreign Holding Enterprises	1680	54196	74316	6658
其　他	Others	536380	4164575	819078	559270
按隶属关系分	**By Administrative Relationship**				
中　央	Central	319312	4066676	675444	463510
省(自治区、直辖市)	Provinces(Autonomous Region, Municipality)				
地区(州、盟、省辖市)	Region(Prefecture, League, Provincial Cities)				
县(区、市、旗)	County(District, City, Banner)				
街　道	Street				
镇	Town				
乡	Countryside				
居委会	Neighborhood Committee				
村委会	Village Commitee				
其　他	Others	6830993	42236029	12251080	6251605
按资质等级分	**By Grade**				
一　级	First Grade	6000	156279	39999	12000
二　级	Second Grade	4453410	18219444	7635631	1537525
三　级	Third Grade	628718	6396175	900943	704010
四　级	Fourth Grade	667937	3057852	1885168	1732739
暂　定	Provisional	3871118	22587195	4336786	3062534
其　他	Others	4516240	6889311	3477770	461282

(continued)

(10 000 yuan)

营业收入 Total Revenue	主营业务收入 Revenue from Principle Business	土地转让收入 Land Transferred	商品房屋销售收入 Commercialized Buildings Sold	房屋出租收入 Houses Leased	其他收入 Others	营业成本 Business Cost	主营业务成本 Cost of Principle Business
6926195	**6647864**	**57618**	**5792320**	**93785**	**689316**	**4946781**	**4776684**
6189423	5911175	57618	5101455	90978	652894	4443377	4279629
2026	1845		233	1429	144	690	564
511706	492392	2	99823	7715	383208	388991	381775
4584530	4422874	53528	4145770	73767	143671	3282300	3145128
21505	21450		19872	1074	214	9927	9884
1039280	942237	4089	805563	6894	125574	734208	715019
30278	30278		30194		84	27259	27259
703715	703712		659866	846	36405	489266	482916
187718	187715		143869	846	36405	215724	209375
515997	515997		515997			273541	273541
33057	32977	32977		30999	1962	16	14139
1967	1967		224	1728	16	158	158
30856	30776		30776			13756	13756
234	234			234		225	225
2373924	2353537	6841	1861473	18992	462444	1820765	1801490
393888	392263		391605	654		240604	240124
3050519	2796070	39243	2508839	62777	180825	2166936	2025191
703715	703712		659866	846	36405	489266	482916
31090	31010		30776	234		13981	13981
373060	371273	11535	339762	10282	9641	215231	212982
905696	895055		866808	1804	26443	690019	689237
5476864	5217061	57617	4833998	86706	225437	3820013	3658537
72868	72868		71117	1751		43680	43322
2483610	2472600		2323412	47385	101625	1741441	1717061
1041482	1036681	11915	968168	12995	43453	744965	741705
251634	249039	4016	229253	14264	463	137524	137126
2277006	2021447	41687	1785258	14872	169098	1718422	1577182
799595	795230		415113	2518	374677	560749	560288

5-11 续表 2

单位:万元

指 标	Item	营业税金及附加 Taxes and Other Charges on Business	主营业务税金及附加 Taxes and Other Charges on Principle Business	其他业务利润 Other Profits
总 计	**Total**	**373815**	**357497**	**54273**
按登记注册类型分组	**By Status of Registration**			
内资企业	Domestic Funded Enterprises	300862	295585	52899
国有企业	State-owned Enterprises	115	86	365
集体企业	Collective-owned Enterprises	11	11	11
股份合作企业	Joint-equity Cooperative Enterprises			
国有联营企业	State Joint Ownership Enterprises			
集体联营企业	Collective Joint Ownership Enterprises			
国有与集体联营企业	Joint State-collective Enterprises			
其他联营企业	Other Joint Ownership Enterprises			
国有独资公司	State Sole Funded Corporations	7637	7429	3658
其他有限责任公司	Other Limited Liability Companies	276921	261668	47163
股份有限公司	Companies Limited by Shares	1768	1344	
私营独资企业	Private-Solely Funded Enterprises			
私营合伙企业	Private Partnership Enterprises			
私营有限责任公司	Private Limited Liability Companies	26472	26110	1697
私营股份有限公司	Private Companies Limited by Shares	-1063	-1063	4
其他企业	Other Enterprises			
港澳台商投资企业	Enterprises with Funds from Hong Kong, Macao and Taiwan	61154	61113	666
与港澳台商合资经营企业	Joint-venture Enterprises	3095	3053	666
与港澳台商合资合作经营企业	Cooperative Enterprises			
港澳台商独资经营企业	Enterprises with Sole Fund	58059	58059	
港澳台商投资股份有限公司	Companies Limited by Shares			
其他港澳台投资	Others			
外商投资企业	Enterprises with Foreign Investment	799	799	707
中外合资经营企业	Chinese-foreign Equity Joint Ventures	206	206	
中外合作经营企业	Chinese-foreign Cooperative Enterprises	500	500	80
外资企业	Foreign-Funded Enterprises	93	93	627
外商投资股份有限公司	Companies Limited by Shares			
其他外商投资	Others			
按控股情况分	**By Share Holding**			
国有控股	State-holding Enterprises	85300	83211	7100
集体控股	Collective-Holding Enterprises	31184	31184	11
私人控股	Private Enterprises	179202	168695	43252
港澳台商控股	Hong Kong, Macao and Taiwan Holding Enterprises	60787	60745	666
外商控股	Foreign Holding Enterprises	593	593	707
其 他	Others	16749	13069	2536
按隶属关系分	**By Administrative Relationship**			
中 央	Central	48155	47753	191
省(自治区、直辖市)	Provinces(Autonomous Region, Municipality)			
地区(州、盟、省辖市)	Region(Prefecture, League, Provincial Cities)			
县(区、市、旗)	County(District, City, Banner)			
街 道	Street			
镇	Town			
乡	Countryside			
居委会	Neighborhood Committee			
村委会	Village Commitee			
其 他	Others	312679	300421	47519
按资质等级分	**By Grade**			
一 级	First Grade	3348	3348	
二 级	Second Grade	201659	199075	10612
三 级	Third Grade	34122	33915	5166
四 级	Fourth Grade	17513	17330	1820
暂 定	Provisional	85314	72041	36370
其 他	Others	31855	31787	306

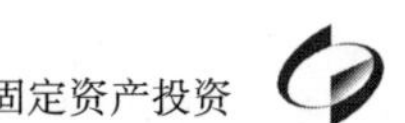

(continued)

(10 000 yuan)

销售费用 Sales Expenses	管理费用 Management Expenses	#税金 Taxes	财务费用 Financial Expenses	利息收入 Interest Income	利息支出 Interest Expenses	资产减值损失 Loss from Assets Devaluation	公允价值变动收益 The Profit and Losses on the Changes in Fair Value
322424	**303701**		**184511**	**19848**	**115182**	**-10214**	**655670**
297347	280750		154499	19265	104654	-10214	537778
60	2959		-12	15		130	
9	78						
8217	15733		17980	1484	17671	597	
241728	210310		99140	14321	55206	-11418	537438
2423	1753		194	132	1	90	
43340	47831		36031	3146	31241	386	
1570	2086		1165	168	536		340
24230	21395		29700	570	10524	0.5	117892
8279	13938		8311	-1137	8890	0.5	
15951	7457		21389	1706	1634		117892
847	1556		312	13	4		
644	783		310	11	3		
202	703		2	2	0.9		
	70						
64131	56152		28974	7346	27874	5521	539082
10416	4213		7360	2367		-6450	
201970	200466		114116	8711	74135	-9686	-1304
24230	21110		29697	566	10524	0.5	117892
202	773		2	2	0.9		
21475	20987		4362	855	2648	401	
28030	16772		13365	2381	15371	4324	
276740	261724		169371	15944	97045	-15021	116958
844	1501		10148	13	10160	69	
106829	124661		52466	5307	20881	1139	656974
31654	51158		31503	1789	29020	988	
10469	21788		25211	1434	12729	-8001	
162237	91466		54638	8562	38862	1518	-1304
10391	13126		10544	2743	3529	-5927	

5-11 续表3

单位:万元

指 标	Item	投资收益 Investment Profits
总 计	**Total**	**74230**
按登记注册类型分组	**By Status of Registration**	
内资企业	Domestic Funded Enterprises	74230
国有企业	State-owned Enterprises	
集体企业	Collective-owned Enterprises	
股份合作企业	Joint-equity Cooperative Enterprises	
国有联营企业	State Joint Ownership Enterprises	
集体联营企业	Collective Joint Ownership Enterprises	
国有与集体联营企业	Joint State-collective Enterprises	
其他联营企业	Other Joint Ownership Enterprises	
国有独资公司	State Sole Funded Corporations	13619
其他有限责任公司	Other Limited Liability Companies	63038
股份有限公司	Companies Limited by Shares	164
私营独资企业	Private-Solely Funded Enterprises	
私营合伙企业	Private Partnership Enterprises	
私营有限责任公司	Private Limited Liability Companies	-2592
私营股份有限公司	Private Companies Limited by Shares	
其他企业	Other Enterprises	
港澳台商投资企业	Enterprises with Funds from Hong Kong, Macao and Taiwan	
与港澳台商合资经营企业	Joint-venture Enterprises	
与港澳台商合资合作经营企业	Cooperative Enterprises	
港澳台商独资经营企业	Enterprises with Sole Fund	
港澳台商投资股份有限公司	Companies Limited by Shares	
其他港澳台投资	Others	
外商投资企业	Enterprises with Foreign Investment	
中外合资经营企业	Chinese-foreign Equity Joint Ventures	
中外合作经营企业	Chinese-foreign Cooperative Enterprises	
外资企业	Foreign-Funded Enterprises	
外商投资股份有限公司	Companies Limited by Shares	
其他外商投资	Others	
按控股情况分	**By Share Holding**	
国有控股	State-holding Enterprises	51510
集体控股	Collective-Holding Enterprises	43
私人控股	Private Enterprises	22677
港澳台商控股	Hong Kong, Macao and Taiwan Holding Enterprises	
外商控股	Foreign Holding Enterprises	
其 他	Others	
按隶属关系分	**By Administrative Relationship**	
中 央	Central	51510
省(自治区、直辖市)	Provinces(Autonomous Region, Municipality)	
地区(州、盟、省辖市)	Region(Prefecture, League, Provincial Cities)	
县(区、市、旗)	County(District, City, Banner)	
街 道	Street	
镇	Town	
乡	Countryside	
居委会	Neighborhood Committee	
村委会	Village Commitee	
其 他	Others	
按资质等级分	**By Grade**	
一 级	First Grade	1
二 级	Second Grade	29791
三 级	Third Grade	-3146
四 级	Fourth Grade	1055
暂 定	Provisional	39273
其 他	Others	7254

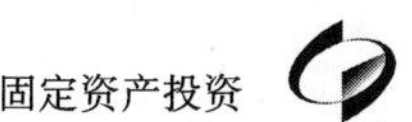

(continued)

(10 000 yuan)

营业利润 Operating Profits	营业外收入 Non-operating Income	补贴收入 Allowance Income	营业外支出 Non-operating Expenditure	利润总额 Total Profits	应交所得税 Income Tax Payable	本年应付工资 (贷方累计发生额) Total Wages and Salaries Payable This Year(Accumulated Amount of Credit)
1570289	**60661**		**74344**	**1549366**	**403525**	**247380**
1357765	60145		52330	1358711	309381	235860
-1915	3603		10	1679	662	1871
-0.1				-0.1		53
86878	2112		3352	85162	24974	15302
1209568	48453		34402	1218249	248163	179313
-2043	19		564	-2588	442	1407
65668	5622		12927	57343	34688	36604
-391	337		1076	-1134	451	1310
196494	474		21782	174879	94107	10442
-61008	66		1821	-63071		6297
257503	409		19961	237950	94107	4145
16030	42		231	15776	37	1079
-133	6		37	-165		682
15690	4		194	15500	37	357
474	32			441		40
905161	23777		6300	922162	217828	61605
106598	3201		310	109495	16620	6288
232340	29043		37762	218049	68734	149715
196528	474		21622	175380	94107	10330
16163	36		194	15941	37	397
113499	4130		8156	108339	6199	19045
905161	23777		6300	922162	217828	61605
113499	4130		8156	108339	6199	19045
13279	11		47	13244	3322	1033
934629	32033		37671	928991	276616	100821
146467	7801		6508	145510	32174	31683
49440	4486		3823	50289	9350	9650
239493	8381		24720	218143	45800	89775
186981	7949		1574	193190	36264	14418

5-12 基础设施建设投资额
Investment in Infrastructure Construction

指　　标	Item	2018年比2017年的增长率(%) Growth Rate of 2018 over 2017 (%)
合　　计	**Total**	**33.7**
电力、燃气及水的生产和供应业	Production and Supply of Electricity, Gas and Water	76.8
#电力、热力的生产和供应业	Production and Supply of Electricity and Heat	75.0
燃气生产和供应业	Production and Supply of Gas	140.8
水的生产和供应业	Production and Supply of Water	71.0
交通运输、仓储和邮政业	Transport,Storage and Post	34.7
#道路运输业	Road Transport	58.2
仓储业	Storage	21.4
邮政业	Post	
电信和其他信息传输服务业	Telecommunications and Other Information Transmission Services	50.5
水利、环境和公共设施管理业	Management of Water Conservancy, Environment and Public Facilities	30.2
#水利管理业	Management of Water Conservancy	88.6
生态保护和环境治理业	Environmental Management	304.0
公共设施管理业	Management of Public Facilities	25.6

主要统计指标解释

固定资产投资 指各种登记注册类型的企业、事业、行政单位及个体户进行的计划总投资500万元及以上的固定资产投资和房地产开发项目投资,不含跨区域固定资产项目投资。

房地产开发投资 指房地产开发公司、商品房建设公司及其他房地产开发法人单位和附属于其他法人单位实际从事房地产开发或经营的活动单位统一开发的包括统代建、拆迁还建的住宅、厂房、仓库、饭店、宾馆、度假村、写字楼、办公楼等房屋建筑物和配套的服务设施,土地开发工程(如道路、给水、排水、供电、供热、通讯、平整场地等基础设施工程)的投资;不包括单纯的土地交易活动。

施工项目 指报告期内曾进行建筑或安装工程施工活动的建设项目,包括报告期内新开工项目、报告期以前开工跨入报告期继续施工的项目以及报告期施过工并在报告期内全部建成投产或停缓建的项目。

新增生产能力 指通过固定资产投资活动而增加的设计能力或工程效益,它是用实物形态表示的固定资产投资的成果。新增生产能力的计算,是以能独立发挥生产能力或工程效益的单项工程(或项目)为对象。当单项工程(或项目)建成,经有关部门鉴定合格,正式移交投入生产,即可计算新增生产能力。

住　宅 指专供居住的房屋,包括别墅、公寓、职工家属宿舍和集体宿舍(包括职工单身宿舍和学生宿舍)等。但不包括住宅楼中作为人防用、不住人的地下室等。

房屋建筑面积 指从房屋外墙线算起的各层平面面积的总和,包括可供使用的有效面积和房屋结构(如柱、墙)占用的面积。多层建筑按各层(包括地下室)面积总和计算。

住宅建筑面积 指施工和竣工房屋建筑面积中供居住用的施工和竣工房屋建筑面积。

施工面积 指报告期内施工的全部房屋建筑面积。包括本期新开工的面积、上期跨入本期继续施工的房屋面积、上期停缓建在本期恢复施工的房屋面积、本期竣工的房屋面积及本期施工后又停缓建的房屋面积。

竣工面积 指在报告期内房屋建筑按照设计要求已全部完工,达到住人和使用条件,经验收鉴定合格,正式移交使用单位的建筑面积。

商品房销售面积 指报告期内出售商品房屋的合同总面积(即双方签署的正式买卖合同中所确定的建筑面积)。由现房销售建筑面积和期房销售建筑面积两部分组成。

商品房销售额 指报告期内出售商品房屋的合同总价款(即双方签署的正式买卖合同中所确定的合同总价)。该指标与商品房销售面积同口径,由现房销售额和期房销售额两部分组成。

房屋建筑面积竣工率 指一定时期内房屋竣工面积占同期房屋施工面积的比率。

新增固定资产 指通过投资活动所形成的新的固定资产价值,包括已经建成投入生产或交付使用的工程价值和达到固定资产标准的设备、工具、器具的价值及有关应摊入的费用。它是以价值形式表示的固定资产投资成果的综合性指标,可以综合反映不同时期、不同部门、不同地区的固定资产投资成果。

建设项目投产率 指一定时期内全部建成投入生产项目个数与同期正式施工项目个数的比率。它是从项目建设速度的角度反映投资效果的指标。

固定资产交付使用率 指一定时期新增固定资产与同期完成投资额的比率。它是反映各个时期固定资产动用速度,衡量建设过程中投资效果的一个综合性指标。

Explanatory Notes on Main Statistical Indicators

Investments in Fixed Assets refer to investments in construction projects and real estate development projects involving a total planned (or required) investment of 500,000 yuan and over by enterprises of various ownerships, public institutions and administrative units as well as self-employed individuals.

Investments in Real Estate Development refer to investments in housing construction such as residential buildings, factory buildings, warehouses, hotels, guesthouses, holiday villages, office buildings uniformly conducted by the real estate development companies, commercial buildings construction companies and other real estate development legal entities and units, affiliated to other legal entities, engaging in the development or management of real estate, investments in the complementary service facilities and investments in land development projects such as infrastructure projects in terms of roads, water supply, water drainage, power supply, heating, telecommunications, land leveling and other projects of infrastructure. But it excludes pure land trading activities.

Projects under Construction refer to those engineering construction activities having been conducted or preceded during the reference period, including newly started projects in the reference period, projects started before but were still under construction in the reference period, projects completed and put into operation as well as those suspend or postponed during the reference period.

The Newly Increased Production Capacity refers to the increase of designed capacity and project efficiency gained through investments in fixed assets, and the accomplishments of investments in fixed assets are manifested in substantial form. The calculation of newly increased production capacity is based on individual project which operates independently and efficiently. When an individual project is completed, through related departments check, and officially put into production, it can be counted as newly increased production capacity.

Residential Housing refers to houses especially for living, including villa, apartment, staff dormitory, group dormitory (including single dormitory for staff and student´s dormitory); it excludes basement for civil air defence and not for living in the residential housing.

Floor Space of Buildings refers to total floor space in each story of buildings calculated from the outside line of building walls, including both usable space and the space occupied by constructions like pillars or walls. And the floor space of multi-story buildings covers the total floor space of each story (including the basement).

Floor Space of Residential Buildings refers to the floor space of the residential buildings under construction and completed among the total space of buildings under construction and completed.

Floor Space under Construction refers to the floor space of all the buildings in the reference period, including floor space of newly started buildings during the reference period, floor space of construction started in the pervious period but were still under construction in the reference period, floor space of construction suspended or postponed in the previous period and resumed in the reference period, floor space of construction completed in the reference period as well as floor space of construction conducted and then suspended or postponed in the reference period.

Floor Space Completed refers to the floor space of all buildings completed in the reference period. And it is the floor space of buildings being checked, proved qualified of accommodating people and coming up to the designed standards and have been officially put into use.

Area of Commercial Housing Sales refers to gross area of commercial housing sales according to the contract in the reference period (that is floor space of building officially signed according to agreement of purchase and sale). It constitutes floor space of completed housing and floor space of future housing.

Commercial Housing Sales refers to total contract price of commercial housing sales in the reference period (that is total contract price officially signed by both sides according to agreement of purchase and sale). This indicator is calculated by the same standard to the area of commercial housing sales. It constitutes sales of completed housing and sales of future housing.

Completion Rate of Floor Space of Buildings refers to the ratio of the floor space of buildings completed in a certain period of time to the floor space of buildings under construction in the same period.

Newly Increased Fixed Assets refers to the newly increased value of fixed assets gained through investment activities, including the value of projects completed and put into production or service and the value as well as relevant expenses of equipments, tools, and vessels reaching the standards of fixed assets. It is a comprehensive indicator which uses form of value to reflect achievements of investments in fixed assets in different periods, different sectors, and different regions.

Rate of Construction Projects Put into Production refers to the ratio of the number of construction projects completed and put into production in a certain period of time to the number of projects under construction in the same period. It reflects the investment efficiency from the perspective of the speed of projects construction.

Rate of Projects of Fixed Assets Put into Service refers to the ratio of the newly increased fixed assets to the total investments in the same period. It is a comprehensive indicator reflecting the speed of the employment of fixed assets in each period and it is used to evaluate the investment efficiency during the process of construction.

Six

能源消费

Energy Consumption

6-1 规模以上工业企业用水
Water Consumption in Industrial Enterprise above Designated Size

单位:万立方米 (10 000 cu. m)

指　　标	Item	2018	2017	2018 年比 2017 年增长(%) Growth Rate of 2018 over 2017(%)
合　　计	**Total**	**49127**	**46282**	**6. 1**
#地表水	Surface Water Resources	42952	40112	7. 1
地下水	Groundwater	3504	3055	14. 7
自来水	Tap Water	2642	2617	1. 0
其他水	Others	8	482	-98. 3
工业重复用水量	Duplicated Measurement of Industrial Water	143617	114587	25. 3
工业用水量	Industrial Water	10164	10346	-1. 8

注:规模以上工业企业为年主营业收入 2000 万元及以上的工业企业。

a) Industrial enterprises above designated size refers to enterprises with its main business income above 20 million yuan(similarly hereinafter).

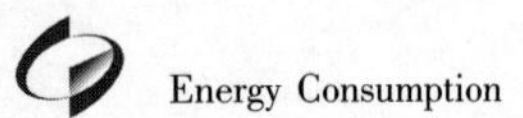

6-2 规模以上工业企业能源消费情况
Energy Consumption in Industrial Enterprises above Designated Size

指　　标	Item	能源消费合计 Total Energy Consumption 2018	2017	2018年比2017年增长(%) Growth Rate in 2018 over 2017 (%)	#工业生产消费 Industrial Production Consumption 2018	2017	2018年比2017年增长(%) Growth Rate in 2018 over 2017 (%)
原　煤　(吨)	Coal (ton)	7091132	6959338	1.9	7089488	6947349	2.0
#无烟煤　(吨)	Anthracite (ton)	2489441	2860874	-13.0	2489407	2860828	-13.0
炼焦烟煤　(吨)	Byerlyte (ton)	25176	18502	36.1	25176	18502	36.1
一般烟煤　(吨)	Bituminous Coal (ton)	4576515	4079962	12.2	4574905	4068020	12.5
其它洗煤　(吨)	Other Washed Coal (ton)	262703	254949	3.0	262703	254949	3.0
煤制品　(吨)	Coal Product (ton)	34740	44156	-21.3	34740	44156	-21.3
焦　炭　(吨)	Coke (ton)	45185	124748	-63.8	45185	124748	-63.8
其它焦化产品　(吨)	Other Coking Products (ton)	92			92		
天然气　(万立方米)	Producer Gas (10 000 cu. m)	17854	13629	31.0	17771	13476	31.9
液化天然气　(吨)	Liquefied Natural Gas (ton)	9585	10178	-5.8	9564	10158	-5.8
汽　油　(吨)	Gasoline (ton)	11384	9985	14.0	8471	7379	14.8
煤　油　(吨)	Kerosene (ton)	564	964	-41.5	564	864	-34.7
柴　油　(吨)	Diesel Oil (ton)	45016	43185	4.2	38745	36501	6.1
燃料油　(吨)	Fuel Oil (ton)	2157	1769	21.9	2157	1769	21.9
液化石油气　(吨)	Liquefied Petroleum Gas (ton)	297	314	-5.4	292	302	-3.2
石油焦　(吨)	Cacined Petroleum Coke (ton)	122503	248730	-50.7	122503	248730	-50.7
石油沥青　(吨)	Petroleum Asphalt (ton)	3856	2128	81.2	3856	2128	81.2
热　力　(百万千焦)	Heat (million kilo-joule)	144642	158059	-8.5	144642	158059	-8.5
电　力　(万千瓦时)	Electricity (10 000 kwh)	1602065	1720999	-6.9	1592972	1709732	-6.8
城市生活垃圾(用于燃料)　(吨)	Household Waste(for fuel) (ton)	278171	21	1324523.1	278168	21	1324508.9
生物燃料　(吨标准煤)	Bio-fuel (ton of SCE)	19930	27066	-26.4	19725	27029	-27.0
余热余压　(百万千焦)	Afterpressure and Afterheat (million kilo-joule)	12399989	14724346	-15.8	12399989	14724346	-15.8
其它燃料　(吨标准煤)	Other Fuels (ton of SCE)	390	1156	-66.2	389	1156	-66.3
能源合计(等当量)　(吨标准煤)	Energy Total (equal equivalent) (ton of SCE)	7105100	7513338	-5.4	7079137	7474993	-5.3
能源合计(等价值)　(吨标准煤)	Energy Total (equivalent value) (ton of SCE)	9082200	10009358	-9.3	8990307	9867044	-8.9

注:能源合计中等当量是指电力折标系数为1.229,能源合计等价值是指电力折标系数为3.0337。

a) In energy total, equal equivalent refers to 1.229 of the coefficient for the conversion of electric power into the standard coal equivalent; equivalent value means 3.0337 of the coefficient for the conversion of electric power into the standard coal equivalent.

6-3 规模以上工业企业能源购进、消费情况(2018年)

Purchases and Consumption of Energy in Industrial Enterprises above Designated Size(2018)

指　　标	Item	购进量 Purchases		消费量 Consumption			
		实物量 Amount	购自省外 From Outside of Guizhou Province	合　计 Total	工业生产消费 Industrial Production Consumption	#用于原材料 Raw Materials	非工业生产消费 Non-industrial Productive Consumption
原　煤　(吨)	Coal　(ton)	7004397	1160659	7091132	7089488	1673091	1643
#无烟煤　(吨)	Anthracite　(ton)	2565836	258066	2489441	2489407	1518334	34
炼焦烟煤　(吨)	Byerlyte　(吨)	25726	25726	25176	25176		
一般烟煤　(吨)	Bituminous Coal　(ton)	4412834	876866	4576515	4574905	154757	1609
其它洗煤　(吨)	Other Washed Coal　(ton)	272299		262703	262703	5140	
煤制品　(吨)	Coal Product　(ton)	34770		34740	34740	26382	
焦　炭　(吨)	Coke　(ton)	44790		45185	45185		
其它焦化产品　(吨)	Other Coking Products　(ton)	92	92	92	92		
天然气(气态)(万立方米)	Natural Gas(gaseous)　(10 000 cu. m)	17310		17854	17771		83
液化天然气(液态)　(吨)	Liquefied Natural Gas(liquid)　(ton)	9589	3275	9585	9564		21
汽　油　(万立方米)	Gasoline　(10 000 cu. m)	11166	96	11384	8471	51	2913
煤　油　(万立方米)	Kerosene　(10 000 cu. m)	653		564	564	520	
柴　油　(万立方米)	Diesel Oil　(10 000 cu. m)	45048	1116	45016	38745	3304	6271
燃料油　(吨)	Fuel Oil　(ton)	2198	250	2157	2157	243	
液化石油气　(吨)	Liquefied Petroleum Gas　(ton)	297		297	292		5
石油焦　(吨)	Petroleum Coke　(ton)	122503		122503	122503		
石油沥青　(吨)	Petroleum Pitch　(ton)	3797	2916	3856	3856	3856	
热　力　(百万千焦)	Heat　(million kilo-joule)	184642		144642	144642		
电　力　(万千瓦时)	Electricity　(10 000 kwh)	1869461		1602065	1592972		9093
城市垃圾用于燃料　(吨)	Municipal Refuse Used as Fuel　(ton)	306643		278171	278168		3
生物燃料　(吨标准煤)	Bio-fuel　(ton of SCE)	19713	500	19930	19725		205
余热余压　(百万千焦)	Afterpressure and Afterheat　(million kilo-joule)	10320298		12399989	12399989		
其它燃料　(吨标准煤)	Other Fuel　(ton of SCE)	443	106	390	389		1
能源合计(等当量)　(吨标准煤)	Energy Total (equal equivalent)　(ton of SCE)			7105100	7079137		25963
能源合计(等价值)　(吨标准煤)	Energy Total (equivalent value)　(ton of SCE)			9082200	8990307		91893

注:能源合计等当量是指电力折标系数为1.229,等价值是指电力折标系数为3.0337。

a) In energy total, equal equivalent refers to 1.229 of the coefficient for the conversion of electric power into the standard coal equivalent; equivalent value means 3.0337 of the coefficient for the conversion of electric power into the standard coal equivalent.

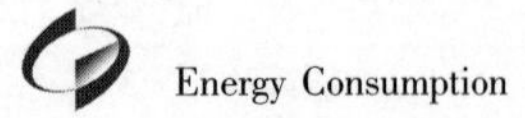

6-4 规模以上工业企业分品种分行业工业生产能源消费(2018 年)

指 标	Item	工业综合能源消费量(吨标准煤) Energe Consumption for Production Purpose (ton of SCE)	煤 炭(吨) Coal (ton)	原 煤 Coal
总 计	**Total**	**7079137**	**7388575**	**7091132**
采矿业	**Mining**	**19280**	**957**	**957**
煤炭开采和洗选业	Mining and Washing of Coal	13282	957	957
有色金属矿采选业	Mining and Processing of Non-ferrous Metals	356		
非金属矿采选业	Ming and Processing of Non-mental of Ores	5643		
制造业	**Manufacturing**	**5865019**	**4902574**	**4605131**
农副食品加工业	Processing of Foods from Agricutural products	31654		
食品制造业	Manufacture of Foods	20362	9880	1522
饮料制造业	Manufacture of Beverages	24750	130	130
烟草制品业	Manufacture of Tobacco	15103		
纺织业	Manufacture of Textile	31		
纺织服装、鞋、帽制造业	Manufacture of Textile Wearing Apparel ,Footware and Caps	204		
皮革、毛皮、羽毛及其制品和制鞋业	Manufacture of Leather, Fur, Feather and Related Products, and Footwear	7443	4403	4403
家具制造业	Manufacture of Furniture	1279		
造纸及纸制品业	Manufacture of Paper and Paper Products	4057	712	712
印刷业和记录媒介的复制	Printing, Reproductionn of Recording Media	5806		
文教体育用品制造业	Manufacture of Articles for Culture,Education and Sport Activities	461		
石油、煤炭及其他燃料加工业	Manufacture of Oil, Coal and Other Fuel Processing	3530	20559	20559
化学原料及化学制品制造业	Manufacture of Raw Chemical Materials and Chemical Products	2185591	2140149	2120389
医药制造业	Manufacture of Medicines	50097	2074	1090
橡胶和塑料制品业	Manufacture of Rubber and Plastics	133259	109567	109567
非金属矿物制品业	Manufacture of Non-metallic MineralProducts	1376482	1496362	1448156
黑色金属冶炼及压延加工业	Smelting and Pressing of Ferrous Metals	166920		
有色金属冶炼及压延加工业	Smelting and Pressing of Non-ferrous Metals	1728525	1118627	898492
金属制品业	Manufacture of Metal Products	26369		
通用设备制造业	Manufacture of General Purpose Machinery	2857		
专用设备制造业	Manufacture of Special Purpose Machinery	4547		
汽车制造业	Manufacture of Automobile Industry	32656		
铁路、船舶、航空、航天和其他运输设备制造业	Manufacture of Railway,Watercraft,Aviation, Aerospace and Other Transport Equipment	9654		
电气机械和器材制造业	Manufacture of Electrical Machinery and Equipment	27550		
计算机、通信和其他电子设备制造业	Manufacture of Communication Equipment,Computers and Other Electronic Equipment	4107		
仪器仪表制造业	Manufacture of Measuring Instruments and Machinery for Cultural Activity and Office Work	1503		
其他制造业	Other Manufacturing			
电力、燃气及水的生产和供应业	**Electric Power, Gas and Water Production and Supply**	**1194837**	**2485044**	**2485044**
电力、热力的生产和供应业	Production and Supply of Electric Power and Heat Power	1160532	2485044	2485044
燃气生产和供应业	Production and Supply of Gas	1038		
水的生产和供应业	Production and Supply of Water	33267		

注:工业生产能源合计按等当量计算。

Energe Consumption of Industrial Enterprises above Designated Size by Sector and Type(2018)

#无烟煤 Anthracite	一般烟煤 Bituminous Coal	洗精煤 Clened Coal	其他洗煤 Other Washed Coal	煤制品 Coal Products	焦炭（吨） Coke (ton)	其他焦化产品（吨） Other Coking Products (ton)	天然气（万立方米） (10 000 cu. m)	液化天然气（吨） Liquefied Natural Gas (ton)	汽油（吨） Gasoline (ton)	煤油（吨） Kerosene (ton)
2489441	**25176**	**4576515**	**262703**	**34740**	**45185**	**92**	**17854**	**9585**	**11384**	**564**
		957							42	
		957								
									12	
									31	
2489441	**25176**	**2090514**	**262703**	**34740**	**45185**	**92**	**17824**	**9585**	**8929**	**564**
					2014		570	50	233	
223		1299		8358	6223		262		298	
125		5					480	1997	159	
							798		259	
									14	
									35	
		4403					89		202	
									7	
		712							35	
							21	13	265	
									9	
		20559								
1923792		196598	19760				426		1176	520
470		620	984				2065		594	32
		109567					154		902	
564752	25176	858228	21824	26382		92	1593	7	692	
					36507		2727	3268	15	
		898492	220135				6933	132	90	
							173	7	2523	5
							11		357	2
					418				314	2. 0
							1514		126	
					22		3	378	76	2
							5	3733	207	
									98	
									244	
		2485044					**30**		**2412**	
		2485044					25		1931	
							1		300	
							4		182	

a) Energe consumption for production purpose was calculated at its equal equivalence.

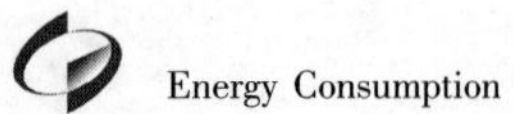

6-4 续表 1

指　　标	Item	柴油（吨）Diesel Oil (ton)	燃料油（吨）Fuel Oil (ton)
总　　计	**Total**	**45016**	**2157**
采矿业	**Mining**	**2232**	
煤炭开采和洗选业	Mining and Washing of Coal	149	
有色金属矿采选业	Mining and Processing of Non-ferrous Metals	67	
非金属矿采选业	Ming and Processing of Non-mental of Ores	2016	
制造业	**Manufacturing**	**39948**	**2157**
农副食品加工业	Processing of Foods from Agricultural Products	371	129
食品制造业	Manufacture of Foods	325	
饮料制造业	Manufacture of Beverages	71	
烟草制品业	Manufacture of Tobacco	254	
纺织业	Manufacture of Textile	2	
纺织服装、鞋、帽制造业	Manufacture of Textile Wearing Apparel, Footware and Caps	33	
皮革、毛皮、羽毛及其制品和制鞋业	Manufacture of Leather, Fur, Feather and Related Products, and Footwear		
家具制造业	Manufacture of Furniture		
造纸及纸制品业	Manufacture of Paper and Paper Products	118	
印刷业和记录媒介的复制	Printing, Reproduction of Recording Media	122	
文教体育用品制造业	Manufacture of Articles for Culture, Education and Sport Activities	163	
石油、煤炭及其他燃料加工业	Manufacture of Oil, Coal and Other Fuel Processing	10	
化学原料及化学制品制造业	Manufacture of Raw Chemical Materials and Chemical Products	10502	
医药制造业	Manufacture of Medicines	502	
橡胶和塑料制品业	Manufacture of Rubber	406	
非金属矿物制品业	Manufacture of Non-metallic Mineral Products	21720	243
黑色金属冶炼及压延加工业	Smelting and Pressing of Ferrous Metals	24	
有色金属冶炼及压延加工业	Smelting and Pressing of Non-ferrous Metals	4277	1785
金属制品业	Manufacture of Metal Products	98	
通用设备制造业	Manufacture of General Purpose Machinery	38	
专用设备制造业	Manufacture of Special Purpose Machinery	332	
汽车制造业	Manufacture of Automobile Industry	47	
铁路、船舶、航空、航天和其他运输设备制造业	Manufacture of Railway, Watercraft, Aviation, Aerospace and Other Transport Equipment	251	
电气机械和器材制造业	Manufacture of Electrical Machinery and Equipment	253	
计算机、通信和其他电子设备制造业	Manufacture of Communication Equipment, Computers and Other Electronic Equipment	11	
仪器仪表制造业	Manufacture of Measuring Instruments and Machinery for Cultural Activity and Office Work	18	
其他制造业	Other Manufacturing		
电力、燃气及水的生产和供应业	**Electric Power, Gas and Water Production and Supply**	**2837**	
电力、热力的生产和供应业	Production and Supply of Electric Power and Heat Power	2717	
燃气生产和供应业	Production and Supply of Gas	47	
水的生产和供应业	Production and Supply of Water	74	

(continued)

液　化 石油气 (吨) Liquefied Petroleum Gas(ton)	石油焦 (吨) Petroleum Coke Products (ton)	石油沥青 (吨) Petroleum Pitch Products (ton)	热　力 (百万千焦) Heat (million kilo-joule)	电　力 (万千瓦时) Electricity Comsumption (10 000cu. m)	城市生活 垃圾 (用于燃料) (吨) Municipal Refuse Used as Fue (ton)	生物燃料 (吨标准煤) Bio-fuel (ton of SCE)	余热余压 (百万千焦) Afterpressure and Afterheat (Million kilo-joule)
297	**122503**	**3856**	**144642**	**1602065**	**278168**	**19930**	**12399989**
				13244			
				10195			
				197			
				2853			
297	**122503**	**3856**	**144642**	**1370696**		**19930**	**12399989**
				10088		9136	
48				3610		240	
35				11803		112	
				5926			
				7			
				85			
				1351		1673	
				1032			
				1204		2176	
				4220			
				198			
				2504			
5		15		358546		2604	4731182
			123307	13446			
				46428			114666
		3841	21335	192231		2013	2869293
				73953			
209	122503			583768		1335	4684848
				16150		642	
				2613			
				2769			
				10092			
				6878			
				17219			
				3290			
				1175			
				218124	**278168**		
				190909	278168		
				421			
				26794			

6-4 续表 2

指 标	Item	其它燃料（吨标准煤）Other Fuels (ton of SCE)	工业取水量（万立方米）Industrial Water (10 000cu. m)
总 计	**Total**	**390**	**49127**
采矿业	**Mining**		**56**
煤炭开采和洗选业	Mining and Washing of Coal		50
有色金属矿采选业	Mining and Processing of Non-ferrous Metals		1
非金属矿采选业	Ming and Processing of Non-mental of Ores		5
制造业	**Manufacturing**	**390**	**7444**
农副食品加工业	Processing of Foods from Agricultural Products		120
食品制造业	Manufacture of Foods	1	202
饮料制造业	Manufacture of Beverages	1	447
烟草制品业	Manufacture of Tobacco		112
纺织业	Manufacture of Textile		
纺织服装、鞋、帽制造业	Manufacture of Textile Wearing Apparel, Footware and Caps		
皮革、毛皮、羽毛及其制品和制鞋业	Manufacture of Leather, Fur, Feather and Related Products, and Footwear		14
家具制造业	Manufacture of Furniture		5
造纸及纸制品业	Manufacture of Paper and Paper Products		10
印刷业和记录媒介的复制	Printing, Reproduction of Recording Media		31
文教体育用品制造业	Manufacture of Articles for Culture, Education and Sport Activities		1
石油、煤炭及其他燃料加工业	Manufacture of Oil, Coal and Other Fuel Processing		5
化学原料及化学制品制造业	Manufacture of Raw Chemical Materials and Chemical Products		3848
医药制造业	Manufacture of Medicines		286
橡胶和塑料制品业	Manufacture of Rubber		241
非金属矿物制品业	Manufacture of Non-metallic Mineral Products	388	992
黑色金属冶炼及压延加工业	Smelting and Pressing of Ferrous Metals		94
有色金属冶炼及压延加工业	Smelting and Pressing of Non-ferrous Metals		580
金属制品业	Manufacture of Metal Products		56
通用设备制造业	Manufacture of General Purpose Machinery		114
专用设备制造业	Manufacture of Special Purpose Machinery	1	35
汽车制造业	Manufacture of Automobile Industry		90
铁路、船舶、航空、航天和其他运输设备制造业	Manufacture of Railway, Watercraft, Aviation, Aerospace and Other Transport Equipment		66
电气机械和器材制造业	Manufacture of Electrical Machinery and Equipment		47
计算机、通信和其他电子设备制造业	Manufacture of Communication Equipment, Computers and Other Electronic Equipment		26
仪器仪表制造业	Manufacture of Measuring Instruments and Machinery for Cultural Activity and Office Work		21
其他制造业	Other Manufacturing		
电力、燃气及水的生产和供应业	**Electric Power, Gas and Water Production and Supply**		**41627**
电力、热力的生产和供应业	Production and Supply of Electric Power and Heat Power		1116
燃气生产和供应业	Production and Supply of Gas		8
水的生产和供应业	Production and Supply of Water		40502

(continued)

#地表水 Surface Water	地下水 Ground water	自来水 Tap Water	雨 水 Rainwater	再生水 Reclaimed Water	其他水 Others	重复用水(万立方米) Water Duplicated (10 000 cu. m)	用水总量(万立方米) Water Used (10 000 cu. m)	废水排放量(万立方米) Waste Water (10 000 cu. m)
42952	**3504**	**2642**	**10**	**11**	**8**	**143617**	**10164**	**43360**
	46	**9**				**22**	**56**	
	44	5				22	50	
		1					1	
	2	3					5	
4512	**903**	**2001**	**10**	**11**	**8**	**89295**	**7195**	**2379**
3	7	110				2	120	16
		202				12	202	1
63	40	343				264	358	5
	8	104				1753	112	
7		7				40	14	
		5					5	
		10					10	
1		30					31	1
		1					1	
		4	1				5	
3031	711	105	1			72206	3848	
1	18	267				642	286	12
158		84				4632	233	1
642	39	290	4	10	7	3521	874	26
79	11	4				3980	94	
459		116	5			2121	546	2
	1	54				25	56	
3	66	45					114	11
18		17				11	35	3
13	1	76					90	
		66				59	66	
27		19				16	47	1
		26				10	26	3
7		14					21	2298
38440	**2555**	**632**				**54301**	**2913**	**40981**
1021		95				53971	1116	
		8					8	
37419	2555	529				330	1788	40981

主要统计指标解释

能源生产总量　指一定时期内全市一次能源生产量的总和。一次能源生产量包括原煤,原油,天然气,水电、核能及其他动力能(如风能、地热能等)发电量,不包括低热值燃料生产量、生物质能、太阳能等的利用和由一次能源加工转换而成的二次能源产量。

能源消费总量　指一定时期内全市产业类(包括第一、二、三次产业和城乡)和物质生产部门、非物质生产部门和生活消费的各种能源的总和。能源消费总量包括原煤和原油及其制品、天然气、电力,不包括低热值燃料、生物质能和太阳能等的利用。能源消费总量分为终端能源消费量、能源加工转换损失量和损失量三部分。

(1)终端能源消费量:指一定时期内全市生产和生活消费的各种能源在扣除了用于加工转换二次能源消费量和损失量以后的数量。

(2)能源加工转换损失量:指一定时期内全市投入加工转换的各种能源数量之和与产出各种能源产品之和的差额,是观察能源在加工转换过程中损失量变化的指标。

(3)能源损失量:指一定时期内能源在输送、分配、储存过程中发生的损失和由客观原因造成的各种损失量,不包括各种气体能源放空、放散量。

能源生产弹性系数　是研究能源生产增长速度与国民经济增长速度之间关系的指标。计算公式为:

能源生产弹性系数=能源生产总量年平均增长速度/国民经济年平均增长速度

电力生产弹性系数　是研究电力生产增长速度与国民经济增长速度之间关系的指标。一般来说,电力的发展应当快于国民经济的发展,也就是说电力应超前发展。计算公式为:

电力生产弹性系数=电力生产量年平均增长速度/国民经济年平均增长速度

能源消费弹性系数　是反映能源消费增长速度与国民经济增长速度之间比例关系的指标。计算公式为:

能源消费弹性系数=能源消费量年平均增长速度/国民经济年平均增长速度

电力消费弹性系数　反映电力消费增长速度与国民经济增长速度之间比例关系的指标。计算公式为:

电力消费弹性系数=电力消费量年平均增长速度/国民经济年平均增长速度

能源加工转换效率　指一定时期内能源经过加工、转换后,产出的各种能源产品的数量与同期内投入加工转换的各种能源数量的比率。它是观察能源加工转换装置和生产工艺先进与落后、管理水平高低等的重要指标。计算公式为:

能源加工转换效率=能源加工、转换产出量/能源加工、转换投入量×100%

工业生产能源消费　指工业企业为进行工业生产活动所消费的能源。主要包括:(1)用于本企业产品生产、工业性作业的能源。包括用原料、材料、燃料、动力;作为能源加工转换企业,还包括用作加工转换的能源(这部分能源不能理解为用作原材料)。(2)产品生产过程中作为辅助材料使用的能源。(3)生产工艺过程使用的能源。(4)新技术研究、新产品试制、科学试验使用的能源。(5)为了工业生产活动而在进行的各种修理过程中使用的能源。(6)生产区内的劳动保护用能等。

能源加工、转换消费　指为了特定的用途,将一种能源(一般为一次能源),经过一定的工艺,加工或转换成另一种能源(二次能源)。能源的加工与转换,既有联系,又有区别。

能源加工　是能源物理形态的变化,比如用蒸馏的方式将原油炼制成汽油、煤油、柴油等石油制品;用筛选、水洗的方式将原煤洗选成洗煤;以焦化的方式将煤炭高温干馏成焦碳;以气化的方式将煤炭气化成煤气,等等。这些方法在加工前后能源均未发生质的变化。

能源转换　是能源形态以及物质化学形态的变化,比如经过一定的工艺过程,将煤炭、重油等转换成电力和热力,将热能转换为机械能,将机械能转换为电能,将电能转换为热能等;又比如,经过裂化,将重质石油转换成轻质石油(转换前、后的物质具有不同的化学结构和化学性质)。

综合能源消费量 指报告期内工业企业在工业生产活动中实际消费的各种能源的总和。计算综合能源消费量时,需要先将使用的各种能源折算成标准燃料后再进行计算。根据生产活动的性质,综合能源消费量在不同的企业有不同的计算方法。(1)非能源加工转换转换企业综合能源消费量,就是企业工业生产消费的各种一次能源和二次能源的总和,即:综合能源消费量=工业生产消费的能源合计。(2)能源加工转换企业综合能源消费量,是企业工业生产消费的各种一次能源和二次能源扣除加工转换产出的二次能源后的实际能源消费量。计算公式:综合能源消费量=工业生产消费量的能源合计-能源加工转换产出合计。

取水总量 指工业企业从各种水源提取的,并用于工业生产活动的水量总和,包括地表水、地下水、自来水、由管道供应的未经过达标处理的水、经城市污水处理厂处理后回用的中水、海水,以及企业从市场购得的其他水或水的产品(如纯净水、矿泉水、蒸汽、热水、地热水等)。取水总量包括主要工业生产用水、辅助生产(包括机修、运输、空压站等)用水和附属生产(包括厂内绿化、职工食堂,非营业的浴室及保健站、厕所等)用水;不包括非工业生产单位的用水,如厂内居民家庭用水和企业附属幼儿园、学校、对外营业的浴室、游泳池等的用水量。

重复用水量 指在工业企业内部,对生产和生活排放的废水直接或经过处理后回收再利用的水量,不包括企业从城市污水处理厂购买的中水。企业废水在报告期每重复利用一次,计算一次重复用水量。

重复用水量的计算原则:(1)开放原则。即水的循环在开放系统进行。循环一次计算一次。封闭式循环系统的循环水不计算重复用水量。(2)源头计算原则。对循环水来说,使用后的水,又回流到系统的取水源头,流经源头一次,计算一次。循环系统中的中间环节用水不得计算重复用水量。(3)异地原则。对于非循环系统,根据不同工艺对不同水质的要求,在一个地方(工艺)使用过的水,在另一个地方(工艺)中进行使用,使用一次,计算一次。在同一个地方(容器)多次使用的水,不得计算重复用水量。(4)经过进化处理后的水重复再用,在任何情况下都按照重复用水计算。

Explanatory Notes on Main Statistical Indicators

Total Energy Production refers to the total production of primary energy by all energy producing enterprises in the city in a given period of time. The production of primary energy includes that of coal, crude oil, natural gas, hydro-power and electricity generated by nuclear energy and other means such as wind power and geothermal power. However, it does not include the production of fuels of low calorific value, bio-energy, solar energy and secondary energy converted from primary energy.

Total Energy Consumption refers to the total consumption of energy of industries (including the first, the second and tertiary industries) by the production sectors, non-production sectors and the households in the whole city in a given peri1od of time. Total energy consumption includes that of coal, crude oil and their products, natural gas and electricity. However, it does not include the consumption of fuel of low calorific value, bio-energy and solar energy. Total energy consumption can be divided into three parts: end-use energy consumption, loss during the process of energy conversion, and energy loss.

(1) End-use Energy Consumption refers to the total energy consumption by the production sectors and the households in the whole city in a given period of time minus the consumption during the conversation of primary energy into secondary energy and the loss in the process of energy conversation.

(2) Loss During the Process of Energy Conversation refers to the total input of various kinds of energy for conversation, minus the total output of various kinds of energy in the whole city in a given period of time. It is an indicator to show the loss that occurs during the process of energy conversation.

(3) Energy Loss refers to the total of the loss of energy during the course of energy transport, distribution and storage and the loss caused by any objective reason in a given period of time. The loss of various kinds of gas due to gas discharges and stocking is not included.

Elasticity Ratio of Energy Production is an indicator to show the relationship between the growth rate of production and the growth rate of the national economy. The formula is:

$$\text{Elasticity Ratio of Energy Production} = \frac{\text{Average Annual Growth Rate of Energy Production}}{\text{Average Annual Growth Rate of National Economy}}$$

Elasticity Ratio of Electricity Production is an indicator to show the relationship between the growth rate of electricity production and the growth rate of the national economy. Generally speaking, the growth rate of electricity production should be higher than that of the national economy. Its formular is:

$$\text{Elasticity Ratio of Electricity Production} = \frac{\text{Average Annual Growth Rate of Electricity Production}}{\text{Average Annual Growth Rate of National Economy}}$$

Elasticity Ratio of Energy Consumption is an indicator to show the relationship between the growth rate of energy consumption and the growth rate of the national economy. The formula is:

$$\text{Elasticity Ratio of Energy Consumption} = \frac{\text{Average Annual Growth Rate of Energy Consumption}}{\text{Average Annual Growth Rate of National Economy}}$$

Elasticity Ratio of Electricity Consumption is an indicator to show the relationship between the growth rate of electricity consumption and the growth rate of the national economy. The formula is:

$$\text{Elasticity Ratio of Electricity Consumption} = \frac{\text{Average Annual Growth Rate of Electricity Consumption}}{\text{Average Annual Growth Rate of National Economy}}$$

Efficiency of Energy Processing and Conversion refers to the ratio of the total output of energy products of various kinds after processing and conversion to the total input of energy of various kinds for processing and conversion in the same reference period. It is an important indicator to show the current conditions of energy processing and conversion equipment, production technique and management. The formula is:

$$\text{Efficiency of Energy Processing \& Conversion} = \frac{\text{Output of Energy After Processing \& Conversion}}{\text{Input of Energy for Processing \& Conversion}} \times 100\%$$

Consumption of Industrial Production refers to the energy cost for industrial production, including:

1. Energy cost for products and industrial operation, including raw material, material, fuel and motive power; as an energy process and conversion enterprise, it also includes the energy uses for processing and conversion(the energy here cannot be treated as raw material;
2. Energy used as accessory materials in production;
3. Technical energy consumed in production technological process;
4. Energy consumed in new-tech research, new product trial, scientific research;
5. Energy consumed for various maintenance for industrial production;
6. Energy consumed for labor protection in production area.

Energy Processing and Conversion Consumption refers to the process of processing and converting of primary energy into secondary energy for designed purpose. There are both connections and differences between processing and converting.

Energy Precessing refers to the changes of physical form changes. For example, refining crude oil into oil products like gasoline, kerosene and diesel oil by distillation; screening and washing cole into washed coal; coking coal into coke by high-temperature retorting. Gasifying coal into coal gas; Energies don′t have qualitative changes during those processes.

Energy Converting refers to the changes of energy forms and chemical forms, for example, during a craft art process, conversing coal and heavy oil into electricity and heat, converting heat into mechanical energy, converting mechanical energy into electricity, converting electricity into heat; another example, converting heavy crude oil into light crude oil by cracking(the energies before and after converting have different chemical construction and chemical property).

Comprehensive Energy Consumption refers to total consumption of energies during industries and enterprises production activities in report period. When calculating comprehensive energy consumption, energies should be converted into standard fuels. Comprehensive energy consumption in different enterprises gets different calculation method due to their different production ways. (1) The comprehensive energy consumption of non-energy processing and converting enterprises refers to the summation of primary energy and secondary energy consumed by industries and enterprises, that is, comprehensive energy consumption = the summation of energies during industrial production. (2)The comprehensive energy consumption of energy processing and converting enterprises refers to the real comprehensive energy consumption (which means primary energy and secondary energy deducting secondary energy produced by processing and converting) consumed by industries and enterprises, The formula is: comprehensive energy consumption = the summation of energies during industrial production - total energy processing and converting production.

Total Water withdrawal refers to total water amount that the industries and enterprises withdraw from all kinds water resources, and take them into production activities, includes surface water, underground water, tap water, water supplied by pipelines without standard treatment, reclaimed water and seawater after being treated by the sewage treatment works, water and water products purchased by enterprises from market (like pure water, mineral water, steam water, hot water, geothermal water). Total water withdrawal includes water mainly used in industrial production, water used insubsidiary production (includes machine maintenance, transportation, air-compress station) and water used in auxiliary production (includes greening, staff dining hall, non-business bath room, health station and wash rooms), excludes water consumed by non-industrial production units, such as water consumed by households, kindergartens, schools bathrooms in operation, swimming pools of industries or enterprises.

Reused Water refers to the daily waste water reused directly or reused after treatment in industries and enterprises, excluding reclaimed water bought from sewage treatment works. Each time the industrial waste water during report period reused counts for one water reusing. Principles for calculating water reusing: (1) Open principle, according to which water recycled in an open system, and counted only once after one circulation; water recycled in closed system are not calculated as reused water; (2) calculating the source, used water flow back to the head once, counted once. Water used in intermediate links are not calculated in reused water; (3) changing places, in non-recycle system, according to different water quality requirement, water used in one place (one water processing step) reuses in another places (another processing step) once, counted once; water used in only one place many time are not calculated in reused water; (4) water reused after purification treatment are calculated into reused water at any time.

Seven

工　业

Industry

7-1 规模以上工业企业数(历年)
Number of Industrial Enterprises above Designated Size(over Years)

单位:个 (unit)

指　　标	Item	2011	2012	2013	2014	2015	2016	2017	2018
规模以上工业	**Number of Industrial Enterprises above Designated Size**	**703**	**401**	**469**	**511**	**580**	**691**	**747**	**772**
#亏损企业	Unprofitable Enterprises	180	89	94	95	127	123	127	154
#国有控股企业	State Holding Enterprises	143	126	133	129	128	130	127	128
#非公有制工业	Non-public Industries	501	253	324	367	439	548	611	636
#高技术	High-tech Industries	99	73	76	81	89	105	119	126
按支柱、特色行业分	**By Pillar and Characteristic Industries**								
能源、优势原材料为主的支柱产业	Pillar Industries of Energy and Raw Materials	118	79	89	95	98	98	86	78
电	Electricity	9	8	7	7	8	7	9	11
煤	Coal	13	8	12	14	12	11	7	6
煤化工	Coal Chemical Industry	7	12	18	16	16	15	10	10
铝及铝化工	Aluminum and Its Chemical Industry	47	31	35	39	39	40	40	32
磷及磷化工	Phosphorus and Its Chemical Industry	31	20	22	26	28	31	27	25
铁合金	Iron Alloy	9	7	7	7	7	5		
烟酒为主的传统支柱产业	Traditional Pillar Industries of Tobacco and Liquor	5	6	7	8	10	12	17	17
酒	Liquor	3	3	4	5	7	9	14	14
烟	Tobacco	2	3	3	3	3	3	3	3
贵阳市重点产业(行业)	Six Special Pillar Industries	251	240	268	290	368	434	481	483
磷煤化工	Phosphorus and Coal Chemical Industry	34	32	28	28	33	34	29	29
铝及铝化工	Aluminum and Its Chemical Industry	47	31	35	39	39	40	40	32
特色食品	Characteristic Food	66	44	53	63	72	88	110	112
烟草制品	Tobacco Products	2	3	3	3	3	3	3	3
医药制造业	Modern Medicine	49	35	36	39	41	56	61	63
装备制造业	Equipment Manufacturing Industry	183	95	113	118	134	168	192	195
#汽车制造业	AutomobileIndustry					13	20	23	24
#电子信息设备制造业	Manufacture of Electronic Information Equipment					29	34	42	39
电力生产及供应业	Production and Supply of Electric Power					14	13	11	13
橡胶及塑料制品业	Manufacture of Chemical Fibers and Plastics					32	33	36	37
按登记注册类型分	**By Status of Registration**								
内资企业	Domestic-funded Enterprises	657	367	436	472	541	655	715	733
国有企业	State-owned Enterprises	69	50	45	43	39	31	23	27
集体企业	Collective-owned Enterprises	24	4	4	4	5	5	3	3
股份合作企业	Joint-equity Cooperative Enterprises	6	2	1	1	1			
联营企业	Joint Ownership Enterprises	3	2	1	1	1	1	1	1
有限责任公司	Limited Liability Companies	290	202	267	293	297	328	323	339
股份有限公司	Companies Limited by Shares	29	27	31	30	34	40	37	38
私营企业	Private Enterprises	236	80	86	99	163	250	327	323
其他企业	Others			1	1	1		1	2
港、澳、台商投资企业	Enterprises with Funds from Hong Kong, Macao and Taiwan	21	14	11	15	18	19	18	19
外商投资企业	Enterprises with Foreign Investment	25	20	22	24	21	17	14	20
按经济组织类型分	**By Types of EconomicOrganization**								
独资企业	Solely Funded Enterprises	153	79	70	74	68	63	53	57
合作、合伙企业	Cooperative and Partnership Enterprises	31	14	12	12	13	10	8	9
股份有限公司	Companies Limited by Shares	47	38	37	37	42	50	51	49
有限责任公司	Limited Liability Companies	471	270	350	388	457	568	635	657
按轻重工业分	**By Light & Heavy Industries**								
轻工业	Light Industry	217	122	138	156	183	235	263	286
重工业	Heavy Industry	486	279	331	355	397	456	484	486

注:规模以上工业企业 2011 年之前是年主营业务收入 500 万元及以上的工业企业。2012 年(含 2012 年)以后是年主营业务收入 2000 万元及以上的工业企业。

a) Before 2011, industrial enterprises above designated size refer to enterprises with an annual main business income of 5 million yuan or above;20 million yuan or above since 2012, including 2012。

7-2 工业增加值(历年)

单位:万元

指　　标	Item	2011	2012
规模以上工业	**Number of Industrial Enterprises above Designated Size**	**3782150**	**4556811**
#亏损企业	Unprofitable Enterprises	350110	394694
#国有控股企业	State Holding Enterprises	2462192	3128151
#非公有制工业	Non-public Industries	1230080	1355954
#高技术	High-tech Industries	531753	659543
#文化产业	Cultural Industries		
按支柱、特色行业分	**By Pillar and Characteristic Industries**		
能源、优势原材料为主的支柱产业	Pillar Industry of Energy and Raw Materials	844257	1101870
电	Electricity	64149	86080
煤	Coal	72195	54112
煤化工	Coal Chemical Industry	38799	57947
铝及铝加工	Aluminum and Its Processing Industry	177354	331422
磷及磷化工	Phosphorus and Its Chemical Industry	466478	608102
铁合金	Iron Alloy	29267	14520
烟酒为主的传统支柱产业	Traditional Pillar Industries on Tobacco and Liquor	1059995	1468970
酒	Liquor	66575	50446
烟	Tobacco	993420	1418524
贵阳市重点产业(行业)	Six Special Pillar Industries	2709523	3598755
磷煤化工	Phosphorus and Coal Chemical Industry	496353	666049
铝及铝化工	Aluminum and Its Chemical Industry	175963	331422
特色食品	Characteristic Food	232401	259005
烟草制品	Tobacco Products	989729	1418524
医药制造业	Modern Medicine	283468	367059
装备制造业	Equipment Manufacturing Industry	531609	556696
#汽车制造业	AutomobileIndustry		
#电子信息设备制造业	Manufacture of Electronic Information Equipment		
电力生产及供应业	Production and Supply of Electric Power		
橡胶及塑料制品业	Manufacture of Chemical Fibers and Plastics		
按登记注册类型分	**By Status of Registration**		
内资企业	Domestic-funded Enterprises	3534447	4284253
国有企业	State-owned Enterprises	1737357	1875881
集体企业	Collective-owned Enterprises	13635	5046
股份合作企业	Joint-equity Cooperative Enterprises	4171	733
联营企业	Joint Ownership Enterprises	1884	2647
有限责任公司	Limited Liability Companies	775270	1188539
股份有限公司	Companies Limited by Shares	491832	666950
私营企业	Private Enterprises	510299	544456
其他企业	Others		
港、澳、台商投资企业	Enterprises with Funds from Hong Kong, Macao and Taiwan	82838	72410
外商投资企业	Enterprises with Foreign Investment	164865	200148
按经济组织类型分	**By Types of Economic Organization**		
独资企业	Solely Funded Enterprises	1900628	2031686
合作、合伙企业	Cooperative and Partnership Enterprises	73047	46953
股份有限公司	Companies Limited by Shares	550967	724393
有限责任公司	Limited Liability Companies	1257509	1753778
按轻重工业分	**By Light & Heavy Industries**		
轻工业	Light Industry	1743922	2235093
重工业	Heavy Industry	2038228	2321717
规模以下工业	Industrial Enterprises below Designated Size	204914	790478

注:1. 规模以上工业企业2011年之前是年主营业务收入500万元及以上的工业企业,2012年(含2012年)以后是年主营业务收入2000万元及以上的工业企业。
2. 由于2018年经普数据未公布,按12月快报数提供,且增加值按规定只提供12月分项占比情况。

Added Value of All Industrial Enterprises(over Years)

(10 000 yuan)

2013	2014	2015	2016	2017	2018 年分项比重(%) Component Proportion (%)	2018 年比 2017 年增长(%) Growth Rate in 2018 over 2017(%)
5523510	**6334582**	**7122810**	**7828196**	**8177474**	**100.00**	**7.4**
459863	553003	475873	397730	938055	7.67	-3.7
3507339	3721355	3914338	4067112	4012229	62.01	10.1
1961089	2542714	3163006	3682683	4118352	37.60	3.2
874825	943772	1220895	1421679	1622961	17.98	12.9
		155974	196689	149996	1.92	4.5
1073979	1173378	1277477	1524482	1468018	18.40	0.6
57636	77164	134313	118175	161526	2.73	20.9
64840	66170	16314	30142	25719	0.41	40.5
78218	52306	26204	43673	99961	6.35	-0.8
289788	395118	336654	398655	528469	5.79	-7.0
635216	605540	760513	960938	678062	3.53	3.4
13121	43251	19793	3041			
1809109	1881300	1997097	1963794	2042701	27.97	10.8
98909	149809	247767	378975	370766	1.52	-1.2
1710200	1731491	1749330	1584820	1671935	26.45	11.5
4308613	4726725	6013384	6568905	6814097	85.18	8.7
639776	569792	770498	962487	736750	9.47	-0.6
289788	395118	336654	398655	528469	6.33	-7.1
415744	578521	723276	902285	914593	8.31	12.5
1710200	1731491	1749330	1584820	1671935	26.45	9.4
448999	611821	731369	871552	1046301	10.20	9.9
804107	839982	1116073	1227846	1265466	14.41	11.1
		292454	287831	176976	2.16	-1.5
		258432	254873	262985	1.96	7.0
		397823	427897	450150	6.49	16.1
		244380	243299	250427	3.52	11.4
5204883	5931843	6694367	7114389	7686178	94.65	7.7
2067111	2260512	2491321	2146984	2041729	33.22	11.7
5028	30605	17849	18093	8946	0.14	4.2
782	1105	1910				
3193	714	616	686	1026	0.01	-0.9
1813512	2259356	2411496	2853921	3395189	38.22	10.5
729168	679476	857204	926725	840013	10.53	-8.4
581075	692920	910347	1167979	1396715	12.41	5.1
5014	7155	3623		2560	0.11	-8.2
57280	115458	149461	372374	286280	1.86	10.4
261347	287280	278982	341432	205017	3.49	-1.4
2193711	2454339	2674672	2383667	2348812	35.43	10.1
43375	59308	45165	56774	62469	0.81	11.3
758400	776070	895908	978340	918544	11.26	-7.9
2528025	3044863	3507066	4409415	4847649	52.50	9.4
2849704	3274172	3530956	3849834	4114843	49.80	10.7
2673806	3060409	3591854	3978362	4062632	50.20	4.2
559690	445418	18685				

a) Before 2011, industrial enterprises above designated size refer to enterprises with an annual main business income of 5 million yuan or above; 20 million yuan or above since 2012, including 2012.

B) The data above concerns only about the Economics of December as a result of the economic census of 2018 has not published yet, and only the data of the proportion of December on gross out-put were provided.

7-3 工业总产值(历年)

单位:万元

指　　标	Item	2011	2012
规模以上工业	**Industrial Enterprises above Designated Size**	**14662863**	**15934771**
#亏损企业	Unprofitable Enterprises	1921426	2355165
#国有控股企业	State Holding Enterprises	8834873	10009794
#非公有制工业	Non-public Industries	5357776	5634541
#高技术	High-tech Industries	2187669	2520645
#文化产业	Cultural Industries		
按支柱、特色行业分	**By Pillar and Characteristic Industries**		
能源、优势原材料为主的支柱产业	Pillar Industry of Energy and Raw Materials	3911648	4762994
电	Electricity	165588	208216
煤	Coal	160184	163760
煤化工	Coal Chemical Industry	271862	444800
铝及铝加工	Aluminum and Its Processing Industry	1065903	1470364
磷及磷化工	Phosphorus and Its Chemical Industry	2031816	2408888
铁合金	Iron Alloy	225134	223808
烟酒为主的传统支柱产业	Traditional Pillar Industries of Tobacco and Liquor	1440898	1814580
酒	Liquor	81999	99030
烟	Tobacco	1358899	1715550
贵阳市重点产业(行业)	Six Special Pillar Industries	9174781	10768487
磷煤化工	Phosphorus and Coal Chemical Industry	2276526	2853688
铝及铝化工	Aluminum and Its Chemical Industry	1060399	1470364
特色食品	Characteristic Food	906757	968649
烟草制品	Tobacco Products	1358899	1715550
医药制造业	Modern Medicine	1055808	1235723
装备制造业	Equipment Manufacturing Industry	2516392	2524514
#汽车制造业	AutomobileIndustry		
#电子信息设备制造业	Manufacture of Electronic Information Equipment		
电力生产及供应业	Production and Supply of Electric Power		
橡胶及塑料制品业	Manufacture of Chemical Fibers and Plastics		
按登记注册类型分	**By Status of Registration**		
内资企业	Domestic-funded Enterprises	13656614	14959517
国有企业	State-owned Enterprises	4896761	3783654
集体企业	Collective-owned Enterprises	86648	24961
股份合作企业	Joint-equity Cooperative Enterprises	23318	8865
联营企业	Joint Ownership Enterprises	13277	13896
有限责任公司	Limited Liability Corporations	3805210	5659592
股份有限公司	Companies Limited by Shares	2753123	3261488
私营企业	Private Enterprises	2078278	2207062
其他企业	Others		
港、澳、台商投资企业	Enterprises with Funds from Hong Kong, Macao and Taiwan	355905	286279
外商投资企业	Foreign-funded Enterprises	650344	688975

注:1. 规模以上工业企业2011年之前是年主营业务收入500万元及以上的工业企业,2012年(含2012年)以后是年主营业务收入2000万元及以上的工业企业。
2. 由于2018年经普数据未公布,按12月快报数提供,且总产值按规定只提供12月分项占比情况。

Gross Output Value of Industry(over Years)

(10 000 yuan)

2013	2014	2015	2016	2017	2018 年分项比重 (%) Component Proportion (%)	2018 年比 2017 年增长(%) Growth Rate in 2018 over 2017(%)
20143140	**22291542**	**25785917**	**28168691**	**28310872**	**100.00**	**5.3**
3004198	2661869	2968023	2019253	3364126	9.35	-7.5
10316211	11378451	12417480	12957694	12260171	56.32	8.9
9600513	10650166	13163287	14816588	15852808	43.19	0.9
3302252	3654209	4756622	5154733	5752405	21.06	11.1
		711642	722295	731746	3.27	14.8
5453451	5395644	5650897	6378564	5975663	21.74	-1.7
219551	274025	312061	266123	275376	1.46	21.3
226628	142905	64801	79905	81239	0.39	40.5
578329	448407	264956	403412	442925	8.74	-2.7
1458606	1521836	1551080	1816062	2189125	6.93	-5.8
2947668	2898953	3411820	3877967	3068237	4.62	0.7
249296	252422	110980	15001			
2255215	2294682	2487286	2515367	2554255	10.06	10.4
185876	280899	480391	676834	613305	0.71	-1.2
2069339	2013783	2006895	1838533	1940950	9.35	11.4
13867711	14770715	20649993	22282520	22865801	82.36	6.5
3262240	3144044	3612234	4169566	3388250	12.97	-2.5
1458606	1521836	1551080	1816062	2189125	7.90	-6.4
1639134	2011278	2480633	2975018	3190118	9.14	9.4
2069339	2013783	2006895	1838533	1940950	9.35	9.3
1864713	1983184	2454909	2573111	2868559	8.42	9.4
3573678	4096590	5333501	5759623	6464461	21.72	9.6
		1111156	940265	887724	2.33	2.8
		1823448	2048616	2234538	6.72	7.1
		1793048	1881247	1634721	6.86	14.6
		1663962	1412562	1389689	6.01	11.4
18854597	20859327	24272614	25421856	26743920	94.63	5.8
3320968	4554531	5511641	4569606	4053285	19.58	11.8
43823	43380	52977	54269	51339	0.25	7.7
10899	9955	10129				
9077	5503	5199	5331	6198	0.03	-0.9
9067389	10260056	11084421	12354147	13532909	46.69	7.8
3725824	3281248	3766692	3531601	3619331	12.87	-7.0
2635784	2671466	3804491	4906902	5469619	15.12	4.9
40833	33189	37063		11240	0.10	-20.0
265572	437522	543161	1668544	899706	2.10	12.6
1022971	994693	970142	1078291	667246	3.27	-10.8

a) Before 2011, industrial enterprises above designated size refer to enterprises with an annual main business income of 5 million yuan or above;20 million yuan or above since 2012, including 2012.

B) The data above concerns only about the Economics of December as a result of the economic census of 2018 has not published yet, and only the data of the proportion of December on gross out-put were provided.

7-3 续表

单位:万元

指　　标	Item	2011	2012
按经济组织类型分	**By Types of Economic Organization**		
独资企业	Solely Funded Enterprises	5556659	4315046
合作、合伙企业	Cooperative and Partnership Enterprises	252589	211041
股份有限公司	Companies Limited by Shares	3020222	3481949
有限责任公司	Limited Liability Companies	5833393	7926736
按轻重工业分	**By Light & Heavy Industries**		
轻工业	Light Industry	4475231	4912009
重工业	Heavy Industry	10187631	11022762
按企业规模分	**By Size of Enterprises**		
大型企业	Large Enterprises	8070810	9222967
中型企业	Medium-sized Enterprises	2542979	3041156
小型企业	Small Enterprises	3883085	3646969
微型企业	Micro-sized Enterprises	165989	23680
按企业主营收入分	**By Revenue from Principal Business**		
年收入在 40 亿元以上	Annual Income Above 4 billion yuan	5846834	6748095
年收入在 20—40 亿元	Annual Income Between 2 billion and 4 billion yuan	1004866	831304
年收入在 10—20 亿元	Annual Income Between 1 billion and 2 billion yuan	452196	1071078
年收入在 1—10 亿元	Annual Income Between 0. 1 billion and 1 billion yuan	1733665	2106679
年收入在 5000 万—1 亿元	Annual Income Between 50 million and 0. 1 billion yuan	3639277	3926958
年收入在 5000 万元以下	Annual Income Below 50 million yuan	1364142	1066931
规模以下工业	**Industrial Enterprises below Designated Size**	**619116**	**2948613**

注:1. 规模以上工业企业 2011 年之前是年主营业务收入 500 万元及以上的工业企业,2012 年(含 2012 年)以后是年主营业务收入 2000 万元及以上的工业企业。
2. 由于 2018 年经普数据未公布,按 12 月快报数提供,且总产值按规定只提供 12 月分项占比情况。

(continued)

(10 000 yuan)

2013	2014	2015	2016	2017	2018年分项比重(%) Component Proportion (%)	2018年比2017年增长(%) Growth Rate in 2018 over 2017(%)
3944212	5241772	6232613	5413905	5127929	21.90	7.5
209825	148190	169782	134290	196037	0.78	8.8
3826684	3522752	3969269	3717805	3905734	13.60	-6.5
12162420	13378828	15414252	18902691	19081172	63.72	7.4
6912842	7394216	8427204	9338991	10313811	32.73	9.4
13230298	14897326	17358713	18829700	17997061	67.27	3.4
8652773	9486069	9099151	9821444	10094188	47.47	4.8
5138065	4926736	5944375	6612032	6613534	23.66	17.2
6246017	7755273	10240087	11475988	10908906	27.11	-2.7
106285	123465	502304	259226	694244	1.76	7.0
6173849	6514000	7542866	6926126	6040648	30.60	15.6
1540033	2506717	2711469	4168138	2917390	11.11	-7.2
2242527	2405113	3147086	3732570	3210292	14.54	10.8
3207798	3648281	4222348	4311440	4191722	32.52	14.6
5550477	5851163	6572925	6966399	8120526	5.58	13.5
1248806	1229124	1339631	1701709	2717689	5.66	-44.0
2042912	1567270	67651				

a) Before 2011, industrial enterprises above designated size refer to enterprises with an annual main business income of 5 million yuan or above; 20 million yuan or above since 2012, including 2012.

B) The data above concerns only about the Economics of December as a result of the economic census of 2018 has not published yet, and only the data of the proportion of December on gross out-put were provided.

7-4 规模以上工业分行业总产值
Gross Output Value of Industrial Enterprises above Designated Size by Sector

指　　标	Item	2018 年占比（%）Proportion of 2018（%）	2018 年比 2017 年增长（%）Growth Rate in 2018 over 2017（%）
总　　计	**Total**	**100. 0**	**5. 3**
按工业行业分	**By Sector**		
采矿业	**Mining**	**2. 4**	**1. 7**
煤炭开采和洗选业	Mining and Washing of Coal	0. 4	40. 5
有色金属矿采选业	Non-ferrous Metals Mining and Dressing	0. 1	-80. 3
非金属矿采选业	Mining and Processing of Non-mental Ores	2. 0	14. 4
制造业	**Manufacturing**	**89. 0**	**4. 6**
农副食品加工业	Farm and Sideline Products Processing	2. 5	-1. 8
食品制造业	Food Manufacturing	4. 4	15. 8
酒、饮料和精制茶制造业	Manufacture of Liquor, Beverages and Refined Tea	2. 3	11. 9
烟草制品业	Manufacture of Tobacco	9. 3	9. 3
纺织业	Manufacture of Textile	0. 0	6. 1
纺织服装、服饰业	Manufacture of Textiles and Garments	0. 1	18. 5
皮革、毛皮、羽毛及其制品和制鞋业	Manufacture of Leather, Fur, Feather and Related Products and Footwear	0. 3	17. 5
木材加工及木、竹、藤、棕、草制品业	Wood Processing and Manufacture of Wood, Bamboo, Rattan, Palm, and Straw Products		
家具制造业	Manufacture of Furniture	0. 4	-4. 6
造纸和纸制品业	Manufacture of Paper and Paper Products	0. 4	-16. 9
印刷业和记录媒介复制业	Printing and Reproduction of Recording Media	0. 9	-1. 8
文教、工美、体育和娱乐用品制造业	Manufacture of Articles for Culture, Education, Industrial Arts, Sports and Recreation	0. 2	41. 1
石油加工、炼焦和核燃料加工业	Petroleum Processing, Coking and Nuclear Fuel Processing	0. 1	-6. 2
化学原料和化学制品制造业	Manufacture of Raw Chemical Materials and Chemical Products	12. 6	-4. 8
医药制造业	Manufacture of Medicines	8. 4	9. 5
橡胶和塑料制品业	Manufacture of Rubber and Plastics	6. 0	11. 4
非金属矿物制品业	Manufacture of Non-metallic Mineral Products	8. 6	-2. 8
黑色金属冶炼和压延加工业	Smelting and Calendering of Ferrous Metals	1. 8	2. 1
有色金属冶炼和压延加工业	Smelting and Calendering of Non-ferrous Metals	6. 8	-2. 1
金属制品业	Manufacture of Metal Products	1. 5	-20. 0
通用设备制造业	Manufacture of General Purpose Machinery	1. 9	-8. 1
专用设备制造业	Manufacture of Special Purpose Machinery	1. 1	20. 0
汽车制造业	Manufacture of Automobiles	2. 3	2. 7
铁路、船舶、航空航天和其他运输设备制造业	Manufacture of Railway, Watercraft, Aviation, Aerospace and Other Transport Equipment	5. 0	15. 9
电气机械和器材制造业	Manufacture of Electrical Machinery and Equipment	3. 7	6. 2
计算机、通信和其他电子设备制造业	Manufacture of Computers, Communication Equipment and Other Electronic Equipment	6. 7	18. 4
仪器、仪表制造业	Manufacture of Measuring Instruments	0. 5	10. 2
其他制造业	Others	0. 8	8. 8
废弃资源综合利用业	Comprehensive Utilization of Waste Resources	0. 0	23. 4
金属制品、机械和设备修理业	Manufacture of Metal Products, Machinery and Equipment Repairment	0. 3	-11. 9
电力、燃气及水的生产和供应业	Production and Supply of Electric Power, Gas and Water	8. 5	14. 1
电力、热力的生产和供应业	Production and Supply of Electric Power and Heating Power	6. 9	14. 6
燃气生产和供应业	Production and Supply of Gas	1. 0	19. 9
水的生产和供应业	Production and Supply of Water	0. 7	2. 7

注：增长速度按价格指数紧缩后的可比价格计算。
a) The growth rate is calculated at the comparable price after the decrease of price index.

7-5 规模以上工业主要经济指标变动情况
The Variation of Main Economic Indicators in Industrial Enterprises above Designated Size

单位:万元 (10 000 yuan)

指 标	Item	总 计 Total		#国有及国有控股 State-owned and State-holding Enterprises	
		2018	2018 年比 2017 年增长(%) Growth Rate in 2018 over 2017(%)	2018	2018 年比 2017 年增长(%) Growth Rate in 2018 over 2017(%)
企业单位数(个)	Number of Enterprises(unit)	772	3.3	128	0.8
#亏损企业数(个)	Number of Unprofitable Enterprises(unit)	154	11.6	30	7.1
资产合计	Total Assets	34587503	4.3	22457319	3.9
流动资产合计	Total Current Assets	17994668	7.5	10830853	8.5
#应收账款净额	Net Receivables	3608306	4.6	1768181	2.5
存 货	Inventory	4718891	12.6	3590511	14.5
#产成品	Finished Goods	1254155	-4.5	758727	-8.5
负债合计	Total Liabilities	22326952	3.4	15226289	2.5
主营业务收入	Revenue from Principal Business	21605190	-1.4	13251880	1.8
主营业务成本	Cost of Principal Business	15451468	-5.9	9135372	-3.4
主营业务税金及附加	Tax and Extra Charges of Principal Business	1239940	11.0	1163957	11.7
销售费用	Selling Expenses	1188959	6.1	326556	0.4
管理费用	Management Expenses	1161149	2.9	734037	1.9
财务费用	Financial Expenses	400303	-11.5	298562	-14.5
#利息支出	Interest Expenses	685846	52.2	602367	59.2
营业利润	Operating Profits	2036182	20.6	1450216	26.9
投资收益	Investment Income	37997	4.5	21900	-18.3
其他收益	Others	69773	717.8	57571	851.4
利润总额	Total Profits	2061953	15.8	1485781	20.9
亏损企业亏损总额	Total Losses	148567	-49.3	78546	-60.7
利税总额	Total Taxes and Profits	4114322	11.4	3137191	13.7
本年应交增值税	Value Added Tax Payable	800849	1.6	478411	-0.4
工业中间投入合计	Total Intermediate Industrial Input				
全部从业人员年平均人数(人)	Annual Average Employed Persons (person)	262653	-0.4	100092	-3.3

7-5 续表

单位:万元 (10 000 yuan)

指　　标	Item	#高技术工业 High-tech Industries 2018	2018 年比 2017 年增长(%) Growth Rate in 2018 over 2017(%)
企业单位数(个)	Number of Enterprises(unit)	126	5.9
#亏损企业数(个)	Number of Unprofitable Enterprises(unit)	14	-6.7
资产合计	Total Assets	6473018	3.0
流动资产合计	Total Current Assets	3910262	7.1
#应收账款净额	Net Receivables	1190014	2.3
存　货	Inventory	726181	3.1
#产成品	Finished Goods	239318	-5.3
负债合计	Total Liabilities	2763785	3.3
主营业务收入	Revenue from Principal Business	3719036	3.7
主营业务成本	Cost of Principal Business	2199693	4.1
主营业务税金及附加	Tax and Extra Charges of Principal Business	34001	4.4
销售费用	Selling Expenses	723821	9.3
管理费用	Management Expenses	394844	12.1
财务费用	Financial Expenses	47657	-15.0
#利息支出	Interest Expenses	290544	444.2
营业利润	Operating Profits	388298	9.9
投资收益	Investment Income	13995	131.5
其他收益	Others	18740	284.7
利润总额	Total Profits	402720	6.5
亏损企业亏损总额	Total Losses	8533	-53.4
利税总额	Total Taxes and Profits	624802	3.8
本年应交增值税	Value Added Tax Payable	187657	-1.8
工业中间投入合计	Total Intermediate Industrial Input		
全部从业人员年平均人数(人)	Annual Average Employed Persons (person)	48304	-2.4

(continued)

#非公有制工业 Non-public Industries		#大中型工业 Large and Medium-sized Industrial Enterprises		#装备制造业 Equipment Manufacturing Industry	
2018	2018 年比 2017 年增长(%) Growth Rate in 2018 over 2017(%)	2018	2018 年比 2017 年增长(%) Growth Rate in 2018 over 2017(%)	2018	2018 年比 2017 年增长(%) Growth Rate in 2018 over 2017(%)
636	4. 1	123		195	
124	12. 7	26	23. 8	47	14. 6
11982509	5. 1	26662384	4. 5	7368855	2. 7
7108312	6. 0	13389574	7. 1	4775537	1. 1
1818649	6. 6	2113055	2. 6	1204459	-6. 3
1123608	7. 0	4012591	14. 6	954325	8. 2
492762	2. 3	931865	-6. 1	344619	0. 8
7012169	5. 6	17651054	3. 1	4316154	1. 9
8190760	-6. 4	16165483	2. 3	3516310	-8. 3
6223750	-9. 5	11051964	-2. 1	2929929	-6. 8
74260	2. 0	1190392	11. 6	19768	3. 0
847477	8. 1	793480	2. 2	131052	-4. 3
424569	4. 7	857474	4. 3	369113	7. 7
101999	-1. 3	329718	-12. 5	39970	-28. 0
83472	15. 7	619701	58. 1	282448	437. 3
534155	6. 0	1805320	22. 4	106589	-8. 6
16032	67. 4	37226	8. 3	10425	-4. 4
12059	408. 6	63904	949. 6	21444	329. 9
568912	4. 4	1808386	17. 3	118912	-18. 8
70021	-24. 9	78023	-65. 4	35784	30. 7
918673	3. 5	3667060	12. 5	215613	-14. 7
272964	1. 8	657967	2. 1	75953	-11. 4
73630	-3. 2	212365	0. 8	54661	-2. 5

7-6 规模以上工业综合经济效益指标(2018 年)

单位:万元

指　　标	Item	总资产贡献率(%) Contribution Ratio of Total Assets(%)
总　　计	**Total**	**23.73**
#国有控股企业	State Holding Enterprises	27.60
#非公有制工业	Non-public Industries	15.84
#高技术	High-tech	19.39
按登记注册类型分	**By Status of Registration**	
内资企业	Domestic-funded Enterprises	24.18
国有企业	State-owned Enterprises	82.77
集体企业	Collective-owned Enterprises	22.44
股份合作企业	Joint-equity Cooperative Enterprises	
联营企业	Joint Ownership Enterprises	71.96
有限责任公司	Limited Liability Companies	10.24
股份有限公司	Companies Limited by Shares	13.39
私营企业	Private Enterprises	17.70
其他企业	Others	127.12
港、澳、台商投资企业	Enterprises with Funds from Hong Kong, Macao and Taiwan	16.47
外商投资企业	Enterprises with Foreign Investment	16.99
按轻重工业分	**By Light & Heavy Industries**	
轻工业	Light Industry	57.35
重工业	Heavy Industry	14.96
按企业规模分	**By Size of Enterprises**	
大型企业	Large Enterprises	32.29
中型企业	Medium-sized Enterprises	15.27
小型企业	Small Enterprises	12.48
微型企业	Micro-sized Enterprises	23.94
按企业主营业务收入分	**By Revenue from Principal Business**	
年收入在 40 亿元以上	Annual Income Above 4 billion yuan	50.86
年收入在 20—40 亿元	Annual Income Between 2 billion and 4 billion yuan	17.97
年收入在 10—20 亿元	Annual Income Between 1 billion and 2 billion yuan	12.40
年收入在 1—10 亿元	Annual Income Between 0.1billion and 1 billion yuan	13.78
年收入在 5000 万—1 亿元	Annual Income Between 50 million and 0.1 billion yuan	7.00
年收入在 5000 万元以下	Annual Income Below 50 million yuan	7.61

Overall Indicators on Economic Benefits of Industrial Enterprises above Designated Size(2018)

(10 000 yuan)

资产负债率(%) Ratio of Liabilities to Assets (%)	流动资产周转率(次/年) Turnover Rate of Current Assets(times/year)	成本费用利润率(%) Ratio of Profits to Total Industrial Costs(%)	全员劳动生产率(元/人·年) Labor Productivity (yuan/ person /year)	产品销售率(%) Sales Rate of Industrial Products (%)	资本保值增值率(%) Capital Maintenance and Appreciation Rate(%)	工业综合经济效益指数(%) Composite Index of Industrial Economic Benefits(%)
64.55	**2.40**	**11.76**	**353975**	**96.22**	**106.01**	**364.77**
67.80	2.45	14.43	380009	96.13	107.08	397.44
58.52	2.30	7.58	316170	96.35	104.51	311.55
43.18	1.93	11.59	225933	92.91	102.34	274.22
65.53	2.42	11.71	356119	96.27	105.33	366.54
49.85	2.75	65.64	833741	97.58	106.01	974.16
28.64	5.17	3.35	297878	95.93	108.80	325.62
50.87	23.42	2.91	46742	99.57	101.85	444.01
75.55	2.31	4.31	289327	97.33	109.07	268.60
48.66	1.96	8.37	187894	89.54	99.04	227.21
59.50	3.10	5.83	324122	97.06	104.74	321.25
76.16	7.74	9.39	3407851	86.17	15.51	2435.66
55.06	2.28	14.71	293848	96.73	114.19	327.26
45.51	1.92	11.35	335744	94.47	113.55	336.95
37.36	2.47	14.86	653577	96.28	106.78	623.04
72.19	2.33	11.05	244984	95.96	104.76	276.48
64.04	2.54	16.35	410018	95.88	107.64	433.78
70.63	2.13	9.81	312808	96.77	106.87	312.36
58.66	2.30	5.38	288289	96.20	101.70	279.66
71.23	7.19	14.67	552880	98.65	118.13	543.90
74.74	3.80	22.08	944857	96.30	116.28	824.62
45.21	2.77	7.81	230299	98.10	105.92	269.41
64.10	2.06	6.04	391744	99.10	104.44	341.78
61.74	1.92	9.35	243202	94.25	103.41	265.41
66.50	1.65	1.90	198463	96.59	126.29	196.75
61.25	1.34	2.32	153646	95.63	85.75	165.32

7-6 续表 1

单位:万元

指　　标	Item	总资产贡献率(%) Contribution Ratio of Total Assets(%)
按支柱、特色行业分	**By Pillar and Characteristic Industries**	
贵阳市重点产业(行业)	**Pillar Industries**	**29.53**
磷煤化工	Phosphorus and Coal Chemical Industry	8.71
铝及铝化工	Aluminum and Its Chemical Industry	16.20
特色食品	Characteristic Food	24.81
烟草制品	Tobacco Products	124.28
医药制造业	Pharmaceutical Industry	32.95
装备制造业	Equipment Manufacturing Industry	9.03
#汽车制造业	Manufacture of Automobile	9.58
#电子信息设备制造业	Manufacture of Electronic Information Equipment	8.15
电力生产及供应业	Electricity Production and Supply Industry	95.40
橡胶及塑料制品业	Rubber and Plastic Products Industry	7.58
按工业行业分	**By Sector**	
采矿业	**Mining**	**0.15**
煤炭开采和洗选业	Mining and Washing of Coal	-9.80
有色金属矿采选业	Non-ferrous Metals Mining and Dressing	-2.25
非金属矿采选业	Ming and Processing of Non-mental Ores	27.05
制造业	**Manufacturing**	**20.61**
农副食品加工业	Farm and Sideline Products Processing	15.23
食品制造业	Food Manufacturing	32.94
酒、饮料和精制茶制造业	Manufacture of Liquor, Beverages and Refined Tea	18.29
烟草制品业	Manufacture of Tobacco	124.28
纺织业	Manufacture of Textile	11.94
纺织服装、服饰业	Manufacture of Textiles and Garments	37.58
皮革、毛皮、羽毛及其制品和制鞋业	Manufacture of Leather, Fur, Feather and Related Products and Footwear	23.21
木材加工及木、竹、藤、棕、草制品业	Wood Processing and Manufacture of Wood, Bamboo, Rattan, Palm, and Straw Products	146.49

(continued)

(10 000 yuan)

资产负债率(%) Ratio of Liabilities to Assets (%)	流动资产周转率(次/年) Turnover Rate of Current Assets(times/year)	成本费用利润率(%) Ratio of Profits to Total Industrial Costs(%)	全员劳动生产率(元/人·年) Labor Productivity (yuan/ person /year)	产品销售率(%) Sales Rate of Industrial Products (%)	资本保值增值率(%) Capital Maintenance and Appreciation Rate(%)	工业综合经济效益指数(%) Composite Index of Industrial Economic Benefits(%)
63.83	**2.63**	**13.49**	**392163**	**95.93**	**107.20**	**407.84**
82.47	3.86	0.74	303034	99.48	136.67	277.78
71.26	3.57	6.45	371804	99.68	97.56	350.28
55.51	3.21	9.27	339570	97.93	125.30	360.83
27.46	2.49	24.23	3332242	100.00	107.58	2407.71
37.29	1.94	20.41	385311	92.25	97.92	428.78
56.40	1.44	4.53	149455	94.35	101.24	177.07
58.48	1.91	2.20	131671	90.96	120.94	165.34
66.96	1.01	6.50	143515	94.94	112.24	174.42
97.73	27.79	207.05	1109868	99.98	86.65	1932.28
62.94	2.57	3.64	199614	79.28	117.27	211.76
81.28	**1.64**	**7.22**	**85755**	**101.84**	**60.98**	**123.22**
97.50	1.73	0.48	52852	100.00	13.25	48.66
81.30	2.70	-4.09	276661	98.34	30.84	197.76
38.37	1.43	21.19	161816	104.66	112.79	283.89
62.12	**2.32**	**6.49**	**347964**	**95.91**	**106.67**	**335.42**
50.76	4.73	3.07	150667	98.62	108.10	217.78
56.29	2.38	17.24	410380	98.73	134.89	442.23
57.50	3.72	6.17	490257	95.71	126.42	433.11
27.46	2.49	24.23	3332242	100.00	107.58	2407.71
4.89	2.69	6.59	70915	92.54	56.56	148.81
56.52	8.72	3.44	1006012	98.97	36.63	809.30
23.09	1.28	13.39	89622	82.34	105.49	198.12
28.17	1.47	27.81	27029	100.00	100.00	448.53

7-6 续表2

单位:万元

指标	Item	总资产贡献率(%) Contribution Ratio of Total Assets(%)
家具制造业	Manufacture of Furniture	21.49
造纸和纸制品业	Manufacture of Paper and Paper Products	8.29
印刷业和记录媒介复制业	Printing and Reproduction of Recording Media	26.21
文教、工美、体育和娱乐用品制造业	Manufacture of Articles for Culture, Education, Industrial Arts, Sports and Recreation	28.87
石油加工、炼焦和核燃料加工业	Petroleum Processing, Coking and Nuclear Fuel Processing	9.98
化学原料和化学制品制造业	Manufacture of Raw Chemical Materials and Chemical Products	7.83
医药制造业	Manufacture of Medicines	32.95
橡胶和塑料制品业	Manufacture of Rubber and Plastics	7.58
非金属矿物制品业	Manufacture of Non-metallic Mineral Products	15.66
黑色金属冶炼和压延加工业	Smelting and Calendering of Ferrous Metals	2.84
有色金属冶炼和压延加工业	Smelting and Calendering of Non-ferrous Metals	17.08
金属制品业	Manufacture of Metal Products	8.84
通用设备制造业	Manufacture of General Purpose Machinery	3.40
专用设备制造业	Manufacture of Special Purpose Machinery	2.19
汽车制造业	Manufacture of Automobiles	9.58
铁路、船舶、航空航天和其他运输设备制造业	Manufacture of Railway, Watercraft, Aviation, Aerospace and Other Transport Equipment	7.72
电气机械和器材制造业	Manufacture of Electrical Machinery and Equipment	7.04
计算机、通信和其他电子设备制造业	Manufacture of Computers, Communication Equipment and Other Electronic Equipment	16.49
仪器、仪表制造业	Manufacture of Measuring Instruments	12.20
其他制造业	Others	5.10
废弃资源综合利用业	Comprehensive Utilization of Waste Resources	27.61
金属制品、机械和设备修理业	Metal Products, Machinery and Equipment Repair Industry	7.33
电力、燃气及水的生产和供应业	**Production and Supply of Electric Power, Gas and Water**	**49.81**
电力、热力的生产和供应业	Production and Supply of Electric Power and Heating Power	95.40
燃气生产和供应业	Production and Supply of Gas	5.39
水的生产和供应业	Production and Supply of Water	5.42

(continued)

(10 000 yuan)

资产负债率(%) Ratio of Liabilities to Assets (%)	流动资产周转率(次/年) Turnover Rate of Current Assets(times/year)	成本费用利润率(%) Ratio of Profits to Total Industrial Costs(%)	全员劳动生产率(元/人·年) Labor Productivity (yuan/ person /year)	产品销售率(%) Sales Rate of Industrial Products (%)	资本保值增值率(%) Capital Maintenance and Appreciation Rate(%)	工业综合经济效益指数(%) Composite Index of Industrial Economic Benefits(%)
43.01	4.65	6.86	343110	97.93	131.60	362.71
73.41	3.81	1.01	187838	99.96	66.81	201.13
31.34	2.60	15.81	302068	97.01	98.11	355.57
58.58	13.46	1.08	544045	99.55	41.94	551.67
41.23	16.16	1.02	1452918	99.69	105.71	1102.08
85.34	3.69	1.05	301612	98.89	131.53	273.11
37.29	1.94	20.41	385311	92.25	97.92	428.78
62.94	2.57	3.64	199614	79.28	117.27	211.76
70.82	3.25	7.96	356664	98.37	94.39	342.15
68.18	0.63	0.32	165761	96.57	99.34	149.02
69.20	3.68	7.03	494508	100.14	100.98	430.74
62.38	2.79	2.03	207164	100.72	111.21	216.98
57.95	1.34	-0.23	86230	89.86	96.01	107.93
63.62	1.46	3.99	158865	99.08	77.76	164.55
58.48	1.91	2.20	131671	90.96	120.94	165.34
48.19	1.58	5.75	164121	92.89	105.29	189.82
74.80	0.77	2.59	234103	96.66	103.50	206.82
41.90	2.22	8.58	121360	95.18	112.41	198.58
55.74	1.22	1.37	175198	91.04	106.52	184.75
61.09	2.04	2.07	102588	99.62	103.87	138.70
51.75	2.50	20.52	286523	98.62	128.03	369.78
62.42	1.29	13.92	325477	89.38	106.68	313.75
79.69	**4.08**	**125.02**	**716427**	**98.97**	**107.79**	**1073.20**
97.73	27.79	207.05	1109868	99.98	86.65	1932.28
61.69	2.16	2.28	406416	99.96	93.63	323.76
62.32	0.48	17.77	295879	86.19	119.01	300.06

7-6 续表 3

单位:万元

指 标	Item
总 计	**Total**
#国有控股企业	State Holding Enterprises
#非公有制工业	Non-public Industries
#高技术	High-tech
按登记注册类型分	**By Status of Registration**
内资企业	Domestic-funded Enterprises
国有企业	State-owned Enterprises
集体企业	Collective-owned Enterprises
股份合作企业	Joint-equity Cooperative Enterprises
联营企业	Joint Ownership Enterprises
有限责任公司	Limited Liability Companies
股份有限公司	Companies Limited by Shares
私营企业	Private Enterprises
其他企业	Others
港、澳、台商投资企业	Enterprises with Funds from Hong Kong, Macao and Taiwan
外商投资企业	Enterprises with Foreign Investment
按轻重工业分	**By Light & Heavy Industries**
轻工业	Light Industry
重工业	Heavy Industry
按企业规模分	**By Size of Enterprises**
大型企业	Large Enterprises
中型企业	Medium-sized Enterprises
小型企业	Small Enterprises
微型企业	Micro-sized Enterprises
按企业主营业务收入分	**By Revenue from Principal Business**
年收入在 40 亿元以上	Annual Income Above 4 billion yuan
年收入在 20—40 亿元	Annual Income Between 2 billion and 4 billion yuan
年收入在 10—20 亿元	Annual Income Between 1 billion and 2 billion yuan
年收入在 1—10 亿元	Annual Income Between 0. 1billion and 1 billion yuan
年收入在 5000 万—1 亿元	Annual Income Between 50 million and 0. 1 billion yuan
年收入在 5000 万元以下	Annual Income Below 50 million yuan

(continued)

(10 000 yuan)

总资产利润率(%) Ratio of Profits to Total Assets(%)	主营收入利税率(%) Profit-tax of Sales Revenue (%)	每百元资产实现的主营业务收入(元) Prime Operating Revenue of per 100 yuan Assets(yuan)	产成品存货周转天数(天) Turnover Days of Finished Goods Inventory(day)	应收账款平均回收期(天) Average Payback Period of Receivables(day)
6.09	**19.08**	**62.47**	**14.60**	**30.10**
6.80	23.97	59.12	14.90	23.90
4.75	11.22	68.36	14.30	40.00
6.01	16.80	57.81	18.30	57.50
6.12	19.23	63.17	14.60	29.40
20.88	62.68	72.07	20.50	15.40
7.23	4.26	223.00	3.50	14.20
11.96	8.05	428.13	15.00	1.10
2.30	7.15	57.88	14.00	30.40
3.91	12.79	50.63	17.00	43.00
5.73	8.42	105.50	11.40	34.40
24.79	9.86	290.58	15.00	8.10
6.61	16.72	52.85	19.80	13.30
5.08	16.12	50.55	11.20	65.20
8.31	35.01	80.67	22.70	24.20
5.71	12.42	57.49	13.30	33.20
7.60	26.37	61.96	16.00	19.60
5.06	13.38	57.46	13.60	33.20
3.47	8.65	68.96	13.50	51.00
8.31	17.55	67.01	6.30	12.20
12.06	32.38	81.76	14.60	9.30
5.03	10.83	68.95	10.40	30.00
2.91	10.54	51.54	11.20	21.90
4.80	13.12	56.92	15.90	46.40
0.84	5.30	43.98	13.00	57.60
0.92	5.66	41.14	29.90	96.20

7-6 续表4

单位:万元

指　　标	Item
贵阳市重点产业(行业)	**Pillar Industries**
磷煤化工	Phosphorus and Coal Chemical Industry
铝及铝化工	Aluminum and Its Chemical Industry
特色食品	Characteristic Food
烟草制品	Tobacco Products
医药制造业	Modern Medicine
装备制造业	Manufacture of Equipments
#汽车制造业	Manufacture of Automobile
#电子信息设备制造业	Manufacture of Electronic Information Equipment
电力生产及供应业	Electricity Production and Supply Industry
橡胶及塑料制品业	Rubber and Plastic Products Industry
贵阳市产业园区	**Industrial Parks of Guiyang City**
南明临空经济区产业园	Nanming Airport Economic Zone
云岩产业园	Yunyan Industrial Park
花溪产业园	Huaxi Industrial Park
小河—孟关装备制造业生态工业园	Xiaohe-Mengguan Equipment Manufacturing Industry Eco-Industrial Park
乌当医药食品新型产业园	Wudang Food and Drug New Industrial Park
白云铝及铝加工工业基地	Baiyun Aluminum and Aluminum Processing Industrial Base
麦架—沙文高新技术产业园	Maijia-Shawen High-tech Industrial Park
贵阳综合保税区	Guiyang Comprehensive Bonded Area
观山湖电子商务和现代制造业产业园	Guanshanhu Electronic Commerce and Modern Manufacturing Industrial Park
开阳磷煤化工生态工业示范基地	Kaiyang Phosphorus and Coal Chemical Ecological Industries Demonstration Base
息烽磷煤化工生态工业基地	Xifeng Phosphorus and Coal Chemical Ecological Industries Base
修文产业园	Xiuwen Industrial Park
清镇经开区	Qingzhen Economic Development Zone
按工业行业分	**By Sector**
采矿业	**Mining**
煤炭开采和洗选业	Mining and Washing of Coal
有色金属矿采选业	Non-ferrous Metals Mining and Dressing
非金属矿采选业	Mining and Processing of Non-mental Ores
制造业	**Manufacturing**
农副食品加工业	Farm and Sideline Products Processing
食品制造业	Food Manufacturing

(continued)

(10 000 yuan)

总资产利润率 (%) Ratio of Profits to Total Assets(%)	主营收入利税率 (%) Profit-tax of Sales Revenue (%)	每百元资产实现的主营业务收入(元) Prime Operating Revenue of per 100 yuan Assets(yuan)	产成品存货周转天数(天) Turnover Days of Finished Goods Inventory(day)	应收账款平均回收期(天) Average Payback Period of Receivables(day)
7.27	**21.38**	**67.22**	**16.60**	**25.90**
0.48	2.75	71.15	13.90	12.60
4.32	9.35	72.04	10.40	6.80
8.61	11.34	102.67	10.60	17.40
7.97	74.70	92.54	31.00	5.10
10.13	27.41	60.84	31.40	52.40
2.11	6.13	48.20	22.30	65.70
1.12	5.89	51.01	17.60	68.80
2.64	6.10	43.76	20.00	78.80
47.74	70.86	71.37		3.90
2.27	5.70	65.90	21.20	28.50
3.25	**15.40**	**62.23**	**15.00**	**30.10**
16.15	20.76	102.98	17.40	18.50
2.87	24.76	35.49	13.80	13.70
7.88	13.91	90.17	19.60	46.10
4.84	39.48	71.92	20.40	32.00
5.46	18.02	52.23	24.70	51.60
2.36	6.30	84.99	8.40	44.10
1.98	6.30	48.99	14.70	59.50
4.15	4.42	94.51	7.00	130.10
-0.76	2.48	30.74	9.90	44.70
0.90	3.63	68.13	14.20	13.60
1.89	5.14	80.50	16.10	22.50
1.63	7.83	39.39	16.70	30.90
4.91	12.08	59.06	9.10	20.50
2.01	**18.88**	**31.57**	**16.10**	**42.10**
0.11	12.36	24.19	18.40	29.30
-1.64	-1.58	40.47	1.30	14.10
7.92	31.53	48.93	17.20	64.40
3.68	**15.43**	**65.65**	**15.30**	**31.90**
4.93	3.83	165.72	13.90	24.00
12.50	18.00	86.21	6.80	8.70

7-6 续表 5

单位:万元

指　　标	Item
酒、饮料和精制茶制造业	Manufacture of Liquor, Beverages and Refined Tea
烟草制品业	Manufacture of Tobacco
纺织业	Manufacture of Textile
纺织服装、服饰业	Manufacture of Textiles and Garments
皮革、毛皮、羽毛及其制品和制鞋业	Manufacture of eather, Fur, Feather and Related Products and Footwear
木材加工及木、竹、藤、棕、草制品业	Wood Processing and Manufacture of Wood, Bamboo, Rattan, Palm and Straw Products
家具制造业	Manufacture of Furniture
造纸和纸制品业	Manufacture of Paper and Paper Products
印刷业和记录媒介复制业	Printing and Reproduction of Recording Media
文教、工美、体育和娱乐用品制造业	Manufacture of Articles for Culture, Education, Industrial Arts, Sports and Rcreation
石油加工、炼焦和核燃料加工业	Petroleum Processing, Coking and Nuclear Fuel Processing
化学原料和化学制品制造业	Manufacture of Raw Chemical Materials and Chemical Products
医药制造业	Manufacture of Medicines
橡胶和塑料制品业	Manufacture of Rubber and Plastics
非金属矿物制品业	Manufacture of Non-metallic Mineral Products
黑色金属冶炼和压延加工业	Smelting and Calendering of Ferrous Metals
有色金属冶炼和压延加工业	Smelting and Calendering of Non-ferrous Metals
金属制品业	Manufacture of Metal Products
通用设备制造业	Manufacture of General Purpose Machinery
专用设备制造业	Manufacture of Special Purpose Machinery
汽车制造业	Manufacture of Automobiles
铁路、船舶、航空航天和其他运输设备制造业	Manufacture of Railway, Watercraft, Aviation, Aerospace and Other Transport Equipment
电气机械和器材制造业	Manufacture of Electrical Machinery and Equipment
计算机、通信和其他电子设备制造业	Manufacture of Computers, Communication Equipment and Other Electronic Equipment
仪器、仪表制造业	Manufacture of Measuring Instruments
其他制造业	Others
废弃资源综合利用业	Comprehensive Utilization of Waste Resources
金属制品、机械和设备修理业	Metal Products, Machinery and Equipment Repair Industry
电力、燃气及水的生产和供应业	**Production and Supply of Electric Power, Gas and Water**
电力、热力的生产和供应业	Production and Supply of Electric Power and Heating Power
燃气生产和供应业	Production and Supply of Gas
水的生产和供应业	Production and Supply of Water

(continued)

(10 000 yuan)

总资产利润率 (%) Ratio of Profits to Total Assets(%)	主营收入利税率 (%) Profit-tax of Sales Revenue (%)	每百元资产实现的主营业务收入(元) Prime Operating Revenue of per 100 yuan Assets(yuan)	产成品存货周转天数(天) Turnover Days of Finished Goods Inventory(day)	应收账款平均回收期(天) Average Payback Period of Receivables(day)
4.89	10.52	85.96	11.60	22.80
7.97	74.70	92.54	31.00	5.10
5.51	6.00	91.92	15.30	43.60
10.05	4.04	305.16	7.80	26.00
6.50	19.14	54.79	26.40	8.50
15.96	21.90	73.53	119.40	
5.70	10.77	87.85	12.40	9.30
1.27	1.82	127.35	13.10	23.30
9.54	16.84	69.08	13.90	24.00
3.58	1.50	341.29	0.80	4.90
3.25	3.12	327.41	5.80	
0.67	2.99	69.19	13.40	17.30
10.13	27.41	60.84	31.40	52.40
2.27	5.70	65.90	21.20	28.50
6.92	11.07	95.47	9.00	56.20
0.07	3.79	21.85	11.10	26.90
4.67	9.96	72.07	8.80	5.40
1.77	4.33	89.81	23.00	46.30
-0.10	1.99	42.54	31.80	53.90
2.02	5.83	54.18	26.80	78.30
1.12	5.89	51.01	17.60	68.80
2.25	7.34	39.33	16.30	57.30
0.82	5.09	32.88	24.60	68.20
6.84	10.82	87.15	11.90	61.70
0.56	7.21	41.13	29.90	123.40
1.51	2.47	72.82	0.60	28.40
15.12	17.82	89.48	56.00	65.10
2.49	20.51	21.08	0.30	112.40
24.14	**58.84**	**43.94**	**0.30**	**8.50**
47.74	70.86	71.37		3.90
0.74	3.64	33.07	0.70	26.50
1.34	18.80	9.69	0.90	27.90

7-7 规模以上工业企业主要经济指标(2018年)

单位:万元

指　　标	Item
总　　计	**Total**
#国有控股企业	State Holding Enterprises
#非公有制工业	Non-public Industries
#高技术	Unprofitable Enterprises
按登记注册类型分	**By Status of Registration**
内资企业	Domestic-funded Enterprises
国有企业	State-owned Enterprises
集体企业	Collective-owned Enterprises
股份合作企业	Joint-equity Cooperative Enterprises
联营企业	Joint Ownership Enterprises
有限责任公司	Limited Liability Companies
股份有限公司	Companies Limited by Shares
私营企业	Private Enterprises
其他企业	Others
港、澳、台商投资企业	Enterprises with Funds from Hong Kong, Macao and Taiwan
外商投资企业	Foreign-funded Enterprises
按轻重工业分	**By Light & Heavy Industries**
轻工业	Light Industry
重工业	Heavy Industry
按企业规模分	**By Size of Enterprises**
大型企业	Large Enterprises
中型企业	Medium-sized Enterprises
小型企业	Small Enterprises
微型企业	Micro-sized Enterprises
按企业主营业务收入分	**By Revenue from Principal Business**
年收入在40亿元以上	Annual Income Above 4 billion yuan
年收入在20—40亿元	Annual Income Between 2 billion and 4 billion yuan
年收入在10—20亿元	Annual Income Between 1 billion and 2 billion yuan
年收入在1—10亿元	Annual Income Between 0. 1billion and 1 billion yuan
年收入在5000万—1亿元	Annual Income Between 50 million and 0. 1 billion yuan
年收入在5000万元以下	Annual Income Below 50 million yuan

Main Economic Indicators of Industrial Enterprises above Designated Size(2018)

(10 000 yuan)

企业数（个）Number of Enterprises(unit)	#亏损企业 Unprofitable Enterprises	全部从业人员年平均人数(人) Annual Average Employed Persons (person)	资产总计 Total Assets	流动资产合计 Total Current Assets	负债合计 Total Liabilities
772	**154**	**174920**	**34587503**	**17994668**	**22326952**
128	30	100333	22525127	10831365	15294097
636	124	73630	11982509	7108312	7012169
126	14	48304	6473018	3910262	2763785
733	**146**	**164569**	**32492066**	**16945768**	**21291352**
27	4	25106	5749884	3017422	2866558
3		285	23246	20049	6659
1		192	1387	507	705
339	80	80557	19107930	9565488	14436911
38	9	34697	5057523	2606975	2460924
323	53	23712	2545579	1730434	1514631
2		20	6517	4894	4963
19	5	3919	858238	397371	472569
20	3	6432	1237199	651529	563032
286	44	49921	7735743	5024287	3001047
486	110	124999	26851759	12970381	19325905
38	2	82588	18217222	8875043	11666577
85	24	41803	8377355	4514019	5916670
605	123	48974	7556746	4524349	4433025
44	5	1555	436180	81257	310681
6		27371	9892953	4261020	7394162
8		22235	3276364	1629327	1481239
21	2	18963	5644186	2830711	3617705
239	40	72761	11383064	6752395	7027961
137	28	14495	2216452	1185069	1473922
361	84	19095	2174483	1336146	1331963

7-7 续表 1

单位:万元

指 标	Item
按支柱、特色行业分	**By Pillar and Characteristic Industries**
贵阳市重点产业(行业)	**Pillar Industries**
磷煤化工	Phosphorus and Coal Chemical Industry
铝及铝化工	Aluminum and Its Chemical Industry
特色食品	Characteristic Food
烟草制品	Tobacco Products
医药制造业	Pharmaceutical Industry
装备制造业	Equipment Manufacturing Industry
#汽车制造业	Manufacture of Automobile
#电子信息设备制造业	Manufacture of Electronic Information Equipment
电力生产及供应业	Electricity Production and Supply Industry
橡胶及塑料制品业	Rubber and Plastic Products Industry
贵阳市产业园区	**Industrial Parks of Guiyang City**
南明临空经济区产业园	Nanming Airport Economic Zone
云岩产业园	Yunyan Industrial Park
花溪产业园	Huaxi Industrial Park
小河—孟关装备制造业生态工业园	Xiaohe-Mengguan Equipment Manufacturing Industry Eco-Industrial Park
乌当医药食品新型产业园	Wudang Food and Drug New Industrial Park
白云铝及铝加工工业基地	Baiyun Aluminum and Aluminum Processing Industrial Base
麦架—沙文高新技术产业园	Maijia-Shawen High-tech Industrial Park
贵阳综合保税区	Guiyang Comprehensive Bonded Area
观山湖电子商务和现代制造业产业园	Guanshanhu Electronic Commerce and Modern Manufacturing Industrial Park
开阳磷煤化工生态工业示范基地	Kaiyang Phosphorus and Coal Chemical Ecological Industries Demonstration Base
息烽磷煤化工生态工业基地	Xifeng Phosphorus and Coal Chemical Ecological Industries Base
修文产业园	Xiuwen Industrial Park
清镇经开区	Qingzhen Economic Development Zone
按工业行业分	**By Sector**
采矿业	**Mining**
煤炭开采和洗选业	Mining and Washing of Coal
有色金属矿采选业	Non-ferrous Metals Mining and Dressing
非金属矿采选业	Mining and Processing of Non-mental Ores
制造业	**Manufacturing**
农副食品加工业	Farm and Sideline Products Processing

(continued)

(10 000 yuan)

企业数(个) Number of Enterprises(unit)	#亏损企业 Unprofitable Enterprises	全部从业人员年平均人数(人) Annual Average Employed Persons (person)	资产总计 Total Assets	流动资产合计 Total Current Assets	负债合计 Total Liabilities
483	**102**	**132968**	**25853513**	**13152752**	**16630103**
29	10	19357	6513859	2401295	5372076
32	8	9253	2241097	905474	1596979
112	21	15136	1539579	984171	854553
3		4914	2168334	1614080	595424
63	5	16386	2658967	1671226	991413
195	47	54661	7368855	4775537	4316154
24	8	10294	1092018	582464	638641
39	6	8936	2038746	1802770	1513064
13	1	3627	2032843	104420	1986692
37	10	10565	1481086	758859	932190
630	**132**	**154665**	**30024169**	**16219077**	**19592355**
10		4621	583890	488014	208530
2		3824	560103	199275	158954
39	5	3905	755488	478857	393469
91	21	34647	5786239	4354761	3107082
69	11	15395	2173525	1305198	1026833
54	14	13781	1812690	1120237	1025090
60	11	12932	2226736	1148139	1096006
3		429	104409	93629	84017
13	8	6946	775041	249708	668318
65	12	20495	6884432	2454076	5537940
47	10	4501	527363	256251	451713
84	18	19213	4091578	2551680	2657146
93	22	13976	3742673	1519253	3177259
24	**6**	**6482**	**606692**	**233870**	**493090**
6	2	4746	412729	115553	402392
5	1	210	37909	11348	30821
13	3	1526	156055	106969	59877
723	**144**	**161082**	**29877627**	**16879242**	**18556011**
45	9	5329	320263	224605	162558

7-7 续表 2

单位:万元

指　　标	Item
食品制造业	Food Manufacturing
酒、饮料和精制茶制造业	Manufacture of Liquor, Beverages and Refined Tea
烟草制品业	Manufacture of Tobacco
纺织业	Manufacture of Textile
纺织服装、服饰业	Manufacture of Textiles and Garments
皮革、毛皮、羽毛及其制品和制鞋业	Manufacture of Leather, Fur, Feather and Related Products and Footwear
木材加工及木、竹、藤、棕、草制品业	Wood Processing and Manufacture of Wood, Bamboo, Rattan, Palm, and Straw Products
家具制造业	Manufacture of Furniture
造纸和纸制品业	Manufacture of Paper and Paper Products
印刷业和记录媒介复制业	Printing and Reproduction of Recording Media
文教、工美、体育和娱乐用品制造业	Manufacture of Articles for Culture, Education, Industrial Arts, Sports and Recreation
石油加工、炼焦和核燃料加工业	Petroleum Processing, Coking and Nuclear Fuel Processing
化学原料和化学制品制造业	Manufacture of Raw Chemical Materials and Chemical Products
医药制造业	Manufacture of Medicines
橡胶和塑料制品业	Manufacture of Rubber and Plastics
非金属矿物制品业	Manufacture of Non-metallic Mineral Products
黑色金属冶炼和压延加工业	Smelting and Calendering of Ferrous Metals
有色金属冶炼和压延加工业	Smelting and Calendering of Non-ferrous Metals
金属制品业	Manufacture of Metal Products
通用设备制造业	Manufacture of General Purpose Machinery
专用设备制造业	Manufacture of Special Purpose Machinery
汽车制造业	Manufacture of Automobile
铁路、船舶、航空航天和其他运输设备制造业	Manufacture of Railway, Watercraft, Aviation, Aerospace and Other Transport Equipment
电气机械和器材制造业	Manufacture of Electrical Machinery and Equipment
计算机、通信和其他电子设备制造业	Manufacture of Computers, Communication Equipment and Other Electronic Equipment
仪器、仪表制造业	Manufacture of Measuring Instruments
其他制造业	Others
废弃资源综合利用业	Comprehensive Utilization of Waste Resources
金属制品、机械和设备修理业	Metal Products, Machinery and Equipment Repair Industry
电力、燃气及水的生产和供应业	**Production and Supply of Electric Power, Gas and Water**
电力、热力的生产和供应业	Production and Supply of Electric Power and Heating Power
燃气生产和供应业	Production and Supply of Gas
水的生产和供应业	Production and Supply of Water

(continued)

(10 000 yuan)

企业数(个) Number of Enterprises(unit)	#亏损企业 Unprofitable Enterprises	全部从业人员年平均人数(人) Annual Average Employed Persons (person)	资产总计 Total Assets	流动资产合计 Total Current Assets	负债合计 Total Liabilities
27	2	5898	751590	543448	423053
40	10	3909	467726	216118	268942
3		4914	2168334	1614080	595424
1		50	2186	1492	107
3		75	5986	4187	3383
2		1129	102995	87868	23785
1		28	572	572	161
8	1	708	88296	33358	37980
10	3	1031	68093	45571	49984
21	1	2540	277662	147768	87007
5	1	197	11907	6038	6976
4	1	222	69374	46007	49275
49	14	21641	7080074	2648442	6048466
63	5	16386	2658967	1671226	991413
37	10	10565	1481086	758859	932190
145	29	11812	1723761	1019531	1216812
9	2	3026	1966539	1378071	1339928
19	5	7194	2075798	812393	1436158
34	7	5616	643421	410967	403350
41	12	5879	630351	398405	364590
30	10	4159	500317	372438	317747
24	8	10294	1092018	582464	638641
17	1	18670	2378603	1182559	1146249
44	10	4158	1709651	1467691	1279670
27	2	12218	1166300	913962	488678
9	1	1603	174606	117828	97406
2		1660	230014	159364	127667
2		104	9581	6858	4958
1		67	21557	7071	13456
25	**4**	**7356**	**4103184**	**881557**	**3277851**
13	1	3627	2032843	104420	1986692
4	1	1586	655821	200682	409638
8	2	2143	1414520	576454	881521

7-7 续表 3

单位:万元

指　　标	Item
总　　计	**Total**
#亏损企业	Unprofitable Enterprises
#国有控股企业	State Holding Enterprises
#非公有制工业	Non-public Industries
#高技术	High-tech
按登记注册类型分	**By Status of Registration**
内资企业	**Domestic-funded Enterprises**
国有企业	State-owned Enterprises
集体企业	Cllective-owned Enterprises
股份合作企业	Joint-equity Cooperative Enterprises
联营企业	Joint Owership Enterprises
有限责任公司	Limited Liability Companies
股份有限公司	Companies Limited by Shares
私营企业	Private Enterprises
其他企业	Others
港、澳、台商投资企业	**Enterprises with Funds from Hong Kong,Macao and Taiwan**
外商投资企业	**Foreign-funded Enterprises**
按轻重工业分	**By Light & Heavy Industries**
轻工业	Light Industry
重工业	Heavy Industry
按企业规模分	**By Size of Enterprises**
大型企业	Large Enterprises
中型企业	Medium-sized Enterprises
小型企业	Small Enterprises
微型企业	Micro-sized Enterprises
按企业主营业务收入分	**By Revenue from Principal Business**
年收入在 40 亿元以上	Annual Income Above 4 billion yuan
年收入在 20—40 亿元	Annual Income Between 2 billion and 4 billion yuan
年收入在 10—20 亿元	Annual Income Between 1 billion and 2 billion yuan
年收入在 1—10 亿元	Annual Income Between 0. 1billion and 1 billion yuan
年收入在 5000 万—1 亿元	Annual Income Between 50 million and 0. 1 billion yuan
年收入在 5000 万元以下	Annual Income Below 50 million yuan

(continued)

(10 000 yuan)

主营业务收入 Revenue from Principal Business	主营业务成本 Cost of Principal Business	营业税金及附加 Business Taxes and Surcharges	利润总额 Total Profits	亏损企业亏损总额 Total Losses	利税总额 Total Profits and Taxes
21605190	**15451468**	**1239940**	**2106904**	**148567**	**4123119**
13315936	9153517	1165021	1530733	78546	3192004
8190760	6223750	74260	568912	70021	918673
3719036	2199693	34001	402720	8533	624802
20526217	**14702032**	**1228812**	**1987254**	**144975**	**3946443**
4144019	1464402	1098565	1200672	3850	2597277
51838	49950	59	1681		2210
5936	5381	60	166		478
11059047	9049746	90364	439403	107201	790946
2560818	1890935	20179	197909	16179	327518
2685623	2226682	19355	145808	17745	226147
18936	14937	230	1616		1868
453594	**330964**	**3207**	**56770**	**2544**	**75852**
625379	**418472**	**7921**	**62880**	**1047**	**100824**
6368858	3332575	1134785	645956	23966	2230010
15236332	12118893	105155	1460948	124601	1893109
11287798	7333282	1150718	1384579	2837	2977032
4813628	3700537	38611	423808	75187	644012
5211483	4186030	48245	262266	68276	450788
292282	231619	2367	36251	2267	51287
8088632	4978953	1123979	1193105		2619492
2258991	1871630	12492	164747		244725
2909174	2299706	18974	164107	43171	306691
6478928	4751447	64162	546298	44801	849942
974806	837175	9193	18722	29208	51654
894659	712557	11140	19925	31386	50616

7-7 续表4

单位:万元

指 标	Item
按支柱、特色行业分	**By Pillar and Characteristic Industries**
贵阳市重点产业(行业)	**Pillar Industries**
磷煤化工	Phosphorus and Coal Chemical Industry
铝及铝化工	Aluminum and Its Chemical Industry
特色食品	Characteristic Food
烟草制品	Tobacco Products
医药制造业	Pharmaceutical Industry
装备制造业	Equipment Manufacturing Industry
#汽车制造业	Manufacture of Automobile
#电子信息设备制造业	Manufacture of Electronic Information Equipment
电力生产及供应业	Electricity Production and Supply Industry
橡胶及塑料制品业	Rubber and Plastic Products Industry
贵阳市产业园区	**Industrial Parks of Guiyang City**
南明临空经济区产业园	Nanming Airport Economic Zone
云岩产业园	Yunyan Industrial Park
花溪产业园	Huaxi Industrial Park
小河—孟关装备制造业生态工业园	Xiaohe-Mengguan Equipment Manufacturing Industry Eco-Industrial Park
乌当医药食品新型产业园	Wudang Food and Drug New Industrial Park
白云铝及铝加工工业基地	Baiyun Aluminum and Aluminum Processing Industrial Base
麦架—沙文高新技术产业园	Maijia-Shawen High-tech Industrial Park
贵阳综合保税区	Guiyang Comprehensive Bonded Area
观山湖电子商务和现代制造业产业园	Guanshanhu Electronic Commerce and Modern Manufacturing Industrial Park
开阳磷煤化工生态工业示范基地	Kaiyang Phosphorus and Coal Chemical Ecological Industries Demonstration Base
息烽磷煤化工生态工业基地	Xifeng Phosphorus and Coal Chemical Ecological Industries Base
修文产业园	Xiuwen Industrial Park
清镇经开区	Qingzhen Economic Development Zone
按工业行业分	**By Sector**
采矿业	**Mining**
煤炭开采和洗选业	Mining and Washing of Coal
有色金属矿采选业	Non-ferrous Metals Mining and Dressing
非金属矿采选业	Mining and Processing of Non-mental Ores
制造业	**Manufacturing**
农副食品加工业	Farm and Sideline Products Processing

(continued)

(10 000 yuan)

主营业务收入 Revenue from Principal Business	主营业务成本 Cost of Principal Business	营业税金及附加 Business Taxes and Surcharges	利润总额 Total Profits	亏损企业亏损总额 Total Losses	利税总额 Total Profits and Taxes
17259299	**1187076**	**1204455**	**1820449**	**114396**	**3690213**
4634843	3981091	37821	31392	10467	127541
1614393	1431424	5951	96712	4748	150912
1580738	1276762	14538	132584	10898	179256
2006613	527881	1089087	172737		1499007
1617586	552498	23190	269408	2324	443359
3516310	2929929	19768	118912	35784	215613
557050	477145	3795	12251	13347	32830
982715	825708	5696	29637	7296	59925
1450878	467155	8592	970577	42128	1028081
975997	828447	5975	33657	8047	55648
18682812	**13904522**	**1220151**	**976260**	**139190**	**2877328**
601300	426911	4750	94304		124830
198797	45542	6619	16049		49222
681238	535266	5791	59516	4354	94774
4161191	2337012	1099087	279875	16957	1642878
1135299	604700	12085	118623	11934	204541
1540626	1383864	8549	42727	7669	97098
1090854	872856	5225	44120	3910	68689
98678	93152	27	4335		4362
238219	204538	3989	-5857	8846	5910
4690153	3991142	39512	62242	7100	170111
424504	334798	3147	9989	4695	21822
1611651	1275317	14037	66754	9907	126131
2210303	1799425	17333	183582	63819	266958
191535	**132368**	**9110**	**12201**	**3963**	**36167**
99829	70782	3876	461	971	12334
15343	14657	277	-621	667	-243
76363	46930	4957	12361	2325	24076
19609173	**14584292**	**1220567**	**1100385**	**97925**	**3025214**
530750	475868	1480	15781	1773	20322

7-7 续表5

单位:万元

指　　标	Item
食品制造业	Food Manufacturing
酒、饮料和精制茶制造业	Manufacture of Liquor, Beverages and Refined Tea
烟草制品业	Manufacture of Tobacco
纺织业	Manufacture of Textile
纺织服装、服饰业	Manufacture of Textiles and Garments
皮革、毛皮、羽毛及其制品和制鞋业	Manufacture of Leather, Fur, Feather and Related Products and Footwear
木材加工及木、竹、藤、棕、草制品业	Wood Processing and Manufacture of Wood, Bamboo, Rattan, Palm, and Straw Products
家具制造业	Manufacture of Furniture
造纸和纸制品业	Manufacture of Paper and Paper Products
印刷业和记录媒介复制业	Printing and Reproduction of Recording Media
文教、工美、体育和娱乐用品制造业	Manufacture of Articles for Culture, Education, Industrial Arts, Sports and Recreation
石油加工、炼焦和核燃料加工业	Petroleum Processing, Coking and Nuclear Fuel Processing
化学原料和化学制品制造业	Manufacture of Raw Chemical Materials and Chemical Products
医药制造业	Manufacture of Medicines
橡胶和塑料制品业	Manufacture of Rubber and Plastics
非金属矿物制品业	Manufacture of Non-metallic Mineral Products
黑色金属冶炼和压延加工业	Smelting and Calendering of Ferrous Metals
有色金属冶炼和压延加工业	Smelting and Calendering of Non-ferrous Metals
金属制品业	Manufacture of Metal Products
通用设备制造业	Manufacture of General Purpose Machinery
专用设备制造业	Manufacture of Special Purpose Machinery
汽车制造业	Manufacture of Automobile
铁路、船舶、航空航天和其他运输设备制造业	Manufacture of Railway, Watercraft, Aviation, Aerospace and Other Transport Equipment
电气机械和器材制造业	Manufacture of Electrical Machinery and Equipment
计算机、通信和其他电子设备制造业	Manufacture of Computers, Communication Equipment and OtherElectronic Equipment
仪器、仪表制造业	Manufacture of Measuring Instruments
其他制造业	Others
废弃资源综合利用业	Comprehensive Utilization of Waste Resources
金属制品、机械和设备修理业	Metal Products, Machinery and Equipment Repair Industry
电力、燃气及水的生产和供应业	**Production and Supply of Electric Power, Gas and Water**
电力、热力的生产和供应业	Production and Supply of Electric Power and Heating Power
燃气生产和供应业	Production and Supply of Gas
水的生产和供应业	Production and Supply of Water

(continued)

(10 000 yuan)

主营业务收入 Revenue from Principal Business	主营业务成本 Cost of Principal Business	营业税金及附加 Business Taxes and Surcharges	利润总额 Total Profits	亏损企业亏损总额 Total Losses	利税总额 Total Profits and Taxes
647949	491224	4233	93932	247	116623
402039	309670	8824	22870	8878	42312
2006613	527881	1089087	172737		1499007
2009	1507		121		121
18266	17276	80	602		738
56427	43806	906	6693		10800
421	243	1	91		92
77565	60634	499	5031	14	8355
86719	81057	200	866	372	1578
191800	149608	1262	26478	401	32304
40638	38197	51	426	316	609
26116	22832	515	11	337	815
4890172	4176080	37574	46696	19125	146375
1617586	552498	23190	269408	2324	443359
975997	828447	5975	33657	8047	55648
1650134	1387214	15543	118941	15164	182672
422938	396167	2879	1319	57	16014
1493832	1319544	5084	97351	3441	148832
576759	521797	3604	10808	5851	24957
269659	236039	1471	-146	5655	5360
264459	197163	1877	9513	2628	15405
557050	477145	3795	12251	13347	32830
935428	753198	2883	53493	381	68615
564921	494928	2356	14137	6307	28754
1016398	777356	6156	79743	1330	109926
75414	56971	653	1079	1931	5441
197998	181871	136	4512		4893
8573	5033	75	1449		1527
4545	3038	177	536		932
1804483	**734808**	**10263**	**994318**	**46678**	**1061738**
1450878	467155	8592	970577	42128	1028081
216584	189592	728	4829	876	7893
137021	78061	944	18913	3674	25764

7-8 规模以上工业企业主要产品产销情况(2018年)
Statistics on Output and Sales of Major Products of Industrial Enterprises above Designated Size(2018)

产品名称		Item		生产量 Output	销售量 Sales Volume	企业自用及其他 For Their Own or Other Use	产销率(%) Sales-output Ratio (%)
精制食用植物油	(吨)	Refined Edible Vegetable Oil	(ton)	70039	69980		99.9
乳制品	(吨)	Dairy Products	(ton)	112642	109489	2553	99.5
白　酒(折65度.商品量)	(千升)	White Liquor (65 degree/commodity amount)	(kiloliter)	4370	4600	62	106.7
软饮料	(吨)	Soft Drink	(ton)	2332952	2375143	1491	101.9
卷　烟	(万支)	Cigarettes	(10 000 pieces)	10757854	10746172	11302	100.0
服　装	(万件)	Costume	(10 000 pieces)	20	46		235.0
硫　酸(折100%)	(吨)	Sulfuric Acid(100%)	(ton)	5992681		5982714	99.8
合成氨(无水氨)	(吨)	Synthetic Ammonia (anhydrous ammonia)	(ton)	452497	438128	11452	99.4
农用氮、磷、钾化学肥料总计(折纯)	(吨)	Chemical Fertilizers (covert to pure)	(ton)	3765041	3677551	71517	99.6
氮肥(折含N100%)	(吨)	Nitrogen Fertilizers (include 100% N)	(ton)	1032861	973624	50228	99.1
磷　肥(折五氧化二磷100%)	(吨)	Phosphate Fertilizers (include 100% phosphorus pentoxide)	(ton)	2732180	2703926	21288	99.7
涂　料	(吨)	Coating Material	(ton)	6453	6299		97.6
初级形态的塑料	(吨)	Primary Plastics	(ton)	56424	56424		100.0
橡胶轮胎外胎	(吨)	Rubber Cover Tyre	(tire)	5683690	5624968		99.0
塑料制品	(吨)	Plastic Products	(ton)	312884	310593		99.3
水　泥	(吨)	Cement	(ton)	11604299	11470423	1900	98.9
生　铁	(吨)	Pig Iron	(ton)	51659	40451	9322	96.3
粗　钢	(吨)	Crude Steel	(ton)	542936	15282	529652	100.4
钢　材	(吨)	Steel	(ton)	842045	843725		100.2
氧化铝	(吨)	Aluminium Oxide	(ton)	2132499	2148433		100.7
原　铝	(吨)	VirginAluminum	(ton)	387609	379805	1629	98.4
金属切削机床	(台)	Metal-cuttingMachineTool	(set)	368	404		109.8
电子计算机整机	(台)	Complete Electronic Computer	(set)	23996	29705		123.8
彩色电视机	(台)	Color TV Sets	(set)	1235207	1239676		100.4
集成电路	(万块)	Integrated Circuits	(10 000 units)	525	510		97.3

7-9 产业园区情况
Basic Statistics on Industrial Parks

指 标	Item	2018 年占比(%) Proportion of 2018(%)	2018 年比 2017 年增长(%) Growth Rate in 2018 over 2017(%)
规模以上增加值	**Added Value of Enterprises above Designated Size**	**100.00**	**7.4**
贵阳市产业园区	Industrial Parks	87.68	7.5
南明临空经济区产业园	Nanming Airport Economic Zone	4.38	21.1
云岩产业园	Yunyan Industrial Park	1.29	-22.2
花溪产业园	Huaxi Industrial Park	2.71	11.7
小河—孟关装备制造业生态工业园	Xiaohe—Mengguan Equipment Manufacturing Industry Eco-Industrial Park	33.39	12.6
乌当医药食品新型产业园	Wudang Food and Drug New Industrial Park	5.62	2.1
白云铝及铝加工工业基地	Baiyun Aluminum and Aluminum Processing Industrial Base	6.07	-25.2
麦架—沙文高新技术产业园	Maijia-Shawen High-tech Industrial Park	4.13	22.3
贵阳综合保税区	Guiyang Comprehensive Bonded Area	0.15	193.9
观山湖电子商务和现代制造业产业园	Guanshanhu Electronic Commerce and Modern Manufacturing Industrial Park	0.82	82.4
开阳磷煤化工生态工业示范基地	Kaiyang Phosphorus and Coal Chemical Ecological Industries Demonstration Base	9.81	0.9
息烽磷煤化工生态工业基地	Xifeng Phosphorus and Coal Chemical Ecological Industries Base	1.89	0.1
修文产业园	Xiuwen Industrial Park	6.73	9.2
清镇经开区	Qingzhen Economic Development Zone	10.68	19.9
规模以上总产值	**Total Output Value of Enterprises above Designated Size**		**5.3**
贵阳市产业园区	Industrial Parks	86.14	4.9
南明临空经济区产业园	Nanming Airport Economic Zone	4.09	20.9
云岩产业园	Yunyan Industrial Park	0.93	-20.9
花溪产业园	Huaxi Industrial Park	3.35	4.7
小河—孟关装备制造业生态工业园	Xiaohe-Mengguan Equipment Manufacturing Industry Eco-Industrial Park	21.88	14.0
乌当医药食品新型产业园	Wudang Food and Drug New Industrial Park	6.12	-1.7
白云铝及铝加工工业基地	Baiyun Aluminum and Aluminum Processing Industrial Base	7.53	-28.9
麦架—沙文高新技术产业园	Maijia-Shawen High-tech Industrial Park	5.00	22.5
贵阳综合保税区	Guiyang Comprehensive Bonded Area	0.44	226.1
观山湖电子商务和现代制造业产业园	Guanshanhu Electronic Commerce and Modern Manufacturing Industrial Park	1.28	59.0
开阳磷煤化工生态工业示范基地	Kaiyang Phosphorus and Coal Chemical Ecological Industries Demonstration Base	12.87	-0.2
息烽磷煤化工生态工业基地	Xifeng Phosphorus and Coal Chemical Ecological Industries Base	2.52	-4.3
修文产业园	Xiuwen Industrial Park	9.17	6.2
清镇经开区	Qingzhen Economic Development Zone	10.96	19.7

主要统计指标解释

工 业 指从事自然资源的开采,对采掘品和农产品进行加工和再加工的物质生产部门。具体包括:(1)对自然资源的开采,如采矿、晒盐等(但不包括禽兽捕猎和水产捕捞);(2)对农副产品的加工、再加工,如粮油加工、食品加工、缫丝、纺织、制革等;(3)对采掘品的加工、再加工,如炼铁、炼钢、化工生产、石油加工、机器制造、木材加工等,以及电力、自来水、煤气的生产和供应等;(4)对工业品的修理、翻新,如机器设备的修理、交通运输工具(包括小卧车)的修理等。

工业统计调查单位为独立核算法人工业企业。

独立核算法人工业企业 指从事工业生产经营活动的单位。独立核算法人工业企业应同时具备以下条件:①依法成立,有自己的名称、组织机构和场所,能够承担民事责任;②独立拥有和使用资产,承担负债,有权与其他单位签订合同;③独立核算盈亏,并能够编制资产负债表。

国有及国有控股企业 指国有企业加上国有控股企业。国有企业(即原全民所有制工业或国营工业)指企业全部资产归国家所有,并按《中华人民共和国企业法人登记管理条例》规定登记注册的非公司制的经济组织。包括国有企业、国有独资公司和国有联营企业。1957年以前的公私合营和私营工业,后均改造为国营工业,1992年改为国有工业,这部分工业的资料不单独分列时,均包括在国有企业内。国有控股企业是对混合所有制经济的企业进行的国有控股分类。它是指这些企业的全部资产中国有资产(股份)相对其他所有者中的任何一个所有者占资(股)最多的企业。该分组反映了国有经济控股情况。

轻工业 指主要提供生活消费品和制作手工工具的工业。按其所使用的原料不同,可分为两大类:(1)以农产品为原料的轻工业,是指直接或间接以农产品为基本原料的轻工业。主要包括食品制造、饮料制造、烟草加工、纺织、缝纫、皮革和毛皮制作、造纸以及印刷等工业;(2)以非农产品为原料的轻工业,是指以工业品为原料的轻工业。主要包括文教体育用品、化学药品制造、合成纤维制造、日用玻璃制品、日用金属制品、手工工具制造、医疗器械制造、文化和办公用机械制造等工业。

重工业 指为国民经济各部门提供物质技术基础的主要生产资料的工业。按其生产性质和产品用途,可以分为下列三类:(1)采掘(伐)工业,是指对自然资源的开采,包括石油开采、煤炭开采、金属矿开采、非金属矿开采等工业;(2)原材料工业,指向国民经济各部门提供基本材料、动力和燃料的工业。包括金属冶炼及加工、炼焦及焦炭、化学、化工原料、水泥、人造板以及电力、石油和煤炭加工等工业;(3)加工工业,是指对工业原材料进行再加工制造的工业。包括装备国民经济各部门的机械设备制造工业、金属结构、水泥制品等工业,以及为农业提供的生产资料如化肥、农药等工业。

工业总产值

(1)定义:工业总产值是以货币形式表现的,工业企业在一定时期内生产的工业最终产品或提供工业性劳务活动的总价值量。它反映一定时间内工业生产的总规模和总水平。

(2)计算原则:

工业生产的原则 即凡是企业在报告期生产的经检验合格的产品,不管是否在报告期销售,均包括在内。

最终产品的原则 即凡是计入工业总产值的产品,必须是本企业生产的经检验合格的,不需要再进行任何加工的最终产品。如果企业有中间产品(半成品)对外销售,则对外销售的中间产品应视为企业的最终产品。

工厂法原则 即工业总产值是以工业企业作为基本计算(核算)单位,即按企业的最终产品计算工业总产值。按这种方法计算的工业总产值,不允许同一产品价值在企业内部重复计算,不能把企业内部各个车间(分厂)生产的成果相加,但允许企业间的重复计算。

(3)内容及计算方法:包括三项内容:即本期生产成品价值、对外加工费收入、在制品半成品期末期初差额价值三部分。

本期生产成品价值 指企业本期生产,并在报告期内不再进行加工,经检验、包装入库的全部工业成品(半产品)价值合计,包括企业生产的自制设备及提供给本企业在建工程、其他非工业部门和福利部门等单位使用的成品价值。本期生产成品价值为按自备原材料生产的产品的数量乘以本期不含增值税(销项税额)的产品实际销售平均单价计算;会计核算中按成本价格转帐的自制设备和自产自用的成品,按成本价格计算生产成品价值。生产成品价值中不包括用定货者来料加工的成品(半产品)价值。

对外加工费收入 指企业在报告期内完成的对外承接的工业品加工(包括用定货者来料加工产品)的加工费收入和对外工业修理作业所取得的加工费收入。对外加工费收入按不含增值税(销项税额)的价格计算,可根据会计产品销售收入科目的有关资料取得。

对于本企业对内非工业部门提供的加工修理、设备安装的劳务收入,如果企业会计核算基础较好,能取得这部分资料,而且这部分价值所占比重较大,应包括在对外加工费收入中。

自制半成品在制品期末期初差额价值 指企业报告期在制品期末减期初的差额价值,本指标一般可以从会计核算资料中取得。如果会计产品成本核算中不计算半成品、在制品的成本,则总产值中也不包括这部分价值,反之则包括。

(4)工业总产值计算的几种具体规定:

①凡自备原材料(包括自备零部件)生产,不论其加工繁简程度如何,一律按全价,即包括自备原材料的价值,计算工业总产值。

②凡来料加工,加工企业只收取加工费,则加工企业一律按财务上结算的加工费计算工业总产值,即不包括定货者来料的价值。一般分两种情况:a、工业企业之间的来料加工,加工企业(即承包单位)按财务上结算的加工费计算工业总产值;委托加工的企业(即发包单位)按全价计算工业总产值。b、工业企业与非工业企业之间的来料加工,当工业企业作为加工企业时一律按加工费计算工业总产值。

工业增加值 指工业企业在报告期内以货币表现的工业生产活动的最终成果。

工业增加值有两种计算方法:一是生产法,即工业总产出减去工业中间投入加上应交增值税;二是收入法,即从收入的角度出发,根据生产要素在生产过程中应得到的收入份额计算,具体构成项目有固定资产折旧、劳动者报酬、生产税净额、营业盈余,这种方法也称要素分配法。本年鉴中的工业增加值是以生产法计算的。

生产法工业增加值的计算方法为:

工业增加值=工业总产出-工业中间投入+应交增值税

(1)工业总产出 指工业企业在一定时期内工业生产活动的总成果。工业总产出包括:成品生产价值,对外加工费收入,自制半成品、在产品期末期初差额价值。1995年后用新规定计算的工业总产值代替。

(2)工业中间投入 指工业企业在工业生产活动中消耗的外购物质产品和对外支付的服务费用。服务费用包括支付给物质生产部门(工业、农业、批发零售贸易业、建筑业、运输邮电业)的服务费用和支付给非物质生产部门(如保险、金融、文化教育、科学研究、医疗卫生、行政管理等)的服务费用。工业中间投入的确定须遵循以下原则:必须从外部购入的,并已计入工业总产出的产品和服务价值;必须是本期投入生产,并一次性消耗掉(包括本期摊销的低值易耗品等)的产品和服务价值。

工业中间投入包括直接材料费用、制造费用中的工业中间投入、管理费用中的工业中间投入、销售费用中的工业中间投入和利息支出五部分。

现行调查方案工业增加值及增加值率均采用收入法计算。

收入法工业增加值=本年折旧+劳动者报酬+生产税净额+营业盈余

(1)固定资产折旧 是一定时期内工业企业为弥补固定资产损耗,按照核定的固定资产折旧率提取的折旧额,反映固定资产在当期生产中转移价值。

(2)劳动者报酬 是指工业企业的劳动者因从事生产活动所获得的全部报酬,包括劳动者获得的各种形式的工资、奖金和津贴,既包括货币形式的,也包括实物形式的,还包括劳动者所享受的公费医疗和医药卫生费、上下班交通补贴、单位交付的社会保险费、住房公积金等。

(3)生产税净额　是指工业企业的生产税减生产补贴后的余额。

(4)营业盈余　是指工业企业创造的增加值扣除劳动者报酬、生产税净额和固定资产折旧后的余额。

资产总计　指企业拥有或控制的能以货币计量的经济资源,包括各种财产、债权和其他权利。资产按流动性分为流动资产、长期投资、固定资产、无形资产、递延资产和其他资产。该指标根据企业会计“资产负债表”中“资产总计”项目的期末数增列。

负债合计　指企业过去的交易或者事项形成的,预期会导致经济利益流出企业的现时义务。所有者权益合计 指企业资产扣除负债后,由所有者享有的剩余权益。包括实收资本、资本公积、盈余公积、未分配利润等。**主营业务收入**　指企业确认的销售商品、提供劳务等主营业务的收入。

主营业务成本　指企业经营主要业务所发生的成本总额。

主营业务税金及附加　指企业经营主要业务应负担的营业税、消费税、城市维护建设税、教育费附加等。

利润总额　指企业生产经营活动的最终成果,是企业在一定时期内实现的盈亏相抵后的利润总额(亏损以-号表示),它等于营业利润加上补贴收入加上投资收益加上营业外净收入再加上以前年度损益调整。

本年应交增值税　指企业在报告期内应交纳的增值税额。它等于本年销项税额加上出口退税加上进项税额转出数减去本年进项税额。小规模纳税企业直接按全年计税销售额乘以征收率计算取得。

年末从业人员平均人数　从业人员是指在企业工作并取得劳动报酬的全部人员数。包括在岗职工、再就业的离退休人员、民办教师及在企业工作的外方人员和港澳台方人员、兼职人员、借用的外单位人员和第二职业者。不包括离开本单位但仍保留劳动关系的职工。

总资产贡献率　反映企业全部资产的获利能力,是企业经营业绩和管理水平的集中体现,是评价和考核企业盈利能力的核心指标。

计算公式为:

总资产贡献率(%)=(利润总额+税金总额+利息支出)/平均资金总额×100%

公式中:税金总额为产品销售税金及附加与应交增值税之和;平均资产总额为期初期末资产之和的算术平均值。

资产负债率　该指标既反映企业经营风险的大小,也反映企业利用债权人提供的资金从事经营活动的能力。

计算公式为:

资产负债率(%)=负债总额/资产总额×100%

资产与负债均为报告期期末数。

流动资产周转次数　指一定时期内流动资产完成的周转次数,反映投入工业企业流动资金的周转速度。

计算公式为:

流动资产周转次数=产品销售收入/全部流动资产平均余额

公式中:全部流动资产平均余额为期初和期末的流动资产之和的算术平均值。

成本费用利润率　反映企业投入的生产成本及费用的经济效益,同时也反映企业降低成本所取得的经济效益。

计算公式为:

成本费用利润(%)=利润总额/成本费用总额×100%

公式中:成本费用总额为产品销售成本、销售费用、管理费用、财务费用之和。

全员劳动生产率　指根据产品的价值量指标计算的平均每一个从业人员在单位时间内的产品生产量。是考核企业经济活动的重要指标,是企业生产技术水平、经营管理水平、职工技术熟练程度和劳动积极性的综合表现。目前我国的全员劳动生产率是将工业企业的工业增加值除以同一时期全部从业人员的平均人数来计算的。计算公式为:

全员劳动生产率=工业增加值/全部从业人员平均人数

高技术工业 是指国民经济行业中R&D投入强度相对较高的制造业行业,包括医药制造、航空、航天器及设备制造,电子及通讯设备制造,计算机及办公设备制造,医疗仪器设备及仪器仪表制造,信息化产品制造等6大类。

Explanatory Notes on Main Statistical Indicators

Industry refers to the material production sector which engages in exploitation of natural resources as well as processing and reprocessing of extractive and agricultural products, including (1) exploitation of natural resources such as mining and evaporating brine in the sun to make salt (excluding hunting and fishing); (2) processing and reprocessing of farm and sideline products such as cereals and oils processing, food processing, silk reeling, spinning and weaving, textile processing as well as leather making; (3) processing and reprocessing of mining products such as iron smelting, steelmaking, chemicals manufacturing, petroleum processing, machine building and timber processing as well as production and supply of electricity, water and gas; (4) maintenance and renovation of industrial products such as maintenance of machinery and means of transportation (including small-sized sleeping cars).

In industrial statistics surveys, the units of investigation are industrial enterprises with independent accounting systems.

Industrial Enterprises with Independent Accounting Systems refer to enterprises engaging in industrial production and operating activities and they simultaneously meet the following requirements: (1) being enterprises established by law, owing exclusive names, organizations and sites and being capable of bearing civil liabilities; (2) possessing and utilizing assets independently, assuming liabilities, and having the right to sign contracts with other units; (3) being financially independent and capable of compiling balance sheets.

State-owned and State-holding Enterprises refer to state-owned enterprises plus State-holding enterprises. State-owned enterprises (originally known as State-run enterprises with ownership by the whole society or state -operated industry) refer to non-corporate economic entities registered in accordance with the *Regulation of the People's Republic of China on the Management of Registration of Legal Enterprises* and their total assets are owned by the State. Included in this category are State-owned enterprises, State-funded corporations and State-owned joint ownership enterprises. Joint State-private industries and private industries, which existed before 1957, were transformed into state-run industries since 1957 and into State-owned industries after 1992. Statistics on those enterprises are included in the state-owned industries when they are not filed separately. State-holding enterprises are classified as one branch of enterprises with mixed ownership under the title of state-owned holding and they referring to enterprises where the proportion of state assets (or shares of the state) is larger than any other single share holder of the same enterprises. This sub-classification illustrates the state's control over state-owned economy.

Light Industry refers to the industry that produces consumer goods and hand tools. It consists of two categories, depending on the raw materials used:

(1) Industries using farm products as raw materials. They are branches of light industry which directly or indirectly use farm products as basic raw materials, including the manufacture of food and beverages, tobacco processing, spinning and weaving, sewing, fur and leather manufacturing, paper making, printing, etc.

(2) Industries using non-farm products as raw materials. These are branches of light industry which use manufactured goods as raw materials, including manufacture of cultural, educational and sports articles, chemicals, synthetic fiber, glass products for daily use, metal products for daily use, hand tools, medical apparatus and instruments as well as manufacture of cultural and clerical machinery.

Heavy Industry refers to the industry, producing main capital goods, which provides a material and technological foundation for various sectors of the national economy. And it falls into three categories according to the feature of production and the usage of products:

(1) Extractive industry or logging industry refers to the industry that extracts natural resources such as extrac-

tion of petroleum, coal, metal and non-metal ores etc.

(2) Raw materials industry refers to the industry that provides various sectors of the national economy with basic materials, power, and fuels. Included in this category are smelting and calendaring of metals, coking and coke chemistry, chemical industry and chemical raw materials, cement and artificial boards as well as other industries like power industry, petroleum refining and coal processing.

(3) Manufacturing industry refers to the industry that reprocesses industrial raw materials, including mechanical equipments manufacturing industry which equips sectors of the national economy, industries of metal structure and cement products, industries providing means of production for agriculture such as chemical fertilizers and pesticides.

Gross Industrial Output Value

(1) Definition Gross Industrial Output Value refers to the total value of industrial products sold or industrial services provided in monetary terms in the given period. It reflects the overall scale and aggregate level of industrial production in the given period.

(2) Principles of calculation:

Principle of Calculating Industrial Products refers to all products, if produced by enterprises and verified to meet designated standards during the reference period, whether they are sold or not during the reference period their value shall be added to gross industrial output value.

Principle of Checking Final Products refers to all products that are included in the calculation of gross industrial output value are final products of enterprises which have been verified to meet designated standards and required no further processing. If an enterprise has intermediate (semi-finished) products to sell, these intermediate products shall be considered as the final products of the enterprise.

Principle of Factory Approach refers to industrial enterprise shall be used as the basic accounting unit in calculating the gross industrial output value. By this approach, value of the same product shall not be double counted and the output value of different workshops (branch factories) shall not be added together. However, this approach does not exclude the possibility of double counting among enterprises.

(3) Content and Calculating Method Three parts are included: value of current finished products, income from outward processing as well as the change of value in semi-finished and finished products between the end and the beginning of the reference period.

Value of Current Finished Products refers to the total value of all finished (semi-finished) industrial products, including the value of self-made equipments as well as the value of products provided for the same enterprise′s projects under construction and for other non-industrial or welfare units. And those products are produced during the reference period that are verified to meet designated standards, without the need for further processing, packed and put into the warehouse of enterprises. Value of current finished products is calculated at the product of average actual selling unit prices of products sold during the reference period, excluding value-added tax (substituted money on value-added tax), and the quantity of products produced with own materials during the reference period. Own-produced equipments and products produced for own usage is valued at cost prices as in the case of enterprise accounting. Value of current finished products does not include the value of finished products (semi-finished products) that are produced using the materials from the clients who make the orders.

Income from Outward Processing refers to income from contracted processing of industrial products (including processing of industrial products using materials from clients) and income from industrial repairing work provided to other units. Income from outward processing can be calculated at statistics titled sales revenue from relative accounting information, if not calculated at prices excluding value-added tax (substituted money on value-added tax).

For income from services such as processing, repairing and installation of equipment provided to non-industrial units within the enterprise, if the accounting information of the enterprise is good enough and accessible and the value of such services account for a major proportion in the gross industrial output value, it shall also be included in the income from outward processing.

Change of Value in Finished and Semi-finished Products between the End and the Beginning of the Reference Period refers to the gap of value in finished and semi-finished products between the end and the beginning of the reference period, whose indicators generally can be obtained from accounting records of enterprises. If enterprise accounting excludes the cost of semi-finished products and products being processed, then the value of those products shall not be included in the gross industrial output value, or otherwise.

(4) Stipulations on the Calculating of Gross Industrial Output Value

First, all products produced with own raw materials, including components and parts, are to be calculated at full price, whether the procedure of production is complicated or not. Namely, in the process of calculating gross industrial output value, the value of raw materials used shall be included.

Second, for outward processing, processing enterprises only take processing charges and gross industrial output value of these enterprises shall be calculated at processing charges recorded in settled accounts. Namely, the value of materials provided by clients shall be added to gross industrial output value of these enterprises. Generally speaking, there are two cases: a) outward processing among industrial enterprises. In this case, processing industries (contractor units) shall calculate gross industrial output value at processing charges recorded in settled accounts but enterprises (consignors) entrust the task of manufacturing consignment shall calculate gross industrial output value at full price; b) outward processing between industrial enterprises and non-industrial enterprises. In this case, industrial enterprises serving as processing enterprises shall only calculate gross industrial output value at processing charges.

Industrial Added Value refers to the final results of industrial production of industrial enterprises in monetary terms during the reference period. Specifically, there are two approaches of calculating industrial added value. The first one is production approach. With this approach, the added value shall be the result after gross industrial output value minus intermediate input and then plus value-added tax. The second one is income approach. With this approach, from the perspective of incomes, the added value shall be calculated at the revenue shares of production factors used in the course of production, including depreciation of fixed assets, remunerations of laborers, net production tax, and operating surplus. Thus this approach is also called method of faltor distribution. Industry added value in this Yearbook is calculated with production approach, also called the approach of production factors, as follows:

Industrial added value = gross industrial output − industrial intermediate input + value-added tax

(1) Gross industrial output refers to the total achievements of industrial production during a given period. Gross industrial output includes value of finished products, income from outward processing, and change of value in self-made semi-finished products and products being processed between the end and the beginning of the reference period. Since 1995, it was substituted by the gross industrial output value calculated with new rules.

(2) Industrial intermediate input refers to purchased material products consumed during the industrial production of enterprises and services fees. Fees paid for services include fees paid for the services provided by material production sectors (industry, agriculture, wholesale and retail trades, construction, transport, post and telecommunications) and by non-material production sectors (insurance, banking, culture, education, scientific research, health and medical care, public administration, etc.). The determination of industrial intermediate input shall adhere to the following principles: a) goods and services shall be purchased and their value shall be added to the gross industrial output; b) goods and services purchased shall be put into production during the reference period and wholly consumed once (include low value consumables amortized during the reference period).

Industrial intermediate input includes 5 components, namely direct material cost, industrial intermediate input in manufacturing expenses, industrial intermediate input in administrative expenses industrial intermediate input in marketing expenses and interest expenses.

At present, industrial added value and its growth rate are both calculated with income approach.

Industrial added value = depreciation in current year + laborers′ remuneration + net taxes on production+ operating surplus

(1) **Depreciation of Fixed Assets** refers to amount of depreciation which is extracted according to approved fixed assets depreciation rate for the purpose of making up the wear and tear of fixed assets during a given period and it reflects the value added during the process of transferring fixed assets in the reference period.

(2) **Laborers′ Remuneration** refers to all the payments laborers gained from production activities, including all kinds of wages, bonuses and allowances, in monetary or substantial form. Still, it includes such expenses as state expenses for medical services, medical care expenses, traffic subsidies, social insurance expenses paid by enterprises and housing accumulation fund.

(3) **Net Taxes on Production** refer to the results gained by using industrial enterprises′ production taxes to subtract production subsidies.

(4) **Operating Surplus** refers to the results gained by using industrial enterprises′ added value to subtract laborers′ remuneration, net taxes on production and depreciation of fixed assets.

Total Assets refer to all economic resources, in monetary terms, owned or controlled by enterprises, including properties, creditors′ equity and other economic rights of all forms. According to liquidity of assets, total assets can be classified into current assets, long-term investment, fixed assets, intangible assets and deferred assets and other assets. Data on this indicator can be obtained from the year-end figures of total assets in enterprises′ balance sheets.

Total Liability refers to current obligations which are formed in past trades or other activities and expected to bring about losses of economical interests.

Total Owners′ Equity refers to the residual equity gained by using enterprise assets to subtract liabilities. It includes paid-in capital, capital reserves, surplus reserves, undistributed profits, etc.

Revenue from Principal Business refers to the income confirmed from the principal businesses such as selling products and providing labor services.

Cost of Principal Business refers to the total cost occurred in the principal business of the enterprise.

Tax and Extra Charges on Principal Business refers to the sale tax, consumption tax, urban maintenance, construction tax and education expenses shouldered by the enterprise from its principal business.

Total Profits refer to the final achievements of production and operating activities of enterprises. It is the profits gained by using total profits to deduct losses (loss is represented by "-") or the total sum of operating profits, subsidize revenue, investment earnings, non-operating revenue and allocations of previous years′ profits and losses.

Value-added Tax Payable in the Current Year refers to the amount of the value-added tax which should be paid by the enterprises during the reference period. It is the amount gained by using the sum of value-added tax on sales, export rebates and transferred tax on purchases of the current year to minus the tax on purchases of the current year. Value-added tax payable of small-size enterprises is gained by using the taxable sales of the year to multiply the tax rate.

Average Annual Number of Employed Persons at the Year-end refers to all those who are employed in enterprises and receive remunerations there, including on-post staff, retirees who are re-employed, teachers of local -run schools, staff (work in enterprises) from abroad, Hong Kong, Macao and Taiwan, part-time employees, employees of other units temporarily working in the enterprises as well as persons with second jobs but excluding former employees who left their original enterprises with their employment records still being kept by the enterprises.

Ration of Profits, Taxes and Interests to Average Assets reflects the profit-making capability of all assets of enterprises and is a key indicator manifesting enterprises' operating performance and management level and evaluating the profit-making potential of enterprises. The design formula is as follows:

$$\text{Ratio of Profits, Taxes and Interests to Average Assets (\%)} = \frac{\text{totalprofits+totaltaxes+interestpayment}}{\text{averageassets}} \times 100\%$$

In the above formula, total taxes is the sum of tax and extra charges on the sales of products and value-added tax payable; and average assets is the arithmetic mean value between total assets at the beginning of a given period and total assets at the end of the same period.

Ratio of Debts to Assets reflects both the operation risk and the capability of the enterprise in making use of the capital from the creditors. The design formula is as follows:

Ratio of Debts to Assets (%) = (total debts / total assets) ×100%

Both assets and debts are figures at the end of the reference period.

Times of Turnover of Current Assets refers to the number of turnover of current assets in a given period, which reflects the speed of the turnover of current assets of industrial enterprises. The design formula is as follows:

Times of turnover of current assets = sales revenue / average balance of total current assets

In the above formula, average balance of total current assets refers to the arithmetic mean value between the sum of current assets at the beginning and at the end of the reference period.

Ratio of Profits to Total Industrial Costs refers to the ratio of profits realized in a given period to the total costs in the same period, which reflects the economic efficiency achieved by reducing cost. The design formula is as follows:

Ratio of profits to total industrial cost (%) = (total profits / total costs)×100%

Total costs in the above formula are the sum of cost of products sold, marketing expenses, administrative expense and financial cost.

Overall Labor Productivity refers to the value of products produced by an employed person in unit time and the value is calculated according to indicators of output value. It is an important indicator of economic activities of enterprises and at the same time an integrate manifestation of enterprises' level of production, technology, operation and management as well as staff's technical proficiency and labor enthusiasm. At present, industrial added value and average number of employed persons of industrial enterprises in a given period are used to calculate the overall labor productivity. The design formula is as follows:

Overall labor productivity = industrial added value / average number of employed persons

Hi-tech Industry refers to the manufacturing industry with high R&D devotion intensity in the national economy, including 6 categories: pharmaceutical manufacturing; aviation, spacecraft and equipment manufacturing; electronic and communication equipment manufacturing; computer and office equipment manufacturing; medical instrument and apparatus manufacturing and information product manufacturing.

Eight

建筑业

Construction

8-1 总承包及专业承包建筑业企业主要经济指标
Main Economic Indicator on Construction Enterprises of General and Professional Contractors

指　　标	Item	2018	2017	2018 年比 2017 年增长(%) Growth Rate in 2018 over 2017(%)
从业人员 （万人）	Number of Employed Persons （10 000 persons）	47.21	43.64	8.2
自有固定资产原价 （亿元）	Fixed Assets (original value) (100 million yuan)	118.84	97.69	21.7
自有固定资产净价 （亿元）	Fixed Assets (net value) (100 million yuan)	63.45	89.57	-29.2
建筑业总产值 （亿元）	Gross Output Value of Construction (100 million yuan)	2047.08	1836.10	11.5
施工面积 （万平方米）	Floor Space of Buildings Under Construction (10 000sq. m)	8359.18	9579.57	-12.7
竣工面积 （万平方米）	Floor Space of Buildings Completed (10 000sq. m)	2459.72	2062.15	19.3
利润总额 （亿元）	Total Profits (100 million yuan)	50.84	50.34	1.0
劳动生产率 （元/人）	Overall Labor Productivity (yuan/person)	433618	420738	3.1
产值利润率 （%）	Ratio of Profit to Gross Output Value (%)	2.48	2.74	-9.5
产值利税率 （%）	Ratio of Pre-tax Profit to Gross Output Value (%)	2.74	2.36	16.1

8-2 总承包及专业承包建筑企业生产情况(2018 年)

单位:个、万元

指　　标	Item	建筑业企业个数 Number of Construction Enterprises	#有工作量的建筑业企业 Enterprises Having Project	#亏损企业 Losing Enterprises
总　　计	**Total**	**319**	**299**	**57**
#国有及国有控股企业	State-owned and State-controlled Construction Enterprises	59	56	9
按登记注册类型分	**By Status of Registration**			
内资企业	Domestic Funded	319	299	57
国有企业	State-owned Enterprises	6	4	1
集体企业	Collective-owned Enterprises	8	7	1
股份合作企业	Cooperative Enterprises			
联营企业	Joint Ownership Enterprises	1	1	1
有限责任公司	Limited Liability Corporations	184	179	31
股份有限公司	Share-holding Corporations Ltd.	11	11	3
私营企业	Private Enterprises	109	97	20
按国民经济行业分	**By Sector**			
房屋建筑业	House Building	129	122	22
土木工程建筑业	Building and Civil Engineering	86	79	14
建筑安装业	Construction Installation	45	43	6
建筑装饰和其他建筑业	Construction Decoration and Others	59	55	15
建筑装饰业	Construction Decoration	31	27	8
工程准备活动	Project Preparation	14	14	2
提供施工设备服务	Construction Equipment Providing	3	3	2
其他未列明建筑业	Others not listed	12	11	3
按隶属关系分	**By Administrative Division**			
中　央	Central Government	16	16	1
地　方	Local Government	56	55	6
其　他	Others	247	228	50
按企业资质等级分	**By Qualification Grade**			
施工总承包	Construction of General Contractors	205	195	35
特　级	Special Grade	9	9	
一　级	First Grade	36	36	2
二　级	Second Grade	89	85	21
三级及以下	Third Grade and Below	71	65	12
专业承包	Speciality Contractors	114	104	22
一　级	First Grade	14	14	2
二　级	Second Grade	45	42	8
三级及以下	Third Grade and Below	55	48	12
按营业状态分	**By Operation Status**			
营　业	In Business or Operating	314	296	54
停业(歇业)	Closed	4	3	3
其　他	Others	1		
按控股情况分	**By Share-holding**			
国有控股	State-owned and State-controlled Enterprises	59	56	9
集体控股	Collective Share-holding Enterprises	27	26	4
私人控股	Private Share-holding Enterprises	202	188	37
港澳台商控股	Hong Kong, Macao and Taiwan Share-holding Enterprises			
其　他	Others	31	29	7

Main Indicators on Construction Enterprises of General and Professional Contractors(2018)

(unit:10 000 yuan)

合同情况 Contracts Signed by Construction Enterprises		承包工程完成情况 Completion of Contracted Projects				建筑业总产值 Total Output Value		
#签订的合同额 Value from Signed Contracts	#本年新签合同额 Value from New Contracts Signed in This Year	直接从建设单位承揽工程完成的产值 Completed Output Value of Projects Contracted Directly from Investors	自行完成施工产值 Own-completed Output Value	分包出去工程的产值 Output Value of Out-sourced Projects	从建设单位以外承揽工程完成的产值 Completed Output Value of Projects Contracted from Non-investors		#装饰装修产值 Output Value of Decoration	#在外省完成的产值 Output Value of Construction Fulfilled Outside of Guizhou Province
58607877	**30001608**	**20385230**	**20346844**	**38386**	**123960**	**20470803**	**285803**	**6793308**
42153350	20151212	14004551	13996804	7747	36678	14033482	22368	5745671
58607877	30001608	20385230	20346844	38386	123960	20470803	285803	6793308
50901	9134	9035	9035			9035		
179536	142606	88800	88800		3769	92570		
320	200	370	370			370		
48762993	25402313	17474148	17442194	31954	73087	17515281	243272	6029194
7762381	3421921	1933113	1932087	1026	1026	1933113	3068	742401
1851747	1025433	879764	874358	5406	46078	920436	39463	21713
30542729	16648056	9910488	9898650	11839	40005	9938654	198939	2732100
24108747	11299172	8142130	8135955	6175	30236	8166191	35449	3630261
2549815	1630077	1682106	1665663	16443	20681	1686344		366029
1406587	424303	650506	646576	3929	33038	679614	51415	64918
549475	202930	237540	234011	3529	15054	249065	50118	9491
789659	165020	363983	363583	400	17984	381567	1094	55428
567	391	685	685			685		
66887	55962	48297	48297			48297	204	
21877438	12088875	6791459	6791059	400	8128	6799187	18281	4210650
31393672	15162801	10997572	10996546	1026	36445	11032991	168078	2485186
5336767	2749932	2596199	2559239	36960	79387	2638626	99444	97472
56678606	28543230	19597286	19578872	18414	82377	19661249	206917	6745046
27366256	13233292	9654937	9654937		827	9655764	81004	3933735
25690838	13420332	8240877	8240877		31650	8272527	87734	2793070
2329355	1097118	1017541	1001302	16239	31504	1032807	35852	16786
1292157	792488	683931	681756	2175	18395	700152	2328	1454
1929272	1458378	787943	767971	19972	41583	809554	78886	48262
788051	728482	287296	287296			287296	38389	31790
861034	554260	349377	329432	19945	36576	366007	30026	15641
280187	175636	151270	151243	27	5008	156251	10471	832
58593987	30001546	20380029	20341643	38386	123960	20465602	285803	6793308
13890	62	5201	5201			5201		
42153350	20151212	14004551	13996804	7747	36678	14033482	22368	5745671
2185508	1402178	917833	915427	2406	11070	926498	1769	76063
3429513	1874512	1584656	1572866	11790	59637	1632503	68351	33120
10839506	6573706	3878190	3861747	16443	16575	3878322	193315	938454

8-2 续表 1

单位：万元、万平方米

指 标	Item	建筑工程产值 Output Value of Construction	安装工程产值 Output Value of Installation	其他产值 Others	竣工产值 Output Value of Buildings Completed
总 计	**Total**	**17265797**	**2275110**	**929896**	**7162410**
#国有及国有控股企业	State-owned and State-controlled Construction Enterprises	11991096	1813889	228496	3036121
按登记注册类型分	**By Status of Registration**				
内资企业	Domestic Funded	17265797	2275110	929896	7162410
国有企业	State-owned Enterprises	2391		6643	8173
集体企业	Collective-owned Enterprises	91961	88	520	43909
股份合作企业	Cooperative Enterprises				
联营企业	Joint Ownership Enterprises	370			2940
有限责任公司	Limited Liability Corporations	14588769	2089821	836690	5442802
股份有限公司	Share-holding Corporations Ltd.	1876009	3946	53159	1261787
私营企业	Private Enterprises	706297	181255	32884	402800
按国民经济行业分	**By Sector**				
房屋建筑业	House Building	9145780	230455	562419	6633814
土木工程建筑业	Building and Civil Engineering	6716902	1330220	119069	376463
建筑安装业	Construction Installation	880410	681601	124332	85193
建筑装饰和其他建筑业	Construction Decoration and Others	522705	32834	124076	66940
建筑装饰业	Construction Installation	131917	30056	87093	39920
工程准备活动	Project Preparation	373705	112	7750	13387
提供施工设备服务	Construction Equipment Providing	567	118		502
其他未列明建筑业	Others	16516	2548	29233	13131
按隶属关系分	**By Administrative Division**				
中 央	Central Government	5145774	1592630	60783	1027126
地 方	Local Government	10113761	283596	635635	5007866
其 他	Others	2006263	398884	233479	1127418
按企业资质等级分	**By Qualification Grade**				
施工总承包	Construction of General Contractors	16835848	2041236	784165	6904028
特 级	Special Grade	8897251	124019	634494	2396705
一 级	First Grade	6489510	1693736	89281	3734705
二 级	Second Grade	829194	146910	56703	350916
三级及以下	Third Grade and Below	619893	76572	3687	421703
专业承包	Speciality Contractors	429949	233874	145731	258382
一 级	First Grade	171086	11082	105128	78301
二 级	Second Grade	220347	114180	31481	94261
三级及以下	Third Grade and Below	38516	108612	9123	85820
按营业状态分	**By Operation Status**				
营 业	In Business or Operating	17260596	2275110	929896	7161510
停业(歇业)	Closed	5201			900
其 他	Others				
按控股情况分	**By Share-holding**				
国有控股	State-owned and State-controlled Enterprises	11991096	1813889	228496	3036121
集体控股	Collective Share-holding Enterprises	895780	29994	723	547731
私人控股	Private Share-holding Enterprises	1207408	302722	122372	771533
港澳台商控股	Hong Kong, Macao and Taiwan Share-holding Enterprises				
其 他	Others	3171513	128504	578305	2807024

(continued)

(10 000 yuan;10 000 sq. m)

房屋建筑施工面积 Floor Space under Construction	#本年新开工面积 Newly Started Buildings This Year	年末自有施工机械设备(净值)(万元) Machinery and Equipment Owned at Year-end (Net Value) (10 000 yuan)	年末自有施工机械设备(总台数)(台) Total Number of Machinery and Equipment Owned at Year-end (set)	年末自有施工机械设备(总功率)(万千瓦) Total Power of Machinery and Equipment Owned at Year-end (10 000kw)	从事建筑业活动的平均人数(人) Average Number of Employed Persons in Construction (person)	建筑业企业期末人数(人) Number of Employed Persons in Construction Enterprises (person)	房屋建筑竣工面积 Floor Space of Building Completed	#住宅房屋 Residential Building	商业及服务用房屋 Business Building	办公用房屋 Office Building	科研、教育、医疗用房屋 Scientific Research, Educational and Medical Buildings
8359.18	**2546.37**	**427482**	**52583**	**281.84**	**534615**	**472093**	**2459.72**	**1651.76**	**142.74**	**124.23**	**254.47**
3067.22	1021.05	386805	38563	182.60	344740	280466	970.11	695.74	16.36	61.31	117.79
8359.18	2546.37	427482	52583	281.84	534615	472093	2459.72	1651.76	142.74	124.23	254.47
3.02	1.02	639	73	0.06	634	638	0.40	0.40			
69.04	46.00	2389	271	0.70	2808	2670	6.41	4.53		0.51	0.72
1.98	0.96	0	1	0.00	66	132	1.08	1.08			
6361.33	1821.65	394069	45397	257.21	476422	402596	1760.25	1084.11	122.41	113.00	195.30
1564.30	531.12	19470	5735	22.08	25628	39091	553.64	481.04	8.00		46.35
359.51	145.62	10915	1106	1.78	29057	26966	137.94	80.59	12.33	10.73	12.09
8001.30	2431.70	62360	18349	40.94	228230	234321	2439.73	1640.66	142.74	123.44	254.47
97.97	36.52	338928	29365	223.98	233263	195254	8.77	0.50		0.18	
100.69	70.86	21734	3910	12.54	55349	24047	8.55	8.55			
159.21	7.29	4460	959	4.39	17773	18471	2.67	2.05		0.62	
129.91	0.80	1692	290	1.00	10131	11308	1.15	0.53		0.62	
29.30	6.49	1505	187	0.83	5434	4967	1.52	1.52			
		398	54	0.01	53	53					
		866	428	2.55	2155	2143					
808.75	285.37	294619	19964	133.46	171712	136205	188.53	76.25	12.63	28.63	39.69
6961.77	2014.19	105856	28039	139.74	262523	246214	2061.26	1452.46	117.68	78.24	194.74
588.66	246.81	27007	4580	8.64	100380	89674	209.93	123.05	12.44	17.36	20.04
8264.23	2503.06	421601	51014	275.56	508854	447375	2437.48	1651.23	138.11	123.62	248.51
3337.82	1205.43	352633	29619	163.23	216269	210791	928.07	663.47	69.67	25.88	98.07
4410.41	1122.07	49735	17495	104.05	224024	179081	1352.67	913.20	56.01	80.75	132.19
262.65	61.52	10106	2780	4.92	41696	32217	48.88	21.05	2.33	1.70	8.22
253.36	114.05	9127	1120	3.35	26865	25286	107.86	53.51	10.10	15.29	10.02
94.95	43.31	5881	1569	6.29	25761	24718	22.24	0.53	4.63	0.62	5.96
42.09	23.11	1928	527	4.71	10449	11799	12.13				4.14
52.62	19.96	1141	405	0.76	8768	7652	9.88	0.53	4.63	0.62	1.82
0.24	0.24	2812	637	0.82	6544	5267	0.23				
8347.50	2546.37	427482	52583	281.84	534432	471941	2459.07	1651.76	142.74	124.23	253.82
11.68					182	152	0.65				0.65
					1						
3067.22	1021.05	386805	38563	182.60	344740	280466	970.11	695.74	16.36	61.31	117.79
410.08	173.33	8507	612	83.79	24877	24892	145.75	73.74	8.75	10.10	15.48
608.38	206.52	18811	3488	7.90	59900	55981	224.72	148.93	12.33	12.23	15.58
4273.50	1145.46	13359	9920	7.56	105098	110754	1119.14	733.35	105.30	40.59	105.62

8-2 续表2

单位:万平方米;万元

指 标	Item	文化、体育、娱乐用房屋 Buildings for Culture, Sports and Entertainment	厂房及建筑物 Workshop	仓 库 Storehouse
总 计	**Total**	**10.47**	**165.55**	**3.45**
#国有及国有控股企业	State-owned and State-controlled Construction Enterprises	1.02	27.05	3.05
按登记注册类型分	**By Status of Registration**			
内资企业	Domestic Funded	10.47	165.55	3.45
国有企业	State-owned Enterprises			
集体企业	Collective-owned Enterprises		0.66	
股份合作企业	Cooperative Enterprises			
联营企业	Joint Ownership Enterprises			
有限责任公司	Limited Liability Corporations	5.51	148.16	3.40
股份有限公司	Share-holding Corporations Ltd.			
私营企业	Private Enterprises	4.95	16.73	0.05
按国民经济行业分	**By Sector**			
房屋建筑业	House Building	9.41	158.97	3.35
土木工程建筑业	Civil Engineering	1.05	6.58	0.10
建筑安装业	Construction Installation			
建筑装饰和其他建筑业	Construction Decoration and Others			
建筑装饰业	Construction Decoration			
工程准备活动	Project Preparation			
提供施工设备服务	Construction Equipment Providing			
其他未列明建筑业	Others not listed			
按隶属关系分	**By Administrative Division**			
中 央	Central Government	1.02	2.68	1.18
地 方	Local Government	2.98	133.30	2.15
其 他	Others	6.47	29.58	0.12
按企业资质等级分	**By Qualification Grade**			
施工总承包	Construction of General Contractors	10.47	163.05	3.45
特 级	Special Grade	2.88	30.03	1.35
一 级	First Grade	1.80	105.29	1.97
二 级	Second Grade	0.95	13.86	
三级及以下	Third Grade and Below	4.83	13.88	0.12
专业承包	Speciality Contractors		2.50	
一 级	First Grade			
二 级	Second Grade		2.27	
三级及以下	Third Grade and Below		0.23	
按营业状态分	**By Operation Status**			
营 业	In Business or Operating	10.47	165.55	3.45
停业(歇业)	Closed			
其 他	Others			
按控股情况分	**By Share-holding**			
国有控股	State-owned and State-controlled Enterprises	1.02	27.05	3.05
集体控股	Collective Share-holding Enterprises	0.10	22.83	0.10
私人控股	Private Share-holding Enterprises	5.64	29.13	0.05
港澳台商控股	Hong Kong, Macao and Taiwan Share-holding Enterprises			
其 他	Others	3.71	86.54	0.25

(continued)

(10 000 sq. m;10 000 yuan)

竣工房屋价值 Value of Buildings Completed	#住宅房屋 Residential Buildings	商业及服务用房屋 Business Buildings	办公用房屋 Office Buildings	科研、教育、医疗用房屋 Scientific Research, Educational and Medical Buildings	文化、体育、娱乐用房屋 Buildings for Culture, Sports and Entertainment	厂房及建筑物 Workshop	仓库 Storehouse
4659987	**2572203**	**304483**	**425559**	**590646**	**15727**	**264976**	**5081**
1976062	1127495	32187	253532	266148	2017	46267	3649
4659987	2572203	304483	425559	590646	15727	264976	5081
800	800						
10246	7052		922	1250		1022	
2940	2940						
3465611	1658219	261984	409753	457686	11404	238633	4281
962007	775250	16140		115730			
218383	127942	26359	14884	15980	4323	25321	800
4617473	2546935	304483	423584	590646	15329	250930	4971
15911	490		150		398	14046	110
21374	21374						
5230	3405		1825				
3840	2015		1825				
1390	1390						
516268	134790	24356	68117	96286	2017	5677	2718
3821023	2244773	253692	331697	468736	7540	218591	1544
322695	192641	26436	25745	25623	6170	40708	819
4602213	2570188	296267	423734	575491	15727	258913	5081
1807894	1081965	134935	76829	233369	7465	57415	3221
2548774	1363291	134896	322393	318665	3094	165831	1041
75717	35182	6359	3460	10027	323	17682	
169828	89750	20076	21052	13430	4845	17985	819
57774	2015	8216	1825	15155		6063	
35718				11218			
21522	2015	8216	1825	3937		5529	
534						534	
4659087	2572203	304483	425559	589746	15727	264976	5081
900				900			
1976062	1127495	32187	253532	266148	2017	46267	3649
440046	158406	27409	26787	36565	75	43377	110
317351	203135	26359	18112	19778	5150	40600	800
1926529	1083168	218528	127128	268154	8485	134732	522

8-3 总承包及专业承包建筑业企业财务状况(2018 年)

单位:万元

指标	Item	年初存货 Stock at Year-beginning	年末资产负债 流动资产合计 Total Current Assets	应收工程款 Accounts Receivable	在建工程 Projects Under Construction
总计	**Total**	**4810882**	**25306374**	**7700179**	**298977**
#国有及国有控股企业	State-owned and State-controlled Construction Enterprises	4231450	19592160	4931143	272903
按登记注册类型分	**By Status of Registration**				
内资企业	Domestic Funded	4810882	25306374	7700179	298977
国有企业	State-owned Enterprises	5788	35047	18297	6
集体企业	Collective-owned Enterprises	6525	14985	1918	5
股份合作企业	Cooperative Enterprises				
联营企业	Joint Ownership Enterprises	231	1405	200	
有限责任公司	Limited Liability Corporations	4211997	20910001	5941258	294422
股份有限公司	Share-holding Corporations Ltd.	365463	3197890	1307362	1403
私营企业	Private Enterprises	220879	1147046	431145	3141
按国民经济行业分	**By Sector**				
房屋建筑业	House Building	910970	10348806	4530662	250200
土木工程建筑业	Civil Engineering	3508494	11997190	1605528	16908
建筑安装业	Construction Installation	302924	1758505	888171	29870
建筑装饰和其他建筑业	Construction Decoration and Others	88496	1201873	675819	1998
建筑装饰业	Construction Decoration	67096	475671	206955	64
工程准备活动	Project Preparation	14754	670415	437443	1929
提供施工设备服务	Construction Equipment Providing	8	493	216	
其他未列明建筑业	Others not listed	6638	55294	31206	5
按隶属关系分	**By Administrative Division**				
中央	Central Government	966430	7330629	1660387	193284
地方	Local Government	3398198	14508506	4588334	80160
其他	Others	446254	3467240	1451459	25533
按企业资质等级分	**By Qualification Grade**				
施工总承包	Construction of General Contractors	4688329	24290253	7179885	296538
特级	Special Grade	1444990	11609824	2942115	45429
一级	First Grade	2965235	10326047	3499247	229810
二级	Second Grade	223454	1298466	422195	9738
三级及以下	Third Grade and Below	54651	1055916	316328	11561
专业承包	Speciality Contractors	122553	1016121	520295	2439
一级	First Grade	45501	420638	219275	102
二级	Second Grade	33467	398993	241611	1406
三级及以下	Third Grade and Below	43585	196490	59409	930
按营业状态分	**By Operation Status**				
营业	In Business or Operating	4810882	25297032	7696562	298977
停业(歇业)	Closed	1	9343	3617	
其他	Others				
按控股情况分	**By Share-holding**				
国有控股	State-owned and State-controlled Enterprises	4231450	19592160	4931143	272903
集体控股	Collective Share-holding Enterprises	56005	641404	368268	2307
私人控股	Private Share-holding Enterprises	328251	2247717	736923	21024
港澳台商控股	Hong Kong, Macao and Taiwan Share-holding Enterprises				
其他	Others	195176	2825094	1663846	2743

Financial State for Construction Enterprises of General and Professional Contractors(2018)

(10 000 yuan)

Asset - liability at Year-end							
资产合计 Total Assets	流动负债合计 Total Working Liabilities	应付账款 Accounts Payable	负债合计 Total Liabilities	所有者权益合计 Total Owner's Equities	#实收资本 Paid-in Capitals	#国家资本 National Capital	集体资本 Collective Capital
29523454	**20641131**	**9367538**	**22727347**	**6796107**	**2776998**	**1780214**	**53499**
23361892	16028539	7472705	17708014	5653879	2068231	1728816	
29523454	20641131	9367538	22727347	6796107	2776998	1780214	53499
50618	38559	17442	38731	11887	5897	5527	
22262	12387	1960	12703	9559	7974		7974
1993	1300		1317	676	600		600
24463580	16673490	7283509	18395757	6067824	2266463	1716305	34872
3741960	3058503	1884631	3313292	428669	273121	55382	6213
1243041	856893	179996	965548	277493	222943	3000	3840
11416238	9285506	4772587	9886387	1529851	992850	418549	32391
14641060	8937687	3526512	10071711	4569350	1465804	1140601	17854
2164404	1427117	534125	1734773	429632	160263	114000	
1301752	990821	534314	1034477	267275	158081	107064	3255
512266	441009	307391	446068	66199	35752	10416	1227
730859	506173	220522	544718	186140	113004	94628	1989
1258	256	72	256	1002	962		
57369	43384	6329	43435	13934	8363	2020	39
8838342	6786486	3359451	7316305	1522037	1064777	978463	
16830037	11173956	5133938	12538655	4291382	1034180	640798	32845
3855075	2680689	874149	2872387	982688	678041	160953	20654
28353973	19805543	8967787	21829217	6524756	2589954	1719370	50244
14312178	10898980	5192531	11870770	2441408	1264556	1042821	
11377139	7038168	3300491	7956174	3420965	840708	589732	25037
1532270	1051342	302662	1079495	452775	331683	71851	12240
1132387	817053	172104	922778	209608	153007	14965	12967
1169481	835588	399751	898130	271351	187043	60844	3255
441633	381168	215952	387845	53788	39303	18171	
447141	324562	134197	332602	114539	81367	41520	3216
280707	129857	49602	177683	103024	66373	1153	39
29510484	20631949	9362981	22717083	6793400	2774177	1779157	53499
12971	9182	4558	10264	2707	2821	1057	
23361892	16028539	7472705	17708014	5653879	2068231	1728816	
682377	582395	340857	585664	96713	53064		33127
2534636	1679261	403083	1832944	701692	468111	3500	4340
2944549	2350937	1150893	2600726	343823	187592	47898	16032

8-3 续表

单位:万元

指　标	Item	损益及分配			
		营业收入 Business Revenue	主营业务收入 Revenue from Principal Business	营业成本 Business Cost	主营业务成本 Cost of Principal Business
总　计	**Total**	**20642680**	**20475428**	**19426098**	**19168073**
#国有及国有控股企业	State-owned and State-controlled Construction Enterprises	13747105	13647075	12849143	12661615
按登记注册类型分	**By Status of Registration**				
内资企业	Domestic Funded	20642680	20475428	19426098	19168073
国有企业	State-owned Enterprises	32540	32321	29490	29476
集体企业	Collective-owned Enterprises	61658	61658	58794	58794
股份合作企业	Cooperative Enterprises				
联营企业	Joint Ownership Enterprises	232	232	198	198
有限责任公司	Limited Liability Corporations	17683636	17542834	16640696	16402006
股份有限公司	Share-holding Corporations Ltd.	1964698	1952696	1844278	1842996
私营企业	Private Enterprises	899916	885687	852643	834604
按国民经济行业分	**By Sector**				
房屋建筑业	House Building	10223577	10151231	9758140	9697690
土木工程建筑业	Building and Civil Engineering	7977658	7890319	7444519	7265748
建筑安装业	Construction Installation	1672272	1666953	1532831	1514891
建筑装饰和其他建筑业	Construction Decoration and Others	769174	766926	690608	689744
建筑装饰业	Construction Decoration	267817	266958	250629	249815
工程准备活动	Project Preparation	443464	442075	387606	387555
提供施工设备服务	Construction Equipment Providing	431	431	257	257
其他未列明建筑业	Others	57462	57462	52116	52116
按隶属关系分	**By Administrative Division**				
中　央	Central Government	6603083	6528488	6292583	6115584
地　方	Local Government	11064938	11018814	10368342	10340114
其　他	Others	2974659	2928127	2765173	2712376
按企业资质等级分	**By Qualification Grade**				
施工总承包	Construction of General Contractors	19753748	19594679	18627412	18386869
特　级	Special Grade	9381571	9289773	8833377	8652374
一　级	First Grade	8453171	8428783	8014292	7994960
二　级	Second Grade	1274579	1260227	1183783	1175398
三级及以下	Third Grade and Below	644427	615896	595961	564137
专业承包	Speciality Contractors	888932	880750	798686	781204
一　级	First Grade	347094	346621	325367	319212
二　级	Second Grade	318230	314228	280560	278990
三级及以下	Third Grade and Below	223609	219901	192759	183002
按营业状态分	**By Operation Status**				
营　业	In Business or Operating	20634465	20467214	19418281	19160257
停业(歇业)	Closed	8215	8215	7816	7816
其　他	Others				
按控股情况分	**By Share-holding**				
国有控股	State-owned and State-controlled Enterprises	13747105	13647075	12849143	12661615
集体控股	Collective Share-holding Enterprises	808014	807163	760985	760641
私人控股	Private Share-holding Enterprises	1905878	1885273	1777962	1755185
港澳台商控股	Hong Kong, Macao and Taiwan Share-holding Enterprises				
其　他	Others	4181684	4135918	4038008	3990633

(continued)

(10 000 yuan)

Profits and Losses				所得税费用 Income Tax Expenses	应付职工薪酬 (本年贷方累计发生额) Payroll Payable (Accumulated Amount of Credit This Year)	应交增值税 Value Added Tax Payable	建筑业企业在境外完成的营业收入 Revenue Earned by Construction Enterprises from Abroad
营业税金及附加 Taxes and Extra Charges Business	主营业务税金及附加 Taxes and Extra Charges on Principal Business	营业利润 Business Profits	利润总额 Total Profits				
76386	**63163**	**509288**	**508409**	**88867**	**1741829**	**395121**	**474924**
38160	27512	407053	408453	60743	1124221	232029	468483
76386	63163	509288	508409	88867	1741829	395121	474924
135	135	852	764	398	2224	988	17541
1013	1013	843	1034	795	10099	3388	
1	1	0	0		176	1	
58032	53754	480185	481689	81805	1321446	311096	435121
10461	3689	28617	28927	304	321583	53380	20649
6745	4572	-1208	-4005	5566	86301	26269	1614
44092	33848	146776	147282	26066	1009651	239097	92279
21526	18693	281563	280504	46846	603507	108841	310397
7765	7621	53710	52527	12243	87686	34652	72220
3004	3001	27239	28096	3712	40985	12531	28
1215	1212	3726	3620	749	17967	13329	28
1526	1526	23012	23758	2747	19923	-2737	
1	1	-114	-59		139	9	
262	262	615	777	216	2956	1930	
8521	6031	108150	109365	8833	335786	84702	380762
46395	38245	347522	347246	61816	1131358	235723	87721
21471	18888	53617	51797	18217	274685	74696	6442
72666	59592	474515	473130	82075	1689746	377289	474896
29000	19002	284179	283988	36094	716961	183242	347505
24372	23707	164494	166124	32257	777520	127967	103437
11575	9455	19019	16953	9868	113127	41626	17554
7718	7428	6824	6065	3856	82138	24454	6401
3721	3571	34773	35279	6792	52082	17832	28
1142	997	6909	6286	1188	15570	8700	
1185	1181	14252	15178	1423	22716	3914	28
1394	1393	13612	13816	4181	13796	5219	
76346	63123	509625	508745	88866	1741266	394978	474924
40	40	-336	-336	1	562	143	
38160	27512	407053	408453	60743	1124221	232029	468483
7032	6932	16756	18100	2715	43649	8930	
14021	11680	25999	23098	11934	188209	59649	6442
17173	17040	59480	58758	13475	385751	94513	

主要统计指标解释

建筑业统计单位 指从事房屋、构筑物建造和设备安装活动的法人企业。建筑业法人企业应同时具备的条件是:①依法成立,有自己的名称、组织机构和场所,能够承担民事责任;②独立拥有和使用资产,承担负债,有权与其他单位签订合同;③独立核算盈亏,能够编制资产负债表。

建筑业总产值 是以货币表现的建筑企业在一定时期内生产的建筑业产品和服务的总和。建筑业总产值包括:

(1)建筑工程产值:指列入建筑工程预算内的各种工程价值。

(2)设备安装工程产值:指设备安装工程价值,不包括被安装设备本身价值。

(3)房屋、构筑物修理产值:指房屋、构筑物修理所完成的价值,但不包括被修理房屋、构筑物本身的价值和生产设备的修理价值。

(4)非标准设备制造产值:指加工制造没有定型的、非标准的生产设备的加工费和原材料价值,以及附属加工厂为本企业承建工程制作的非标准设备的价值。

房屋施工面积 指在报告期内施过工的全部房屋建筑面积,包括本期新开工的房屋面积、上期施工跨入本期继续施工的房屋面积、上期停缓建在本期恢复施工的房屋面积、本期竣工的房屋面积及本期施工后又停缓建的房屋面积。

房屋竣工面积 指在报告期内房屋建筑按照设计要求全部完工,达到了住人和使用条件,经验收鉴定合格,正式移交使用的各栋房屋建筑面积的总和。

工程总承包 指取得施工总承包资质的企业(以下简称施工总承包企业),可以承接施工总承包工程。施工总承包企业可以对所承接的施工总承包工程内各专业工程全部自行施工,也可以将专业工程或劳务作业依法分包给具有相应资质的专业承包企业或劳务分包企业。

工程专业承包 指取得专业承包资质的企业,可以承接施工总承包企业分包的专业工程和建设单位依法发包的专业工程。专业承包企业可以对所承接的专业工程全部自行施工,也可以将劳务作业依法分包给具有相应资质的劳务分包企业。

Explanatory Notes on Main Statistical Indicators

Statistical Unit in the Construction Industry refers to a corporate enterprise engaging in the construction of buildings and structures and in the Installation of equipment. A corporate construction enterprise should meet the following 3 requirements: a) being set up in line with relevant legal basis, having its full name, Organization and location, and capable of taking civil liabilities; b) independently processing and using its assets and assuming its liabilities, and entitled to sign contracts with other institutions; and c) making independent accounts of its profits and losses, and capable of compiling its own balance sheet.

Gross Output Value of Construction refers to total construction products and services, expressed in money terms, produced or rendered by construction and installation enterprises during a given period of time. It includes:

(1) Output value of construction projects: the value of projects covered by the project budgets;

(2) Output value of installation projects: the value of the installation of equipment, (excluding the value of the equipment to be installed);

(3) Output value of repair of buildings and structures: the value created through the repairs of buildings or structures. It does not include the value of buildings or structures being repaired and the value of the repair of production equipment;

(4) Output value of manufactured non-standard equipment; the value of non-standard production equipment, including raw materials and manufacturing cost, made for the construction project. It also includes the output value of equipment manufactured by subsidiary workshops.

Floor Space Under Construction refers to floor space of buildings under construction during the reference period, including the floor space of building for which construction has newly started; buildings for which construction has started earlier and is continuing during the reference period: and buildings for which construction has been suspended earlier but has restarted during the reference period; buildings completed during the reference period; and buildings under construction but construction has subsequently been during the reference period.

Floor Space Completed refers to total floor space of each building that has been completed in the reference period in accordance with the requirements of the design, up to the standard for being resided in and put into use, or has been checked and accepted by departments concerned as qualified ones which can be handed over for putting into use.

Engineering, procurement and construction (EPC) refers to construction enterprises with general contractors' qualification (general contracted enterprises), which undertake construction projects of general contractors. General contracted enterprises construct of all professions by their own and subcontract professional engineering or labor service to qualified professional contracted enterprises or labor service sublet enterprises by law.

Professional engineering contractor refers to construction enterprises with professional contractors' qualification, which undertake professional projects subcontracted by general contracted enterprises and professional projects let contracted by construction units by law. Professional engineering contractor constructs of all professions by their own or subcontract professional engineering or labor service to qualified professional contracted enterprises or labor service sublet enterprises by law.

Nine

农　业

Agriculture

9-1 农村基本情况及农业生产条件
Basic Conditions of Rural Areas and Agricultural Production

指 标	Item	2018	2017	2018年比2017年增长(%) Growth Rate in 2018 over 2017 (%)
农村基层组织	**Rural Grassroots Units**			
乡镇个数 (个)	Number of Towns and Townships (unit)		77	
#镇 (个)	Towns (unit)		50	
村委会个数 (个)	Number of Villagers Committee (unit)		949	
农村社会基础设施	**Infrastructure in Rural Areas**			
自来水受益村数 (个)	Villages with Tap Water (unit)	932	934	-0.2
通有线电视村数 (个)	Villages with Cable TV (unit)	876	791	10.7
通宽带村数 (个)	Villages with Broadband Connections (unit)	932	869	7.2
农村人口及劳动力资源	**Rural Population and Laborers**			
乡村户数 (万户)	Rural Households (10 000households)	58.55	58.32	0.4
乡村人口数 (万人)	Rural Population (10 000 persons)	197.53	198.39	-0.4
乡村从业人员数 (万人)	Rural Employees (10 000 persons)	107.50	113.58	-5.4
按性别分	By Gender			
男 (万人)	Male (10 000 persons)	57.24	58.95	-2.9
女 (万人)	Female (10 000 persons)	50.26	54.63	-8.0

备注：本章农业2017年数据为第三次全国农业普查最终修订数。
a) The data about agriculture in 2017 are the final revised number of the third national agricultural census.

9-1 续表 (continued)

指　　标		Item		2018	2017	2018年比2017年增长(%) Growth Rate in 2018 over 2017 (%)
农田水利建设和农业机械化情况		**Construction of Water Conservancy and Agricultural Machinery**				
机耕面积	(公顷)	Area Plowed by Machinery	(hectare)	200874	205000	-2.0
机播面积	(公顷)	Area Sowed by Machinery	(hectare)	9666	8703	11.1
机电灌溉面积	(公顷)	Area Irrigated by Machinery	(hectare)	39159	38861	0.8
机械植保面积	(公顷)	Plant Area Protected by Machinery	(hectare)	32000	30666	4.4
机械收获面积	(公顷)	Area Harvested by Machinery	(hectare)	33422.70	34624.50	-3.5
农用机械总动力	(万千瓦)	Total Agricultural Machinery Power	(10 000 kw)	199.41	196.42	1.5
柴油机	(万千瓦)	Diesel Engine	(10 000 kw)	141.98	147.18	-3.5
汽油机	(万千瓦)	Gasoline Engine	(10 000 kw)	32.07	14.80	116.7
电动机	(万千瓦)	Electricmotor	(10 000 kw)	25.36	34.44	-26.4
其他机械	(万千瓦)	Others	(10 000 kw)			
农用主要能源及物资消耗		**Rural Energy and Material Consumption**				
农用化肥施用量(折纯法)	(万吨)	Pure Consumption of Chemical Fertilizers	(10 000 tons)	5.35	5.42	-1.3
氮　肥	(万吨)	Nitro-genous Fertilizer	(10 000 tons)	2.22	2.53	-12.3
磷　肥	(万吨)	Phosphate Fertilizer	(10 000 tons)	0.46	0.42	9.5
钾　肥	(万吨)	Potash Fertilizer	(10 000 tons)	0.77	0.70	10.0
复合肥	(万吨)	Compound Fertilizer	(10 000 tons)	1.90	1.77	7.3
平均每亩耕地化肥施用量	(公斤)	Consumption of Chemical Fertilizers per Mou	(kg)	39.91	38.06	4.9
农村用电量	(万千瓦时)	Rural Electricity Consumption	(10 000 kwh)	74405	61326	21.3
农药使用量	(吨)	Use of Pesticides	(ton)	353	377	-6.5
地膜使用量	(吨)	Consumption of Farm Plastic Film	(ton)	2197	2290	-4.1

9-2 主要农业机械年末拥有量
Major Agricultural Machinery at Year-end

指 标	Item	2018	2017	2018 年比 2017 年增长(%) Growth Rate in 2018 over 2017(%)
大中型拖拉机 (台)	Large and Medium-sized Tractors (set)	2100	3167	-33.7
小型拖拉机 (台)	Small Tractors (set)	3000	3665	-18.1
拖拉机配套农具 (部)	Implements and Accessories for Tractors (unit)	2100	5487	-61.7
耕整机 (台)	Cultivators (set)	4200	81770	-94.9
农用水泵 (台)	Agriculture Pumps (set)	34606	34486	0.3
联合收获机 (台)	Combine Harvesters (set)	52	48	8.3
机动脱粒机 (台)	Power Threshers (set)	42148	39083	7.8
谷物烘干机 (台)	Grain Drying Machines (set)	90	83	8.4
饲草料加工机械 (台/套)	Processing Machinery of Fodder and Hay (set/unit)	24480	21649	13.1
机动挤奶机 (台)	Mobile Milking Machines (set)	551	551	持平 even
农用运输车 (辆)	Agricultural Vehicles (unit)	14575	16802	-13.3

注:本表资料由市农委提供。
a) Data in this table are providied by Guiyang Municipal Agricultural Commission.

9-3 主要农作物播种面积
Total Sown Areas of Major Farm Crops

单位:公顷 (hectare)

指 标	Item	2018	2017	2018 年比 2017 年增长(%) Growth Rate in 2018 over 2017(%)
农作物总播种面积	**Total Sown Area**	**257710**	**264847**	**-2.7**
粮食作物播种面积	**Sown Areas of Grain Crops**	**88977**	**109250**	**-18.6**
#稻 谷	Rice	28340	28845	-1.8
小 麦	Wheat	2107	1342	57.0
玉 米	Corn	38342	63049	-39.2
大 豆	Soybean	4185	4174	0.3
薯 类	Tubers	15181	11327	34.0
经济作物播种面积	**Sown Areas of Cash Crops**	**168733**	**155597**	**8.4**
#棉 花	Cotton			
油菜籽	Rapeseeds	29504	29341	0.6
花 生	Peanuts	644	644	持平 even
麻 类	Fiber Crops	1	1	持平 even
烤 烟	Flue-cured Tobacco	3421	5924	-42.3
蔬菜及食用菌	Vegetables and Edible Fungus	122066	101877	19.8
西 瓜	Watermelon	562	719	-21.8
青饲料	Succulence	6473	8213	-21.2
绿 肥	Green Manure		1041	-100.0

9-4 主要农作物产品产量及单产
Basic Statistics on Output of Major Farm Products

指 标	Item	2018		2017		2018年比2017年增长(%) Growth Rate in 2018 over 2017(%)	
		产量(万吨) Output (10 000 tons)	单产(公斤/亩) Output Per Hectare(kg/mou)	产量(万吨) Output (10 000 tons)	单产(公斤/亩) Output Per Hectare(kg/mou)	产 量 Output	单 产 Output Per Mou
粮食作物产量	**Grain Crops**	**38.17**	**286**	**43.66**	**266**	**-12.6**	**7.5**
按夏秋粮分	By Seasons						
#夏 粮	Summer Grain	3.67	194	3.97	224	-7.6	-13.4
秋 粮	Autumn Grain	34.50	301	39.69	271	-13.1	11.1
按类别分	By types						
稻 谷	Rice	16.89	397	17.24	398	-2.0	-0.3
小 麦	Wheat	0.58	183	0.47	233	23.4	-21.5
玉 米	Corn	15.28	266	21.86	231	-30.1	15.2
大 豆	Soybean	0.34	54	0.26	42	30.8	28.6
薯 类	Tubers	4.97	218	3.79	223	31.1	-2.2
油料作物	**Oil Crops**	**5.33**	**114**	**5.60**	**120**	**-4.8**	**-5.0**
#油菜籽	Rapeseeds	4.98	112	5.27	119	-5.5	-5.9
花 生	Peanuts	0.15	155	0.15	155	持平 even	持平 even
烤 烟	**Flue-cured Tobacco**	**0.79**	**154**	**1.12**	**126**	**-29.5**	**22.2**
蔬菜及食用菌	**Vegetables and Mushrooms**	**237.28**	**1296**	**206.32**	**1350**	**15.0**	**-4.0**

9-5 茶叶、水果、水产品面积及产量
Basic Statistics on Tea, Fruits and Aquatic Products

指 标	Item	2018	2017	2018年比2017年增长(%) Growth Rate in 2018 over 2017(%)
面 积(公顷)	**Area (Hectare)**			
茶园面积	Area of Tea Fields	18176	16877	7.7
果园面积	Area of Orchards Fields	57114	45202	26.4
产 量(吨)	**Output(ton)**			
茶 叶	Tea	4848	5104	-5.0
园林水果	Garden Fruits	317766	242142	31.2
苹 果	Apples	326	582	-44.0
柑 桔	Citrus	19159	8434	127.2
#桔	Tangerine	8909	4458	99.8
梨	Pears	31994	29547	8.3
桃	Peach	38525	21862	76.2
杨 梅	Red Bayberry	8373	8371	0.0
猕猴桃	Kiwi	91615	48665	88.3
葡 萄	Grape	29306	25210	16.2
柿 子	Persimmons	1438	245	486.9
水产品产量(吨)	**Output of Aquatic Products(ton)**	**2316**	**9821**	**-76.4**

9-6 畜牧业生产
Number of Livestock and Livestock Products

指 标		Item		2018	2017	2018年比2017年增长(%) Growth Rate in 2018 over 2017(%)
猪牛羊家禽出栏头数		**Number of Slaughtered Hogs, Cattle and Poultry**				
当年肉猪出栏头数	(万头)	Annual Slaughtered Fattened Hogs	(10 000 heads)	112. 18	109. 37	2. 6
当年肉用牛出栏头数	(万头)	Annual Slaughtered Beef Cattle	(10 000 heads)	4. 13	3. 96	4. 3
当年羊出栏头数	(万只)	Annual Slaughtered Sheep and Goats	(10 000 heads)	3. 74	3. 49	7. 2
当年家禽出栏头数	(万只)	Annual Slaughtered Poultry	(10 000 heads)	1482. 67	1338. 90	10. 7
当年肉类总产量	**(万吨)**	**Annual Output of Meat**	**(10 000 tons)**	**13. 00**	**12. 48**	**4. 2**
#猪 肉	(万吨)	Pork	(10 000 tons)	9. 86	9. 60	2. 7
牛 肉	(万吨)	Beef	(10 000 tons)	0. 52	0. 50	4. 0
羊 肉	(万吨)	Mutton	(10 000 tons)	0. 07	0. 06	16. 7
禽 肉	(万吨)	Poultry	(10 000 tons)	2. 50	2. 27	10. 1
其他畜产品产量		**Other Livestock Products**				
#牛 奶	(吨)	Milk	(ton)	38021	39800	-4. 5
蜂 蜜	(吨)	Honey	(ton)	94	37	154. 1
禽 蛋	(吨)	Poultry Eggs	(ton)	34908	41012	-14. 9
大牲畜年末存栏头数	**(万头)**	**Large Animal at Year-end**	**(10 000 heads)**	**13. 14**	**14. 20**	**-7. 5**
#牛	(万头)	Cattle and Buffaloes	(10 000 heads)	12. 20	12. 96	-5. 9
肉 牛	(万头)	Beef Cattle	(10 000 heads)	10. 79	11. 31	-4. 6
奶 牛	(万头)	Cows	(10 000 heads)	1. 41	1. 65	-14. 5
马	(万匹)	Horses	(10 000 heads)	0. 93	1. 27	-26. 8
猪年末存栏数	**(万头)**	**Hogs at Year-end**	**(10 000 heads)**	**75. 90**	**77. 87**	**-2. 5**
羊年末存栏数	**(万只)**	**Sheep and Goats at Year-end**	**(10 000 heads)**	**3. 92**	**4. 58**	**-14. 4**
家禽年末存栏数	**(万只)**	**Poultry at Year-end**	**(10 000 heads)**	**1181. 67**	**1112. 63**	**6. 2**

9-7 农林牧渔总产值、增加值
Gross Output Value and Added Value of Agriculture, Forestry, Animal Husbandry and Fishery

指　标	Item	2018		2017		2018 年比 2017 年增长(%) Growth Rate in 2018 over 2017(%)
		绝对数(万元) Value (10 000 yuan)	构　成(%) Proportion (%)	绝对数(万元) Value (10 000 yuan)	构　成(%) Proportion (%)	
农林牧渔业总产值(万元)	**Total**	**2562556**	**100.0**	**2479970**	**100.0**	**6.7**
农业产值	**Output Value of Farming**	**1760261**	**68.7**	**1625245**	**65.5**	**9.1**
谷物及其他作物	Grain and Others	175944	6.9	199073	8.0	-13.0
蔬菜园艺作物	Vegetables and Horticultural Crops	1182805	46.2	1050691	42.4	13.6
水果、饮料和香料作物	Fruit, Beverage and Aromatic Crops	354281	13.8	307758	12.4	17.0
中药材	Medicinal Materials	47230	1.8	67723	2.7	-30.2
林业产值	**Output Value of Forestry**	**25963**	**1.0**	**15642**	**0.6**	**72.3**
林木的培育和种植	Cultivating and Planting of Forest	23184	0.9	5396	0.2	347.2
竹木采运	Transporting of Timber & Bamboo	2706	0.1	10030	0.4	-72.7
林产品	Collecting of Forest Products	73	0.002	216	0.008	-63.9
牧业产值	**Output Value of Animal Husbandry**	**614982**	**24.0**	**671298**	**27.1**	**3.3**
牲畜饲养	Animal Raising	101616	4.0	112722	4.5	3.8
猪的饲养	Hogs Raising	305897	12.0	341783	13.8	2.0
家禽饲养	Poultry Raising	199769	7.7	212701	8.6	3.3
其他畜牧业	Others	7700	0.3	4092	0.2	88.2
渔业产值	**Output Value of Fishery**	**5930**	**0.2**	**28990**	**1.2**	**-78.1**
农、林、牧、渔专业及辅助性活动	**Output Value of Agriculture, Forestry, Animal Husbandry and Fishery**	**155420**	**6.1**	**138794**	**5.6**	**5.8**
农林牧渔业增加值(当年生产价)	**Added Value of Agriculture, Forestry, Animal Husbandry and Fishery (at current price)**	**1636356**	**100.0**	**1569017**	**100.0**	**6.5**
农　业	Agriculture	1151144	70.4	1058623	67.5	8.9
林　业	Forestry	16240	1.0	10562	0.7	70.6
牧　业	Animal Husbandry	359999	22.0	387547	24.7	3.1
渔　业	Fishery	3649	0.2	16575	1.0	-78.1
农、林、牧、渔专业及辅助性活动	Service Industry of Agriculture, Forestry, Animal Husbandry and Fishery	105324	6.4	95710	6.1	5.8

注:表中绝对数按当年价格计算,增长速度按可比价格计算。

a) Data in value terms in this table are calculated at current prices, while growth rate is calculated at comparable prices.

主要统计指标解释

农林牧渔业总产值 是以货币表现的农林牧渔业的全部产品总量和对农林牧渔业生产活动进行的各种支持性服务活动的价值。它反映一定时期内农林牧渔业生产总规模和总成果。根据农业生产特点,农林牧渔业总产值的核算采用“产品法”进行计算,即用产品产量乘以价格求出各种产品的产值,然后把它们加总求得各业的产值,最后各业相加求出农林牧渔业总产值。

农林牧渔业增加值 指农、林、牧、渔及农林牧渔服务业生产货物或提供服务活动而增加的价值,为农林牧渔业现价总产值扣除农林牧渔业现价中间投入后的余额。农林牧渔业增加值核算采用“生产法”和“分配法”两种方法计算。

(1)生产法:这是目前各地计算增加值普遍使用的一种方法。即由现价农林牧渔业总产值减去农林牧渔业中间消耗(不包括固定资产折旧及大修理基金)的方法取得。

(2)分配法:分配法也称收入法,是根据各种生产要素在生产过程中应取得收入份额来进行计算的一种方法。农林牧渔业增加值=固定资产折旧+劳动者报酬+生产税净额(生产税-生产补贴)+营业盈余

耕地面积 指种植农作物的土地。包括熟地,新开发、复垦、整理地,休闲地(含轮歇地、轮作地);以种植农作物(含蔬菜)为主,间有零星果树、桑树或其他树木的土地;平均每年能保证收获一季的已垦滩地和海涂。耕地中包括南方宽度<1.0 米、北方宽度<2.0 米固定的沟、渠、路和地坎(埂);临时种植药材、草皮、花卉、苗木等的耕地,以及其他临时改变用途的耕地。

农业机械总动力 指全部农业机械动力的额定功率之和。农业机械是指用于种植业、畜牧业、渔业、农产品初加工、农用运输和农田基本建设等活动的机械及设备。

化肥使用量(折纯量) 指本年度内实际用于农业生产的化学肥料数量,包括氮肥、磷肥、钾肥和复合肥。使用量要求按折纯量计算数量,即各类化学肥料的实际施用数量按其含氮、含五氧化二磷、含氧化钾的比例折成百分之百计算。折纯量=实物量×某种化肥有效成份含量的百分比。

有效灌溉面积 指具有一定的水源,地块比较平整,灌溉工程或设备已经配套,在一般年景下当年能够进行正常灌溉的耕地面积。在一般的情况下,有效灌溉面积应等于灌溉工程或设备已经配套,能够进行正常灌溉的水田和水浇地面积之和。

农作物播种面积 指农业生产经营者应在日历年度内收获农作物在全部土地(耕地或非耕地)上的播种或移植面积。凡是本年内收获的农作物,无论是本年还是上年播种,都算为播种面积,但不包括本年播种,下年收获的农作物面积。移植的农作物面积按移植后的面积计算,不计算移植前的秧田、畦田等面积。多年生作物,即播种后可连续生长多年的缩根性草本植物,如有些麻类、中药等作物的播种面积,按本年新增面积加往年的连续累计面积计算。如果因灾害等原因,应该收获却未能收获,也要按原播种面积计算,新补或改种,并在本年收获的,要按复种作物计算面积。间种、混种的作物面积按比例折算各个作物的面积,如果完全混合、同步生长、收获的作物,按混合面积平均分配。复种、套种的作物,按次数计算面积,每种一次计算一次。再生稻、再生高粱、再生烟等,因其没有经过播种或移植,不算入播种面积。

粮食产量 指农业生产经营者日历年度内生产的全部粮食数量。按收获季节包括夏收粮食、早稻和秋收粮食,按作物品种包括谷物、薯类和豆类。其中谷物包括小麦、玉米、早稻、中稻和一季晚稻、双季晚稻、大麦、高粱、谷子、荞麦等禾本科和蓼科粮食作物;薯类只包括马铃薯、甘薯,木薯统计在其它农作物,芋头等其它薯统计在其它蔬菜;豆类包括大豆、绿豆、红小豆、杂豆等。谷物产量按脱粒后的原粮计算,薯类按鲜薯重量的5:1 折算,豆类按去豆荚后的干豆计算。

经济作物 指除粮食作物之外,种植在耕地或非耕地上的农作物。包括油料、棉花、麻类、糖料、烟叶、中草药材、蔬菜、瓜果等。

油料产量 指全部油料作物的生产量。包括花生、油菜籽、芝麻、向日葵籽、胡麻籽(亚麻籽)和其他油料。不包括大豆、木本油料和野生油料。花生以带壳干花生计算。

茶叶产量 是指本年度内生产的全部茶叶产量。包括从成片茶园和零星种植的茶树以及荒芜未垦复的茶树上所采摘的全部产量。不论自食的或出售的,都应统计在内。茶叶的产量按经过初步加工的干毛茶的重量计算。根据制造方法的不同和品质上的差异,将茶叶分为绿茶、青茶、红茶其他茶等。

园林水果 指农业生产经营者日历年度内在专业性果园、林地及零星种植果树(藤)上生产的水果。包括苹果、梨、柑橘类、热带及亚热带水果和其它园林水果如桃、葡萄、红枣等,不包括采集的野生水果。按实收的鲜果计算产量。经脱水、晾干等处理的干果,如干枣、葡萄干、柿饼、桔饼等一律折合成鲜果计算。

水果产量 指农业生产经营者日历年度内生产的乔木类和藤本类水果、多年草本水果及果用瓜。包括园林水果和非园林水果(瓜果类),不包括采集的野生水果。按鲜果产量计算。经脱水、晾干等处理的干果,如干枣、葡萄干、柿饼、桔饼等一律折合成鲜果计算。

茶园、果园面积 是指成片种植的茶园、果园面积,包括原有的、垦复的和本年新植定株的面积,以及调查时虽已荒芜,但只要稍加开垦、修整和培育后就能恢复生产的面积,不论树龄大小,也不论当年有无得到收益,都要包括在内。茶园、果园面积中,不包括培育幼苗的苗圃面积。零星种植的桑树、果树株数和茶树的丛数,不必折算面积。

造　林 指在宜林地、无立木林地、疏林地、灌木林地和有林地上通过人工措施形成、恢复或改善森林、林木、灌木林的过程。按造林地类分为荒山荒(沙)地造林和有林地造林。

荒山荒(沙)地造林 指报告期内宜林荒山荒地、宜林沙荒地、无立木林地、疏林地和退耕地等其他宜林地上通过人工措施形成或恢复森林、林木、灌木林的过程。包括三种造林方式:人工造林、飞播造林、无林地和疏林地新封山(沙)育林。

有林地造林 指在灌木林地和有林地上通过人工措施改善森林、林木、灌木林的过程。包括三种造林方式:林冠下造林、飞播营林、有林地和灌木林地新封山(沙)育林。

猪、牛、羊出栏头数 指育肥出售和自食的头数。包括淘汰的和因伤死的耕牛、肉牛、奶牛和羊。猪出栏不包括个别地区习惯吃的“烤小猪”或出口的“乳猪”。

禽、兔出栏数 指统计期内出栏供屠宰的家禽和家兔。不包括出卖的雏禽和幼兔。

猪期末存栏 指本调查期末饲养生猪的总量,包括15公斤以下仔猪、待育肥猪(架子猪)和种猪等数量之和。

能繁殖母猪 是指猪龄约在9个月(包括9个月)以上的、具备繁殖能力的母猪。

肉类总产量 指各种牲畜及家禽、兔等动物肉产量总计。猪、牛、羊、马、驴、骡、骆驼肉产量按去掉头蹄下水后带骨肉的胴体重量计算,兔禽肉产量按屠宰后去毛和内脏后的重量计算。

水产品产量 指渔业(捕捞和养殖)生产活动的最终有效成果,包括全部海水和淡水鱼类、甲壳类(虾、蟹)、贝类、头足类、藻类和其它类渔业产品的最终产量。不包括渔业生产过程中的中间成果,如鱼苗、鱼种、亲鱼、转塘鱼、存塘鱼和自用作饵料的产品等。水产品在上岸前已经腐烂变质,不能供人食用或加工成其他制品的,不统计在水产品产量中。

Explanatory Notes on Main Statistical Indicators

Gross Output Value of Agriculture, Forestry, Animal Husbandry and Fishery refers to the total value of products of agriculture, forestry, animal husbandry and fishery, and total value of services in support of agriculture, forestry, animal husbandry and fishery activities. It reflects the total scale and outputs of agricultural production during a given period. Gross output value of agriculture is obtained by multiplying the output of each product or by-product by its price, resulting in the output value of each single item, thus addition leads to gross output value of agriculture.

Added Value of Agriculture, Forestry, Animal Husbandry and Fishery refers to the total value of products of agriculture, forestry, animal husbandry and fishery and also the added value from tertiary production of goods and tertiary activities. It is obtained from the current gross output value of agriculture, forestry, animal husbandry and fishery divided by its balance after the current rate for intermediate inputs. Two ways of calculating the added value are method of production and method of distribution.

(1) Method of production: now one of the common and widespread ways to calculate the added value. It is obtained from the current gross output value of agriculture, forestry, animal husbandry and fishery minus intermediate consumption of those industries (excluding depreciation of fixed assets and fund for major overhaul).

(2) Method of distribution: also called method of income. It is a way to calculate due income share based on various production factors in the process of production. Added Value of Agriculture, Forestry, Animal Husbandry and Fishery = depreciation of fixed assets + laborers´ remuneration + net taxes on production (taxes on production - production subsidy) + operating surplus.

Cultivated Area (Area under Cultivation) refers to farmland for growing crops, including cultivated land, newly cultivated land, reclamation land, fallow land (including rotation plot and transferring cultivation of paddy and upland land); it includes mainly land for crop planting (including vegetables) with some land for fruit trees, mulberry trees and other trees, and cultivated seashore land and shoal for a season´s harvest. The plantation of mulberry fields, tea plantations, and orchards, nurseries of young plants, forest land, reeds and natural or artificial pasture are not included in this category. The cultivated land includes fixed ditch, trench, path and sill less than 1.0 meter in South and North in terms of its width; and temporary land for planting medicinal materials, turf, flowers, and nursery stock, as well as land used for other temporary usage.

Total Power of Agriculture Machinery refers to total rated mechanical power used in agriculture, forestry, animal husbandry and fishery. Here agricultural machinery refers to those machinery and equipment used in crop framing, animal husbandry, fishery, primary process of agricultural products, farm transport vehicle and farmland capital construction equipment.

Consumption of Chemical Fertilized in Agriculture refers to the quantity of chemical fertilizers actually applied in the agriculture in the current year, including nitrogenous fertilizer, phosphate fertilizer, potash fertilizer, and compound fertilizer. The consumption of chemical fertilizers is calculated at volume of effective components, which means various chemical fertilizer, such as nitrogen, phosphorus pentoxide, potassium oxide, are accounted by being converted into percentage. Volume of effective components = physical quantity of goods * percentage of effective ingredient of some fertilizers.

Effective Irrigated Area refers to arable land that are effectively irrigated, i. e. relatively level land, where there are water sources or complete sets of irrigation facilities to lift and transport adequate water for irrigation purpose under normal conditions. Generally, effective irrigated area means paddy field and irrigated land with normal irrigation where irrigation project and equipment has been complete.

Sown Area of Crops refers to area of land sown or transplanted with crops regardless of cultivated area or non-cultivated area for agricultural production operator within the calendar year. The crops harvested this year, regardless of this-year or last-year sow, are all considered as area of crops, but it excludes the area of crops sown this year for next-year harvest. Area of transplanted crops is counted through the area of transplantation, which excludes rice field and ridge-bordered plots before transplantation. The area of perennial crops, which can grow continuously many years after planting the root herbs, such as some hemp and Chinese traditional medicine is counted based on new area accumulated that of the previous year. In case of disasters, due crops failed to harvest; thus the area of crops should be counted by the previous area of crops; Addition and revert to plant other crops being harvested within this year is counted by multiple crops′ area. The area of crossbred and interplant convert to respective area based on proportion while crops of complete crossbred and synchronous growth to harvest are counted through the equal division of mixed area. The area of multiple cropping and interplant are counted based on times-one calculation per time. Ratoon rice, regeneration sorghum and aftergrowth tobacco cannot be counted into the area of crops because of without sow or transplant.

Grain Output refers to the total output of grains produced by all agricultural producers within the calendar year. According to harvest season, grains include summer-harvest grain, early season rice, and autumn-harvest grain; according to crop variety, grains include cereals, beans and tubers-cereals include gramineous crops, such as wheat, corn, early rice, middle-season rice, single-cropping late rice, double-cropping late rice, barley, sorghum, millet and polygonaceae crops; beans only include potatoes and sweet potatoes while cassava are counted into other crops, and other tubers such as taro is counted into other vegetables; beans include soybeans, green beans, red beans and mixed beans etc. Grain yield is calculated after raw grain thresh, potato′s weight have reduced one fifth compared to the fresh potato; beans is calculated based on dried beans without pod.

Economic crops refer to those crops planted in arable lands or bare places except grains, which include oil, cotton, hemp, sugar, tobacco, Chinese medicine, vegetable, and fruits etc.

Yield of Oil Bearing Crops refers to the total yield of oil bearing crops of various kinds, including peanuts, rapeseeds, sesame, sunflower seeds, flax seeds, and other oil bearing crops. Soybeans, oil bearing woody plants, and wild oil bearing crops are not included. Dried peanuts are counted with shells.

Yield of Tea refers to gross yield of tea in this calendar year, including those picked from tea gardens, scattered tea trees and desolate uncultivated trees. Tea for self-sufficient need or sales are all included. The yield of tea is calculated based on dry semi-finished tea through initial processing. According to different manufacturing methods and quality of products, teas are divided into green tea, blue tea, black tea and so on.

Garden fruits refer to the fruit produced by agricultural production operator in the calendar year planted in the specialized orchard, forest and scattered fruit trees, including apples, pears, citrus, tropical and subtropical fruits and other garden fruits such as peach, grape and red dates etc.. Wild fruits collected are excluded. The yield of fruits is counted by actual collected fresh fruits. Nuts through the process of dehydration and airing, such as dry dates, raisin, dried persimmon and flattened orange, are counted as fresh fruits.

Yield of Fruits refer to timber and vine fruits, several-year herb fruits and melons produced by agricultural production operator in the calendar year, including garden fruits and non-garden fruits(melons); Wild fruits collected are excluded. The yield of fruits is counted by fresh fruits. Nuts through the process of dehydration and airing, such as dry dates, raisin, dried persimmon and flattened orange, are counted as fresh fruits.

Tea Plantations, Orchards Areas refer to tableted tea plantations and richards, including those original, reclaimed and newly planted areas. Although they were desolated when under research, those areas can put back on production with proper reclamation, adjustment and nurture. Despite of tree ages and current-year profits, those areas are included. The area of tea plantation and orchard excludes area of nursery bed cultivating seedling.

Afforestation refers to a process of forming, returning or improving forests, trees and shrubs through artificial measures in suitable land for forest, bare land, open forest land, shrubland and forest land. According to category of afforestation, land of afforestation is divided into afforestation on barren and sand land as well as forest land.

Afforestation on Barren and Sand land refers to a process of forming and returning forests, trees and shrubs through artificial measures in waste hills and unreclaimed lands suitable for afforestation, sand lands suitable for afforestation, bare lands, open forest land and rehabilitated land during the reporting period.

Afforestation on Forest Land refers to a process of improving forests, trees and shrubs through artificial measures in shrubs lands and forest lands, which includes three ways of afforestation–afforesting the canopy base, afforestation by aerial seeding, the project of closing hillsides to facilitate afforestation in forest lands and shrub lands.

Output of Pork, Beef, Mutton refers to amount of fattening animals for sales and self–sufficient, including obsolete farm cattle, meat castle, milk sheep and sheep dead from injury. The amount of pork excludes grilled young pig eaten habitually in some special districts or suckling pig for export.

Output of Poultry and Rabbits refer to the poultry and rabbits raised for slaughter in the statistical period, which excludes young birds and immature rabbit.

Amount of Pig in Stock at Year–end refers to total amount of swine raised at end of the reference period, including the total amount of piglet under 15 kg, fattening pig (feeder pig) and boar.

Fertile Boar refers to boar above 9 months (including 9 months) with fertility.

Total Output of Aquatic Products refers to total meat yield of animals including various livestock, poultry and rabbits. The yield of meat includes carcass with bones and meat without animal offals and head and feet of animals such as pig, cattle, sheep, horse, donkey, mule, camel. The yield of rabbit excludes fur and offals after slaughtering.

Output of Aquatic Products refers to the final output actually yielded from fishing production (fishery and breeding), including all output of marine and freshwater fish, crustacea (shrimps, crabs), mollusc, cephalopod, seaweed and other fishery products; but it excludes the intermediate output in the process of fishery, such as fry, fingerling, parent fish, pond–turning fish, pond–desppositing fish and products for personal use as bait. Aquatic products putrid before landing cannot be eaten or processed to make other aquatic products, which are not counted in the yield of aquatic products.

Ten

国内外贸易及旅游

Domestic Trade, Foreign Trade and Tourism

10-1 社会消费品零售总额
Total Retail Sales of Consumer Goods

单位:万元 (10 000 yuan)

指 标	Item	2018	2017	2018 年比 2017 年增长(%) Growth Rate in 2018 over 2017(%)
总 计	**Total**	**12994714**	**12030837**	**8.0**
按销售单位所在地分	**Grouped by Area**			
城 镇	Towns and Cities	11465580	10344102	10.8
#城 区	Urban Areas	10837239	9818437	10.4
乡 村	Rural Areas	1529134	1686735	-9.3
按消费形态分	**Grouped by Consumption Patterns**			
餐费收入	Income from Meals	490566	434337	12.9
商品销售额	Sales of Commodities	12504148	11596500	7.8

注:因国家统计报表制度变化,此处作为对比,2017 年社会消费品零售总额按 2018 年口径调整。

a) On account of changes in national statistical systems and in order to make a contrast and comparison between the two years, the data of total retail sales of consumer goods in 2017 has been adjusted according to the related caliber of 2018.

10-2 住宿和餐饮业经营情况
Statistics on Hotels and Catering Services

单位:万元 (10 000 yuan)

年 份 Year	营业额 Gross Revenue	限额以上企业(单位) Enterprises(units) above Designated Size	限额以下企业及个体户 Enterprises below Designated Size and Individual Operators	商 品 零售额 Retail Sales	限额以上企业(单位) Enterprises(units) above Designated Size	限额以下企业及个体户 Enterprises below Designated Size and Individual Operators
2010	797286	181508	615778	599559	117181	482378
2011	891366	250012	641354	620390	158480	461910
2012	977828	306834	670994	620920	191518	429402
2013	1048623	321717	726906	586390	191357	395033
2014	1197020	310092	886928	636815	178759	458056
2015	1411891	266666	1145225	745787	150314	595473
2016	1646389	274761	1371628	894944	158063	736881
2017	1905647	314517	1591130	1042135	176300	865835
2018	2132373	337623	1794750	1261201	181851	1079350

注:2013 年和 2014 年各项指标数据均为经济普查调整数据。

a) All data of 2013 and 2014 are the adjustment data of economic census.

10-3 批发零售贸易业销售总额
Total Sales of Wholesale and Retail Trades

单位:万元 (10 000 yuan)

年 份 Year	销 售 总 额 Total Sales	限额以上企业(单位) Enterprises (units) above Designated Size	限额以下企业及个体户 Enterprises below Designated Size and Individual Operators	批发业销售额 Total Sales of Wholesale Trade	限额以上企业(单位) Enterprises (units) above Designated Size	限额以下企业及个体户 Enterprises below Designated Size and Individual Operators	零售业销售额 Total Sales of Retail Trade	限额以上企业(单位) Enterprises (units) above Designated Size	限额以下企业及个体户 Enterprises below Designated Size and Individual Operators
2010	10289425	7311541	2977884	6214681	4974233	1240448	4074744	2337308	1737436
2011	12679806	8959683	3720123	7505724	5532897	1972827	5174082	3426786	1747296
2012	15204267	12170225	3034042	9111949	8026142	1085807	6092318	4144083	1948235
2013	19417549	15700677	3716872	11988816	10369081	1619735	7428733	5331596	2097137
2014	21429329	18453268	2976061	12864000	12112432	751569	8565329	6340836	2224493
2015	23022404	18439332	4583071	13346441	11910359	1436082	9675962	6528973	3146989
2016	27278050	18198177	9079873	15928146	10942703	4985443	11349904	7255474	4094430
2017	32045004	21111394	10933610	18890596	12812986	6077609	13154408	8298408	4856001
2018	33956973	21982041.7	11974932	19750127	13647832	6102295	14206846	8334209	5872637

注:2013 年和 2014 年各项指标数据均为经济普查调整数据。

a) All data of 2013 and 2014 are the adjustment data of economic census.

10-4 限额以上批发和零售业企业基本情况(2018年)

指　　标	Item
总　计	**Total**
批发业	**Wholesale Trade**
按批发行业小类分(2011)	**By Sectors**
农、林、牧、渔产品批发	Wholesale of Agricultural, Forestry, Livestock and Fishery Products
畜牧渔业饲料批发	Wholesale of Livestock and Fishery Feed
其他农牧产品批发	Wholesale of Other Agricultural and Animal Husbandry Products
食品、饮料及烟草制品批发	Wholesale of Food, Beverages and Tobacco Products
米、面制品及食用油批发	Wholesale of Rice, Flour and Edible Oil
肉、禽、蛋、奶及水产品批发	Wholesale of Meats, Poultry, Eggs, Milk and Aquatic Products
盐及调味品批发	Wholesale of Salt and Flavouring
酒、饮料及茶叶批发	Wholesale of Liquor, Beverages and Tea
烟草制品批发	Wholesale of Tobacco Products
纺织、服装及家庭用品批发	Wholesale of Texiles, Garments and Household Articles
服装批发	Wholesale of Garments
鞋帽批发	Wholesale of Shoes and Hats
化妆品及卫生用品批发	Wholesale of Cosmetics and Hygienic Products
厨房卫具及日用杂品批发	Wholesale of Kitchen Ware and Daily Necessities
家用视听设备批发	Wholesale of Household Audio-visual Equipment
日用家电批发	Wholesale of Household Appliances
其他家庭用品批发	Wholesale of Other Household Articles
文化、体育用品及器材批发	Wholesale of Culture Articles and Sports Appliances and Equipments
文具用品批发	Wholesale of Stationery
图书批发	Wholesale of Books
其他文化用品批发	Wholesale of Other Culture Articles
医药及医疗器材批发	Wholesale of Medicines and Medical Equipments
西药批发	Wholesale of Western Medicines
中药批发	Wholesale of Traditional Chinese Medicines
矿产品、建材及化工产品批发	Wholesale of Mineral Products, Building Materials and Chemical Products
煤炭及制品批发	Wholesale of Coal and Coal Products
石油及制品批发	Wholesale of Petroleum and Related Products
非金属矿及制品批发	Wholesale of Non-metallic Minerals and Related Products
金属及金属矿批发	Wholesale of Metals and Metalliferous Minerals
建材批发	Wholesale of Building Materials
化肥批发	Wholesale of Chemical Fertilizers
其他化工产品批发	Wholesale of Other Chemical Products
机械设备、五金产品及电子产品批发	Wholesale of Machinery, Hardware and Electronic Products
汽车零配件批发	Wholesale of Automotive Spare and Accessory Parts
摩托车及零配件批发	Wholesale of Motorcycles and Related Spare and Accessory Parts
五金产品批发	Wholesale of Hardware Products
计算机、软件及辅助设备批发	Wholesale of Computers, Softwares and Assistant Appliances
通讯设备批发	Wholesale of Communication Equipment
其他机械设备及电子产品批发	Wholesale of Other Machinery and Electronic Products

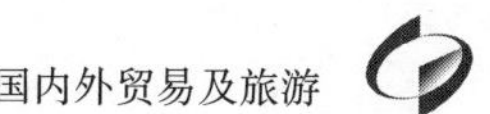

Basic Conditions of Enterprises above Designated Size in Wholesale and Retail Trades(2018)

法人企业数(个) Number of Corporations (unit)	年末从业人员(人) Employees at Year-end (person)	年末零售营业面积(平方米) Area of Retail Business at Year-end (sq. m.)
605	**60905**	**1853813**
258	**20869**	**175806**
3	54	555
2	26	270
1	28	285
31	3074	13954
8	602	2820
4	268	822
4	268	822
9	389	9847
3	1358	30
14	1275	4934
5	400	4784
1	135	150
2	72	
1	97	
1	276	
3	266	
1	29	
9	437	9721
3	53	525
2	331	8146
4	53	1050
64	4822	79536
38	3908	70180
10	490	7200
85	8360	50444
11	207	3582
7	6297	29200
3	24	
30	933	3358
16	333	1510
6	125	12300
12	441	494
45	2007	15342
18	877	12750
3	88	500
2	75	42
6	161	820
4	25	200
11	669	1030

10-4 续表 1

指　　标	Item
其他批发业	Other Wholesales
互联网批发	Wholesale Through Internet
其他未列明批发业	Other Wholesales not Listed Here
按登记注册类型分	**By Status of Registration**
内资企业	Domestic Funded Enterprises
国有企业	State-owned Enterprises
集体企业	Collective-owned Enterprises
有限责任公司	Limited Liability Corporations
国有独资公司	State Sole Funded Corporations
其他有限责任公司	Other Limited Liability Corporations
股份有限公司	Share-holding Corporations Ltd.
私营企业	Private Enterprises
私营独资企业	Sole Proprietorship
私营有限责任公司	Private Limited Liability Corporations
私营股份有限公司	Private Share-holding Corporations Ltd.
外商投资企业	Enterprises with Foreign Investment
中外合资经营企业	Sino-foreign Equity Joint Ventures
按控股情况分	**By Holdings**
国有控股	State-owned Holding
集体控股	Collective Holding
私人控股	Private Holding
其　他	Others
按经营形式分	**By Management Forms**
独立门店	Independent Stores
连锁总店	Chain Store Headquarters
连锁直营店	Chain Stores
连锁加盟店	Franchised Outlets
其　他	Others
按单位规模分	**By Scale**
大　型	Large
中　型	Medium
小　型	Small
微　型	Minitype
零售业	**Retail Trade**
按零售行业小类分(2011)	**By Sector**
综合零售	Integrated Retail
百货零售	Retail of General Merchandise
超级市场零售	Retail of Supermarkets
其他综合零售	Other Integrated Retails
食品、饮料及烟草制品专门零售	Specialist Retail of Food, Beverages and Tobacco Products
粮油零售	Retail of Grain and Oils
肉、禽、蛋、奶及水产品零售	Retail of Meats, Poultry, Eggs, Milk and Aquatic Products

(continued)

法人企业数(个) Number of Corporations (unit)	年末从业人员(人) Employees at Year-end (person)	年末零售营业面积(平方米) Area of Retail Business at Year-end (sq. m.)
7	840	1320
2	2	500
5	838	820
252	19768	173853
8	1752	955
2	21	6000
96	6115	109758
14	893	10580
82	5222	99178
8	6001	24782
138	5879	32358
136	5579	28358
2	300	4000
3	491	305
1	64	
55	10311	52660
5	273	6000
184	8519	55997
11	1016	59201
90	4818	70453
168	16051	105353
8	3556	3548
126	9906	107324
106	1716	40173
18	5691	24761
347	**40036**	**1678007**
61	14889	798774
25	3308	338422
29	10819	439700
6	487	14752
32	654	35269
4	81	8160
1	20	20

10-4 续表2

指　　标	Item
酒、饮料及茶叶零售	Retail of of Liquor, Beverages and Tea
其他食品零售	Retail of Other Food
纺织、服装及日用品专门零售	Specialist Retail of Texiles, Garments and Daily Necessities
纺织品及针织品零售	Retail of Texiles and Knitgoods
服装零售	Retail of Garments
化妆品及卫生用品零售	Retail of Cosmetics and Hygienic Products
钟表、眼镜零售	Retail of Clocks, Watches and Glasses
厨房用具及日用杂品零售	Retail of Kitchen Utensils and Daily Groceries
其他日用品零售	Retail of Other Daily Necessities
文化、体育用品及器材专门零售	Specialist Retail of Culture and Sports Appliances and Equipments
文具用品零售	Retail of Stationery
体育用品及器材零售	Retail of Sports Appliances and Equipments
图书、报刊零售	Retail of Books, Newspapers and Periodicals
工艺美术品及收藏品零售	Retail of Arts and Crafts and Related Collectibles
照相器材零售	Retail of Photographic Apparatus
其他文化用品零售	Retail of Other Culture Articles
医药及医疗器材专门零售	Specialist Retail of Medicines and Medical Devices
西药零售	Retail of Western Medicine
中药零售	Retail of Chinese Medicine
医疗用品及器材零售	Retail of Medical Supplies and Equipments
汽车、摩托车、燃料及零配件及其他动力销售	Automobiles, Motorcycles, Fuels, Spare and Accessories, and Other Driving Forces
汽车新车零售	Retail of New Automobiles
汽车旧车零售	Retail of Used Automobiles
汽车零配件零售	Retail of Automotive Spare and Accessory Parts
摩托车及零配件零售	Retail of Motorcycles and Related Spare and Accessory Parts
机动车燃油零售	Retail of Motor Fuel
机动车燃气零售	Retail of Motor Gas
家用电器及电子产品专门零售	Specialist Retail of Household Electrical Appliances and Electronic Products
家用视听设备零售	Retail of Household Audio Visual Equipments
日用家电设备零售	Retail of Household Electric Appliances
计算机、软件及辅助设备零售	Retail of Computers, Softwares and Assistant Appliances
通信设备零售	Retail of Communication Facilities
其他电子产品零售	Retail of Other Electronic Products
五金、家具及室内装饰材料专门零售	Specialist Retail of Hardware Products, Furniture and Interior Decoration Materials
五金零售	Retail of Hardware Products
灯具零售	Retail of Lamps
家具零售	Retail of Furniture
涂料零售	Retail of Coating
木质装饰材料零售	Retail of Wood-based Materials
陶瓷、石材装饰材料零售	Retail of Ceramic and Stone Decorative Materials
货摊、无店铺及其他零售业	Stalls, Non-shop and Other Retails
互联网零售	Internet Retail

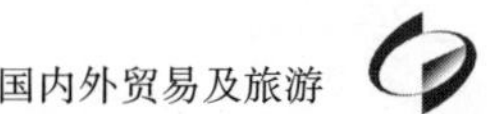

(continued)

法人企业数(个) Number of Corporations (unit)	年末从业人员(人) Employees at Year-end (person)	年末零售营业面积(平方米) Area of Retail Business at Year-end (sq. m.)
17	328	23239
2	25	950
13	2379	41465
8	1755	40527
1	20	140
2	38	198
1	11	100
9	520	6383
1	13	200
1	24	1013
4	399	4740
1		35
1	65	80
11	5675	102812
9	5583	100792
2	92	2020
178	12569	564293
155	10287	384149
1	2	200
2	29	430
1	4	100
18	2168	171347
1	79	8067
27	2160	120471
2	34	663
8	944	115815
10	521	913
5	623	3080
2	38	
5	57	5465
1	7	2000
2	11	2600
1	28	340
1	11	525
11	1133	3075
8	780	1875

10-4 续表3

指　　标	Item
邮购及电视、电话零售	Retail Goods Sold via Mail Order, Television and Telephone
生活用燃料零售	Retail of Residential Fuels
其他未列明零售业	Other Retails Not Listed Here
按登记注册类型分	**By Status of Registration**
内资企业	Domestic Funded Enterprises
国有企业	State-owned Enterprises
集体企业	Collective-owned Enterprises
股份合作企业	Cooperative Enterprises
联营企业	Joint Ownership Enterprises
集体联营企业	Collective Joint Ownership Enterprises
有限责任公司	Limited Liability Corporations
国有独资公司	State Sole Funded Corporations
其他有限责任公司	Other Limited Liability Corporations
股份有限公司	Share-holding Corporations Ltd.
私营企业	Private Enterprises
私营独资企业	Sole Proprietorships
私营有限责任公司	Private Limited Liability Corporations
私营股份有限公司	Private Share-holding Corporations Ltd.
其他企业	Other Enterprises
港、澳、台商投资企业	Enterprises with Funds from Hong Kong, Macao and Taiwan
与港澳台商合资经营企业	Joint-venture Enterprises with Funds from Hong Kong, Macao and Taiwan
港澳台商独资企业	Sole Proprietorships with Funds from Hong Kong, Macao and Taiwan
外商投资企业	Enterprises with Foreign Investment
中外合资经营企业	Chinese-foreign Equity Joint Ventures
外资企业	Enterprises with Foreign Funds
按控股情况分	**By Holding**
国有控股	State-owned Holding
集体控股	Collective-owned Holding
私人控股	Private Holding
港澳台商控股	Hong Kong, Macao and Taiwan Holdings
外商控股	Foreign Holding
其　他	Others
按经营形式分	**By Management Forms**
独立门店	Independent Stores
连锁总店(总部)	General Chain Store(Headquarters)
连锁直营店	Chain Stores
连锁加盟店	Franchised Outlets
其　他	Others
按单位规模分	**By Scale**
大　型	Large
中　型	Medium
小　型	Small
微　型	Minitype

(continued)

法人企业数(个) Number of Corporations (unit)	年末从业人员(人) Employees at Year-end (person)	年末零售营业面积(平方米) Area of Retail Business at Year-end (sq. m.)
1	296	
1	7	1000
1	50	200
338	37576	1548416
3	969	103720
1	6	1200
1	168	879
1	16	1500
1	16	1500
132	18871	792550
3	87	15201
129	18784	777349
10	1925	65644
190	15621	582923
5	86	2201
182	15282	569522
2	243	10600
4	1100	70722
3	430	55980
1	670	14742
5	1360	58869
1	210	200
4	1150	58669
32	4789	273092
5	147	13367
281	31559	1220560
4	1100	70722
5	1360	58869
20	1081	41397
284	24268	1107478
17	10916	382410
2	879	31161
1	42	4328
43	3931	152630
15	17224	749047
143	18964	688486
143	3611	207378
46	237	33096

10-5 限额以上批发和零售业企业商品销售情况(2018年)

单位:万元

指　　标	Item
总　　计	**Total**
批发业	**Wholesale Trade**
按批发行业小类分(2011)	**By Sector**
农、林、牧、渔产品批发	Wholesale of Agricultural, Forestry, Livestock and Fishery Products
畜牧渔业饲料批发	Wholesale of Livestock and Fishery Feed
其他农牧产品批发	Wholesale of Other Agricultural and Animal Husbandry Products
食品、饮料及烟草制品批发	Wholesale of Food, Beverages and Tobacco Products
米、面制品及食用油批发	Wholesale of Rice, Flour Products and Edible Oil
肉、禽、蛋、奶及水产品批发	Wholesale of Meat, Poultry, Eggs, Milk and Aquatic Products
盐及调味品批发	Wholesale of Salt and Flavouring
酒、饮料及茶叶批发	Wholesale of Liquor, Beverages and Tea
烟草制品批发	Wholesale of Tobacco Products
纺织、服装及家庭用品批发	Wholesale of Texiles, Garments and Household Articles
服装批发	Wholesale of Garments
鞋帽批发	Wholesale of Shoes and Hats
化妆品及卫生用品批发	Wholesale of Cosmetics and Hygienic Products
厨房卫具及日日用杂品批发	Wholesale of Kitchen Ware and Daily Necessities
家用视听设备批发	Wholesale of Household Audio-visual Equipment
日用家电批发	Wholesale of Household Appliances
其他家庭用品批发	Wholesale of Other Household Articles
文化、体育用品及器材批发	Wholesale of Culture Articles and Sports Appliances and Equipments
文具用品批发	Wholesale of Stationeries
图书批发	Wholesale of Books
其他文化用品批发	Wholesale of Other Culture Articles
医药及医疗器材批发	Wholesale of Medicines and Medical Equipments
西药批发	Wholesale of Western Medicines
中药批发	Wholesale of Traditional Chinese Medicines
矿产品、建材及化工产品批发	Wholesale of Mineral Products, Building Materials and Chemical Products
煤炭及制品批发	Wholesale of Coal and Coal Products
石油及制品批发	Wholesale of Petroleum and Related Products
非金属矿及制品批发	Wholesale of Non-metallic Minerals and Related Products
金属及金属矿批发	Wholesale of Metals and Metalliferous Minerals
建材批发	Wholesale of Building Materials
化肥批发	Wholesale of Chemical Fertilizers
其他化工产品批发	Wholesale of Other Chemical Products
机械设备、五金产品及电子产品批发	Wholesale of Machinery, Hardware and Electronic Products
汽车零配件批发	Wholesale of Automotive Spare and Accessory Parts
摩托车及零配件批发	Wholesale of Motorcycles and Related Spare and Accessory Parts
五金产品批发	Wholesale of Hardware Products
计算机、软件及辅助设备批发	Wholesale of Computers, Softwares and Assistant Appliances
通讯设备批发	Wholesale of Communication Equipment
其他机械设备及电子产品批发	Wholesale of Other Machinery and Electronic Products

The Sales of Enterprises above Designated Size in Wholesale and Retail Trades(2018)

(10 000 yuan)

销售额合计 Total Sales	批发额 Wholesale Trade	零售额 Retail Trade
21982042	**14151744**	**7830298**
13647832	**13462341**	**185492**
20275	19845	430
19445	19445	
830	400	430
1593578	1544849	48729
150535	144316	6218
41032	41032	
174192	171950	2241
132569	92698	39872
1068258	1067879	379
269242	259988	9255
44164	36947	7217
17342	15578	1765
6896	6896	
6594	6594	
23895	23895	
165100	164827	273
5251	5251	
189507	184172	5335
20553	18167	2386
150902	149540	1363
18052	16466	1586
2268287	2266929	1359
1797826	1797751	75
233237	233237	
7667251	7603787	63463
553429	553429	
364911	320303	44608
19340	19340	
4199860	4199816	44
542112	529713	12399
668550	662137	6413
1319049	1319049	
1278627	1238959	39667
731011	701511	29500
77113	77113	
40314	38991	1323
36437	29966	6471
43912	43912	
336475	334101	2373

10-5 续表 1

单位:万元

指标	Item
其他批发业	Other Wholesales
互联网批发	Wholesale Through Internet
其他未列明批发业	Other Wholesales Not Listed Here
按登记注册类型分	By Status of Registration
内资企业	Domestic-funded Enterprises
国有企业	State-owned Enterprises
集体企业	Collective-owned Enterprises
有限责任公司	Limited Liability Corporations
国有独资公司	State Sole Funded Corporations
其他有限责任公司	Other Limited Liability Corporations
股份有限公司	Share-holding Corporation Ltd.
私营企业	Private Enterprises
私营独资企业	Private Sole Proprietorships
私营有限责任公司	Private Limited Liability Corporations
私营股份有限公司	Private Share-holding Corporation Ltd.
外商投资企业	Enterprises with Foreign Investment
中外合资经营企业	Sino-foreign Equity Joint Ventures
按控股情况分	**By Holding**
国有控股	State-owned Holding
集体控股	Collective-owned Holding
私人控股	Private Holding
其　他	Others
按经营形式分	**By Management Forms**
独立门店	Independent Stores
连锁总店	Chain Store Headquarters
连锁直营店	Chain Stores
连锁加盟店	Franchised Outlets
其　他	Others
按单位规模分	**By Scale**
大　型	Large
中　型	Medium
小　型	Small
微　型	Minitype
零售业	**Retail Trade**
按零售行业小类分(2011)	**By Sector**
综合零售	Integrated Retail
百货零售	Retail of General Merchandise
超级市场零售	Retail of Supermarkets
其他综合零售	Other Integrated Retails
食品、饮料及烟草制品专门零售	Specialist Retail of Food, Beverages and Tobacco Products
粮油零售	Retail of Grain and Oils
肉、禽、蛋、奶及水产品零售	Retail of Meat, Poultry, Eggs, Milk and Aquatic Products

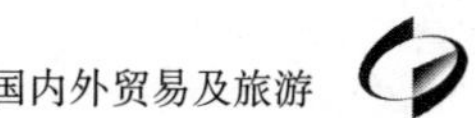

(continued)

(10 000 yuan)

销售额合计 Total Sales	批发额 Wholesale Trade	零售额 Retail Trade
361066	343812	17254
60884	54448	6436
300182	289363	10819
13237919	13084042	153877
2049347	2020779	28568
20974	14561	6413
7026857	6945973	80884
1842211	1836784	5427
5184646	5109189	75457
1300779	1300779	
2839962	2801949	38013
2779653	2741640	38013
60309	60309	
63704	61516	2188
12790	12790	
7986780	7927386	59393
161287	154874	6413
4684443	4598112	86331
643956	641274	2682
2943149	2819243	123906
10704683	10643098	61586
2110235	2080808	29427
9104428	9012142	92286
1822829	1765954	56875
610342	603437	6905
8334209	**689404**	**7644806**
1394000	65354	1328646
583489		583489
742376	65194	677182
61542		61542
168884	52042	116842
9851		9851
962		962

10-5 续表2

单位:万元

指　　标	Item
酒、饮料及茶叶零售	Retail of of Liquor, Beverages and Tea
其他食品零售	Retail of Other Food
纺织、服装及日用品专门零售	Specialist Retail of Texiles, Garments and Daily Necessities
纺织品及针织品零售	Retail of Texiles and Knitgoods
服装零售	Retail of Garments
化妆品及卫生用品零售	Retail of Cosmetics and Hygienic Products
钟表、眼镜零售	Retail of Clocks, Watches and Glasses
厨房用具及日用杂品零售	Retail of Kitchen Utensils and Daily Groceries
其他日用品零售	Retail of Other Daily Necessities
文化、体育用品及器材专门零售	Specialist Retail of Culture and Sports Appliances and Equipment
文具用品零售	Retail of Stationeries
体育用品及器材零售	Retail of Sports Appliances and Equipments
图书、报刊零售	Retail of Books, Newspapers and Periodicals
工艺美术品及收藏品零售	Retail of Arts and Crafts and Related Collectibles
照相器材零售	Retail of Photographic Apparatus
其他文化用品零售	Retail of Other Culture Articles
医药及医疗器材专门零售	Specialist Retail of Medicines and Medical Devices
西药零售	Retail of Western Medicine
中药零售	Retail of Chinese Medicine
医疗用品及器材零售	Retail of Medical Supplies and Equipments
汽车、摩托车、燃料及零配件及其他动力销售	Automobiles, Motorcycles, Fuels, Spare and Accessories, and Other Driving Forces
汽车新车零售	Retail of New Automobiles
汽车旧车零售	Retail of Used Automobiles
汽车零配件零售	Retail of Automotive Spare and Accessory Parts
摩托车及零配件零售	Retail of Motorcycles and Related Spare and Accessory Parts
机动车燃油零售	Retail of Motor Fuel
机动车燃气零售	Retail of Motor Gas
家用电器及电子产品专门零售	Specialist Retail of Household Electrical Appliances and Electronic Products
家用视听设备零售	Retail of Household Audio-Visual Equipments
日用家电设备零售	Retail of Household Electric Appliances
计算机、软件及辅助设备零售	Retail of Computers, Softwares and Assistant Appliances
通信设备零售	Retail of Communication Facilities
其他电子产品零售	Retail of Other Electronic Products
五金、家具及室内装饰材料专门零售	Specialist Retail of Hardware Products, Furniture and Interior Decoration Materials
五金零售	Retail of Hardware Products
灯具零售	Retail of Lamps
家具零售	Retail of Furniture
涂料零售	Retail of Coating
木质装饰材料零售	Retail of Wood-based Materials
陶瓷、石材装饰材料零售	Retail of Ceramic and Stone Decorative Materials
货摊、无店铺及其他零售业	Stalls, Non-shop and Other Retails
互联网零售	Internet Retail

(continued)

(10 000 yuan)

销售额合计 Total Sales	批发额 Wholesale Trade	零售额 Retail Trade
88790	2377	86413
2654		2654
162725	38575	124150
132369	37820	94549
3418		3418
4262	755	3507
1025		1025
66469	12322	54147
1533		1533
1261		1261
50573	39	50534
12438	12283	155
285263	4459	280804
281648	4459	277189
3615		3615
4875358	289278	4586080
3347264	66210	3281054
830		830
7335		7335
674		674
1506949	223068	1283881
12307		12307
524209	223252	300957
2819		2819
227971		227971
30270	4035	26235
249539	216236	33304
13610	2982	10628
14378	3536	10842
646		646
2576		2576
7316		7316
3840	3536	304
842924	586	842337
654933	586	654347

10-5 续表 3

单位:万元

指　　标	Item
邮购及电视、电话零售	Retail Goods Sold via Mail Order, Television and Telephone
生活用燃料零售	Retail of Residential Fuels
其他未列明零售业	Other Retails Not Listed Here
按登记注册类型分	**By Status of Registration**
内资企业	Domestic-funded Enterprises
国有企业	State-owned Enterprises
集体企业	Collective-owned Enterprises
股份合作企业	Cooperative Enterprises
联营企业	Joint Ownership Enterprises
集体联营企业	Collective Joint Ownership Enterprises
有限责任公司	Limited Liability Corporations
国有独资公司	State Sole Funded Corporations
其他有限责任公司	Other Limited Liability Corporations
股份有限公司	Share-holding Corporation Ltd.
私营企业	Private Enterprises
私营独资企业	Private Sole Proprietorships
私营有限责任公司	Private Limited Liability Corporations
私营股份有限公司	Private Companies Limited by Shares
其他企业	Other Enterprises
港、澳、台商投资企业	Enterprises with Funds from Hong Kong, Macao and Taiwan
与港澳台商合资经营企业	Joint-venture Enterprises with Funds from Hong Kong, Macao and Taiwan
港澳台商独资企业	Sole Proprietorships with Funds from Hong Kong, Macao and Taiwan
外商投资企业	Enterprises with Foreign Investment
中外合资经营企业	Sino-foreign Equity Joint Ventures
外资企业	Foreign-funded Enterprises
按控股情况分	**By Holding**
国有控股	State-owned Holding
集体控股	Collective Holding
私人控股	Private Holding
港澳台商控股	Hong Kong, Macao and Taiwan Business Holding
外商控股	Foreign Holding
其　他	Others
按经营形式分	**By Management Forms**
独立门店	Independent Stores
连锁总店(总部)	General Chain Store(Headquarters)
连锁直营店	Chain Stores
连锁加盟店	Franchised Outlets
其　他	Others
按单位规模分	**By Scale**
大　型	Large
中　型	Medium
小　型	Small
微　型	Minitype

(continued)

(10 000 yuan)

销售额合计 Total Sales	批发额 Wholesale Trade	零售额 Retail Trade
184766		184766
1213		1213
2011		2011
7830666	657786	7172880
956576	162965	793611
4205		4205
22700		22700
43615		43615
43615		43615
3472598	203678	3268920
109618		109618
3362980	203678	3159301
931996	63639	868357
2398977	227505	2171473
8721	96	8625
2334335	227409	2106927
53137		53137
200698	31617	169081
167020		167020
33678	31617	2061
302845		302845
151107		151107
151738		151738
2476936	225020	2251916
68679	881	67798
4872229	425980	4446249
200698	31617	169081
302845		302845
412822	5906	406917
4891300	305255	4586046
1128525	60263	1068262
91476	64	91413
4710		4710
2218198	323822	1894376
2690959	399477	2291482
4233438	202880	4030558
997962	82645	915317
411850	4401	407449

10-6 限额以上批发和零售业企业主要财务状况(2018年)

单位:万元

指　　标	Item	流动资产合计 Current Assets
总　　计	**Total**	**10703634**
批发业	**Wholesale Trade**	**6691059**
按批发行业小类分(2011)	**By Sector**	
农、林、牧、渔产品批发	Wholesale of Agricultural, Forestry, Livestock and Fishery Products	3019
畜牧渔业饲料批发	Wholesale of Livestock and Fishery Feed	2502
其他农牧产品批发	Wholesale of Other Agricultural and Animal Husbandry Products	517
食品、饮料及烟草制品批发	Wholesale of Food, Beverages and Tobacco Products	590953
米、面制品及食用油批发	Wholesale of Rice, Flour Products and Edible Oil	47229
肉、禽、蛋、奶及水产品批发	Wholesale of Meat, Poultry, Eggs, Milk and Aquatic Products	7375
盐及调味品批发	Wholesale of Salt and Flavouring	42052
酒、饮料及茶叶批发	Wholesale of Liquor, Beverages and Tea	29203
烟草制品批发	Wholesale of Tobacco Products	433668
纺织、服装及家庭用品批发	Wholesale of Texiles, Garments and Household Articles	89410
服装批发	Wholesale of Garments	22699
鞋帽批发	Wholesale of Shoes and Hats	3262
化妆品及卫生用品批发	Wholesale of Cosmetics and Hygienic Products	4659
厨房卫具及日用杂品	Wholesale of Kitchen Ware and Daily Necessities	1716
家用视听设备批发	Wholesale of Household Audio-visual Equipment	1593
日用家电批发	Wholesale of Household Appliances	53544
其他家庭用品批发	Wholesale of Other Household Articles	1937
文化、体育用品及器材批发	Wholesale of Culture Articles and Sports Appliances and Equipment	330834
文具用品批发	Wholesale of Stationeries	6199
图书批发	Wholesale of Books	315223
其他文化用品批发	Wholesale of Other Culture Articles	9411
医药及医疗器材批发	Wholesale of Medicines and Medical Equipments	1526078
西药批发	Wholesale of Western Medicines	1233624
中药批发	Wholesale of Traditional Chinese Medicines	111915
矿产品、建材及化工产品批发	Wholesale of Mineral Products, Building Materials and Chemical Products	3572556
煤炭及制品批发	Wholesale of Coal and Coal Products	418291
石油及制品批发	Wholesale of Petroleum and Related Products	60656
非金属矿及制品批发	Wholesale of Non-metallic Minerals and Related Products	8698
金属及金属矿批发	Wholesale of Metals and Metalliferous Minerals	1474933
建材批发	Wholesale of Building Materials	814736
化肥批发	Wholesale of Chemical Fertilizers	198430
其他化工产品批发	Wholesale of Other Chemical Products	596812
机械设备、五金产品及电子产品批发	Wholesale of Machinery, Hardware and Electronic Products	457262
汽车零配件批发	Wholesale of Automotive Spare and Accessory Parts	227031
摩托车及零配件批发	Wholesale of Motorcycles and Related Spare and Accessory Parts	18193
五金产品批发	Wholesale of Hardware Products	30577
计算机、软件及辅助设备批发	Wholesale of Computers, Softwares and Assistant Appliances	28716
通讯设备批发	Wholesale of Communication Equipment	26864
其他机械设备及电子产品批发	Wholesale of Other Machinery and Electronic Products	120973

Main Financial Indicators of Enterprises above Designated Size in Wholesale and Retail Trades(2018)

(10 000 yuan)

#存　货 Inventory	固定资产合计 Total Fixed Assets	固定资产原价 Original Value of Fixed Assets	本年折旧 Depreciation in This Year	资产总计 Total Assets	负债合计 Total Liabilities	所有者权益 Owners Equities
1247590	**611781**	**975806**	**78909**	**13291066**	**9701116**	**3142311**
611252	**218324**	**349181**	**21302**	**8283535**	**5909114**	**2046653**
279	1011	1371	324	4425	2564	1360
277	1	39	2	2504	1154	1350
3	1009	1332	323	1921	1410	11
123295	69154	109970	5269	675084	271025	376171
9258	2359	3451	175	50059	38855	10486
1411	146	415	30	7546	4839	2702
1685	1999	3361	127	44052	17561	1254
10198	32382	37360	1178	65897	63545	1924
96503	32183	65187	3735	475593	125947	349646
28452	450	1721	121	91058	69407	19801
9709	78	442	34	23044	15600	5594
2508	20	410	22	3298	2076	1223
3151	22	72	1	4691	4587	104
495	247	410	32	2846	2301	545
25	1	34	1	1596	1833	-237
11239	69	323	29	53629	41276	12353
1325	15	30	2	1954	1735	219
18798	3932	9389	394	365068	311577	53490
2101	159	331	31	7133	5650	1484
15722	3415	8465	354	346254	295691	50562
975	358	593	9	11681	10236	1444
185494	62770	89621	6009	1731246	1297212	427293
149224	45516	63040	3500	1412176	1073501	333199
13869	6367	8729	689	119808	90311	28459
135010	50571	92468	6484	4674507	3393067	1008273
2435	2454	4241	280	582861	260515	222303
11125	16587	29876	2048	88936	41341	47595
1285	121	405	20	8965	3232	2820
30098	21709	42892	3209	1732890	1234242	357301
5550	2715	3522	268	1423428	1150258	251996
48735	1153	2083	67	213936	161456	52431
35782	5833	9449	592	623492	542023	73827
80880	27119	40202	2379	608313	465268	125745
31607	14960	21360	1341	362793	271077	78240
8682	298	949	83	18491	11913	6578
2122	841	2490	55	32835	24999	7288
4152	225	384	39	29216	24320	4896
168	1	1	0	26895	26081	805
32701	9928	13994	808	132297	100072	28958

10-6 续表 1

单位:万元

指　　标	Item	流动资产合计 Current Assets
其他批发业	Other Wholesales	120947
互联网批发	Wholesale Through Internet	14181
其他未列明批发业	Other Wholesales not Listed Here	106766
按登记注册类型分	**By Status of Registration**	
内资企业	Domestic Funded Enterprises	6259405
国有企业	State-owned Enterprises	804816
集体企业	Collective-owned Enterprises	5101
有限责任公司	Limited Liability Corporations	3557591
国有独资公司	State Sole Funded Corporations	1242502
其他有限责任公司	Other Limited Liability Corporations	2315089
股份有限公司	Share-holding Corporations Ltd.	714494
私营企业	Private Enterprises	1177403
私营独资企业	Private-funded Corporations	
私营有限责任公司	Private Limited Liability Corporations	1144625
私营股份有限公司	Private Share-holding Corporations Ltd.	32778
外商投资企业	Enterprises with Foreign Investment	17010
中外合资经营企业	Sino-foreign Equity Joint Venture	2434
按控股情况分	**By Holding**	
国有控股	State-owned Holding	4239421
集体控股	Collective-owned Holding	41690
私人控股	Private Holding	1947047
其　他	Others	425059
按经营形式分	**By Management Forms**	
独立门店	Independent Stores	905696
连锁总店	Chain Store Headquarters	
连锁直营店	Chain Stores	
连锁加盟店	Franchised Outlets	
其　他	Others	5785363
按单位规模分	**By Scale**	
大　型	Large	839268
中　型	Medium	5232869
小　型	Small	527956
微　型	Minitape	90966
零售业	**Retail Trade**	**4012575**
按零售行业小类分(2011)	**By Sector**	
综合零售	Integrated Retail	589886
百货零售	Retail of General Merchandise	322647
超级市场零售	Retail of Supermarkets	252641
其他综合零售	Other Integrated Retails	9702
食品、饮料及烟草制品专门零售	Specialist Retail of Food, Beverages and Tobacco Products	64931
粮油零售	Retail of Grain and Oils	7111
肉、禽、蛋、奶及水产品零售	Retail of Meat, Poultry, Eggs, Milk and Aquatic Products	854

(continued)

(10 000 yuan)

#存　货 Inventory	固定资产合计 Total Fixed Assets	固定资产原价 Original Value of Fixed Assets	本年折旧 Depreciation in This Year	资产总计 Total Assets	负债合计 Total Liabilities	所有者权益 Owners Equities
39046	3317	4439	323	133834	98994	34521
4741	101	200	26	14282	10200	4082
34305	3216	4240	297	119552	88794	30439
605586	206419	328137	20115	7605320	5569395	1809383
88168	34052	67674	3860	969561	418199	442210
830	774	1067	32	5966	5534	412
268256	91199	151159	9933	4476567	3443935	936657
45690	24988	50050	3004	1969636	1467313	447473
222565	66212	101108	6929	2506931	1976622	489184
51361	14076	21189	1206	825065	674560	147571
196972	66317	87049	5085	1328161	1027166	282533
185721	56781	75886	4486	1285807	994950	273259
11251	9536	11163	599	42354	32216	9273
2914	8061	11910	738	25383	15616	8519
441	105	206	20	2559	1284	1270
247297	91467	173892	11251	5422114	3729244	1402543
19867	994	1540	56	46033	32283	13730
280719	81178	110750	7261	2147980	1677150	437873
59780	36765	50350	2120	547006	381204	162582
148071	56781	81525	4407	1159695	830777	291872
463181	161543	267657	16895	7123840	5078337	1754781
168747	57561	97289	5151	917356	500050	415824
358847	141215	222788	14076	6705791	4927284	1495024
76363	18112	26600	1574	565388	430294	125832
7295	1436	2505	502	95001	51486	9973
636338	393458	626625	57607	5007531	3792003	1095658
98983	106996	181833	15770	844930	565339	217393
18331	68197	112770	4398	488271	303795	132355
76919	34091	62693	11208	335741	243851	82065
2206	4504	5641	90	15386	10019	5165
20724	8621	12775	1151	97625	41275	54098
2856	856	1732	59	8931	7389	107
15	7	9	2	861		861

10-6 续表 2

单位:万元

指　　标	Item	流动资产合计 Current Assets
酒、饮料及茶叶零售	Retail of of Liquor, Beverages and Tea	44780
其他食品零售	Retail of Other Food	1892
纺织、服装及日用品专门零售	Specialist Retail of Texiles, Garments and Daily Necessities	62189
纺织品及针织品零售	Retail of Texiles and Knitgoods	
服装零售	Retail of Garments	51868
化妆品及卫生用品零售	Retail of Cosmetics and Hygienic Products	1071
钟表、眼镜零售	Retail of Clocks, Watches and Glasses	1748
厨房用具及日用杂品零售	Retail of Kitchen Utensils and Daily Groceries	
其他日用品零售	Retail of Other Daily Necessities	1093
文化、体育用品及器材专门零售	Specialist Retail of Culture and Sports Appliances and Equipment	55567
文具用品零售	Retail of Stationeries	530
体育用品及器材零售	Retail of Sports Appliances and Equipments	1535
图书、报刊零售	Retail of Books, Newspapers and Periodicals	51310
工艺美术品及收藏品零售	Retail of Arts and Crafts and Related Collectibles	
照相器材零售	Retail of Photographic Apparatus	
其他文化用品零售	Retail of Other Culture Articles	579
医药及医疗器材专门零售	Specialist Retail of Medicines and Medical Devices	191878
西药零售	Retail of Western Medicine	190197
中药零售	Retail of Chinese Medicine	1681
医疗用品及器材零售	Retail of Medical Supplies and Equipments	
汽车、摩托车、燃料及零配件及其他动力销售	Automobiles, Motorcycles, Fuels, Spare and Accessories, and Other Driving Forces	2530893
汽车新车零售	Retail of New Automobiles	1283921
汽车旧车零售	Retail of Used Automobiles	1189
汽车零配件零售	Retail of Automotive Spare and Accessory Parts	1902
摩托车及零配件零售	Retail of Motorcycles and Related Spare and Accessory Parts	535
机动车燃油零售	Retail of Motor Fuel	1239361
机动车燃气零售	Retail of Motor Gas	3985
家用电器及电子产品专门零售	Specialist Retail of Household Electrical Appliances and Electronic Products	138050
家用视听设备零售	Retail of Household Audio-Visual Equipments	2113
日用家电设备零售	Retail of Household Electrical Appliances	79265
计算机、软件及辅助设备零售	Retail of Computers, Softwares and Assistant Appliances	19487
通信设备零售	Retail of Communication Facilities	29217
其他电子产品零售	Retail of Other Electronic Products	7968
五金、家具及室内装饰材料专门零售	Specialist Retail of Hardware Products, Furniture and Interior Decoration Materials	2455
五金零售	Retail of Hardware Products	
灯具零售	Retail of Lamps	145
家具零售	Retail of Furniture	186
涂料零售	Retail of Coating	
木质装饰材料零售	Retail of Wood-based Materials	1414
陶瓷、石材装饰材料零售	Retail of Ceramic and Stone Decorative Materials	711
货摊、无店铺及其他零售业	Stalls, Non-shop and Other Retails	376726
互联网零售	Internet Retail	300115

(continued)

(10 000 yuan)

#存　货 Inventory	固定资产合计 Total Fixed Assets	固定资产原价 Original Value of Fixed Assets	本年折旧 Depreciation in This Year	资产总计 Total Assets	负债合计 Total Liabilities	所有者权益 Owners Equities
16493	7317	10391	1017	75122	26199	48251
467	6	38	1	1938	1072	743
38124	12748	19741	1359	86414	61563	24007
30924	12382	18909	1089	75545	50816	24729
966	16	71		1119	940	178
880	40	65	8	1788	1120	668
198				1093	136	113
6294	853	2126	67	56856	49172	7684
66		22	0	530	39	491
1024	17	104	4	1552	1338	214
3570	832	1989	62	52344	45866	6478
286	4	11	1	817	402	415
44547	15242	23603	3002	263140	181616	79661
43834	15073	23208	2987	260133	181248	77022
713	169	395	15	3007	368	2639
360484	239710	366196	34760	3084332	2578232	463238
319979	156148	236196	30455	1576896	1248729	287441
86	6	8	1	1195	6	1190
783	3	5	2	2220	798	1421
366				536	20	515
39173	73130	117830	3802	1485317	1318848	164334
98	10423	12157	500	18169	9832	8337
10580	1825	4193	364	145725	83890	52333
564	12	179	8	2141	1280	841
2629	759	2101	156	81410	44771	27187
2196	304	807	99	20866	12958	7879
4043	129	349	68	32711	23831	8880
1150	622	756	34	8597	1051	7546
1243	845	997	41	3429	1958	1416
55	75	90	9	220	76	88
143	14	16	1	227	77	150
961	757	892	32	2271	1678	593
84				711	127	584
55360	6616	15160	1092	425079	228957	195831
52506	4363	5139	546	331012	159960	170789

10-6 续表 3

单位:万元

指 标	Item	流动资产合计 Current Assets
邮购及电视、电话零售	Retail Goods Sold via Mail Order, Television and Telephone	76450
生活用燃料零售	Retail of Residential Fuels	35
其他未列明零售业	Other Retails Not Listed Here	126
按登记注册类型分	**By Status of Registration**	
内资企业	Domestic-funded Enterprises	3759493
国有企业	State-owned Enterprises	1189937
集体企业	Collective-owned Enterprises	388
股份合作企业	Cooperative Enterprises	9923
联营企业	Joint Ownership Enterprises	2164
集体联营企业	Collective Joint Ownership Enterprises	2164
有限责任公司	Limited Liability Corporations	1311121
国有独资公司	State Sole Funded Corporations	45001
其他有限责任公司	Other Limited Liability Corporations	1266121
股份有限公司	Share-holding Corporation Ltd.	289308
私营企业	Private Enterprises	956652
私营独资企业	Private Sole Proprietorships	1424
私营有限责任公司	Private Limited Liability Corporations	947296
私营股份有限公司	Private Companies Limited by Shares	6873
其他企业	Other Enterprises	
港、澳、台商投资企业	Enterprises with Funds from Hong Kong, Macao and Taiwan	153220
与港澳台商合资经营企业	Joint-venture Enterprises with Funds from Hong Kong, Macao and Taiwan	
港澳台商独资企业	Sole Proprietorships with Funds from Hong Kong, Macao and Taiwan	14246
外商投资企业	Enterprises with Foreign Investment	99862
中外合资经营企业	Joint-venture Enterprises	56702
外资企业	Foreign-funded Enterprises	43160
按控股情况分	**By Holding**	
国有控股	State-owned Holding	1698692
集体控股	Collective-owned Holding	9995
私人控股	Private Holding	1927215
港澳台商控股	Hong Kong, Macao and Taiwan Holdings	153220
外商控股	Foreign Holding	99862
其 他	Others	123592
按经营形式分	**By Management Forms**	
独立门店	Independent Stores	1940364
连锁总店(总部)	General Chain Store(Headquarters)	351458
连锁直营店	Chain Stores	36932
连锁加盟店	Franchised Outlets	749
其 他	Others	1683072
按单位规模分	**By Scale**	
大 型	Large	1716725
中 型	Medium	1753907
小 型	Small	433816
微 型	Minitype	108127

(continued)

(10 000 yuan)

#存 货 Inventory	固定资产合计 Total Fixed Assets	固定资产原价 Original Value of Fixed Assets	本年折旧 Depreciation in This Year	资产总计 Total Assets	负债合计 Total Liabilities	所有者权益 Owners Equities
2834	1330	9038	537	92947	68926	23991
20	126	128	0	161	3	158
	797	856	9	961	68	893
594129	363673	567251	54763	4667120	3577886	979712
31797	42546	68496	558	1319806	1306935	12623
28	48	83	35	487	35	451
1863	1505	2489	79	17307	3747	5985
374	4478	5019	45	6641	2286	4355
374	4478	5019	45	6641	2286	4355
299361	155965	240224	38169	1680602	1186252	451180
18001	3964	4958	180	53173	53140	-1402
281360	152001	235266	37989	1627429	1133113	452582
36645	37413	64968	3975	432626	133345	298550
224061	121719	185971	11902	1209651	945284	206569
241	15	135	7	1452	1349	101
218526	117999	180686	11585	1194822	934650	202376
5220	3501	4837	293	12038	8999	3040
15424	13925	26522	453	215022	137028	69950
10012	78	178	22	22966	14117	8849
26785	15860	32852	2392	125389	77089	45997
16670	3703	6774	792	65733	44900	20833
10116	12157	26078	1600	59656	32189	25164
151301	103483	176193	7049	2042875	1600838	429839
1341	16353	19575	645	31607	15041	16516
420384	233761	356523	45421	2436655	1854971	486720
15424	13925	26522	453	215022	137028	69950
26785	15860	32852	2392	125389	77089	45997
21103	10076	14960	1648	155983	107036	46637
449065	286080	437824	46200	2540036	1810559	627703
68128	45631	79954	6749	533243	318196	212312
9136	810	7948	810	45487	20386	22798
77	38	84	21	897	1311	-414
109932	60899	100816	3828	1887867	1641551	233259
158625	129143	219652	17639	2153088	1818229	312819
354849	206025	319857	23324	2174156	1498317	592408
108900	56700	84628	16297	564518	379256	172024
13965	1589	2488	347	115769	96200	18407

10-6 续表 4

单位:万元

指 标	Item	主营业务收入 Revenue from Principal Business
总 计	**Total**	**19389890**
批发业	**Wholesale Trade**	**12094684**
按批发行业小类分	**By Sector**	
农、林、牧、渔产品批发	Wholesale of Agricultural, Forestry, Livestock and Fishery Products	18507
畜牧渔业饲料批发	Wholesale of Livestock and Fishery Feed	17677
其他农牧产品批发	Wholesale of Other Agricaltural Products	830
食品、饮料及烟草制品批发	Wholesale of Food, Beverages and Tobacco Products	1424299
米、面制品及食用油批发	Wholesale of Rice, Flour Products and Edible Oil	134482
肉、禽、蛋、奶及水产品批发	Wholesale of Meat, Poultry, Eggs, Milk and Aquatic Products	36490
盐及调味品批发	Wholesale of Salt and Flavouring	159536
酒、饮料及茶叶批发	Wholesale of Liquor, Beverages and Tea	117788
烟草制品批发	Wholesale of Tobacco Products	951555
纺织、服装及家庭用品批发	Wholesale of Texiles, Garments and Household Articles	232419
服装批发	Wholesale of Garments	38345
鞋帽批发	Wholesale of Shoes and Hats	15068
化妆品及卫生用品批发	Wholesale of Cosmetics and Hygienic Products	6117
厨房卫具及日用杂品批发	Wholesale of Kitchen Utensils, Bathroom Appliances and Daily Groceries	5666
家用视听设备批发	Wholesale of Household Audio-visual Equipment	20526
其他家庭用品批发	Wholesale of Other Household Articles	4517
文化、体育用品及器材批发	Wholesale of Culture Articles and Sports Appliances and Equipment	179916
文具用品批发	Wholesale of Stationeries	17675
图书批发	Wholesale of Books	146722
其他文化用品批发	Wholesale of Other Culture Articles	15519
医药及医疗器材批发	Wholesale of Medicines and Medical Equipment	2003939
西药批发	Wholesale of Western Medicines	1572594
中药批发	Wholesale of Traditional Chinese Medicines	201152
矿产品、建材及化工产品批发	Wholesale of Mineral Products, Building Materials and Chemical Products	6800756
煤炭及制品批发	Wholesale of Coal and Coal Products	476177
石油及制品批发	Wholesale of Petroleum and Related Products	309638
非金属矿及制品批发	Wholesale of Non-metallic Minerals and Related Products	16333
金属及金属矿批发	Wholesale of Metals and Metalliferous Minerals	3679119
建材批发	Wholesale of Building Materials	487280
化肥批发	Wholesale of Chemical Fertilizers	611240
其他化工产品批发	Wholesale of Other Chemical Products	1220970
机械设备、五金产品及电子产品批发	Wholesale of Machinery, Hardware and Electronic Products	1135544
汽车零配件批发	Wholesale of Automotive Spare and Accessory Parts	628907
摩托车及零配件批发	Wholesale of Motorcycles and Related Spare and Accessory Parts	66233
五金产品批发	Wholesale of Hardware Products	34667
电气设备批发	Wholesale of Electric Equipments	
计算机、软件及辅助设备批发	Wholesale of Computers, Softwares and Assistant Appliances	31494
通讯设备批发	Wholesale of Communication Equipment	37908

(continued)

(10 000 yuan)

主营业务成本 Cost of Principal Business	主营业务税金及附加 Tax and Extra Charges on Principal Business	营业利润 Operating Profits	利润总额 Total Profits	应交所得税 Income Tax Payable	本年应交增值税 VAT Payable
17622582	**154542**	**508491**	**515222**	**109720**	**325572**
11174164	**134100**	**289453**	**295982**	**57172**	**170332**
17992	10	-48	-635	0.3	7
17065	10	-48	-48	0.3	7
927			-586		
1110219	118139	101491	104472	27587	45602
126244	155	-62	514	33	861
31798	86	540	553	92	341
152386	154	499	2134	9	648
101696	486	486	-1263	890	615
676587	117208	101258	102427	26553	43181
207329	459	7592	7573.5	1756	2584
32836	77	759	780	137	564
13531	17	119	119	39	142
5543	8	58	62	7	64
4582	27	60	60		231
18954	39	-83	-80		326
3944	18	5	4	6	133
161125	47	5391	5474	226	557
16323	20	238	238	60	148
130010	7	5485	5568	161	292
14792	20	-332	-332	5	118
1775386	4688	46148	45959	10102	29958
1405290	3303	30976	30824	6153	19721
175492	413	3075	3030	766	3778
6563586	8869	109425	113349	13024	31568
455828	563	4250	4209	-525	2739
288988	432	10189	9483	1841	2608
14555	46	772	1461	219	238
3593646	3093	32611	35899	8620	13575
443073	960	46956	47026	1419	6119
599276	2658	3113	3805	730	1515
1168220	1118	11534	11466	721	4774
1062144	1635	11612	11847	3478	5021
591539	1083	5503	5655	1464	1222
62816	65	1190	1202	105	664
32145	96	477	501	172	336
28918	43	190	188	44	307
37520	10	-11	24	4	34

10-6 续表 5

单位:万元

指 标	Item	主营业务收入 Revenue from Principal Business
其他机械设备及电子产品批发	Wholesale of Other Machinery and Electronic Products	323452
其他批发业	Other Wholesales	299304
互联网批发	Wholesale Through Internet	52389
其他未列明批发业	Other Wholesales Not Listed Here	246916
按登记注册类型分	**By Status of Registration**	
内资企业	Domestic-funded Enterprises	11737072
国有企业	State-owned Enterprises	1785015
集体企业	Collective-owned Enterprises	20178
有限责任公司	Limited Liability Corporations	6322668
国有独资公司	State Sole Funded Corporations	1656377
其他有限责任公司	Other Limited Liability Corporations	4666291
股份有限公司	Share-holding Corporation Ltd.	1200577
私营企业	Private Enterprises	2408635
私营独资企业	Private Sole Proprietorships	
私营有限责任公司	Private Limited Liability Corporations	2356349
私营股份有限公司	Private Share-holding Corporation Ltd.	52286
外商投资企业	Enterprises with Foreign Investment	55847
中外合资经营企业	Sino-foreign Equity Joint Ventures	10983
按控股情况分	**By Holdings**	
国有控股	State-owned Hollding	7120071
集体控股	Collective-owned Holding	143656
私人控股	Private Holding	4118853
其 他	Others	559262
按经营形式分	**By Management Forms**	
独立门店	Independent Stores	2506453
连锁总店	Chain Store Headquarters	
连锁门店	Chain Stores	
其 他	Others	9588231
按单位规模分	**By Scale**	
大 型	Large	1841513
中 型	Medium	8111059
小 型	Small	1609458
微 型	Minitype	532655
零售业	**Retail Trade**	**7295206**
按零售行业小类分(2011)	**By Sector**	
综合零售	Integrated Retail	1209262
百货零售	Retail of General Merchandise	478234
超级市场零售	Retail of Supermarkets	672206
其他综合零售	Other Integrated Retails	53137
食品、饮料及烟草制品专门零售	Specialist Retail of Food, Beverages and Tobacco Products	150426
粮油零售	Retail of Grain and Oils	8849
肉、禽、蛋、奶及水产品零售	Retail of Meats, Poultry, Eggs, Milk and Aquatic Products	962

(continued)

(10 000 yuan)

主营业务成本 Cost of Principal Business	主营业务税金及附加 Tax and Extra Charges on Principal Business	营业利润 Operating Profits	利润总额 Total Profits	应交所得税 Income Tax Payable	本年应交增值税 VAT Payable
297579	319	4685	4698	1688	2357
276383	253	7843	7942	1001	55036
42429	143	3589	3583	87	1960
233954	110	4255	4359	914	53075
10844680	133428	282150	289321	55802	167217
1504195	117827	111580	113868	29222	45673
16475	168	838	957		40
5944473	10452	115091	120803	17349	44758
1579994	2181	62024	66830	6624	10219
4364480	8270	53067	53973	10726	34539
1153060	1336	10120	10210	515	6159
2226477	3645	44521	43483	8716	70587
2179534	3537	43850	42812	8463	70043
46943	109	671	671	253	543
41079	195	-550	-529	1170	1164
9097	37	235	237	59	26
6581291	126351	204493	211840	39660	79282
136742	236	1226	1909	93	-76
3808730	5766	63331	62340	12663	82626
2318779	3385	41141	41790	7361	18218
8855386	130715	248313	254192	49812	152114
1512842	114799	118496	118984	28902	102697
7613962	16588	148813	154062	24220	57165
1532173	2226	15992	17378	3529	7085
515188	486	6152	5557	522	3386
6448418	**20442**	**219038**	**219240**	**52548**	**155239**
1000240	5850	34290	34648	11829	48130
377817	4118	23535	22996	7317	37171
570410	1650	14641	15440	4449	10625
47252	75	-2452	-2354	63	258
125040	499	8918	9047	3060	2199
7794	18	-278	-205	-4	-186
914	0	8	11		

10-6 续表 6

单位:万元

指　　标	Item	主营业务收入 Revenue from Principal Business
酒、饮料及茶叶零售	Retail of of Liquor, Beverages and Tea	77109
其他食品零售	Retail of Other Food	2375
纺织、服装及日用品专门零售	Specialist Retail of Texiles, Garments and Daily Necessities	141217
纺织品及针织品零售	Retail of Texiles and Knitgoods	
服装零售	Retail of Garments	114919
化妆品及卫生用品零售	Retail of Cosmetics and Hygienic Products	2946
钟表、眼镜零售	Retail of Clocks, Watches and Glasses	3661
厨房用具及日用杂品零售	Retail of Kitchen Utensils and Daily Groceries	
其他日用品零售	Retail of Other Daily Necessities	1025
文化、体育用品及器材专门零售	Specialist Retail of Culture and Sports Appliances and Equipments	63764
文具用品零售	Retail of Stationeries	1318
体育用品及器材零售	Retail of Sports Appliances and Equipments	1086
图书、报刊零售	Retail of Books, Newspapers and Periodicals	50092
工艺美术品及收藏品零售	Retail of Arts and Crafts and Related Collectibles	
照相器材零售	Retail of Photographic Apparatus	
其他文化用品零售	Retail of Other Culture Articles	10698
医药及医疗器材专门零售	Specialist Retail of Medicines and Medical Devices	249861
西药零售	Retail of Western Medicine	246535
中药零售	Retail of Chinese Medicine	3326
医疗用品及器材零售	Retail of Medical Supplies and Equipments	
汽车、摩托车、燃料及零配件及其他动力销售	Automobiles, Motorcycles, Fuels, Spare and Accessories, and Other Driving Forces	4249951
汽车新车零售	Retail of New Automobiles	2884572
汽车旧车零售	Retail of Used Automobiles	715
汽车零配件零售	Retail of Automotive Spare and Accessory Parts	5915
摩托车及零配件零售	Retail of Motorcycles and Related Spare and Accessory Parts	581
机动车燃油零售	Retail of Motor Fuel	1345656
机动车燃气零售	Retail of Motor Gas	12513
家用电器及电子产品专门零售	Specialist Retail of Household Electrical Appliances and Electronic Products	455335
家用视听设备零售	Retail of Household Audio-Visual Equipments	2434
日用家电设备零售	Retail of Household Electric Appliances	196018
计算机、软件及辅助设备零售	Retail of Computers, Softwares and Assistant Appliances	25988
通信设备零售	Retail of Communication Facilities	217839
其他电子产品零售	Retail of Other Electronic Products	13055
五金、家具及室内装饰材料专门零售	Specialist Retail of Hardware Products, Furniture and Interior Decoration Materials	12790
五金零售	Retail of Hardware Products	
灯具零售	Retail of Lamps	615
家具零售	Retail of Furniture	2501
涂料零售	Retail of Coating	
木质装饰材料零售	Retail of Wood-based Materials	6370
陶瓷、石材装饰材料零售	Retail of Ceramic and Stone Decorative Materials	3303
货摊、无店铺及其他零售业	Stalls, Non-shop and Other Retails	762602
互联网零售	Internet Retail	600257

(continued)

(10 000 yuan)

主营业务成本 Cost of Principal Business	主营业务税金及附加 Tax and Extra Charges on Principal Business	营业利润 Operating Profits	利润总额 Total Profits	应交所得税 Income Tax Payable	本年应交增值税 VAT Payable
58389	394	8383	8444	2930	1944
1729	36	343	343	28	45
107094	613	5551	5705	1210	10366
88035	439	5533	5684	1205	8906
2651	2	13	13	1	29
3193	9	2	2	2	70
892	1	9	9	1	9
55174	104	1451	1625	130	264
1216	2	7	7		16
863	1	-66	34	8	6
42973	54	1356	1428	83	98
9673	19	153	155	39	128
176028	1310	-1039	-792	161	9724
174469	1294	-1838	-1591	54	9606
1559	16	799	799	107	117
3941233	8588	80392	77857	11431	61874
2672541	6259	39364	36684	10136	46101
681		-10	10	2	0
4963	2	749	749	26	1
549		18	18	2	
1251751	2308	39589	39664	1316	15764
10749	20	681	732	-50	7
416152	1131	3145	3339	1308	4827
1812	10	135	135	34	117
170868	713	-1459	-1446	3	2243
21938	170	2896	3028	761	767
209496	182	1259	1259	485	1230
12038	56	314	363	25	469
11073	32	425	425	70	184
461	4	125	125	31	31
2141	12	231	231	33	75
5476	11	39	39	4	74
2995	5	29	29	1	5
616383	2316	85904	87386	23350	17672
485336	1887	82279	83576	22262	14073

10-6 续表 7

单位:万元

指 标	Item	主营业务收入 Revenue from Principal Business
邮购及电视、电话零售	Retail Good Sold via Mail Order, Television and Telephone	159231
生活用燃料零售	Retail of Residential Fuels	1103
其他未列明零售业	Other Retails Not Listed Here	2011
按登记注册类型分	**By Status of Registration**	
内资企业	Domestic-funded Enterprises	6853997
国有企业	State-owned Enterprises	812259
集体企业	Collective-owned Enterprises	3625
股份合作企业	Cooperative Enterprises	19807
联营企业	Joint Ownership Enterprises	37599
集体联营企业	Collective Joint Ownership Enterprises	37599
有限责任公司	Limited Liability Corporations	2997124
国有独资公司	State Sole Funded Corporations	92339
其他有限责任公司	Other Limited Liability Corporations	2904785
股份有限公司	Companies Limited by Shares	891880
私营企业	Private Enterprises	2091704
私营独资企业	Private Sole Proprietorships	8161
私营有限责任公司	Private Limited Liability Corporations	2034465
私营股份有限公司	Private Companies Limited by Shares	46489
其他企业	Other Enterprises	
港、澳、台商投资企业	Enterprises with Funds from Hong Kong, Macao and Taiwan	172637
与港澳台商合资经营企业	Joint-venture Enterprises with Funds from Hong Kong, Macao and Taiwan	
港澳台商独资企业	Sole Proprietorships with Funds from Hong Kong, Macao and Taiwan	29104
外商投资企业	Enterprises with Foreign Investment	268573
中外合资经营企业	Joint-venture Enterprises	136667
外资企业	Foreign-funded Enterprises	131906
按控股情况分	**By Holding**	
国有控股	State-owned Holding	2199936
集体控股	Collective-owned Holding	61762
私人控股	Private Holding	4243717
港澳台商控股	Hong Kong, Macao and Taiwan Holdings	172637
外商控股	Foreign Holding	268573
其 他	Others	348583
按经营形式分	**By Management Forms**	
独立门店	Independent Stores	4243893
连锁总店(总部)	General Chain Store(Headquarters)	1045197
连锁直营店	Chain Stores	80326
连锁加盟店	Franchised Outlets	4052
其 他	Others	1921739
按单位规模分	**By Scale**	
大 型	Large	2382458
中 型	Medium	3682340
小 型	Small	872830
微 型	Minitype	357578

(continued)

(10 000 yuan)

主营业务成本 Cost of Principal Business	主营业务税金及附加 Tax and Extra Charges on Principal Business	营业利润 Operating Profits	利润总额 Total Profits	应交所得税 Income Tax Payable	本年应交增值税 VAT Payable
128623	412	3476	3661	1088	3572
1044	7	30	30		15
1380	11	120	120		12
6107610	17326	189417	190254	45859	117851
755275	1497	24258	24276		10083
3477	3	76	75	19	23
18196	17	282	269	56	195
34241	48	120	120		3
34241	48	120	120		3
2684326	8128	35795	36000	15620	55114
85495	234	146	120	94	1158
2598831	7893	35649	35880	15526	53956
744948	2391	88149	88306	21190	18189
1867148	5243	40738	41208	8975	34244
1814011	5140	40382	40831	8855	33503
44134	72	-283	-262	29	610
140751	1166	17939	18041	4600	4400
21939	69	1453	1491	454	586
200056	1951	11682	10946	2089	32989
121503	676	4819	4090	1023	2912
78553	1274	6863	6855	1066	30076
1930640	5920	151075	152650	32330	36566
55082	96	1525	1625	159	227
3799226	9699	33712	33380	13227	65267
140751	1166	17939	18041	4600	4400
200056	1951	11682	10946	2089	32989
322662	1612	3105	2599	144	15791
3793720	12714	91923	89249	25312	100599
895498	3077	7952	8478	1323	21557
62594	291	6947	6918	1036	2368
3464	5	11	13	3	37
2111971	5605	52881	54208	5052	44052
3235636	10553	135342	131904	40491	94331
774817	2685	27589	29468	6514	13910
325994	1598	3226	3660	492	2946

10-7 限额以上住宿和餐饮业企业基本情况(2018年)

指　　标	Item	法人企业数(个) Number of Corporations(unit)
总　　计	**Total**	**206**
住宿业	**Lodging Industry**	**121**
按住宿业行业小类分	**By Classification of Lodging Industry**	
旅游饭店	Tourist Hotels	83
一般旅馆	General Hotels	36
其他住宿业	Other Hotels	2
按登记注册类型分	**By Status of Registration**	
内资企业	Domestic Funded Enterprises	119
国有企业	State-owned Enterprises	5
集体企业	Collective-owned Enterprises	
有限责任公司	Limited Liability Corporations	38
国有独资公司	State Sole Funded Corperations	7
其他有限责任公司	Other Limited Liability Corporations	31
私营企业	Private Enterprises	75
私营独资企业	Sole Proprietorships	1
私营有限责任公司	Private Limited Liability Corporations	71
港、澳、台商投资企业	Enterprises with Funds from Hong Kong, Macao and Taiwan	1
与港澳台商合资经营企业	Joint-venture Enterprises with Funds from Hong Kong, Macao and Taiwan	
港澳台商独资企业	Sole Proprietorships with Funds from Hong Kong, Macao and Taiwan	1
外商投资企业	Enterprises with Foreign Investment	1
中外合资经营企业	Sino-foreign Equity Joint Venture Enterprises	1
按控股情况分	**By Holding**	
国有控股	State-owned Holding	19
集体控股	Collective-owned Holding	1
私人控股	Private Holding	97
港澳台商控股	Hong Kong, Macao and Taiwan Holdings	1
其　他	Others	3
按经营形式分	**By Management Forms**	
独立门店	Independent Stores	103
连锁加盟店	Franchised Outlets	5
其　他	Others	13
按星级分	**By Hotel Ratings**	
五　星	Five-star	5
四　星	Four-star	22
三　星	Three-star	9
二　星	Two-star	5
一　星	One-star	
其　他	Others	80
按单位规模分	**By Scale**	
大　型	Large	3
中　型	Medium	24
小　型	Small	92
微　型	Minitype	2

Basic Conditions of Enterprises above Designated Size of Hotels and Catering Services(2018)

年末从业人员(人) Employed Persons(person)	客房数(间) Number of Hotel Rooms(room)	床位数(个) Number of Beds(unit)	餐位数(张) Number of Tables(table)
16074	**36478**	**54894**	**91168**
9921	35667	53570	31556
8183	12844	20683	27759
1490	22532	32416	3337
248	291	471	460
9635	35362	53125	30366
724	739	1288	1680
4438	14756	22814	16201
1086	9774	14581	3550
3352	4982	8233	12651
4380	19699	28716	11785
32	130	160	
4227	19219	27934	11225
97	84	121	330
97	84	121	330
189	221	324	860
189	221	324	860
2987	12135	18681	9694
300	86	298	450
5867	22605	33334	18346
97	84	121	330
670	757	1136	2736
8562	32716	48919	27038
181	709	1054	103
1178	2242	3597	4415
1453	1522	2156	5089
3223	4446	7525	12547
621	1215	2194	2391
188	8945	13308	320
4436	19539	28387	11209
1230	1160	1677	4734
4184	5008	8570	13378
4493	29353	43121	13444
14	146	202	

10-7 续表

指　　标	Item	法人企业数(个) Number of Corporations(unit)
餐饮业	**Catering Services**	**85**
按餐饮业行业小类分	**By Classification of Catering Industry**	
正餐服务	Dinner Services	80
快餐服务	Fast Food Services	3
饮料及冷饮服务	Beverage and Cold Drink Services	1
餐饮配送及外卖送餐服务	Catering Delivery Service	1
其他餐饮业	Other Catering Services	
按登记注册类型分	**By Status of Registration**	
内资企业	Domestic Funded Enterprises	84
国有企业	State-owned Enterprises	
股份合作企业	Cooperative Enterprises	
有限责任公司	Limited Liability Corporations	22
国有独资公司	State Sole Funded Corporations	2
其他有限责任公司	Other Limited Liability Corporations	20
股份有限公司	Companies Limited by Shares	
私营企业	Private Enterprises	62
私营独资企业	Private Sole Proprietorships	12
私营合伙企业	Private Partnership Enterprises	1
私营有限责任公司	Private Limited Liability Corporations	49
私营股份有限公司	Private Share-holding Corporations Limited	
其他企业	Other Enterprises	
外商投资企业	Enterprises with Foreign Investment	
外商投资股份有限公司	Foreign-funded Companies Limited by Shares	
按控股情况分	**By Holding**	
国有控股	State-owned Holding	5
私人控股	Private Holding	74
外商控股	Foreign Holding	
其　他	Others	6
按经营形式分	**By Management Forms**	
独立门店	Independent Stores	69
连锁总店	Chain Store Headquarters	2
连锁直营店	Chain Stores	1
连锁加盟店	Franchised Outlets	2
其　他	Others	11
按单位规模分	**By Scale**	
大　型	Large	
中　型	Medium	15
小　型	Small	57
微　型	Minitype	13

(continued)

年末从业人员(人) Employed Persons(person)	客房数(间) Number of Hotel Rooms(room)	床位数(个) Number of Beds(unit)	餐位数(张) Number of Tables(table)
6153	**811**	**1324**	**59612**
5978	811	1324	58748
45			240
21			624
109			
6146	811	1324	59540
2226	448	782	30411
20	187	351	1902
2206	261	431	28509
3920	363	542	29129
209			4485
186			1000
3525	363	542	23644
556	187	351	12813
4936	624	973	40069
661			6730
3154	811	1324	34025
1240			3820
108			458
116			660
1535			20649
3740	209	352	26036
2310	325	444	29673
103	277	528	3903

10-8 限额以上住宿和餐饮业企业经营情况(2018 年)

单位:万元

指　标	Item	营业额 Business Revenue
总　计	**Total**	**337623**
住宿业	**Lodging Industry**	**218214**
按住宿业行业小类分	**By Classification of Lodging Industry**	
旅游饭店	Tourist Hotels	183914
一般旅馆	General Hotels	31286
其他住宿业	Other Hotels	3015
按登记注册类型分	**By Status of Registration**	
内资企业	Domestic Funded Enterprises	213937
国有企业	State-owned Enterprises	10789
集体企业	Collective-owned Enterprises	
有限责任公司	Limited Liability Corporations	106014
国有独资公司	State Sole Funded Corperations	28380
其他有限责任公司	Other Limited Liability Corporations	77634
私营企业	Private Enterprises	93687
私营独资企业	Sole Proprietorships	494
私营有限责任公司	Private Limited Liability Corporations	91462
港、澳、台商投资企业	Enterprises with Funds from Hong Kong, Macao and Taiwan	847
与港澳台商合资经营企业	Joint-venture Enterprises with Funds from Hong Kong, Macao and Taiwan	
港澳台商独资企业	Sole Proprietorships with Funds from Hong Kong, Macao and Taiwan	847
外商投资企业	Enterprises with Foreign Investment	3430
中外合资经营企业	Sino-foreign Equity Joint Ventures	3430
按控股情况分	**By Holdings**	
国有控股	State-owned Holding	67439
集体控股	Collective-owned Holding	4710
私人控股	Private Holding	125963
港澳台商控股	Hong Kong, Macao and Taiwan Holdings	847
其　他	Others	19254
按经营形式分	**By Management Forms**	
独立门店	Independent Stores	174545
连锁加盟店	Franchised Outlets	5406
其　他	Others	38263
按星级分	**By Hotel Ratings**	
五　星	Five-star	44137
四　星	Four-star	74394
三　星	Three-star	14832
二　星	Two-star	
一　星	One-star	2316
其　他	Others	
按单位规模分	**By Scale**	
大　型	Large	42908
中　型	Medium	85066
小　型	Small	89407
微　型	Minitype	833

Business of Enterprises above Designated Size of Hotels and Catering Services(2018)

(10 000 yuan)

客房收入 Reveneue from Hotel Rooms	餐费收入 Reveneue from Meals	商品销售额 Merchandise Sales	其他收入 Other Revenue	年末餐饮营业面积(平方米) Operating Area of Retail Trade at Year-end(sq. m.)
137443	**7697**	**7697**	**18329**	**467975**
134856	**4361**	**4361**	**13475**	**273854**
106748	**4283**	**4283**	**12616**	**200814**
26750	79	79	599	68670
1359			259	4370
132735	**4316**	**4316**	**13089**	**271486**
5071	93	93	1535	6970
55050	3855	3855	7672	102016
9280	3668	3668	3754	18335
45770	187	187	3918	83681
70690	340	340	3425	157500
352			142	1330
68746	340	340	3283	154760
364	45	45	2	946
364	45	45	2	946
1757			384	1422
1757			384	1422
30338	3905	3905	6841	48456
1361			874	5300
92693	370	370	5038	204441
364	45	45	2	946
10100	41	41	720	14711
106136	4276	4276	12222	218023
5297	36	36	4	21875
23423	49	49	1249	33956
22424	20637	93	984	24660. 0
40127	24224	3876	6167	64906. 0
9485	3912	31	1403	20938
	529	45	289	6390
1452				
	16221	316	4631	156960
19533	18007	2901	2466	14334
44977	33349	1079	5662	81003
69523	14166	371	5347	172217
823		10		6300

10-8 续表

单位:万元

指　　标	Item	营业额 Business Revenue
餐饮业	**Catering Services**	**119409**
按餐饮业行业小类分	**By Classification of Catering Industry**	
正餐服务	Dinner Services	115613
快餐服务	Fast Food Services	1229
饮料及冷饮服务	Beverage and Cold Drink Services	325
餐饮配送及外卖送餐服务	Catering Delivery Service	2241
其他餐饮业	Other Catering Services	
按登记注册类型分	**By Status of Registration**	
内资企业	Domestic-funded Enterprises	119007
国有企业	State-owned Enterprises	
股份合作企业	Cooperative Enterprises	
有限责任公司	Limited Liability Corporations	60604
国有独资公司	State Sole Funded Corporations	6962
其他有限责任公司	Other Limited Liability Corporations	53642
股份有限公司	Companies Limited by Shares	
私营企业	Private Enterprises	58403
私营独资企业	Private-funded Enterprises	5174
私营合伙企业	Private Partnership Enterprises	2375
私营有限责任公司	Private Limited Liability Corporations	50855
私营股份有限公司	Private Share-holding Corporations Limited	
其他企业	Other Enterprises	
外商投资企业	Enterprises with Foreign Investment	
外商投资股份有限公司	Foreign-funded Companies Limited by Shares	
按控股情况分	**By Holding**	
国有控股	State-owned Holding	25306
私人控股	Private Holding	77278
外商控股	Foreign Holding	
其　他	Others	16824
按经营形式分	**By Management Forms**	
独立门店	Independent Stores	66945
连锁总店	Chain Store Headquarters	14366
连锁直营店	Chain Stores	994
连锁加盟店	Franchised Outlets	1153
其　他	Others	35950
按单位规模分	**By Scale**	
大　型	Large	
中　型	Medium	70474
小　型	Small	38927
微　型	Minitype	10009

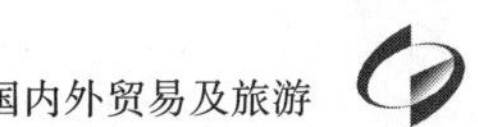

(continued)

(10 000 yuan)

客房收入 Reveneue from Hotel Rooms	餐费收入 Reveneue from Meals	商品销售额 Merchandise Sales	其他收入 Other Revenue	年末餐饮营业面积(平方米) Operating Area of Retail Trade at Year-end(sq. m.)
2587	**108632**	**3336**	**4854**	**194121**
2587	105291	3336	4399	190978
	1190		40	2543
	325			600
	1826		415	
2587	108231	3336	4854	193856
1736	51902	2265	4701	73252
360	5877	414	312	10004
1377	46025	1852	4389	63248
851	56329	1071	153	120604
	4711	463		14901
	2375			10000
851	49243	608	153	95703
360	23682	953	312	30699
2227	72459	2333	259	149624
	12492	50	4282	13798
2587	60780	3007	572	138273
	14366			17410
	825	50	119	1833
	1129	24		1400
	31532	256	4163	35205
1180	63416	1709	4169	92195
847	36507	1161	412	84390
560	8709	466	273	17536

10-9 限额以上住宿和餐饮业企业主要财务状况(2018 年)

单位:万元

指　　标	Item	流动资产合计 Current Assets
总　　计	**Total**	**286398**
住宿业	**Lodging Industry**	**224301**
按住宿业行业小类分	**By Classification of Lodging Industry**	
旅游饭店	Tourist Hotels	192246
一般旅馆	General Hotels	31356
其他住宿业	Other Hotels	699
按登记注册类型分	**By Status of Registration**	
内资企业	Domestic Funded Enterprises	223023
国有企业	State-owned Enterprises	8009
集体企业	Collective-owned Enterprises	
有限责任公司	Limited Liability Corporations	134000
国有独资公司	State Sole Funded Corperations	24909
其他有限责任公司	Other Limited Liability Corporations	109091
私营企业	Private Enterprises	80604
私营独资企业	Sole Proprietorships	314
私营有限责任公司	Private Limited Liability Corporations	79764
港、澳、台商投资企业	Enterprises with Funds from Hong Kong, Macao and Taiwan	366
与港澳台商合资经营企业	Joint-venture Enterprises with Funds from Hong Kong, Macao and Taiwan	
港澳台商独资企业	Sole Proprietorships with Funds from Hong Kong, Macao and Taiwan	366
外商投资企业	Enterprises with Foreign Investment	912
中外合资经营企业	Sino-foreign Equity Joint Ventures	912
按控股情况分	**By Holdings**	
国有控股	State-owned Holding	52955
集体控股	Collective-owned Holding	2611
私人控股	Private Holding	165955
港澳台商控股	Hong Kong, Macao and Taiwan Holdings	366
其　他	Others	2414
按经营形式分	**By Management Forms**	
独立门店	Independent Stores	197084
连锁总店	Chain Store Headquarters	
连锁直营店	Chain Stores	
连锁加盟店	Franchised Outlets	5831
其　他	Others	21386
按星级分	**By Hotel Ratings**	
五　星	Five-star	10807
四　星	Four-star	124578
三　星	Three-star	13286
二　星	Two-star	2470
一　星	One-star	
其　他	Others	73160
按单位规模分	**By Scale**	
大　型	Large	20073
中　型	Medium	132677
小　型	Small	71406
微　型	Minitype	145

Main Financial Indicators of Enterprises above Designated Size of Hotels and Catering Services(2018)

(10 000 yuan)

#存　货 Inventory	固定资产合计 Total Fixed Assets	固定资产原价 Original Value of Fixed Assets	本年折旧 Depreciation in This Year	资产总计 Total Assets	负债合计 Total Liabilities	所有者权益 Owners Equities
10669	**161967**	**301417**	**17111**	**615144**	**425485**	**190284**
6429	143739	261641	13942	520647	357361	163286
5831	133627	243517	11872	455760	308877	146883
508	9938	17118	2015	63797	46505	17292
90	175	1006	55	1090	1979	-889
6388	137662	247830	13492	510683	355352	155331
427	2447	10484	402	12481	7471	5009
3666	98918	183136	8120	268307	162491	105816
1773	9973	36121	1431	42833	19110	23722
1893	88945	147015	6688	225474	143381	82093
2203	35714	52606	4925	228902	184398	44505
	87	118	15	497	234	263
2203	35483	52270	4887	227303	183475	43828
12	77	177	16	443	1177	-734
12	77	177	16	443	1177	-734
29	6001	13634	433	9521	833	8689
29	6001	13634	433	9521	833	8689
2800	38641	88544	4567	112367	57186	55182
78	12	775	12	3339	1393	1946
3109	81437	118515	6500	375771	282998	92774
12	77	177	16	443	1177	-734
430	23572	53629	2848	28726	14608	14118
5608	92965	177496	9201	411806	297255	114551
41	1502	2500	489	10179	1839	8339
780	49272	81646	4252	98662	58266	40396
1331	47605	90423	5629	85533	50042	35491
2053	34826	72439	2966	198115	145517	52598
271	19853	35039	994	41261	23109	18152
87	1034	1843	111	3591	1547	2044
2687	40422	61897	4242	192146	137145	55001
980	26058	64054	3740	71653	45286	26367
3378	65342	115066	5580	241300	168336	72964
2071	52331	82513	4622	207540	143590	63950
	9	9		154	149	6

10-9 续表 1

单位:万元

指　　标	Item	流动资产合计 Current Assets
餐饮业	**Catering Services**	**62097**
按餐饮业行业小类分	**By Classification of Catering Industry**	
正餐服务	Dinner Services	61061
快餐服务	Fast Food Services	362
饮料及冷饮服务	Beverage and Cold Drink Services	70
餐饮配送及外卖送餐服务	Catering Delivery Service	605
其他餐饮业	Other Catering Services	
按登记注册类型分	**By Status of Registration**	
内资企业	Domestic Funded Enterprises	61976
国有企业	State-owned Enterprises	
股份合作企业	Cooperative-owned Enterprises	
有限责任公司	Limited Liability Companies	26563
国有独资公司	State Sole Funded Corporations	1861
其他有限责任公司	Other Limited Liability Companies	24702
股份有限公司	Companies Limited by Shares	
私营企业	Private Enterprises	35413
私营独资企业	Private-funded Enterprises	1553
私营合伙企业	Private Partnership Enterprises	1602
私营有限责任公司	Private Limited Liability Corporations	32258
私营股份有限公司	Private Share-holding Corporations Limited	
其他企业	Other Enterprises	
外商投资企业	Enterprises with Foreign Investment	
外商投资股份有限公司	Foreign-funded Companies Limited by Shares	
按控股情况分	**By Holdings**	
国有控股	State-owned Holding	10962
私人控股	Private Holding	41788
外商控股	Foreign Holding	
其　他	Others	9347
按经营形式分	**By Management Forms**	
独立门店	Independent Stores	31410
连锁总店	Chain Store Headquarters	7985
连锁直营店	Chain Stores	127
连锁加盟店	Franchised Outlets	671
其　他	Others	21904
按单位规模分	**By Scale**	
大　型	Large	
中　型	Medium	41944
小　型	Small	17462
微　型	Minitype	2692

(continued)

(10 000 yuan)

#存　货 Inventory	固定资产合计 Total Fixed Assets	固定资产原价 Original Value of Fixed Assets	本年折旧 Depreciation in This Year	资产总计 Total Assets	负债合计 Total Liabilities	所有者权益 Owners Equities
4240	**18227**	**39776**	**3169**	**94497**	**68124**	**26998**
4187	17684	39070	3054	92534	66952	26207
14	163	272	63	806	483	323
13	2	4	1	72	63	10
26	379	430	52	1085	626	459
4240	18153	39660	3147	94227	67841	27011
1520	7061	13128	2059	39017	27212	11805
70	2005	3257	133	4101	3024	1076
1451	5057	9872	1927	34916	24188	10728
2720	11092	26532	1088	55210	40628	15206
316	965	1258	60	3272	1258	2014
187		991		2050	1230	820
2217	10128	24283	1028	49888	38141	12373
356	2570	5023	648	13886	8012	5874
3319	14649	32522	1522	68250	49651	19224
565	1008	2230	998	12362	10462	1901
2751	8982	22377	1684	47645	37947	10323
359	5185	11134	529	17983	11510	6473
127	152	528	276	503	1499	-995
378	379	381	1	1580	2230	-650
625	3529	5356	679	26787	14940	11847
1984	11481	23821	2184	64063	49567	14496
2113	3939	11757	842	24404	14746	10283
142	2807	4198	143	6031	3811	2220

10-9 续表 2

单位:万元

指 标	Item	主营业务收入 Revenue from Principal Business
总 计	**Total**	**321891**
住宿业	**Lodging Industry**	**208966**
按住宿业行业小类分	**By Classification of Lodging Industry**	
旅游饭店	Tourist Hotels	176382
一般旅馆	General Hotels	29740
其他住宿业	Other Hotels	2844
按登记注册类型分	**By Status of Registration**	
内资企业	Domestic Funded Enterprises	204927
国有企业	State-owned Enterprises	10013
集体企业	Collective-owned Enterprises	
有限责任公司	Limited Liability Corporations	102689
国有独资公司	State Sole Funded Corperations	25132
其他有限责任公司	Other Limited Liability Corporations	77557
私营企业	Private Enterprises	88787
私营独资企业	Sole Proprietorships	480
私营有限责任公司	Private Limited Liability Corporations	86640
港、澳、台商投资企业	Enterprises with Funds From Hong Kong, Macao and Taiwan	799
与港澳台商合资经营企业	Joint-venture Enterprises with Funds from Hong Kong, Macao and Taiwan	
港澳台商独资企业	Wholly Hong Kong-, Macao- and Taiwan-funded Enterprises	799
外商投资企业	Enterprises with Foreign Investment	3240
中外合资经营企业	Sino-foreign Equity Joint Venture Enterprises	3240
按控股情况分	**By Holdings**	
国有控股	State-owned Holding	64619
集体控股	Collective-owned Holding	4463
私人控股	Private Holding	119670
港澳台商控股	Hong Kong, Macao and Taiwan Holdings	799
其 他	Others	19415
按经营形式分	**By Management Forms**	
独立门店	Independent Stores	166186
连锁总店	Chain Store Headquarters	
连锁直营店	Chain Stores	
连锁加盟店	Franchised Outlets	4784
其 他	Others	37996
按星级分	**By Hotel Ratings**	
五 星	Five-star	43141
四 星	Four-star	71392
三 星	Three-star	13818
二 星	Two-star	2233
一 星	One-star	
其 他	Others	78381
按单位规模分	**By Scale**	
大 型	Large	41334
中 型	Medium	82160
小 型	Small	84663
微 型	Minitype	809

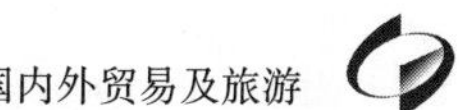

(continued)

(10 000 yuan)

主营业务成本 Cost of Principal Business	主营业务税金及附加 Tax and Extra Charges on Principal Business	营业利润 Operating Profits	利润总额 Total Profits	应交所得税 Income Tax Payable
150306	**3142**	**4067**	**4374**	**3806**
87338	**2177**	**-2586**	**-2931**	**2939**
74285	1722	55	-762	2802
12299	445	-2273	-1819	136
754	10	-368	-349	
86740	2030	-2610	-2983	2939
4684	129	271	345	187
46637	1349	5042	4799	2550
11734	73	1999	2049	430
34903	1276	3043	2750	2120
31987	544	-7916	-8129	201
304	2	55	55	6
30682	527	-8114	-8328	193
184	3	-344	-316	
184	3	-344	-316	
414	144	368	368	
414	144	368	368	
30963	558	1961	1730	1231
1521	16	80	80	
46893	1051	-9258	-9420	273
184	3	-344	-316	
7776	549	4975	4995	1435
66985	1584	-7264	-8146	1540
1783	75	-384	-9	3
18569	518	5062	5225	1396
16064	612	883	1293	1624
28453	635	-1082	-1485	826
9041	200	382	401	124
992	6	-98	52	9
32788	724	-2670	-3192	356
16812	522	3604	3931	1792
27516	841	-3779	-4134	793
42981	811	-2406	-2724	353
28	3	-4	-4	1.0

10-9 续表 3

单位:万元

指　　标	Item	主营业务收入 Revenue from Principal Business
餐饮业	**Catering Services**	**112925**
按餐饮业行业小类分	**By Classification of Catering Industry**	
正餐服务	Dinner Services	109248
快餐服务	Fast Food Services	1120
饮料及冷饮服务	Beverage and Cold Drink Services	317
餐饮配送及外卖送餐服务	Catering Delivery Service	2241
其他餐饮业	Other Catering Services	
按登记注册类型分	**By Status of Registration**	
内资企业	Domestic Funded Enterprises	112546
国有企业	State-owned Enterprises	
股份合作企业	Cooperative-owned Enterprises	
有限责任公司	Limited Liability Corporations	57117
国有独资公司	State Sole Funded Corporations	6617
其他有限责任公司	Other Limited Liability Corporations	50500
股份有限公司	Companies Limited by Shares	
私营企业	Private Enterprises	55429
私营独资企业	Private-funded Enterprises	4963
私营合伙企业	Private Partnership Enterprises	2240
私营有限责任公司	Private Limited Liability Corporations	48226
私营股份有限公司	Private Share-holding Corporations Limited	
其他企业	Other Enterprises	
外商投资企业	Enterprises with Foreign Investment	
外商投资股份有限公司	Foreign-funded Companies Limited by Shares	
按控股情况分	**By Holding**	
国有控股	State-owned Holding	23093
私人控股	Private Holding	73239
外商控股	Foreign Holding	
其　他	Others	16593
按经营形式分	**By Management Forms**	
独立门店	Independent Stores	63523
连锁总店	Chain Store Headquarters	13587
连锁直营店	Chain Stores	1055
连锁加盟店	Franchised Outlets	1070
其　他	Others	33691
按单位规模分	**By Scale**	
大　型	Large	
中　型	Medium	66077
小　型	Small	37256
微　型	Minitype	9593

(continued)

(10 000 yuan)

主营业务成本 Cost of Principal Business	主营业务税金及附加 Tax and Extra Charges on Principal Business	营业利润 Operating Profits	利润总额 Total Profits	应交所得税 Income Tax Payable
62969	**965**	**6653**	**7305**	**867**
60939	957	6659	7298	866
396	2	28	42	5
104	1	6	6	
1530	5	-41	-41	-4
62815	965	6658	7310	867
34265	432	4440	5080	539
5888	40	30	33	5
28376	392	4410	5047	534
28551	533	2218	2230	328
2594	24	1460	1459	17
811	75	-37	-37	27
25146	435	795	807	283
19060	166	2094	2204	111
37670	753	2779	2943	347
6238	47	1779	2158	410
36682	596	3579	3700	283
4833	26	345	390	170
460	3	-138	-138	
557	34	-466	-466	
20438	306	3334	3820	414
33654	499	4261	4815	632
21616	400	1658	1753	193
7699	66	734	737	43

10-10 各区(市、县)社会消费品零售总额
Total Retail Sales of Consumer Goods by District (City, County)

单位:万元 (10 000 yuan)

区(市、县)名称	District (City, County)	2018	2017	2018年比2017年增长(%) Growth Rate in 2018 over 2017(%)
南明区	Nanming	3738017	3456327	8.2
云岩区	Yunyan	3672955	3402459	8.0
花溪区	Huaxi	2813738	2618649	7.5
乌当区	Wudang	291441	269728	8.1
白云区	Baiyun	326869	301123	8.6
观山湖区	Guanshanhu	1402905	1290028	8.8
开阳县	Kaiyang	456617	419107	9.0
息烽县	Xifeng	230672	214080	7.8
修文县	Xiuwen	258899	238946	8.4
清镇市	Qingzhen	554634	512364	8.3

注:因国家统计报表制度变化,此处作为对比,2017年社会消费品零售总额按2018年口径调整。

a) On account of changes in national statistical systems and in order to make a contrast and comparison between the two years, the data of total retail sales of consumer goods in 2017 has been adjusted according to the related caliber of 2018.

10-11 "黄金周"旅游接待情况(2018年)
Statistics on Tourist Reception in Golden Week(2018)

指标		Item		春节 Spring Festival	国庆节 National Day
旅游住宿设施		**Tourism Accommodation**			
累计接待人天数	(万人/天)	Number of Tourists per Day	(10 000 persons/day)	63.69	132.28
平均停留天数	(天)	Average Length of Stay	(Day)	1.54	1.30
星级宾馆出租率		Room Occupancy Rate			
#饭店宾馆	(%)	Hotel	(%)	68.85	72.43
#旅馆招待所	(%)	Guesthouse	(%)	41.09	70.00
旅行社		**Travel Agencies**			
累计接团数	(个)	Cumulative Number of Tours	(unit)		2328
累计接待人数	(万人次)	Cumulative Number of Tourists Arrival	(10 000 person-times)		4.62
景区(点)		**Scenic Spots**			
统计的景区(点)	(个)	Numbers of Statistical Scenic Spots	(unit)	54	51
累计接待人数	(万人次)	Cumulative Number of Tourists	(10 000 person-times)	55.67	289.16
一日游游客所占比重	(%)	Percentage of Day-tripper	(%)	81.66	83.00
门票收入	(万元)	Ticket Receipt	(10 000yuan)	4606.00	3450.00
交通客运		**Transportation**			
累计抵达班车次		Cumulative Number			
#铁路	(班车、次)	Railway	(time)	2627	2599
民航	(班车、次)	Civil Aviation	(time)	2989	3196
公路	(班车、次)	Highway	(time)	17396	
累计抵达旅客量		Cumulative Number of Tourists Arrival			
#铁路	(万人、次)	Railway	(10 000 person-times)	29.70	179.00
民航	(万人、次)	Civil Aviation	(10 000 person-times)	37.29	432.74
公路	(万人、次)	Highway	(10 000 person-times)	23.53	
接待综合情况		**General Information of Tourism**			
接待人数	(万人、次)	Number of Visitors	(10 000 person-times)	495.97	1057.47
旅游收入	(万元)	Tourism Earnings	(10 000yuan)	213900	811100
人均天花费		Per Capita Expenditure per Day			
#过夜旅游者	(元/人天)	Tourists Stay Overnight	(yuan/person-day)	780.00	2180.00
一日游游客	(元/人天)	Day-tripper	(yuan/person-day)	361.24	564.00

10-12 旅 游
Tourism

指 标		Item		2018	2017	2018年比2017年增长(%) Growth Rate in 2018 over 2017(%)
接待海外旅游人数	**(人次)**	**Number of Foreign Tourists**	**(person-time)**	**540590**	**409538**	**32.0**
外国人	(人次)	Foreigners	(person-time)	292392	210015	39.2
港澳同胞	(人次)	Compatriots from Hong Kong and Macao	(person-time)	148644	115186	29.0
台湾同胞	(人次)	Compatriots from Taiwan	(person-time)	99554	84337	18.0
接待海外旅游人天数	**(人天)**	**International Tourists**	**(person-time)**	**1154522**	**900984**	**28.1**
外国人	(人天)	Foreigner	(person-day)	643262	462033	39.2
港澳同胞	(人天)	Compatriots from Hong Kong and Macao	(person-day)	312152	253409	23.2
台湾同胞	(人天)	Compatriots from Taiwan	(person-day)	199108	185542	7.3
旅游外汇收入	**(万美元)**	**Foreign Exchange Earnings for Tourisms**	**(10 000 USD)**	**23359.56**	**18562.96**	**25.8**
国内旅游		**Domestic Tourism**				
接待国内游客	(万人次)	Domestic Tourists	(10 000 person-times)	18792.19	14836.59	26.7
旅游收入	(亿元)	Tourism Earnings	(100 million yuan)	2440.44	1860.24	31.2
旅游总收入	**(亿元)**	**Total Tourism Earnings**	**(100 million yuan)**	**2456.56**	**1871.95**	**31.2**

10-13 星级饭店
Star-rated Hotels

单位:个 (unit)

指 标	Item	2018	2017	2018年比2017年增长(%) Growth Rate in 2018 over 2017(%)
总 计	**Total**	**43**	**48**	**-10.4**
按星级分	**By Hotel Level**			
一 星	One-star Hotel			
二 星	Two-star Hotel	7	9	-22.2
三 星	Three-star Hotel	14	14	持平 even
四 星	Four-star Hotel	18	21	-14.3
五 星	Five-star Hotel	4	4	持平 even
按经济类型分	**By Ownership**			
国有经济	State-owned	16	18	-11.1
集体经济	Collective-owned			
外商投资经济	Foreign Funded	2	1	100
个人投资经济	Private Funded	25	29	-13.8
按规模分	**By Capacity**			
客房总数500间以上	With more than 500 Rooms	1	1	持平 even
客房总数300-499间	With 300-499 Rooms	4	4	持平 even
客房总数200-299间	With 200-299 Rooms	8	8	持平 even
客房总数100-199间	With 100-199 Rooms	18	23	-21.7
客房总数99间以下	With Less than 99 Rooms	12	12	持平 even

10-14 招商引资
Capital Attraction and Investment Promotion

指标	Item	项目个数(个) Number of Projects (unit) 2018	2017	合同引资额 Contracted Capital 2018	2017	实际到位资金 Actually Absorbed Capital 2018	2017	2018年比2017年增长(%) Growth Rate in 2018 over 2017(%)
利用外资(万美元)	**Foreign Investment (10 000 USD)**	**52**	**33**	**334002.18**	**192227.07**	**158905.80**	**134540.35**	**18.1**
#合资经营企业	Joint Venture Enterprises	20	13	47656.24	12452.59	23018.74	991.27	2222.2
合作经营企业	Cooperative Enterprises	1	1	82711.66	1450.73	0.00	3384.90	-100.0
外资企业	Foreign-funded Enterprises	31	19	203598.28	178323.75	55149.15	53132.82	3.8
引进内资(亿元)	**Domestic Capital (100 million yuan)**	**1203**	**1074**	**-**	**2436.62**	**2218.67**	**1638.50**	**35.4**

注:引进内资统计口径为省外境内。
a) Domestic investment introduced is calculated as from outside the provincial districts.

10-15 各区(市、县)实际利用外资
Foreign Investment Actually Utilized by District (City, County)

单位:万美元 (10 000 USD)

区(市、县)名称	District(City, County)	2018	2017	2018年比2017年增长(%) Growth Rate in 2018 over 2017(%)
总计	**Total**	**158906**	**134540**	**18.1**
南明区	Nanming	17136	16214	5.7
云岩区	Yunyan	16535	15700	5.3
花溪区	Huaxi	13337	12718	4.9
乌当区	Wudang	12800	12181	5.1
白云区	Baiyun	12800	12256	4.4
观山湖区	Guanshanhu	18500	17496	5.7
开阳县	Kaiyang	5000	4901	2.0
息烽县	Xifeng	4800	4529	6.0
修文县	Xiuwen	4800	4531	5.9
清镇市	Qingzhen	5013	4653	7.8
高新区	High-tech Zone	19556	18477	5.8
经开区	Economic Development Zone	13329	12550	6.2
综保区	Guiyang Comprehensive Bonded Area	15300	14370	6.5
双龙区	Shuanglong			

注:花溪区不含经开区数据。
a) The data of Huaxi district does not include the data of Economic Development Zone.

10-16 进出口总额
Total Value of Imports and Exports

单位:万美元 (10 000 USD)

指 标	Item	2018	2017
进出口总额	**Total Value of Imports and Exports**	**349380**	**299156**
按企业性质分	**By Ownship of Enterprises**		
三资企业	Foreign-funded Enterprises	13023	12224
国有企业	State-owned Enterprises	226644	210270
集体企业	Collective-owned Enterprises	3708	2510
民营企业及其他	Private and Other Enterprises	106005	74151
按贸易方式分	**By Types of Trade**		
一般贸易	General Trade	257617	236137
加工贸易	Processing Trade	62968	42129
其他贸易	Others	28795	20890
出口总额	**Total Value of Exports**	**251496**	**227146**
按企业性质分	**By Ownship of Enterprise**		
三资企业	Three-Funded Enterprises	8185	6153
国有企业	State-owned Enterprises	190501	170518
集体企业	Collective-owned Enterprises	1574	913
民营企业及其他	Private and Other Enterprises	51236	49563
按贸易方式分	**By Type of Trade**		
一般贸易	General Trade	197114	189224
加工贸易	Processing Trade	42376	29561
其他贸易	Others	12006	8361
进口总额	**Total Value of Imports**	**97884**	**72009**
按企业性质分	**By Ownship of Enterprises**		
三资企业	Three-Funded Enterprises	4839	6072
国有企业	State-owned Enterprises	36143	39751
集体企业	Collective-owned Enterprises	2134	1597
民营企业及其他	Private and Other Enterprises	54769	24589
按贸易方式分	**By Types of Trade**		
一般贸易	General Trade	60503	46912
加工贸易	Processing Trade	20591	12568
其他贸易	Others	16790	12529

10-17 分国别(地区)进出口总额
Total Value of Imports and Exports by Country(Region)

单位:万美元 (10 000 USD)

指 标	Item	2018			2017		
		合 计 Total Value	出 口 Exports	进 口 Imports	合 计 Total Value	出 口 Exports	进 口 Imports
总 计	**Total**	**349380**	**251496**	**97884**	**299156**	**227146**	**72009**
亚 洲	Asia	216338	147967	68371	178189	125880	52307
#香 港	Hong Kong	33894	33894	0	21222	21216	5
印 度	India	9056	8777	279	13264	13263	1
日 本	Japan	9513	7439	2074	9715	6813	2902
韩 国	South Korea	8023	5624	2399	9416	7805	1611
台 湾	Taiwan	25063	829	24234	11945	1281	10664
东 盟	ASEAN	66319	50851	15468	71621	55965	15657
非 洲	Africa	21819	16659	5160	16243	11771	4472
欧 洲	Europe	38246	31127	7119	41346	34597	6749
#欧 盟	European Union	31955	26719	5236	35607	29884	5723
拉丁美洲	Latin America	15652	15455	197	16382	16249	133
北美洲	North America	26772	16101	10671	20193	15310	4883
#美 国	America	19315	14315	5000	16830	13347	3483
大洋洲	Oceania	30553	24187	6366	26802	23339	3463
#澳大利亚	Australia	17291	11715	5576	15293	12524	2769

10-18 各区(市、县)进出口总额
Total Value of Imports and Exports by District(City, County)

单位:万美元 (10 000 USD)

区(市、县)名 称	District (City, County)	2018			2017		
		合 计 Total Value	出 口 Exports	进 口 Imports	合 计 Total Value	出 口 Exports	进 口 Imports
总 计	**Total**	**349380**	**251496**	**97884**	**299156**	**227146**	**72009**
南明区	Nanming	79561	68712	10849	101726	79341	22384
云岩区	Yunyan	108094	92089	16005	103964	85205	18759
花溪区	Huaxi	19		19			
乌当区	Wudang	2169	1803	366	2845	1960	884
白云区	Baiyun	10564	10314	250	5310	5207	103
观山湖区	Guanshanhu	46486	37517	8969	13148	12576	572
开阳县	Kaiyang	1701	1701		891	891	
息烽县	Xifeng	185	185		76	76	
修文县	Xiuwen	391	336	55	294	261	33
清镇市	Qingzhen	78	78		84	84	
高新区	High-tech Zone	22404	8589	13815	12624	4811	7813
经开区	Economic Development Zone	8207	4117	4090	6585	3541	3044
综保区	Guiyang Comprehensive Bonded Area	64821	25485	39336	50457	32647	17811
双龙区	Shuanglong	4690	567	4123	1152	546	606

主要统计指标解释

社会消费品零售总额 指企业(单位、个体户)通过交易直接售给个人、社会集团非生产、非经营用的实物商品金额,以及提供餐饮服务所取得的收入金额。个人包括城乡居民和入境人员,社会集团包括机关、社会团体、部队、学校、企事业单位、居委会或村委会等。

批发零售贸易业商品购、销、存总额 指各种登记注册类型的批发、零售贸易业(不包括个体)企业(单位)以本企业(单位)为总体的商品购进、销售、库存总额。

商品购进总额 指从本企业(单位)以外的单位和个人购进(包括从境外直接进口)作为转卖或加工后转卖的商品总额。它反映批发零售贸易业从国内、国外市场上购进商品的总量。商品购进总额包括:(1)从工农业生产者购进的商品;(2)从出版社、报社的出版发行部门购进的图书、杂志和报纸;(3)从各种登记注册类型的批发零售贸易企业(单位)购进的商品;(4)从其他单位购进的商品,如从机关、团体、企业等单位购进的剩余物资,从餐饮业、服务业购进的商品,从海关、市场管理部门购进的缉私和没收的商品,从居民手中收购的废旧商品等;(5)从国(境)外直接进口的商品。不包括企业(单位)为自身经营用和未通过买卖行为而收入的商品以及销售退回、商品升溢等。

商品销售总额 指对本企业(单位)以外的单位和个人出售(包括对境外直接出口)的商品总额。它反映批发零售贸易业在国内市场上销售商品以及出口商品的总量。商品销售总额包括:(1)售给城乡居民和社会集团消费用的商品;(2)售给工业、农业、建筑业、运输邮电业、批发零售贸易业、餐饮业、服务业等作为生产、经营使用的商品;(3)售给批发零售贸易业作为转卖或加工后转卖的商品;(4)对国(境)外直接出口的商品。不包括出售本企业(单位)自用的废旧包装用品;未通过买卖行为付出的商品;经本单位介绍,由买卖双方直接结算,本单位只收取手续费的业务;购货退出的商品以及商品损耗和损失等。

批发零售贸易业库存 指报告期末各种登记注册类型的批发零售贸易企业(单位)已取得所有权的商品。它反映批发零售贸易企业(单位)的商品库存情况和对市场商品供应的保证程度。

零售额 指售给城乡居民用于生活消费和社会集团用于公共消费的商品金额。具体包括:

(1)售给城乡居民的各种生活消费品;

(2)售给入境旅游的外国人、华侨、港澳台同胞的各类商品;

(3)售给行政事业单位、社会团体、军队和武警等机构的商品,以及以零售方式售予各类企业的商品。具体包括:用于非生产和社会交往的办公用品,如通讯设备、计算器具和设备、电讯网络设备、文印设备、音像视听器材和设备、纸张、本册、文具及装订文印材料、家具、日用电器、针纺织品、清洁卫生用品、文体用品、奖品、纪念品、礼品等;供内部人员乘坐的交通工具和燃料;用于办公设施修缮的各类配件、材料、工具等;用于取暖和防暑降温的设备、燃料、材料及食品等;专用于教学的用品和设备;非营利医疗机权的中、西药品、中药材和医疗设备器材;非专用的劳动保护用品;不对外营业的内部食堂用的餐具、炊具、设备、清洁卫生工具和食品、燃料等;军队、武警用于其人员生活的衣着品和个人用品;其他各类非生产性设备和用品。不包括:

(1)售给城乡居民已确知是用于生产、经营的商品;

(2)售给各类农业生产者的生产资料类商品;

(3)售给企业单位生产上专用的劳动保护用品;

批发额 指售给国民经济各行业用于生产经营的商品金额。具体包括:

(1)售予国民经济各行业用于生产经营、勘察设计、科研试验等的商品;加油站售予生产及营运用的运输工具的石油及制品类商品;售予民政部门救灾用的商品。

(2)售予批发零售业、餐饮业和其他服务行业用于转卖的商品。

(3)直接向境外出品的商品和委托外贸部门代理出口的商品。不包括售给外贸部门出口或加工后出口的商品以及在境内市场以外币销售的商品。外贸企业只统计自主出口的商品,不包括代理出口的商品。

住宿和餐饮业经营情况

营业额 指住宿和餐饮业法人企业、产业活动单位在经营活动中因提供服务或销售商品等取得的收入。包括:客房收入、餐费收入、商品销售额(含增值税)和其他收入。

客房收入 指住宿和餐饮业法人企业、产业活动单位在经营活动中因提供住宿服务取得的客房收入。

餐费收入 指住宿和餐饮业法人企业、产业活动单位因为顾客提供就餐服务取得的收入。包括:经烹饪、调制加工后出售的各种食品,如主食、炒菜、凉拌菜等的收入。

商品销售额 指住宿和餐饮业法人企业、产业活动单位出售商品的总金额(含增值税)。

其他收入指营业额中除客房收入、餐费收入、商品销售额(含增值税)以外的其他收入。包括:娱乐、健身和商务服务等。

从业人员 指在该连锁企业工作并取得劳动报酬的年末实有人员数。包括在岗职工、再就业的离退休人员、在该企业工作的外方人员、港、澳、台方人员、兼职人员、借用的外单位人员和第二职业者。不包括离开本单位但仍保留劳动关系的职工。从业人数包括总店和全部门店以及自有配送中心的从业人数。

进出口总额 指实际进出我国国境的货物总金额。包括对外贸易实际进出口货物,来料加工装配进出口货物,国家间、联合国及国际组织无偿援助物资和赠送品,华侨、港澳台同胞和外籍华人捐赠品,租赁期满归承租人所有的租赁货物,来料加工进出口货物,边境地方贸易及边境地区小额贸易进出口货物(边民互市贸易除外),中外合资企业、中外合作经营企业、外商独资经营企业进出口货物和公用物品,到、离岸价格在规定限额以上的进出口货样和广告品(无商业价值、无使用价值和免费提供出口的除外),从保税仓库提取在中国境内销售的进口货物,以及其他进出口货物。进出口总额用以观察一个国家在对外贸易方面的总规模。我国规定出口货物按离岸价格统计,进口货物按到岸价格统计。

利用外资 指我国各级政府、部门和其他经济组织通过对外借款、吸收外商直接投资以及用其他方式筹措的境外现汇、设备、技术等。

旅游者人数

(1)入境国际旅游者人数 指来中国参观、访问、旅行、探亲、访友、休养、考察、参加会议和从事经济、科技、文化、教育、宗教等活动的外国人、华侨、港澳同胞和台湾同胞的人数。不包括外国在我国的常驻机构,如使领馆、通讯社、企业办事处的工作人员;来我国常住的外国专家、留学生以及在岸逗留不过夜人员。

(2)出境居民人数 指大陆居民因公务活动或私人事务短期出境的人数。公务活动出境居民人数包括在国际交通工具上的中国服务员工,因私出境居民人数不包括在国际交通工具上的中国服务员工。

(3)国内旅游者人数 指我国大陆居民和在我国常住1年以上的外国人、华侨、港澳台同胞离开常住地在境内其他地方的旅游设施内至少停留一夜,最长不超过6个月的人数。

旅游总收入 游客(海外游客和国内游客)在旅游过程中(由游客或游客的代表为游客)支付的一切旅游支出就是国家(省、区、市)的旅游总收入。旅游支出应包括(过夜)旅游者和一日游游客在整个游程中行、游、住、食、购、娱,以及为亲友、家人购买纪念品、礼品等方面的旅游支出,不包括为商业目的购物、购买房、地、车、船等资本性或交易性的投资、馈赠亲友的现金及给公共机构的捐赠。

旅游收入包括国际旅游(外汇)收入和国内旅游收入。

国际旅游(外汇)收入 海外旅游者在中国(大陆)境内旅行、游览过程中用于交通、参观游览、住宿、餐饮、购物、娱乐等全部花费。

国内旅游收入 指国内旅游者在国内旅行、游览过程中用于交通、参观游览、住宿、餐饮、购物、娱乐等全部花费。

Explanatory Notes on Main Statistical Indicators

Total Retail Sales of Consumer Goods refers to the amount obtained by enterprises (unites, self-employed individuals) through direct sales of non-production and non-business physical commodity to individuals and social institutions, and revenue from providing catering services. Individuals include rural and urban households as well as people from abroad; social institutions include government agencies, social organizations, military units, schools, public institutions, neighborhood (village) committees, etc.

Purchase, Sales and Stock of Commodities by Wholesale and Retail Trades refer to the total volume of commodities purchased, total volume of sales and the stock of commodities by wholesale and retail enterprises (establishments) of different types of registration (excluding individuals).

Total Purchases of Commodities refer to the total value of purchases of commodities purchased by enterprises (establishments) from other establishments or individuals (including direct import from abroad) for the purpose of re-selling, either with or without further processing of the commodities purchased. This indicator reflects the total value of commodities purchased by wholesale and retail establishments from domestic and overseas markets. The types of commodities include: (1) products purchased from agricultural and industrial producers; (2) books, magazines and newspapers purchased from distribution departments of the publishers and newspaper offices; (3) commodities purchased from wholesale and retail establishments of different types of registration; (4) commodities purchased from other units, such as surplus materials purchased from government agencies, enterprises or institutions, commodities purchased from catering and service establishments, confiscated goods purchased from customs authorities or market management agencies second-hand goods and wastes purchased from residents; and (5) commodities directly imported from abroad. Commodities excluded those purchased by establishments(units) for their own use in business operation, commodities obtained without buying or selling procedures, returned commodities, etc.

Total Sales of Commodities refer to value of commodities sold by the establishments to other establishments and individuals (including direct export). This indicator is used to show the total value of sales of commodities at domestic markets and in exports. The types of commodities sold include: (1) commodities sold to urban and rural residents and social groups for their consumption; (2) commodities sold to establishments in industry, agriculture, construction, transportation, post and telecommunications, wholesale and retail trades, hotels and catering services, and public utility for their production and operation; (3) commodities sold to wholesale and retail establishments for re-selling, with or without further processing; (4) commodities directly exported to other countries. Commodities excluded selling of waste packaging materials used by the establishments (units) themselves, commodities transferred without buying or selling procedures, commission income from brokerage in transactions for which settlement is directly handled by buyers and sellers, returned commodities, loss in commodities, etc.

Commodity Stock of Wholesale and Retail Enterprises refers to total commodities possessed by wholesale and retail enterprises (units) of various types of registration at the end of the reference period, reflecting the commodity stock level of various wholesale and retail enterprises and the potential for market supply.

Turnover of Retail Sales refers to retail goods sold to urban and rural households for household consumption and to social institutions for public consumption. Specific types of retail goods are as follows:

a) Commodities sold to urban and rural households;

b) Commodities sold to foreigners, overseas Chinese and Chinese compatriots from Hong Kong, Macao and Taiwan visiting China;

c) Commodities sold to government agencies, institutions, social organizations, military and armed police units, and commodities to enterprises in the form of retail sales. More specifically, they include: office facilities and articles for non-production purposes such as communications equipment, computing equipment and instruments, TV and network equipment, printing and copying equipment, audio-visual equipment and instruments, paper, notebooks, stationeries, furniture, electric appliances, knitwear, sanitation and cleaning articles, cultural and sport articles, articles for prizes, souvenirs, etc.; transport vehicles and fuels for employees; materials, spare parts and tools for the maintenance of office facilities; equipment, fuels, materials and food for winter heating or summer cooling purposes; articles and equipment for teaching purpose; Chinese and western medicines and medical equipment and facilities purchased by non profit-making medical institutes; non-specialized work safety articles; cooking utensils, tableware, equipment, cleaning articles, food and fuels purchased by in-house cafeterias; clothes and personal articles purchased by military or armed police units for their officials and soldiers; and other equipment and articles for non-production purposes.

Commodities of retail sales exclude:

(1) Commodities sold to residents for production and management;

(2) Commodities like means of production sold to agricultural producers;

(3) Labor protection products sold to enterprises during production.

Turnover of Wholesale Sales refers to the amount of commodities sold to industries of national economy for production and management. Specific types of retail goods are as follows:

(1) Commodities sold to industries for production and management, survey and design and scientific researches, Oil and oil products permitted by gas station to produce and be used to traffic tools and relief goods sold to Ministry of Civil Affairs.

(2) Commodities sold to retailers, catering and other service industries to resale.

(3) Commodities directly exported overseas or exported by Foreign Trade Department, excluding commodities sold to Foreign Trade Department to export, processed commodities for export and commodities sold in foreign currencies at domestic market. Commodities of foreign trade enterprises only count those exported themselves, not including commodities by export broker.

Accommodation and catering

Business Revenue refers to revenue of hotels and catering services received from providing services or selling commodities through business activities, including income from hotels, from catering services, from selling of commodities(including value added tax) and from other services.

Income from Hotel Rooms refers to income of corporate enterprises and establishments by providing lodging services.

Income from Catering Services refers to income of corporate enterprises and establishments by providing catering services, including selling of cooked or prepared foods such as staple food, cooked dishes or cold dishes.

Income from Serving Meals refers to income of corporate enterprises and establishments by serving customers meals. Types of meals include all kinds of food cooked and flavoured such as staple food, stir-fried and cold vegetable dishes in sauce.

Income from Selling of Commodities refers to income of corporate enterprises and establishments by selling commodities that accompany the services they provide (including value added tax). Income from other activities refers to those other than income from hotel rooms, catering services or selling of commodities, such as income from providing recreational, fitness or business services.

Employed Persons refer to all those who are employed in enterprises and receive remunerations there, including currently working employees, retirees who are re-employed, teachers of local-run schools, as well as foreigners, staff from Hong Kong, Macao and Taiwan, part-time employees and persons with second job who are employed by the enterprises, and employees of other units temporarily working in the enterprises, but excluding former employees who left the enterprises with their employment records still being kept by the enterprises.

Total Volume of Imports and Exports refers to the real value of commodities imported and exported across the border of China. They include the actual imports and exports through foreign trade, imported and exported goods under the processing and assembling trades and materials, supplies and gifts as aid given gratis between governments and by the United Nations and other international organizations, and donations by overseas Chinese, compatriots in Hong Kong and Macao and Chinese with foreign citizenship, leasing commodities owned by tenant at the expiration of leasing period, the imported and exported commodities processed with imported materials, commodities trading in border areas (excluding mutual exchange goods), the imported and exported commodities and articles for public use of the Sino-foreign joint ventures, cooperative enterprises and ventures with sole foreign investment. Included in this category are also imports or exports of samples and advertising goods for whose CIF or FOB value are beyond the permitted ceiling (excluding goods of no trading or use value and free commodities for export), imported goods sold in China from bonded warehouses and other imported or exported goods. This indicator can be used to observe the total size of external trade in a country. In accordance with the stipulation of the Chinese government, imports are calculated at CIF, while exports are calculated at FOB.

Utilization of Foreign Capital refers to remittance, equipment and technology financed from abroad, by loans, foreign direct investment and other forms undertaken by the governments at all levels, by various departments, enterprises and other economic units.

Number of Tourists

(1) International tourists refer to foreigners, overseas Chinese, Chinese compatriots from Hong Kong, Macao and Taiwan coming to China for sight-seeing, visits, tours, family reunions, vacations, study tours, conferences and other activities of a business, scientific and technological, cultural, educational and religious nature. It does not include representatives and employees of resident institutions of foreign countries in China such as embassies, consulates, news agencies and offices of foreign companies and organizations, nor does it include long-term foreign experts or students residing in China, or persons in transition without spending a night in China.

(2) Number of local residents going abroad refers to the number of mainland China residents who go abroad either for official business or for private affairs. The quantity of Chinese workers who serve in the international transportation vehicles are included in those who go for official business, but those for private affairs are not included.

(3) Number of domestic tourists refers to the quantity of people who leave their living places to stay in tourism destinations for at least one night but no more than 6 months, including mainland China residents, foreigners, residents from Hong Kong, Macao and Taiwan who lived in China for more than one year.

Total Tourism Revenue refers to the total expenditure of foreigners, overseas Chinese, Chinese compatriots from Hong Kong, Macao and Taiwan and domestic tourists spending during their stay in mainland China on transportation, sighting, accommodation, food, shopping, entertainment, souvenirs and gifts for their friends and families, excluding the expenses on commercial shopping, houses, lands, cars, ships, cash given to friends and families and donations.

Tourism Revenue includes foreign exchange earnings from international tourism and income from domestic tourism.

Foreign Exchange Earnings from International Tourism refers to the total expenditure of foreigners, overseas Chinese, Chinese compatriots from Hong Kong, Macao and Taiwan during their stay in mainland China on transportation, sightseeing, accommodation, food, shopping and entertainment.

Income from Domestic Tourism refers to expenditure of domestic tourists on transportation, sighting, accommodation, food, shopping and entertainment while they travel.

Eleven

交通、运输、邮电、城市公用事业

Traffic, Transportation, Postal and Telecommunication Services, Urban Public Utilities

11-1 民用车辆拥有量(2018 年)
Possession of Civil Vehicles(2018)

单位:辆 (unit)

指 标	Item	总 计 Total	营 运 Commercial Vehicle	非营运 Non-commercial Vehicle	#进 口 Imported	#个 人 Private	#新注册 Newly Registered	报 废 Eliminated
民用车辆合计	**Total Civil Vehicles**	**1492425**	**97432**	**1394906**	**67395**	**1360002**	**177930**	**8323**
汽 车	**Cars**	**1157420**	**95531**	**1061802**	**66126**	**1027333**	**158890**	**8041**
载客汽车	Passenger Vehicles	997842	28296	969459	65953	903475	139653	6744
大 型	Large	10164	6463	3620	38	143	1157	594
中 型	Medium	3264	1061	2197	118	633	145	272
小 型	Small	975169	20664	954505	65230	894348	137579	5629
微 型	Minicar	9245	108	9137	567	8351	772	249
载货汽车	Trucks	148942	65315	83627	150	117563	18160	1097
重 型	Heavy	27851	25147	2704	37	15306	4274	126
中 型	Medium	7412	6711	701	2	6030	151	82
轻 型	Light	113659	33454	80205	111	96211	13734	885
微 型	Mini	20	3	17		16	1	4
其它汽车	Others	10636	1920	8716	23	6295	1077	200
三轮汽车	Tricar	909	13	896		906	120	
低速汽车	Low-speed Cars	1591	632	959		1555		2
摩托车	**Motorcycle**	**333048**	**18**	**333030**	**1267**	**332323**	**18461**	**269**
普 通	Ordinary	326336	18	326318	1267	325631	18431	260
轻 便	Lightweight	6712		6712		6692	30	9
挂 车	**Trailer**	**1957**	**1883**	**74**	**2**	**346**	**579**	**13**

注:机动车驾驶员 2142735 人,其中汽车驾驶员 2039405 人。
a) The number of vehicle drivers was 2,142,735 and the number of car drivers was 2,039,405 in 2018.

11-2 旅客运量及货物运输量
Passenger and Freight Traffic

指 标	Item	2018	2017	2018 年比 2017 年增长(%) Growth Rate in 2018 over 2017(%)
旅客运输量(万人)	**Total Passenger Traffic(10 000 persons)**	**81675**	**73070**	**11.8**
铁 路	Railways	3102	2553	21.5
公 路	Highways	76415	68522	11.5
航 空	Aviation	2010	1811	11.0
水 运	Waterways	148.02	184.06	-20.5
货物运输量(万吨)	**Total Freight Traffic(10 000 tons)**	**53946**	**461070**	**17.0**
铁 路	Railways	1470	1246	18.0
公 路	Highways	52451	44839	17.0
航 空	Aviation	11.24	10.24	9.8
水 运	Waterways	14.01	12.16	15.2

注:铁路数据由成都铁路局提供,统计口径为发送量。
a) The data of railway are provided by China railway Chengdu Group Co.,Ltd, with the number of passengers daily dispatched as the statistical caliber.

11-3 邮电线路及通信工具拥有量
Number of Postal Routes and Telecommunication Facilities

指 标		Item		2018	2017	2018年比2017年增长(%) Growth Rate in 2018 over 2017(%)
邮路总条数	**(条)**	**Total Postal Routes**	**(line)**	**113**	**175**	**-35.4**
邮路总长度(单程)	(公里)	Length of Postal Routes (one way)	(km)	97839	113199	-13.6
汽车邮路	(公里)	Highway Routes	(km)	20895	21643	-3.5
铁路邮路	(公里)	Railway Routes	(km)			
航空邮路	(公里)	Air Mail Routes	(km)	91556	91556	
农村投递线路总长度	**(公里)**	**Rural Delivery Routes**	**(km)**	**6539**	**4252**	**53.8**
电话交换机容量	**(万门)**	**Capacity of Telephone Exchanges**	**(10 000 lines)**	**1259**	**1086**	

注:2016年起贵阳市邮政公司停止铁路运输业务,铁路邮路为0;
The number of railways routes is zero, because Guiyang Post Company closed railways routes business in 2016.

11-4 邮电业务量
Statistics on Postal and Telecommunication Services

指 标		Item		2018	2017	2018年比2017年增长(%) Growth Rate in 2018 over 2017(%)
邮电业务收入	**(万元)**	**Business Revenue of Postal and Telecommunication Services**	**(10 000 yuan)**	**920669**	**836582**	**10.1**
电信业务收入	(万元)	Business Revenue of Telecommunication Services	(10 000 yuan)	683391	636278	7.4
邮政业务收入	(万元)	Business Revenue of Postal Services	(10 000 yuan)	237278	200304	18.5
函 件	(万件)	Numbers of Letters	(10 000 pcs)	2857	1467	94.8
包 件	(万件)	Packages	(10 000 pcs)	1	2	-50.0
特快专递	(万件)	Pieces of Express Mail Services	(10 000 pcs)	10200	7845	30.0
汇 票	(万张)	Postal Order	(10 000 pcs)	15	20	-25.0
订销报纸	(万份)	Issue of Newspapers	(10 000 copies)	8278	8147	1.6
订销杂志	(万份)	Issue of Magazines	(10 000 copies)	403	445	-9.4
邮电业务总量	**(万元)**	**Business Volume of Postal and Telecommunication Services**	**(10 000 vuan)**	**4789357**	**2101561**	**127.9**
电信业务总量	(万元)	Business Volume of Telecommunication Services	(10 000 yuan)	4572066	1922866	137.8
邮政业务总量	(万元)	Business Volume of Postal Services	(10 000 yuan)	217291	178695	21.6
年末固定电话用户	**(万户)**	**Number of Fixed Telephone Subscribers at Year-end**	**(10 000 subscribers)**	**78.21**	**83.85**	**-6.7**
#城市电话用户	(万户)	Urban Fixed Telephone Subscribers	(10 000 subscribers)	73.28	76.15	-3.8
#住宅电话用户	(万户)	Household Fixed Telephone Surbscribers	(10 000 subscribers)	46.58	49.37	-5.6
农村电话用户	(万户)	Rural Fixed Telephone Subscribers	(10 000 subscribers)	5.09	6.30	-19.2
#住宅电话用户	(万户)	Household Fixed Telephone Subscribers	(10 000 subscribers)	4.74	5.80	-18.3
移动电话用户	**(万户)**	**Mobile Telephone Subscribers**	**(10 000 subscribers)**	**804.94**	**748.95**	**7.5**
#3G用户数	(万户)	3G Subscribers	(10 000 subscribers)	64.63	44.48	45.3
#4G用户数	(万户)	4G Subscribers	(10 000 subscribers)	569.03	497.66	14.3
固定宽带接入用户数	**(万户)**	**Fixed Broadband Access Subscribers**	**(10 000 subscribers)**	**190.52**	**145.60**	**30.9**
移动互联网用户数	**(万户)**	**Mobile Internet Subscribers**	**(10 000 subscribers)**	**625.99**	**563.56**	**11.1**

注:1)邮政数据来源于市邮政管理局;
2)部分数据上年同期数据本年有修正。

a) Postal data came from Municipal Postal Service;
b) Compared with the data of the same peroid in the previous years, the data of this year has been revised.

11-5 自来水、公共汽车基本情况
Basic Statistics on Tap Water Supply and Buses

指　　标		Item		2018	2017
水　厂	（个）	Water Plant	(unit)	12	12
综合生产能力	（万吨/日）	Production Capacity of Water Supply	(10 000tons/day)	154.50	151.50
供水管道长度	（公里）	Length of Water Supply Pipelines	(km)	4894.14	4635.38
全年供水总量	（万立方米）	Total Annual Volume of Water Supply	(10 000cu. m)	38352.66	34992.74
#生产用量	（万立方米）	For Productive Use	(10 000cu. m)	3114.21	2770.01
生活用量	（万立方米）	For Residential Use	(10 000cu. m)	26053.77	24123.88
用水户数	（万户）	Registered Subscribers	(10 000subscribers)	123.69	112.75
#家庭用户	（万户）	Household Subscribers	(10 000subscribers)	115.87	106.62
用水人口	（万人）	Number of Residents with Access to Tap Water	(10 000 persons)	430.57	375.72
年末实有公共汽车（电）车营运车辆数	（辆）	Number of Buses (Trolley) under Operation at Year-end	(unit)	3210	3346
公共汽（电）车营运标准车台数	（标台）	Number of Buses (Trolley) under Operation	(unit)	3913.7	4088.5
公共汽（电）车营运线路网长度	（公里）	Length of Buses (Trolley) under Operation	(km)	4814	4706
全年公共汽（电）车客运总量	（万人次）	Passengers Transported by Public Vehicles of the Whole Year	(10 000 person-times)	55358.02	56033.09
年末实有出租汽车数	（辆）	Number of Taxis at Year-end	(unit)	9539	8623

注：1）本表数据为市辖区数。
2）公共汽车、出租汽车数据来源于市交委。

a) All statistics in the table came from Guiyang Municipal Districts.
b) The data of buses and taxies are provided gy Guiyang Municipal Commission of Transport.

11-6 市政设施和城市燃气情况
Basic Statistics on Municipal Infrastructure and Supply of Gas in Cities

指　　标		Item		2018	2017
道路长度	（公里）	Length of Paved Roads	(km)	1459	1465
道路面积	（万平方米）	Area of Paved Roads	(10 000 sq. m)	2924	2937
#人行道	（万平方米）	Area of Pavements	(10 000 sq. m)	925	928
桥梁数	（座）	Number of City Bridges	(unit)	349	360
排水管道长度	（公里）	Length of City Sewage Pipes	(km)	4032	3820
路灯盏数	（万盏）	Number of Street Lights	(10 000 units)	23.43	18.32
天然气供气总量	（万立方米）	Volume of Natural Gas Supply	(10 000 cu. m)	34285	30692
#家庭用量	（万立方米）	Consumption of Natural Gas for Residential Use	(10 000 cu. m)	14493	11731
用天然气户数	（万户）	Number of Households Using Natural Gas	(10 000 households)	110.66	102.02
#家庭用户	（万户）	Residential Users	(10 000 households)	109.98	101.43
用天然气人口	（万人）	Population with Access to Natural Gas	(10 000 persons)	312	288
液化石油气供气总量	（万吨）	Volume of Liquefied Petroleum Gas Supply	(10 000 tons)	4.80	4.60
#家庭用量	（万吨）	Consumption of LPG for Residential Use	(10 000 tons)	4.80	4.60
用液化气户数	（万户）	Number of Households Using Liquefied Gas	(10 000 households)	20.5	20.5
#家庭用户	（万户）	Residential Users	(10 000 households)	20.5	20.5
用液化石油气人口	（万人）	Population with Access to Liquefied Petroleum	(10 000 persons)	72	72

11-7 园林绿化和环境保护
Basic Statistics on Parks, Gardens and Green Areas and Environment Protection

指　　标		Item		2018	2017
建成区绿化覆盖面积	(公顷)	Green Coverage of Built-up Districts	(hectare)	17163.75	14684
建成区绿地面积	(公顷)	Area of Greenland in Built-up Districts	(hectare)	13993	13884
建成区公园绿地面积	(公顷)	Area of Public Greenland in Built-up Districts	(hectare)	5803.5	4328
建成区绿地率	(%)	The Rate of Green Land in Built-up Districts	(%)	38.08	39.7
建成区绿化覆盖率	(%)	Green Coverage Rate in Built-up Districts	(%)	40.8	41.1
建成区人均公园绿地面积	(平方米/人)	Per Capita Public Green Areas in Built-up Districts	(sq. m/per person)	13.16	12.88
建成区公园面积	(公顷)	Area of Parks in Built-up Districts	(hectare)	3750	3606
道路清扫面积	(万平方米)	The Area of Road Swept and Cleaned	(10 000 sq. m)	4880	4556
生活垃圾清运量	(万吨)	Volume of Consumption Wastes Treated	(10 000 tons)	128.62	121.62
城市生活垃圾无害化处理率	(%)	Rate of Harmlessly Treating Consumption Wastes	(%)	97.80	97.50
公厕数量(水冲式)	(座)	The Number of Public Latrine(Flushing)	(unit)	622	620
市容环卫专用车辆设备数	(台)	Total Number of Environmental Sanitary Vehicles	(unit)	1946	1951
废水排放总量	(万吨)	Total Volume of Waste Water Discharged	(10 000 tons)	49568	36730
工业废水排放总量	(万吨)	Total Volume of Industrial Waste Water Discharged	(10 000 tons)	5854	4452
工业废气排放总量	(亿标立方米)	Total Volume of Indusrial Waste Gas Discharged	(100 millionstandard sq. m)	1881	3779
二氧化硫排放总量	(万吨)	Total Volume of SO2 Emission	(10 000 tons)	4.82	7.93
#工业二氧化硫排放量	(万吨)	Volume of Industrial Sulphur Dioxide Discharged	(10 000 tons)	1.68	5.06
烟尘排放总量	(万吨)	Total Volume of Smoke and Dust Discharged	(10 000 tons)	2.06	2.14
工业固体废物产生量	(万吨)	Volume of Industrial Solid Wastes Produced	(10 000 tons)	1767.63	1629.25

注:此表数据分别由省住建厅、市生态环境局、市自然资源和规划局、市综合执法局提供。

a) The data are offered by Depeartment of housing and Urban rural development of Guizhou Province, Guiayng Municipal Ecological Environment Bureau, Guiyang Municipal Natural Resources and Planing Bureau and Guiyang Municipal Bureau of City Administration and Law Enforcement.

主要统计指标解释

民用汽车拥有量 指报告期末,在公安交通管理部门按照《机动车注册登记工作规范》,已注册登记领有民用车辆牌照的全部汽车数量。汽车拥有量统计的主要分类:根据汽车结构分为载客汽车、载货汽车、其他汽车;根据汽车所有者不同分为个人(私人)汽车、单位汽车;根据汽车的使用性质分为营运汽车、非营运汽车;根据汽车大小规格不同,载客汽车分为大型、中型、小型和微型,载货汽车分为重型、中型、轻型和微型。

货(客)运量 指在一定时期内,各种运输工具实际运送的货物(旅客)数量。货运按吨计算,客运按人次计算。货物不论运输距离长短、货物类别,均按实际重量统计。旅客不论行程远近或票价多少,均按一人一次客运量统计;半价票、小孩票也按一人统计。

铁路旅客运量 指在一定时期内使用铁路客车运送的旅客人数。铁路旅客运量的计算方法:不论票价多少或行程长短,均按单程计算为一人次;不足购票年龄免购客票的儿童,不记运量;月、季票按往返25人计算。因地方铁路管理体制改变,各地可以辖区内的铁路火车站为基本统计单位进行客货发送量统计。

公路客(货)运量 统计范围为在公路运输管理部门注册登记从事公路运输的营业性载客汽车和营业性货运车辆一定时期内实际运送的旅客(货物)数量。

水运客运量 指水运企业及其他单位在一定时期内实际运送的旅客人数。

民用航空客运量 指公共航空运输飞行所载运的旅客人数。成人和儿童各按一人计算,婴儿不计人数。每一特定航班的每一旅客只计算一次。唯一例外的是,乘坐定期航班既经过国内航段又经过国际航段的旅客,同时计算一个国内旅客和一个国际旅客。

民用航空货邮运量 指航空站在一年内从航站发运的行李、邮件、货物的重量总和。包括始发运量和联运量。发运量是根据进出港舱单、载重表等原始记录计算的。

邮电业务总量 指以价值量形式表现的邮电通信企业为社会提供各类邮电通信服务的总数量。邮电业务量按专业分类包括函件、包件、汇票、报刊发行、邮政快件、特快专递、邮政储蓄、集邮、公众电报、用户电报、传真、长途电话、出租电路、市话无线寻呼、移动电话、分组交换数据通信、出租代维等。计算方法为各类产品乘以相应的平均单价(不变价)之和,再加上出租电路和设备、代用户维护电话交换机和线路等的服务收入。其计算公式为:

邮电业务总量=Σ(各类邮电业务量×不变单价)+出租代维及其他业务收入

邮政、电信业务收入 指邮电、通信企业通过生产经营活动所取得的全部业务收入,包括邮政、长途电信、本地电话等各项主营业务收入和地方国有通信收入。统计范围改为全社会所有从事电信运营的企业(即中国电信、中国移动、中国联通三家基础电信企业),邮政企业和年业务收入200万元以上的快递企业。移动电话用户 指在移动电话营业部门登记,通过移动电话交换机进入移动电话网、占有移动电话号码的电话用户。用户数量以实际办理登记手续进入邮电部门移动电话网的户数进行计算,一部或一台移动电话统计为一户。

固定电话用户 指接入国家公众固定电话网,并按固定电话业务进行经营管理的电话用户。

城市电话用户 指直辖市、省辖市、地级市、县级市的市区、市郊区及县城(包括县人民政府所在地的县城关区或行政建制相当于县人民政府所在地的镇)范围内接入局用交换机的电话用户数,包括分布在农村地区的独立工矿区、林区、驻军等电话用户数。

农村电话用户 指按行政区划属于城市范围内以外的乡镇、村的电话用户数。

供水综合生产能力 指城建部门系统自来水公司所属自来水厂及各单位自备水源取水、净化、送水、出厂输水干管等环节的综合生产能力,以四个环节中最薄弱的环节为主确定能力,超负荷运行增加的能力不应计算。

城市供水总量 指报告期供水企业(单位)供出的全部水量,包括有效供水量和漏损水量,不包括开水直接利用量。

居民生活用水量 指城市范围内所有居民家庭的日常生活用水。包括城市居民、农民家庭、公共供水站用水。

用水人口 指供应生活用水的年末实际人口。包括非农业人口和农业人口。

供气总量（人工、天然气） 指城市煤气企业向城市生产用户、家庭用户和其他用户供应的全部煤气量，包括外购及损失量。

用气人口 指报告期末家庭用户的用气人口。

年末实有公共汽(电)车营运车辆数 指城市公共交通企业可参加营运的全部车辆数。包括技术完好的、在修的、待修的、长期停驶的，以及拟报废尚未经上级主管部门批准报废的运营车辆数。不包括公交企业的油罐车、货车和其他专用车等非运营车，也不包括借入、租入的客运车辆。

全年公共汽(电)车客运总量 指运送乘客的总人数。包括普通票乘客人次，月票乘客人次和包车乘客人次。

年末实有出租汽车数 指经有关部门批准的专门从事出租业务的一切营业车辆。包括轿车、面包车、大客车。

年末实有城市道路面积 指路面经过铺筑的路面宽度在3.5米以上(含3.5米)的道路。包括高级、次高级道路和普通道路，不包括街道内部路面宽度不足3.5米的胡同、里弄。

道路面积只包括路面面积和与道路相通的广场、桥梁、停车场面积。不包括街心花坛、侧石、人行道和路肩的面积。

排水管道长度 排水管道是指汇集和排放污水、废水和雨水的管渠及其附属设施所组成的系统。包括干管、支管以及通往处理厂的管道，无论修建在街道上或其他任何地方，只要是起排水作用的管道，都应作排水管道统计。

绿地面积 指报告期末用作园林和绿化的各种绿地面积。包括公园绿地、生产绿地、防护绿地、附属绿地和其他绿地的面积。

公园绿地面积 指城市中向公众开放的、以游憩为主要功能，有一定的游憩设施和服务设施，同时兼有健全生态、美化景观、防灾减灾等综合作用的绿化用地。包括综合公园、社区公园、专类公园、带状公园和街旁绿地。其中综合公园、专类公园和带状公园面积之和为公园面积。

建成区绿化覆盖面积 指城市建成区内各单位管理的一切用于绿化的乔灌木和多年生草本植物的垂直投影面积。包括园林绿地以外的道路绿化覆盖面积(即道路的隔离带、中心绿岛和林荫道及行道树的覆盖面积)和单株树木的覆盖面积。

工业废水排放总量 指经过企业厂区所有排放口排到企业外部的工业废水量。包括生产废水、外排的直接冷却水、超标排放的矿井地下水和与工业废水混排的厂区生活污水，不包括外排的间接冷却水(清污不分流的间接冷却水应计算在内)。

工业废气排放总量 指报告期内企业厂区内燃料燃烧和生产工艺过程中产生的各种排入大气的含有污染物的气体的总量，以标准状态(273K，101325Pa)计算。测算公式为：

工业废气排放量=燃料燃烧过程中废气排放量+生产工艺过程中废气排放量

工业烟尘排放总量 指企业厂区内燃料燃烧过程中产生的烟气中夹带的颗粒物排放量。

工业固体废物产生量 指报告期内企业在生产过程中产生的固体状、半固体状和高浓度液体状废弃物的总量，包括危险废物、冶炼废渣、粉煤灰、炉渣、煤矸石、尾矿、放射性废物和其他废物等。不包括矿山开采的剥离废石和掘进废石(煤矸石和呈酸性或碱性的废石除外)。酸性或碱性废石指采掘的废石其流经水、雨淋水的pH值小于4或pH值大于10.5者。

生活垃圾清运量 指报告期内收集和运送到垃圾处理厂(场)的生活垃圾数量。生活垃圾指城市日常生活或为城市日常生活提供服务的活动中产生的固体废物以及法律行政规定的视为城市生活垃圾的固体废物。包括：居民生活垃圾、商业垃圾、集市贸易市场垃圾、街道清扫垃圾、公共场所垃圾和机关、学校、厂矿等单位的

生活垃圾。

生活垃圾无害化处理率 指报告期生活垃圾无害化处理量与生活垃圾产生量比率。在统计上，由于生活垃圾产生量不易取得，可用清运量代替。计算公式为：

生活垃圾无害化处理率＝生活垃圾无害化处理量/生活垃圾产生量×100%

Explanatory Notes on Main Statistical Indicators

Possession of Civil Motor Vehicles refer to the total number of vehicles that are registered and received vehicles license tags according to the Work Standard for Motor Vehicles Registration formulated by the Transport Management Office under the department of public security at the end of the reference period. They are divided into categories. According to the structure of motor vehicles, they are divided into passenger vehicles, trucks and others; according to ownership into private vehicles and vehicles for the unit's use; according to kind of usage into working vehicles and non-working vehicles and according to size of vehicles into large passenger vehicles, medium-sized passenger vehicles, small passenger vehicles and mini passsenger vehicles, heavy trucks, light-heavy trucks, light trucks and mini-trucks.

Freight (Passenger) Traffic refers to the weight of freight (number of passenger) transported with various means within a specific period of time. Freight transport is calculated in tons and passenger traffic is calculated in terms of the actual weight of the goods and takes no account of the type of freight and distance of diatance, Passenger traffic is calculated by the principle that one person can be counted only once in one trip and takes no account of the travelling distance and ticket price. The passengers who travel with a half price ticket or a child's ticket is also calculated as one person.

Railway (Passenger) Tranffic refers to the weight of freight (number of passenger) transported with railway within a specific period of time. Passenger traffic is calculated by the principle that: a) one person can be counted only once in one trip and takes no account of the travelling distance and ticket price. b) children eligible for free ticket are not calculated; c) persons with monthly or season tickets shall be regarded as 25 passengers. Besides, due to the change of management system of local railway, every district has the right to calculate the volume of passengers through railway stations within its district as the basic statistic unit.

Highway Passenger (Freight) Traffic refers to the actual quantity of cargos delivered with commercial freight cars and passengers travelling with commercial passenger service vehicles in a given period. Besides, these commercial vehicles shall be registered at Management Department of Highway Transportation.

Water Traffic refers to the actual quantity of passengers travel with means of transport provided by water transportation enterprises and other units in a given period.

Civil Aviation Passenger Traffic refers to the quantity of passengers travels with means of public air transport in a given period. In the process of calculation, both adults and children shall be regarded as statistic units but infants shall not. And every passenger of ever particular flight shall be counted only once. But there is one exception that one passenger taking a scheduled flight which both flies across domestic and international sectors can be counted twice and regarded as a domestic and a international passenger at the same time.

Civil Aviation Delivery of Cargos and Mails refers to the total weight of luggage, mails and cargos delivered from air terminals within one year. It includes the total weight of originating and multimodal transport. And the weight of transport is calculated at such original records as listed in shipping bills and load sheets.

Business Volume of Post and Telecommunications refers to the total amount of postal and telecommunication services, expressed in value terms, provided by the post and telecommunication departments for society. According to professional classification, post and telecommunication services can be classified as letters, package, postal order, issue of newspapers and periodicals, QMX, EMS, postal savings, stamps for collection, public telegraphs, facsimiles, long-distance telephone service, leasing of telephone lines, mobile telephone service, communication of packet switched data, maintenance, etc. The calculation method is to multiply the service products of all types with their average unit price (constant price) to get the total business value and to plus the result with income from other services such as leasing of telephone lines and equipments as well as maintenance of telephone switchboards and lines for customers.

The formula is as follows:

Business volume of post and telecommunications = ∑ (transaction of post and telecommunication services × price [constant price]) + income from leasing, maintenance and other services

Post and Telecommunications Revenue refers to total income from all production and operating activities of post and telecommunication enterprises, including main business incomes from post, telecommunication and local call services as well as from local state-owned telecommunication services. Besides, this year the statistical range has changed into all enterprises engaged into telecom operation (namely China Telecom, China Mobile Communication Corporation and China Unicom), postal enterprises and express enterprises with an annual business income above 2 million yuan.

Mobile Telephone Subscribers refer to persons who have registered at postal and telecommunication institutions and are hence connected with the mobile telephone communication network through the mobile telephone switchboards and occupy moble phone numbers. The number of subscribers is calculated at the actual subscribers who have gone through all the register formalities and are connected with the mobile telephone communication network. Besides, one mobile telephone owner is treated as a subscriber.

Fixed-line Phone Subscribers refer to all subscribers who are connected to the national public fixed-line telephone network and enjoy fixed telephone services.

Urban Telephone Subscribers refer to the number of telephone subscribers located at the municipalities directly under the Central Government, cities under the jurisdiction of province, cities at prefecture level, downtowns and suburb of city at county level town and county towns (including country towns where county governments located and towns rank at county level according to the administrative organizational system) and subscribers in rural mineral areas, forest area and military areas.

Rural Telephone Subscribers refer to telephone subscribers located at counties (towns) and villages outside the coverage of urban areas according to administrative jurisdiction.

Production Capacity of Water Supply refers to comprehensive productive capacity of waterworks and various units affiliated to water supplying companies of city constructing departments to fetch water from self-contained water source, to purify water, to deliver water and to build water transmission main pipes. The capacity is determined mainly on the weakest og the above-mentioned four segments, excluding the capacity increased through overload operation.

Total Volume of Urban Water Supply refers to the total volume of water supplied by water-works (units) during the reference period, including both the efective water supply and loss during the water supply, excluding the volume of boiling water directly available.

Consumption of Water for Household Use refers to consumption of water for daily life of all households in cities, including households of urban residents, farmers and public water supply stations.

Population Consuming Water refers to the actual population consuming domestic water calculated at year-end. The population includes both nonagricultural and agricultural population.

Volume of Gas Supply (Artificial and Natural Gas) refers to total volume of gas provided to urban production users, households and other users by gas-producing enterprises, including the volume purchased and lost gas.

Population Consuming Gas refers to number of domestic consumers consuming gas calculated at the end of reference period.

Number of Buses (Trolley) under Opeeration at Year-end refers to total number of vehicles urban public transport enterprises put into operation, including those which are technologically intact, under repair, to be repaired, out of use for a long time and number of operating vehicles which are about to be scraped but haven't been scraped without the permission of superior competent departments. But the actual quantity of operating vehicles excludes fuel tank cars and trucks of public transport enterprises, other non-operating special purpose vehicles as well as borrowed and rented passenger service vehicles.

Passenger Traffic of Buses (Trolley) All Year Round refers to total number of passengers, including passengers travel with tickets of standard fares and monthly tickets as well as passengers who charter buses.

Number of Taxies under Opereation at Year-end refers to all business vehicles used in rental business with the permission of related departments, including cars, minibuses and motor buses.

Area of Urban Paved Roads at Year-end refers to the total land area of roads the width of whose pavement are over 3.5 (include 3.5) meters. And the roads used as statistical units include high level, sub-high level and general roads but exclude lanes and alleys the width of whose pavement are below 3.5 meters.

Besides, road area consists of only the land areas of pavements as well as those of squares, bridges and parking lots which are connected with roads, excluding the land areas of flower beds in the city center, curbstones, sidewalks and road shoulders.

Length of Sewage Pipes refers to the drainage system made up of pipes and ditches which are used for aggregating and discharging sewage, waste water and rain water as well as subsidiary facilities, including main pipes, branch pipes and pipes leading to treatment plants. Besides, whether installed in streets or else where, pipes which can drain away water shall be regarded as drainage pipelines.

Green Land Area refers to the total area occupied for green projects at the end of reference period, including park green land, production green land, protection green land, green land attached to institutions and other green areas.

Park Green Area refers to green area opent o the public for amusement and test with the facilities of amusement, rest and services. Its function included perfecting ecology,beautifying landscape and preventing and reducing distaster. Park green areas include comprehensive park, community park, theme park, linear park and roadside green space. Total areas of comprehensive park, topic park and belt-shaped is the area of park.

Green Coverage of Built-up Areas refers to the total vertical projected area of trees and shrubs in urban built-up areas, including green coverage of roads (namely the total cover area of isolation belts, center green lands, boulevards and street trees) apart from that of gardens and cover area of trees. Besides, those plants are used for greening projects and are managed by related units of respective built-up areas.

Total Industrial Waste Water Discharged refers to the volume of waste water discharged by industrial enterprises through all their outlets, including waste water from production process, directly cooled water, groundwater from mining wells which excesses discharge standards and sewage from households mixed with industrial wastewater. However, indirectly discharged cooled water shall not be regarded as the statistic unit while indirectly discharged cooled water which is discharged uniformly whether muddy or not shall be regarded as the statistic unit.

Total Emission of Industrial Waste Gas refers to the total volume of pollution gases which are generated from fuel burning and production process in enterprises and discharged into atmosphere within a given period of time. It is calculated in standard state (273K, 101325Pa) and the design formula is as follows:

Emission of industrial waste gas = volume of industrial waste gas generated from fuel burning + volume of industrial waste gas generated from production process

Total Industrial Fumes Emission refers to volume of particulate matters in exhaust gas generated in the process of fuel burning in factories of enterprises.

Industrial Solid Wastes Produced refers to total volume of solid, semi-solid and highly concentrated liquid wastes produced by industrial enterprises in production process in the report period, including hazardous wastes, smelting wastes, coal ash, slag, coal gangue, tailings, radioactive residues and other wastes, but excluding stones stripped or dug out from mines (exclude gangue and acid or alkaline stones). And acid or alkaline stones refer to those soaked in water or drenched by rain water whose PH value is below 4 or above 10. 5.

Consumption Wastes Transported refers to volume of consumption wastes collected and transported to disposal factories or sites during the reference period. Consumption waste are solid wastes produced from urban households or from service activities for urban households and solid wastes regarded by laws and regulations as urban consumption wastes, including those from households, commercial activities, markets, cleaning of streets, public sites, offices, schools, factories and mines and other sources.

Decontamination Rate of Life Refuse refers to Consumption Wastes Treated over that produced, in practical statistics, as it is difficult to estimate, the volume of consumption wasted produced is replaced with that transported. It is calculated as:

Decontamination Rate of Life Refuse = consumption wastes treated / consumption wastes produced×100%

财政、税收、金融、证券、保险

Government Finance, Taxation, Banking, Securities, Insurance

12-1 财政收入基本情况
Government Revenues

单位:万元 (10 000 yuan)

指标	Item	2018	2017	2018年比2017年增长(%) Growth Rate in 2018 over 2017(%)
财政总收入	**Total Government Revenue**	**9032558**	**7828488**	**15.4**
#一般公共预算收入	**Public Financial Budget Revenues**	**4113402**	**3778473**	**8.9**
税收收入	**Total Tax Revenue**	**3198440**	**2964789**	
增值税	Value-added Tax	1204142	1043540	
企业所得税	Corporate Income Tax	462944	370425	
个人所得税	Individual Income Tax	277030	160189	
资源税	Resource Tax	28910	26913	
城市维护建设税	City Maintenance and Construction Tax	285337	226262	
房产税	House Property Tax	138507	174744	
印花税	Stamp Tax	70126	63252	
城镇土地使用税	Urban Land Use Tax	63481	56140	
土地增值税	Land Appreciation Tax	212651	264831	
车船税	Tax on Vehicles and Boat Operation	44850	39848	
耕地占用税	Farm Land Occupation Tax	105674	228764	
契　税	Deed Tax	298434	305592	
烟叶税	Tobacco Tax	2782	4289	
其他税收收入	Other Tax Revenues	3572		
非税收入	**Total Non-tax Revenue**	**914962**	**813684**	
专项收入	Special Project Revenue	373816	273217	
行政事业性收费收入	Charges of Administrative Institutions	131509	127526	
罚没收入	Income from Fines and Confiscation	88770	74922	
国有资本经营收入	Income from State-owned Capital Operation	34592	80700	
国有资源(资产)有偿使用收入	Income from Use of State-owned Resources(Assets)	212275	196435	
其他收入	Other Non-tax Revenues	74000	60884	
#政府性基金收入	**Income from Government-managed Funds**	**3441786**	**2704576**	

注:财政总收入、一般公共预算收入增速为剔除营改增因素后,可比口径计算的增速;

a) The growth of total government revenues and public financial budget revenues are obtained by comparable statistics after removing the influence of the policy: business tax changes into value-added tax.

12-2 财政支出基本情况
Government Expenditures

单位:万元 (10 000 yuan)

指　　标	Item	2018	2017	2018年比2017年增长(%) Growth Rate in 2018 over 2017(%)
财政总支出	**Total Government Expenditure**	**9359518**	**8232574**	**13.7**
一般公共预算支出	**Public Financial Budget Expenditures**	**6242193**	**5824776**	**7.2**
一般公共服务	Expenditure for General Public Services	924438	780771	
国防支出	Expenditure for Natinal Defense	8915	9180	
公共安全	Expenditure for Public Security	557188	504465	
教　育	Expenditure for Education	1210969	1047672	
科学技术	Expenditure for Science and Technology	247794	166542	
文化体育与传媒	Expenditure for Culture, Sports and Media	74503	79356	
社会保障和就业	Expenditure for Social Security and Employment	534794	542986	
医疗卫生与计划生育	Expenditure for Medical and Health Care	451189	425028	
节能环保	Expenditure for Energy Conservation and Environmental Protection	163334	186122	
城乡社区事务	Expenditure for Urban and Rural Community Affairs	809155	729676	
农林水事务	Expenditure for Agriculture, Forestry and Water Conservancy	412485	402788	
交通运输	Expenditure for Transportation	167636	101938	
资源勘探电力信息等事务	Expenditure for Affairs of Exploration, Power and Information	197067	267537	
商业服务业等事务	Expenditure for Affairs of Commerce and Services	47228	51125	
金融监管等事务支出	Expenditure for Affairs of Financial Supervision	727	582	
国土资源气象等事务	Expenditure for Affairs of Territorial Resources and Weather	51789	40974	
住房保障支出	Expenditure for Housing Security	206981	192613	
粮食物资储备管理等事务	Expenditure for Reservation and Management of Grain & Related Materials	9777	6515	
国债还本付息支出	Expenditure for Repaying Principals and Interests of National Debts	109309	107185	
债务发行费用支出	Expenditure on Debt Issuance	1391	1233	
其他支出	Other Expenditures	55524	180488	
政府性基金支出	**Expenditure for Government-managed funds**	**3117325**	**2407798**	

注:1)一般公共预算支出增速为剔除营改增因素后,用可比口径计算的增速。

a) The growth of total government revenues and public financial budget revenues are obtained by comparable statistics after removing the influence of the policy: business tax changes into value-added tax.

12-3 各级地方财政分类别收入(2018 年)
Government Revenues by Level and Item(2018)

单位:万元 (10 000 yuan)

指　　标	Item	全市合计 Guiyang	市级 City Level	县级 County Level	乡镇级 Town Level
总　　计	**Total**	**4113402**	**1499032**	**2455364**	**159006**
税收收入	**Total Tax Revenues**	**3198440**	**1033707**	**2011645**	**153088**
增值税	Value-added Tax	1204142	450312	673150	80680
企业所得税	Corporate Income Tax	462944	163009	285417	14518
个人所得税	Individual Income Tax	277030	90942	177664	8424
资源税	Resource Tax	28910	7037	13313	8560
城市维护建设税	City Maintenance and Construction Tax	285337	149853	129411	6073
房产税	House Property Tax	138507		129354	9153
印花税	Stamp Tax	70126		65628	4498
城镇土地使用税	Urban Land Use Tax	63481	17864	39909	5708
土地增值税	Land Appreciation Tax	212651	39293	169079	4279
车船税	Tax on Vehicles and Boat Operation	44850	40164	4657	29
耕地占用税	Farm Land Occupation Tax	105674	4916	95181	5577
契　税	Deed Tax	298434	69431	225052	3951
烟叶税	Tobacco Tax	2782		1349	1433
环境保护税	Environmental Protection Tax	3572	886	2481	205
其他税收收入	Other Tax Revenues				
非税收入	**Total Non-tax Revenue**	**914962**	**465325**	**443719**	**5918**
专项收入	Special Project Revenue	373816	257722	112692	3402
行政事业性收费收入	Charges of Administrative Institutions	131509	77968	53411	130
罚没收入	Income from Fines and Confiscation	88770	55039	33587	144
国有资本经营收入	Income from State-owned Capital Operation	34592		34592	
国有资源(资产)有偿使用收入	Income from Use of State-owned Resources(Assets)	212275	35716	175467	1092
其他收入	Other Non-tax Revenues	74000	38880	33970	1150

12-4 各级地方财政分类别支出(2018 年)
Government Expenditures by Level and Category(2018)

单位:万元 (10 000 yuan)

指　　标	Item	全市合计 Guiyang	市级 City Level	县级 County Level	乡镇级 Town Level
总　计	**Total**	**6242193**	**1747204**	**4281884**	**213105**
一般公共服务	Expenditure for General Public Services	924438	163287	703535	57616
国　防	Expenditure for National Defense	8915	5135	3674	106
公共安全	Expenditure for Public Security	557188	204533	347564	5091
教　育	Expenditure for Education	1210969	299349	901585	10035
科学技术	Expenditure for Science and Technology	247794	43358	204288	148
文化体育与传媒	Expenditure for Culture, Sports and Media	74503	27534	42800	4169
社会保障和就业	Expenditure for Social Security and Employment	534794	191654	320062	23078
医疗卫生与计划生育	Expenditure for Medical and Health Care	451189	191723	245345	14121
节能环保	Expenditure for Energy Conservation and Environmental Protection	163334	42680	113206	7448
城乡社区事务	Expenditure for Urban and Rural Community Affairs	809155	193923	603311	11921
农林水事务	Expenditure for Agriculture, Forestry and Water Conservancy	412485	146389	201944	64152
交通运输	Expenditure for Transportation	167636	75835	91790	11
资源勘探电力信息等事务	Expenditure for Affairs of Exploration, Power and Information	197067	37432	156948	2687
商业服务业等事务	Expenditure for Affairs of Commerce and Services	47228	24756	22016	456
金融监管等事务支出	Expenditure for Affairs of Financial Supervision	727	567	160	
国土资源气象等事务	Expenditure for Affairs of Territorial Resources and Weather	51789	15301	33714	2774
住房保障支出	Expenditure for Housing Security	206981	30814	169278	6889
粮油物资储备管理等事务	Expenditure for Reservation and Management of Grain & Related Materials	9777	7439	2296	42
国债还本付息支出	Expenditure for Repaying Principals and Interests of National Debts	109309	36679	72630	
债务发行费用支出	Expenditure on Debt Issuance	1391	980	411	
其他支出	Other Expenditures	55524	7836	45327	2361

12-5 一般公共预算分类别支出(2018年)
Public Financial Budget Expenditures by Item(2018)

单位:万元 (10 000 yuan)

指标	Item	支出数 Expenditure	指标	Item	支出数 Expenditure
教育	**Expenditure for Education**	**1210969**	退役安置	Ex-servicemen´s Employment	26552
教育管理事务	Educational Affairs Management	17757	社会福利	Social Welfare	26631
普通教育	Regular Education	957172	残疾人事业	Undertakings of the Disabled	10727
职业教育	Vocational Education	99991	最低生活保障	Minimum Living Allowances	39503
成人教育	Adult Education	255	自然灾害生活救助	Allowance for Natural Disasters	2276
广播电视教育	Radio and Television Education	789	最低生活保障	Minimum Living Allowances	39503
特殊教育	Special Education	5704	其他生活救助	Other Life Assistants	728
进修及培训	Further Education for Teachers and Cadres	14151	**医疗卫生与计划生育**	**Expenditure for Medical Care**	**451189**
教育费附加安排的支出	Educational Surtax	101280	#医疗卫生与计划生育管理事务	Medical Health and Control Affairs	18643
其他教育支出	Others	13870	公立医院	Public Hospitals	51703
科学技术	**Expenditure for Science and Technology**	**247794**	基层医疗卫生机构	Grassroots Health Care Institutions	37682
#科学技术管理事务	Management Issues of Science and Technology	8715	公共卫生	Public Health	80916
技术研究与开发	Scientific Research and Development	119943	财政对基本医疗保险基金的补助	Government Subsidies for Basic Medical Insurance Funds	137021
科技条件与服务	Scientific Conditions and Services	35688	**节能环保**	**Expenditure for Environmental Protection**	**163334**
社会科学	Social Science	380	#环境保护管理事务	Management of Environmental Protection	15117
科学技术普及	Popularization of Science and Technology	4132	环境监测与监察	Environmental Monitoring and Supervision	3863
其他科学技术支出	Others	78886	污染防治	Pollution Control	68691
文化体育与传媒	**Expenditure for Culture, Sports and Media**	**74503**	自然生态保护	Conservation of Natural Ecology	15046
#文　化	Culture	35892	天然林保护	Natural Forest Protection	3578
文　物	Historical Relics	4977	退耕还林	Returning Farmland to Forest	4075
体　育	Sports	5843	风沙荒漠治理	Management of Sand Desertification	204
新闻出版广播影视	Press and Publication, Radio, Film and Television	15835	能源节约利用	Energy Conservation	2690
其他文化体育与传媒	Others	11956	污染减排	Pollution Reduction	3100
社会保障和就业	**Expenditure for Social Security and Employment**	**534794**	**农林水事务**	**Expenditure for Agriculture, Forestry and Water**	**412485**
#人力资源和社会保障管理事务	Management of Human Recources, and Social Security Affairs	30725	#农　业	Agriculture	123589
民政管理事务	Management of Civil Affairs	78021	林　业	Forestry	48367
财政对社会保险基金的补助	Government Subsidies for Social Insurance Funds	46666	水　利	Water Conservation	132768
行政事业单位离退休	Pensions for Retirees from Administrative Institutions	157976	扶　贫	Poverty Alleviation	27783
企业改革补助	Subsidies for Enterprise Reform	17614	农业综合开发	Comprehensive Agricultural Development	8855
就业补助	Employment Subsidy	23218	农村综合改革	Comprehensive Agricultural Reform	36049
抚　恤	Pension	25453			

12-6 各区(市、县)地方财政收支
Government Revenue and Expenditure by District (City, County)

单位:万元 (10 000 yuan)

区(市、县)名 称	Disrict (City, County)	一般公共预算收入 Public Financial Budget Revenue		一般公共预算支出 Public Financial Budget Expenditure	
		2018	2017	2018	2017
南明区	Nanming	415798	394675	616521	534037
云岩区	Yunyan	334008	326518	510213	493286
花溪区	Huaxi	278072	239582	631218	561834
乌当区	Wudang	207834	206937	317700	297899
白云区	Baiyun	162963	150256	258367	229233
观山湖区	Guangshanhu	504395	425117	652455	566682
开阳县	Kaiyang	119410	147468	307689	317598
息烽县	Xifeng	45649	79022	231452	259263
修文县	Xiuwen	72087	91164	252122	252119
清镇市	Qingzhen	175157	161694	356128	361121
经开区	Economic Development Zone	137183	179303	173457	211817
高新区	High-tech	150802	136883	166706	150375
综保区	Comprehensive Bonded	11012	9661	20961	21709

12-7 金融机构本外币信贷情况
Credit Conditions of Domestic and Foreign Currency in Financial Institutions

单位:万元 (10 000 yuan)

指 标	Item	2018	2017	2018 年比年初增长(%) Growth Rate in 2018 over the Beginning of the Year(%)	2018 年比 2017 年增长 (%) Growth Rate in 2018 over 2017(%)
各项存款合计	**Total Deposits**	**114185161**	**109082653**	**4.7**	**4.7**
境内存款	Demestic Deposits	114117855	109049940	4.6	4.6
住户存款	Household Deposits	28539446	26633626	7.1	7.2
活期存款	Current Deposit	12256138	12623479	-2.9	-2.9
定期及其他存款	Fixed Deposit and others	16283309	14010147	16.2	16.2
非金融企业存款	Non-financial Corporate Deposits	43421808	48677605	-10.8	-10.8
活期存款	Current Deposit	27821308	34276020	-16.2	-18.8
定期及其他存款	Time Deposits and Others	15600500	14401585	0.9	8.3
广义政府存款	General Government Deposits	26153049	23808702	9.8	9.8
财政性存款	Fiscal Deposits	5907726	6279049	-5.9	-5.9
机关团体存款	Deposits of Non-profit Institutions	20245323	17529653	15.5	15.5
非银行业金融机构存款	Non-banking Financial Institutions Deposits	16003551	9930006	61.2	61.2
境外存款	Oversees Deposits	67306	32713	105.7	105.7

12-7 续表 (continued)

单位:万元 (10 000 yuan)

指 标	Item	2018	2017	2018 年比年初增长(%) Growth Rate in 2018 over the Beginning of the Year(%)	2018 年比 2017 年增长 (%) Growth Rate in 2018 over 2017(%)
各项贷款合计	**Total Loans**	**125087295**	**105061387**	**19.1**	**19.1**
境内贷款	Demestic Loans	124307752	104218891	19.3	19.3
住户贷款	Household Loans	25399903	20441717	24.1	24.3
短期贷款	Short-term Loans	3998366	3189486	24.0	25.4
消费贷款	Consumption Loans	2001193	1496494	33.6	33.7
经营贷款	Business Loans.	1997172	1692993	15.7	18.0
中长期贷款	Medium & Long-term Loans	21401537	17252231	24.2	24.1
消费贷款	Consumption Loans	17916088	14257729	25.6	25.7
经营贷款	Business Loans.	3485449	2994502	17.4	16.4
非金融企业及机关团体贷款	Non-financial Corporate & Non-government Loans	98907849	83774978	18.1	18.1
短期贷款	Short-term Loans	13343915	13241180	-2.6	0.8
中长期贷款	Medium & Long-term Loans	81755352	68132211	21.0	20.0
票据融资	Bill Financing	1708292	951578	79.5	79.5
各项垫款	Miscellaneous Advances	156113	150014	-37.5	4.1
非银行业金融机构贷款	Non-banking Financial Institutions Loans		2195	-100.0	-100.0
境外贷款	Oversees Loans	779544	842497	-7.7	-7.5

12-8 金融机构人民币信贷情况
The RMB Credit Conditions in Financial Institutions

单位：万元 (10 000 yuan)

指 标	Item	2018	2017	2018年比年初增长(%) Growth Rate in 2018 over the Beginning of the Year(%)	2018年比2017年增长(%) Growth Rate in 2018 over 2017(%)
各项存款合计	**Total Deposits**	**113574421**	**108145106**	**5.0**	**5.0**
境内存款	Demestic Deposits	113542362	108116214	5.0	5.0
住户存款	Household Deposits	28357390	26460865	7.1	7.2
活期存款	Current Deposit	12145293	12523973	-3.1	-3.0
定期及其他存款	Fixed Deposit and Others	16212097	13936893	16.3	16.3
非金融企业存款	Non-financial Corporate Deposits	43096602	47959843	-10.1	-10.1
活期存款	Current Deposit	27609269	34015880	-16.2	-18.8
定期及其他存款	Time Deposits and Others	15487333	13943963	3.3	11.1
广义政府存款	General Government Deposits	26090426	23767027	9.8	9.8
财政性存款	Fiscal Deposits	5907726	6279049	-5.9	-5.9
机关团体存款	Deposits of Non-profit Institutions	20182701	17487978	15.4	15.4
非银行业金融机构存款	Non-banking Financial Institutions Deposits	15997943	9928478	61.1	61.1
境外存款	Oversees Deposits	32060	28892	11.0	11.0

12-8 续表 (continued)

单位：万元 (10 000 yuan)

指 标	Item	2018	2017	2018年比年初增长(%) Growth Rate in 2018 over the Beginning of the Year(%)	2018年比2017年增长(%) Growth Rate in 2018 over 2017(%)
各项贷款合计	**Total Loans**	**124127535**	**104031208**	**19.3**	**19.3**
境内贷款	Demestic Loans	124122312	104027207	19.3	19.3
住户贷款	Household Loans	25398699	20440457	24.1	24.3
短期贷款	Short-term Loans	3997185	3188289	24.0	25.4
消费贷款	Consumption Loans	2000013	1495296	33.7	33.8
经营贷款	Business Loans.	1997172	1692993	15.7	18.0
中长期贷款	Medium & Long-term Loans	21401514	17252169	24.2	24.1
消费贷款	Consumption Loans	17916066	14257666	25.6	25.7
经营贷款	Business Loans.	3485449	2994502	17.4	16.4
非金融企业及机关团体贷款	Non-financial Corporate & Non-government Loans	98723613	83584555	18.1	18.1
短期贷款	Short-term Loans	13203481	13052794	-2.3	1.2
中长期贷款	Medium & Long-term Loans	81714252	68130172	21.0	19.9
票据融资	Bill Financing	1708292	951578	79.5	79.5
各项垫款	Miscellaneous Advances	153410	150014	-38.6	2.3
非银行业金融机构贷款	Non-banking Financial Institutions Loans		2195	-100.0	-100.0
境外贷款	Oversees Loans	5223	4001	-19.1	30.5

12-9 保险业务情况
Statistics on Insurance Business

(人寿保险)(Life Insurance)

险种 Insurances	项目 Item / 年份 Year	承保人次(万人) Insurer(10 000 persons) 2018	2017	保险金额(万元) Insured Amount (10 000 yuan) 2018	2017	保费收入(万元) Premium(10 000 yuan) 2018	2017
合　计	**Total**	**2201.00**	**3072.11**	**252371593**	**218508475**	**829657**	**742792**
寿险小计	**Subtotal of Life Insurance**	**96.11**	**98.78**	**13379588**	**10178940**	**643378**	**613859**
普通寿险	Ordinary Life Insurance	84.22	84.04	12860395	9286879	291908	303905
分红寿险	Life? Insurance? with? Dividends	8.32	10.17	507030	861736	346092	304276
投资连结产品	Investment-linked Products	0.00	0.01	81	278	154	164
万能寿险	Universal Life Insurance	3.56	4.57	12081	30049	5223	5514
意外伤害险小计	**Subtotal of Personal Accident Insurance**	**1345.96**	**2266.02**	**87008126**	**115246084**	**34462**	**31518**
健康险小计	**Subtotal of Health Insurance**	**758.93**	**707.30**	**151983880**	**93083450**	**151818**	**97416**

注:1. 本表包括十二家人寿保险分公司:中国人民人寿保险股份有限公司贵州省分公司,中国人寿保险股份有限公司贵州省分公司,太平人寿保险有限公司贵州分公司,中国平安人寿保险股份有限公司贵州分公司,平安养老保险股份有限公司贵州分公司,中国太平洋人寿保险股份有限公司贵州分公司,泰康人寿保险股份有限公司贵州分公司,新华人寿保险股份有限公司贵州分公司,生命人寿保险股份有限公司贵州分公司,泰康养老股份有限公司贵州分公司,阳光人寿股份有限公司贵州分公司,华贵人寿股份有限公司。

2. 自2017年起,承保人次、保险金额变更为本年累计新增承保人次和本年累计新增保险金额,2016年及以前数据为期末有效承保人次和期末有效保险金额。

a) Data in this table include figures of branches of nine life insurance branch companies: Guizhou Branch of PICC Life Insurance Company Ltd., Guizhou Branch of China Life Insurance Company Ltd., Guizhou Branch of Taiping Life Insurance Company Ltd., Guizhou Branch of Ping An Life Insurance Company of China, Ltd., Guizhou Branch of Ping An Endowment Insurance Company Ltd., Guizhou Branch of Pacific Life Insurance Company Ltd., Guizhou Branch of Taikang Life Insurance Company Ltd., Guizhou Branch of Xinhua Life Insurance Company Ltd., and Guizhou Branch of Shengming Life Insurance Company Ltd., Guizhou Branch of Taikang Endowent Insurance Company Ltd., Guizhou Branch of Yangguang Life Insurance Company Ltd., Guizhou Branch of Huagui Life Insurance Company Ltd..

b) The insurers and insured amount have been updated to new insurers this year and accumulated new insured amount this year individually since 2017, while before 2016, the data of which referred to valid insurers at year-end and valid insured amount at year-end.

12-9 续表1 (continued)

险种 Insurances	项目 Item / 年份 Year	新单保费(万元) Premium of New Insurance (10 000 yuan) 2018	2017	赔付支出(万元) Payment (10 000 yuan) 2018	2017
合　计	**Total**	**213091**	**278784**	**188852**	**148022**
寿险小计	**Subtotal of Life Insurance**	**213091**	**278784**	**149497**	**113838**
普通寿险	Ordinary Life Insurance	123569	182796	36044	35397
分红寿险	Life Insurance with Dividends	89280	95559	112461	77206
投资连结产品	Investment-linked Products	1	1	27	86
万能寿险	Universal Life Insurance	241	428	965	1149
意外伤害险小计	**Subtotal of Personal Accident Insurance**	—	—	**7441**	**7010**
健康险小计	**Subtotal of Health Insurance**	—	—	**31914**	**27174**

12-9 续表 2 (continued)

(财产保险) (Propety Insurance)

险种 Insurances		承保件数(万件) Insured Cases (10 000 cases) 2018	2017	保险金额或责任限额(万元) Insured Amount (10 000 yuan) 2018	2017	签单保费(万元) Writter Premium (10 000 yuan) 2018	2017
合计	**Total**	**1897.12**	**1592.16**	**798720008**	**537896337**	**785625**	**683071**
企业财产保险	Enterprise Property Insurance	0.96	0.96	48653981	40632394	38458	35380
家庭财产保险	Family Property Insurance	17.27	13.42	4359687	2664410	1901	1664
机动车辆保险	Motor Vehicle Insurance	275.59	243.59	124753929	100358072	548384	512082
工程保险	Engineering Insurance	0.06	0.06	19186776	12437184	38270	27763
责任保险	Liability Insurance	9.54	9.24	77540969	87992504	28830	23744
信用保险	Credit Insurance	0.61	0.06	29685	84513	145	9216
保证保险	Guarantee Insurance	89.73	46.21	476027	165711	48489	21804
船舶保险	Ship Insurance		0.00		515		8
货物运输保险	Cargo Transportation Insurance	7.30	11.17	10519369	9734831	2318	2509
特殊风险保险	Special Risks Insurance	0.00	0.01	3417435	3439128	796	988
农业保险	Agriculture Insurance	0.17	0.19	764371	556159	10122	5683
健康险	Health Insurance	122.60	53.54	59688632	23612301	14089	11422
意外伤害保险	Personal Accident Insurance	431.41	314.15	54968	63054	53225	29710
其他险	Other Insurances	941.87	899.57	83742485	63129032	597	1098

注:本表包括十六家财产保险分公司:中国人民财产保险股份有限公司贵州省分公司,中国人寿财产保险股份有限公司贵州省分公司,太平财产保险有限公司贵州分公司,中国大地财产保险股份有限公司贵州分公司,中国平安财产保险股份有限公司贵州分公司,中国太平洋财产保险股份有限公司贵州分公司,阳光财产保险股份有限公司贵州省分公司,华泰财产保险股份有限公司贵州省分公司,天安保险股份有限公司贵州省分公司,华安财产保险股份有限公司贵州分公司,安邦财产保险股份有限公司贵州分公司,都邦财产保险股份有限公司贵州分公司,安诚财产保险股份有限公司贵州分公司,鼎和财产保险股份有限公司贵州分公司,锦泰财产保险股份有限公司贵州分公司,众安财险保险贵州(虚拟)。其中"众安财险保险贵州(虚拟)"保费记入贵州省,但目前未设立"众安财险保险贵州"实体机构。

a) Data in this table include figures of 16 Guizhou branch property insurance companies: People´s Insurance Company of China, Inc., China Life Insurance Property and Casualty Insurance Co., Ltd., Taiping General Casualty Insurance Co., Ltd., China Continent Property and Casualty Insurance Co., Ltd., Ping An Property and Casualty Insurance Company of China, Ltd., China Pacific Property Insurance Co., Ltd., Sunshine Property and Casualty Insurance Co., Ltd., Huatai Property and Casualty Insurance Co., Ltd., Tianan Property Insurance Company Limited of China, Sinosafe General Insurance Co., Ltd., Anbang Property and Casualty Insurance Co., Ltd., Du—bang Property and Casualty InsuranceCo., Ltd., Ancheng Property and Casualty Insurance Co., Ltd., Dinghe Property Insurance Co., Ltd., Jintai Property Insurance Co., Ltd., and Guizhou Zhong An Property Insurance Co., Ltd. (in virtual). Among those, Guizhou Zhong An Property Insurance Co., Ltd. (in virtual) hasn't established entities, thus its premiums are counted into Guizhou province.

12-9 续表 3 (continued)

险种 Insurances		赔付件数(万件) Number of Claims (10 000 cases) 2018	2017	已决赔款(万元) Settled Compensation (10 000 yuan) 2018	2017	未决赔款(万元) Outstanding Loss (10 000 yuan) 2018	2017
合计	**Total**	**149.90**	**101.17**	**412604**	**347879**	**143791**	**143067**
企业财产保险	Enterprise Property Insurance	0.43	0.49	15382	15543	4055	8847
家庭财产保险	Family Property Insurance	4.32	1.56	1826	870	184	142
机动车辆保险	Motor Vehicle Insurance	3.68	3.57	296928	257697	99144	88704
工程保险	Engineering Insurance	0.30	0.29	10031	9068	15582	16944
责任保险	Liability Insurance	2.41	2.59	22553	17367	7522	9159
信用保险	Credit Insurance	0.14	0.08	436	8617	116	179
保证保险	Guarantee Insurance	36.67	10.55	30281	16308	125	4106
船舶保险	Ship Insurance	0.00	0.00			698	698
货物运输保险	Cargo Transportation Insurance	0.06	0.06	990	332	291	929
特殊风险保险	Special Risks Insurance	0.01	0.01	50.59	37.42	278	396
农业保险	Agriculture Insurance	0.70	0.28	8158	2874	908	1495
健康险	Health Insurance	4.05	2.74	9059	5968	1068	1098
意外伤害保险	Personal Accident Insurance	12.99	1.73	16564	12628	13708	10342
其他险	Other Insurances	24.81	26.04	345	569	111	28

注:赔付件数包括已决赔付件数和未决赔付件数。

a) Number of claims includes both those settled and unsettled.

12-10 上市公司情况
Listed Companies

指　　标		Item		2018	2017
上市公司数量	**(个)**	**Number of Listed Companies**	**(unit)**	**20**	**19**
#上交所	(个)	Shanghai Stock Exchange	(unit)	9	9
#深交所	(个)	Shenzhen Stock Exchange	(unit)	11	10
上市公司总股本	**(亿股)**	**Total Capital of Listed Companies**	**(100 million shares)**	**200.74**	**167.76**
上市公司总市值	**(亿元)**	**Total Market Capitalization of Listed Companies**	**(100 million yuan)**	**1545.68**	**1874.82**
募集资金	**(亿元)**	**Raised Capital**	**(100 million yuan)**	**66.02**	**16.53**

注:资料范围为总部设在贵阳市辖区内的上市公司。
a) Data in this table are listed companies with headquarters located in Guiyang.

12-11 证券期货交易情况
General Statistics on Securities and Futures Trading

指　　标		Item		2018	2017
证券公司	**(家)**	**Securities Company**	**(unit)**	**2**	**2**
客户交易结算资金	(亿元)	Customers' Transaction Settlement Funds	(100 million yuan)	26.76	32.26
指定与托管证券市值	(亿元)	Market Value of Designated and Deposited Securities	(100 million yuan)	571.49	718.89
证券营业部	**(家)**	**Security Exchange**	**(unit)**	**79**	**76**
资金帐户数	(万户)	Number of Share Capital Accounts	(household)	93.89	84.81
客户交易结算资金	(亿元)	Customers' Transaction Settlement Funds	(100 million yuan)	31.42	32.76
指定与托管证券市值	(亿元)	Market Value of Designated and Deposited Securities	(100 million yuan)	1128.04	1504.88
成交金额	(亿元)	Turnover	(100 million yuan)	7396.50	7041.37
期货营业部	**(家)**	**Futures Business Departments**	**(unit)**	**10**	**10**
成交金额	**(亿元)**	**Turnover**	**(100 million yuan)**	**3425.34**	**3275.55**

注:资料范围包括贵阳市辖区内从事证券交易的所有证券机构;证券营业部2017年以前为证券分支机构。
a) Data in the table include figures of all securities institutions locaded in Guiyang and engaged in securities trading; The Security Exchange was one of the branches of secruities institutions before 2017..

12-12 税收收入分企业类型情况
Tax Revenue by Enterprise Entities

单位:万元 (10 000 yuan)

指标	Item	税收收入 Tax Revenue	
		2018	2017
总计	**Total**	**8071861**	**6725828**
内资企业	**Domestic-funded Enterprise**	**7229313**	**6081216**
国有企业	State-owned Enterprises	613892	497691
集体企业	Collective-owned Enterprises	19974	23194
股份合作企业	Joint-equity? Cooperative? Enterprises	36493	27346
联营企业	Joint Ownership Enterprises	737	950
股份公司	Joint Stock Companies	5942293	3616589
私营企业	Private Enterprises	463634	302259
其他企业	Others	152290	152297
港澳台投资企业	**Enterprises with Funds from Hong Kong, Macao and Taiwan**	**162393**	**112969**
外商投资企业	**Foreign-funded Enterprises**	**105982**	**125130**
个体经营	**Individual Operators**	**574173**	**406513**

注:由于国税局和地税局合并,统计口径进行调整,2017年数据与2018年不可比(下表同)。

a) Since the combination of Guiyang Municipal Tax Service, State Taxation Administration and Guiyang Local Tax Bureau, the related statistic caliber has been adjusted accordingly. Therefore, there is no comparability between the data in 2017 and 2018.

12-13 税收收入分产业情况
Tax Revenue by Sector

单位:万元 (10 000 yuan)

指标	Item	税收收入 Tax Revenue	
		2018	2017
总计	**Total**	**8071861**	**6725828**
第一产业	**Primary Industry**	**13017**	**20330**
第二产业	**Secondary Industry**	**2785186**	**2474089**
采矿业	Mining Industry	64512	66045
制造业	Manufacturing	1971675	1717672
电力、燃气及水的生产和供应业	Production and Supply of Electric Power, Gas and Water	134683	132642
建筑业	Building Industry	614316	557730
第三产业	**Tertiary Industry**	**5273658**	**4231409**
交通运输、仓储及邮政业	Transport, Storage and Post	134400	110487
批发和零售业	Wholesale and Retail Trades	956892	853196
金融业	Financial Industry	1023618	876496
信息传输、计算机服务和软件业	Information Transmission, Computer Services and Software Industry	120805	96062
住宿和餐饮业	Lodging and Catering Industries	40324	30996
文化、体育和娱乐业	Culture, Sports and Entertainment	22270	22073
租赁和商务服务业	Leasing and Business Services	857870	443856
房地产业	Real Estates	1301701	1139550
其他行业	Others	815778	658693

12-14 税收收入分税种情况(2018年)
Taxation Revenue by Business Entities(2018)

单位:万元 (10 000 yuan)

指标	Item	合计 Total	内资企业 Domestic-funded Enterprises				
			小计 Subtotal	国有企业 State-owned Enterprises	集体企业 Collective-owned Enterprises	股份合作企业 Joint-equity Cooperative Enterprises	联营企业 Joint Ownership Enterprises
税收收入合计	**Total Tax Revenue**	**8071861**	**7229313**	**613892**	**19974**	**36493**	**737**
增值税收入	**Value-added Tax Revenue**	**3108651**	**2873689**	**189092**	**11252**	**3523**	**395**
一般纳税人	General Taxpayer	2702584	2595072	170338	8732	3334	304
小规模纳税人	Small-scale Taxpayer	406067	278617	18754	2520	189	91
消费税收入	Consumption Tax Revenue	961066	957158	182134	9		
营业税	Business Tax	5218	4447	689	5	-15	
企业所得税	Corporate Income Tax	1622689	1513390	64253	5060	22640	145
个人所得税	Individual Income Tax	854957	738431	41389	830	8438	63
资源税	Resource Tax	36758	35561	754	138	6	
城市维护建设税	City Maintenance and Construction Tax	283002	267278	38105	720	185	29
房产和城市房地产税	House Property and Urban Real Estate Taxes	138793	120287	10640	1499	1208	29
印花税	Stamp Tax	68373	62543	4399	83	189	6
城镇土地使用税	Urban Land Use Tax	78763	74152	5104	314	38	35
土地增值税	Land Appreciation Tax	212092	201757	464	25		
车船使用和牌照税	Tax on Vehicle and Vessel Use and Licence	44825	43493	1271			
车辆购置税	Vehicle Purchase Tax	218553	25998	534	22	135	2
其他税收	Other Tax Revenues	438121	311129	75064	17	146	33

12-14 续表 (continued)

单位:万元 (10 000 yuan)

指标	Item	内资企业 Domestic-funded Enterprises			港澳台投资企业 Enterprises with Funds from HongKong, Macao and Taiwan	外商投资企业 Foreign-funded Enterprises	个体经营 Individual Operators
		股份公司 Joint Stock Companies	私营企业 Private Enterprises	其他企业 Others			
税收收入合计	**Total Tax Revenue**	**5942293**	**463634**	**152290**	**162393**	**105982**	**574173**
增值税收入	**Value-added Tax Revenue**	**2372822**	**247406**	**49199**	**53882**	**50678**	**130402**
一般纳税人	General Taxpayer	2182975	187797	41592	53125	49594	4793
小规模纳税人	Small-scale Taxpayer	189847	59609	7607	757	1084	125609
消费税收入	Consumption Tax Revenue	773625	484	906	919	2617	372
营业税	Business Tax	3754	8	6	469	266	36
企业所得税	Corporate Income Tax	1321553	89040	10699	76736	32563	
个人所得税	Individual Income Tax	597523	39881	50307	8926	7797	99803
资源税	Resource Tax	32727	1888	48	1	9	1187
城市维护建设税	City Maintenance and Construction Tax	211525	15456	1258	3911	4006	7807
房产和城市房地产税	House Property and Urban Real Estate Taxes	96439	5960	4512	5010	2584	10912
印花税	Stamp Tax	50786	5531	1549	1443	1623	2764
城镇土地使用税	Urban Land Use Tax	62065	6046	550	2876	1155	580
土地增值税	Land Appreciation Tax	166096	27291	7881	5532	1309	3494
车船使用和牌照税	Tax on Vehicle and Vessel Use and Licence	39674	2537	11		1149	183
车辆购置税	Vehicle Purchase Tax	21120	3151	1034	1968	99	190488
其他税收	Other Tax Revenues	192584	18955	24330	720	127	126145

主要统计指标解释

财政收入 包括地方财政收入和上划中央增值税、消费税两部分。财政一般预算内收入包括营业税、地方企业所得税40%部分、个人所得税40%部分、城镇土地使用税70%部分、城镇维护建设税、房产税、车船使用税、印花税、屠宰税、烤烟税、耕地占用税、契税、增值税15%部分和除海洋石油资源税以外的其他资源税70%部分。

财政支出 国家财政将筹集起来的资金进行分配使用,以满足经济建设和各项事业的需要,主要包括:一般公共服务、公共安全、教育、科学技术、文化体育与传媒、社会保障和就业、医疗卫生、环境保护、城乡社区事务、农林水事务、交通运输、粮食物资储备管理等事务、采掘电力信息等事务和其他支出。

各项税收 包括增值税、消费税、营业税、企业所得税、企业所得税退税、个人所得税、资源税、固定资产投资方向调节税、城市维护建设税、房产税、印花税、城镇土地使用税、土地增值税、车船税、耕地占用税、契税、烟叶税、其他税收收入。

企业所得税 反映税务机关按《中华人民共和国企业所得税暂行条例》征收的企业所得税及依照《中华人民共和国外商投资企业和外国企业所得税法》征收的外商投资企业和外国企业所得税。税务机关对港澳台商投资企业征收的企业所得税也包括在内。

个人所得税 反映按照《中华人民共和国个人所得税法》、《对储蓄存款利息所得征收个人所得税的实施办法》征收的个人所得税。

一般公共服务支出 反映政府提供一般公共服务的支出。

科学技术支出 反映用于科学技术方面的支出。

教育支出 反映政府教育事务支出。有关具体教育事务包括教育行政管理、学前教育、小学教育、初中教育、普通高中教育、普通高等教育、初等职业教育、中专教育、技校教育、职业高中教育、高等职业教育、广播电视教育、留学生教育、特殊教育、干部继续教育、教育机关服务等。

文化体育与传媒支出 反映政府在文化、文物、体育、广播电视、新闻出版等方面的支出。

医疗卫生支出 即地方财政一般预算内支出中的医疗卫生支出项目。指政府医疗卫生方面的支出。具体包括医疗卫生管理事务支出、医疗服务支出、医疗保障支出、疾病预防控制支出、卫生监督支出、妇幼保健支出、农村卫生支出等。

城乡社区事务支出 反映政府城乡社区事务支出。具体包括:城乡社区管理事务支出、城乡社区规划与管理支出、城乡社区公共设施支出、城乡社区住宅支出、城乡社区环境卫生支出、建设市场管理与监督支出等。

交通运输支出 反映政府交通运输方面的支出。包括公路运输支出、水路运输支出、铁路运输支出、民用航空运输支出等。

社会保障和就业支出 反映政府在社会保障与就业方面的支出。有关事项包括社会保障与就业管理事务、民政管理事务、财政对社会保险基金的补助、补充全国社会保障基金、行政事业单位离退休、企业改革补助、就业补助、抚恤、退役安置、社会福利、残疾人事业、城市居民最低生活保障、其他城镇社会救济、农村社会救济、自然灾害生活补助、红十字事务等。

信贷资金 指金融机构以信用方式积聚和分配的货币资金。金融机构信贷资金的来源有各项存款、对国际金融机构负债、流通中货币、银行自有资金及当年结益等;信贷资金的运用有各项贷款、黄金占款、外汇占款、财政借款及在国际金融机构中的资产等。

存　款 指企业、机关、团体或居民根据资金必须收回的原则,把货币资金存入银行或其他信用机构保管并取得一定利息的一种信用活动形式。根据存款对象的不同可划分为企业存款、财政存款、机关团体存款、基本建设存款、城镇储蓄存款、农村存款等科目。它是银行信贷资金的主要来源。

年末金融机构人民币各项存款余额 指企业、机关、团体和居民根据可以收回的原则,把货币存入银行或其他信用机构保管并取得一定利息的年末货币总量。

贷 款 指银行或其他信用机构根据资金必须归还的原则,按一定利率,为企业、个人等提供资金的一种信用活动形式。我国银行贷款分为流动资金贷款、固定资产贷款、城乡个体工商户贷款以及农业贷款等科目。

年末金融机构人民币各项贷款余额 指年终时银行或其他信用机构根据必须归还的原则,按一定利率,为企业、个人等提供资金贷款的总额。不包括外币贷款。

保险金额 指保险人承担赔偿或者给付保险金责任的最高限额。

保费收入 指保险合同订后,被保险人必须向保险人付出一定的费用才能取得保险人根据合同内容承担赔偿责任。这种费用叫"保费"。

赔款、给付 指保险人在年内实际支付给被保险人遭到损失时的赔款。无论哪年承保业务和发生的损失,凡在本年内支付赔款、结案均计在本年内。

股票市价总值 指在交易所上市的证券在某一时点按市价与发行数量计算的总金额。计算公式为:

股票市价总值=∑(市价×发行数量)。

Explanatory Notes on Main Statistical Indicators

Government Revenue refers to local government revenue and central VAT and consumption tax. General Budgetary Financial Revenue includes business tax, 40% of local enterprise income tax, 40% of personal income tax, 70% of city land use tax, urban maintenance and construction tax, house property tax, vehicle and vessel tax, stamp tax, slaughter tax, tobacco tax, farm land pccupation tax, deed tax, 15% of VAT and 70% other taxes except for offshore petroleum resources tax.

Government Expenditure refers to the distribution and use of the funds which the government finance has raised, so as to meet the needs of economic construction and various causes. It includes: expenditure for general public services, expenditure for public security, expenditure for education, expenditure for science and technology, expenditure for culture, sport and media, expenditure for social safety net and employment effort, expenditure for medical and health care, expenditure for environment protection, expenditure for urban and rural community affairs, expenditure for agriculture forestry and water conservancy, expenditure for transportation, expenditure for grain and material reserves and management, expenditure for affairs of exploration, power and information and others.

Taxes of Various Kinds refer to value-added tax, consumption tax, business tax, corporate income tax, drawback for corporate income tax, individual income tax, resource tax, fixed asset investment regulation tax, urban maintenance and construction tax, house property tax, stamp tax, urban and rural land use tax, land value increment tax, vehicle and vessel tax, farmland occupancy tax, deed tax, tobacco tax and other taxes.

Corporate Income Tax refers to the income levied by tax authorities abiding by *Provisional Regulation of PRC on Corporate Income Tax* and the foreign-funded enterprises income tax and foreign enterprises income tax levied abiding by *Tax Law of PRC on Foreign-funded Enterprises Income and Foreign Enterprises Income.* The income levied by tax authorities from the investment on the Hong Kong, Macao and Taiwan enterprises is included as well.

Individual Income Tax refers to the tax levied abiding by *Individual Income Tax Law of the People's Republic of China and by Implementary Measure of Collection to Individual Income to Savings Deposit Interest.*

General Public Service Expenditure refers to the cost provided by government for public service.

Science and Technology Expenditure refers to the cost for science and technology.

Education Expenditure refers to the cost provided by government for education affairs. The education affairs include educational administration and service for pre-school education, primary school education, junior high school education, regular senior high school education, regular higher education, elementary vocational education, technical secondary school education, technical school education, vocational high school education, higher vocational education, radio and television education, oversea-students education, special education, cadre continuing education and other education organizations.

Culture, Sports and Media Expenditure refers to the cost provided by government for culture, cultural relic, sports, radio and television, press and publication news.

Medical and Health Care Expenditure refers to the medical and health programs in the general budget of local finance. It refers to the cost provided by government for medicine and health care, including medical and health management affairs, medical service, medical support, disease control and prevention, health supervision, maternal and children hygiene and rural health.

Urban and Rural Community Affairs Expenditure refers to the cost provided by government, including the cost of urban and rural community management affairs, urban and rural community plan and management, urban and rural community public facilities, urban and rural community residences, establishing of marketing management and supervision.

Communication and Transportation Expenditure refers to the cost provided by government for communication and transportation, including road transportation, waterway transportation, railway transportation, civil aviation transportation and etc.

Social Safety and Employment Effort Expenditure refers to the cost provided by government for social safety and employment effort including the social security and employment management affairs, civil management affairs, subsidies to social security fund from finance, replenish to national social security fund, subsidies for retirement of administrative institutions, subsidies for enterprises reform, subsidies for employment, pension, arrangement after retirement, social welfare, handicapped utilities, minimum subsistence allowances for urban residents, other urban social relief, rural social relief, living subsidies for natural disasters, red cross affairs and etc.

Credit Funds refers to the monetary funds accumulated and disturbed in the means of credit by the financial institutions. The sources of credit funds include various deposits, liabilities to international financial institutions, currency in circulation, bank itself owned funds, current retained profits and other items. The uses of credit funds include loans, securities and investment, position for bullion and silver purchase, position for foreign exchange purchase, advances to treasury, and assets with international financial institutions.

Deposit is a form of credit by which enterprises, institutions, organizations or households can put money into banks and other credit institutions for safekeeping and interest earning under the principle of free withdrawal. According to different depositors, deposits are divided into enterprise deposits, treasury deposits, deposits of government agencies and organizations, capital construction deposits, urban savings deposits, rural deposits and other deposits. Deposits are major sources of the credit funds of banks.

Savings Deposits in RMB in all Items of Financial Institutions refer to the total year-end monetary aggregates of enterprises, institutions, organizations and residents saving money into banks and other credit institutions and gaining some interests according to the recoverable principle.

Loan is a form of credit by which banks and other credit institutions provide funds at certain interest rate to enterprises and individuals in the light of the principle of unconditional repayment. Loans from Chinese banks include circulating capital loans, fixed assets loans, loans to urban and rural individuals engaged in industrial and commercial business and agricultural loans. Loan Balances in RMB in all Items of Financial Institutions refer to the total volume of loans with some interest rate provided by banks and other credit institutions for enterprises and individuals at year-end according to principle of must-be-returned.

Amount Insured refers to the maximum that the insurant will get for the claim of the case insured.

Premium is the fee paid by the insurant to the insurer to obtain the obligation of compensation from the insurance within the agreed terms.

Settled Claim is the compensation paid by the insurer to the insurant in accordance with the insurance contract.

Total Market Capitalization refers to the total value of the issued shares calculated on the share price at a certain time and the number of issued shares. The formula is as follows:

Total Market Capitalization = $\sum$(Market Price × Issued Volume)

13

Thirteen

城乡调查

Urban and Rural Survey

13-1　城市居民消费价格指数
Urban Consumer Price Indices

（以上年同期为 100）（preceding year=100）

指　　标	Item	2018	2017	指　　标	Item	2018	2017
居民消费价格总指数	**Gereral Consumer Price Index**	**101.7**	**101.0**	在外餐饮	Dining Out	101.9	103.9
#服务项目价格指数	**Services Price Index**	**101.9**	**100.6**	**衣　着**	**Clothing**	**101.6**	**102.3**
消费品价格指数	**Consumer Goods Price Index**	**101.6**	**101.2**	服　装	Garments	103.2	101.7
食品烟酒	**Food, Tobacco&Liquor**	**101.0**	**100.1**	男士服装	Men's Garments	104.8	100.6
食　品	Food	100.5	98.7	女士服装	Women's Garments	102.5	101.7
粮　食	Grain	102.7	100.2	儿童服装	Children's Garments	101.7	105.2
薯　类	Tubers	102.7	95.2	服装材料	Clothing Material	113.8	104.0
豆　类	Beans	101.5	101.4	其他衣着及配件	Other Clothing and Accessories	101.9	100.7
食用油	Oil	95.5	97.8	衣着加工服务费	Fees for Clothing Processing	107.1	100.0
菜	Vegetables	101.4	96.2	鞋　类	Shoes	96.4	104.4
鲜　菜	Fresh Vegetables	101.5	95.7	鞋	Shoes	96.3	104.4
干菜及菜制品	Dried Vegetable and Processed Products	101.1	101.3	鞋类加工服务	Fees for Shoe Processing	102.0	100.0
畜肉类	Livestock Meat	96.3	94.8	**居　住**	**Residence**	**101.1**	**101.4**
猪　肉	Pork	93.0	90.4	租赁房房租	House Rent	100.6	99.5
牛　肉	Beef	99.5	100.5	房屋保养维修及管理	Maintenance and Management of the House	100.9	101.0
禽肉类	Poultry	101.5	101.6	住房装潢材料	Decoration Material	101.2	102.2
水产品	Aquatic Products	101.0	103.1	物业管理费	Property Management Fee	100.0	99.5
蛋　类	Eggs	109.1	98.2	住户装潢维修	Decoration&Maintenance	101.4	100.0
奶　类	Milk	105.8	96.3	水电燃料	Water, Electricity& Fuel	100.7	102.0
干鲜瓜果类	Dried and Fresh Melons and Fruits	101.6	106.3	水	Water,	101.7	109.3
糖果糕点类	Sweets and Cakes	102.2	101.5	电	Electricity	100.0	100.0
调味品	Flavoring	102.1	103.8	燃　气	Gas	100.9	100.0
其他食品类	Others	102.0	103.4	取暖费	Heating Fee	100.0	100.0
茶及饮料	Tea&Beverages	101.7	100.3	其他燃料	Other Fuels	109.7	119.7
烟　酒	Tobacco&Liquor	101.5	100.0	自有住房	Private Housing	101.5	101.7
烟　草	Tobacco	100.0	100.0	**生活用品及服务**	**Articles of Daily Use and Service**	**101.2**	**102.0**
酒　类	Liquor	105.3	100.1	家具及室内装饰品	Furniture and Upholstery	101.1	102.5

注：2016 年起居民消费价格按新指标体系。

a) From 2016, the index system of household consumer price survey was changed, so in 2016, a new index system was put into use .

13-1 续表 (continued)

指　标	Item	2018	2017	指　标	Item	2018	2017
家　具	Furniture	101.3	103.3	文化娱乐	Culture and Recreational Articles	106.8	97.7
室内装饰品	Interior Upholstery	100.4	99.6	文娱耐用消费品	Durable Consumer Goods for Cultural and Recreational Use	99.6	99.4
家用器具	Household Facilities	101.2	103.4	其他文娱用品	Others	101.2	100.1
大型家用器具	Large Household Appliances	100.7	103.6	文化娱乐服务	Cultural Service	100.7	100.0
小家电	Small Household Appliances	103.2	102.3	旅　游	Touring	117.0	94.6
家用纺织品	Household Textiles	99.8	100.3	**医疗保健**	**Heath Care**	**101.4**	**100.9**
床上用品	Bed Articles	99.8	100.2	医药及医疗器具	Medicine and Medical Instrument	103.4	101.1
窗帘门窗	Curtains	99.7	102.2	中　药	Traditional Chinese Medicine	104.4	100.7
其他家用纺织品	Other Household Textiles	99.7	99.9	西　药	Western Medicine	104.7	101.9
家庭日用杂品	Daily Use Household Articles	100.8	100.8	滋补保健品	Nourishing Health Care Products	100.5	100.2
洗涤卫生用品	Detergent	101.2	100.2	医疗卫生器具	Medical Instrument and Articles	100.0	100.0
厨具餐具茶具	Kitchen Utensils and Tableware	101.3	100.2	保健器具	Health Care Applicants	99.6	100.9
家用手工工具	Household Hand Tools	100.0	101.4	医疗服务	Health Care Services	99.9	100.8
其他家庭日用杂品	Other Household Articles	99.5	102.6	综合医疗类	Synthetic Medical Treatment	100.1	101.1
个人护理用品	Personal Care Products	103.4	100.7	诊断类	Diagnosis	100.0	100.0
化妆品	Cosmetics	103.9	100.6	治疗类	Treatment	99.1	101.4
其他护理用品类	Others	102.3	100.8	康复类	Rehabilitation	100.0	100.0
家庭服务	Household Service	101.2	105.9	中医医疗服务类	TCM Medical Service	100.0	101.1
交通和通信	**Transportation and Communication**	**103.0**	**101.6**	其他医疗服务	Others	100.0	104.3
交　通	Transportation	104.5	103.1	**其他用品和服务**	**Other Articles and Service**	**99.8**	**100.2**
交通工具	Transportation Facilities	99.4	99.3	其他用品类	Other Articles	97.9	99.9
交通工具用燃料	Fuels for Transportation Facilities	113.0	111.2	首饰手表	Jewelry and Watch	96.8	101.5
交通工具使用和维护	Fees for Vehicles Use and Maintenance	100.7	102.1	其他杂项用品	Others	99.8	97.4
交通费	Fees for Transportation	99.0	96.9	其他服务类	Other Services	101.3	100.5
通　信	Communication	100.9	99.5	旅游住宿	Hotel Charge	113.6	100.7
通讯工具	Communication Facility	103.8	95.6	美容美发洗发浴	Cosmetic Fees	101.7	101.3
通信服务	Communication Service	100.1	100.2	养老服务	ServicefortheAged	100.0	100.0
邮递服务	Postal Service	101.4	101.2	金融保险	Finance and Insurance	100.0	100.6
教育文化和娱乐	**Recreation, Education and Culture**	**103.9**	**100.5**	其他服务类	Other Services	90.1	96.9
教　育	Education	100.8	103.5				
教育用品	Education Articles	103.7	100.6				
教育服务	Education Services	100.7	103.6				

注：2016年起居民消费价格按新指标体系。

a) From 2016, the index system of household consumer price survey was changed, so in 2016, a new index system was put into use.

13-2 商品零售价格指数
Retail Price Index

（以上年同期为 100）(preceding year=100)

指　　标	Item	2018	2017	指　　标	Item	2018	2017
商品零售价格总指数	**General Retail Price Index**	**102.3**	**101.4**	服装材料	Clothing Material	113.8	104.0
食　品	**Food**	**100.8**	**99.7**	床上用品	Bed Articles	99.9	100.2
粮　食	Grain	102.6	100.2	**家用电器及音响材料**	**Household Appliances &Acoustic Materials**	**100.0**	**101.8**
薯　类	Tubers	102.7	95.2	家庭设备	Household Facilities	101.2	103.4
豆　类	Beans	101.6	101.4	文娱用耐用消费品	Durable Consumer Goods for Cultural and Recreational Use	98.4	99.2
食用油	Oil	95.6	97.9	专业音像材料	Professional Acoustic Materials	100.3	103.0
菜	Vegetables	101.4	96.2	**文化办公用品**	**Culture and Official Articles**	**101.3**	**99.1**
鲜　菜	Fresh Vegetables	101.5	95.7	**日用品**	**DailyNecessities**	**100.7**	**99.8**
干菜及菜制品	Dried Vegetable and Processed Products	101.1	101.3	日用百货	General Merchandise	100.1	100.1
畜肉类	Livestock Meat	96.3	94.8	厨具餐具茶具	Kitchen Utensils and Tableware	101.3	100.2
猪　肉	Pork	93.0	90.4	清洗用品	Detergent	101.6	100.0
牛　肉	Beef	99.5	100.5	其他日用品	Other Household Articles	99.5	99.2
禽肉类	Poultry	101.5	101.5	**体育娱乐用品**	**Sports and Recreational Equipment**	**100.1**	**100.4**
水产品	Aquatic Products	101.2	103.1	体育户外用品	Sports Outdoor Articles	98.7	99.3
蛋　类	Eggs	109.1	98.2	娱乐用品	Recreational Equipment	100.3	100.5
奶　类	Milk	105.8	96.2	**交　通、通信用品**	**Transportation and Communication Articles**	**102.3**	**99.1**
干鲜瓜果类	Dried and Fresh Melons and Fruit	101.6	106.3	交通运输机械	Transportation Machinery	101.6	100.8
糖果糕点类	Sweets and Cakes	102.2	101.5	通信器材	Telecom Equipment	103.8	95.8
调味品	Flavoring	102.1	103.9	**家　具**	**Furniture**	**101.3**	**103.3**
其他食品类	Others	102.0	103.4	**化妆品**	**Cosmetics**	**104.0**	**100.8**
在外餐饮	Dining Out	101.9	103.9	**金银饰品**	**Gold and Silver Ornaments**	**96.5**	**101.6**
饮料、烟酒	**Beverages, Tobacco & Liquor**	**101.7**	**100.1**	**中西药品及医疗保健用品**	**Medicine and Health Care**	**103.5**	**101.2**
茶及饮料	Tea&Beverages	102.3	100.3	医疗卫生器具	Medical Instrument	100.0	100.0
烟　草	Tobacco	100.0	100.0	中　药	Traditional Chinese Medicine	104.0	100.7
酒　类	Liquor	105.2	100.1	西　药	Western Medicine	104.7	101.9
服装、鞋帽	**Garments, Shoes and Headgear**	**101.2**	**102.4**	保健器具及用品	Health Care Applicants and Articles	100.3	100.3
服　装	Garments	103.2	101.7	书报杂志及电子出版物	Books, Newspapers, Magazines&E-journals	103.1	99.8
男士服装	Men's Garments	104.8	100.6	教材及参考书	Text Books and Reference Books	103.4	99.6
女式服装	Women's Garments	102.5	101.7	书报杂志	Books, Newspapers and Magazines	103.5	100.0
儿童服装	Children's Garments	101.7	105.2	计算机办公软件	Computer Office Software	100.0	100.0
鞋帽袜	Shoes, Socks and Hats	96.3	104.1	**燃　料**	**Fuels**	**110.4**	**109.3**
鞋	Shoes	96.2	104.4	煤炭及制品	Coal and Coal Products	114.7	118.5
袜　子	Socks	98.4	99.8	石油及制品	Oil and Oil Products	109.7	107.9
帽　子	Hats	95.6	99.0	**建筑材料及五金电料**	**Construction and Electrical Materials&Hardware**	**100.8**	**102.8**
其他衣着配件	Other Accessories	107.3	102.0	建筑装潢材料	Decoration Materials	101.2	102.2
纺织品	Textiles	101.0	100.5	五金水暖	Hardware and Water Heating	99.6	105.4

注：2016 年起居民消费价格调查按新指标体系。

a) From 2016, the index system of household consumer price survey was changed, so in 2016, a new index system was put into use .

13-3 城镇住户基本情况
Statistics on Urban Households

指　　标		Item		2018	2017
调查户数	**(户)**	**Number of Households Surveyed**	**(household)**	**750**	**669**
家庭人口数	**(人/户)**	**Number of Persons per Household**	**(household/person)**	**3.20**	**2.86**
离退休人数	(人/户)	Number of Retirees	(household/person)	0.31	0.46
负担系数	**(人/就业者)**	**Dependency Ratio**	**(person/employee)**	**1.90**	**1.88**
耐用消费品		**Durable Consumer Goods**			
家用汽车	(辆/百户)	Automobile	(unit/100households)	55.87	32.20
摩托车	(辆/百户)	Motorcycle	(unit/100households)	9.47	4.90
电冰箱(柜)	(台/百户)	Refrigerator(Freezer)	(set/100households)	101.38	98.80
洗衣机	(台/百户)	Washing Machine	(set/100households)	101.95	100.00
热水器	(台/百户)	Water Heater	(set/100households)	99.90	86.90
太阳能热水器	(台/百户)	SolarWaterHeater	(set/100households)	14.09	9.20
空　调	(台/百户)	Air Conditioner	(set/100households)	22.72	18.30
彩色电视机	(台/百户)	Color TV Set	(set/100households)	106.72	105.60
摄像机	(架/百户)	Video Camera	(unit/100households)		
照相机	(架/百户)	Camera	(unit/100households)	17.16	20.70
计算机	(台/百户)	Computer	(set/100households)	65.49	56.70
接入互联网的计算机	(台/百户)	Computer with Access to Internet	(set/100households)	48.58	38.10
中高档乐器	(架/百户)	Mid&High-grade instruments	(unit/100households)	9.18	4.10
固定电话	(部/百户)	Fixed Telephone	(unit/100households)	17.43	41.50
移动电话	(部/百户)	Mobile telephone	(unit/100households)	247.68	215.70
其中:接入互联网的移动电话	(部/百户)	Mobil Phones with Access to Internet	(unit/100households)	189.97	139.50

13-3 续表 (continued)

指　　标		Item		2018
现住房总建筑面积	**(平方米/人)**	**Total Floor Space of Houses**	**(sq. m/person)**	**37.50**
现住房房屋来源		**Source of Current Housing**		
租赁公房	(%)	Leasing of State-owned Housing	(%)	2.40
租赁私房	(%)	Leasing of Private Housing	(%)	7.60
自建住房	(%)	Self-built Houses	(%)	24.52
购买商品房	(%)	Purchase of Commercial House	(%)	45.61
购买房改住房	(%)	Purchase the House Through Housing Reform	(%)	7.07
购买保障性住房	(%)	Purchase of Indemnificatory Apartment	(%)	4.53
拆迁安置房	(%)	Relocation House	(%)	4.27
继承或获赠住房	(%)	House Inherited or Received from Others	(%)	0.53
免费借用房	(%)	Free Housing Borrowed From Others	(%)	1.87
雇主提供免费住房	(%)	Free Housing Provided by the Employers	(%)	
其他来源	(%)	Others Sources	(%)	1.60
住宅建筑式样		**Housing Styles**		
单栋楼房	(%)	Storied House	(%)	20.92
单栋平房	(%)	Bungalow	(%)	4.00
四居室	(%)	Four-bedroom House	(%)	6.40
三居室	(%)	Three-bedroom House	(%)	32.27
二居室	(%)	Two-bedroom House	(%)	31.60
一居室	(%)	One-bedroom House	(%)	2.53
筒子楼及连片平房	(%)	Tube-shaped Apartment and Bungalow	(%)	2.27
其　它	(%)	Others	(%)	
饮水情况		**Drinking Water**		
经过净化处理的自来水	(%)	Purified Tap Water	(%)	84.26
受保护的井水和泉水	(%)	Protected Well and Springs Water	(%)	0.67
不受保护的井水和泉水	(%)	Unprotected Well and Springs Water	(%)	
江河湖泊水	(%)	River and Lake Water	(%)	0.67
收集雨水	(%)	Rainwater Collection	(%)	
桶装水	(%)	BarrelledWater	(%)	14.27
其　它	(%)	Others	(%)	0.13
取暖设备		**Heating Equipment**		
无取暖设备	(%)	Without Heating Installation	(%)	0.53
自行供暖	(%)	SupplyHeating by Oneself	(%)	95.46
由市政或小区集中供暖	(%)	Central Heating	(%)	4.00
主要炊用能源状况		**Fuels for Cooking**		
柴　草	(%)	Firewood	(%)	0.53
煤　炭	(%)	Coal	(%)	3.73
罐装液化石油气	(%)	Canned Liquefied Petroleum Gas	(%)	3.33
管道液化石油气	(%)	Piped Liquefied Petroleum Gas	(%)	0.13
管道煤气	(%)	Piped Coal Gas	(%)	1.60
管道天然气	(%)	Piped Natural Gas	(%)	42.67
电	(%)	Electricity	(%)	47.99
燃料用油	(%)	The Fuel Oil	(%)	
沼　气	(%)	Marsh Gas	(%)	
其　他	(%)	Others	(%)	
无炊用行为	(%)	No cooking	(%)	

13-4 城镇住户收支情况
Income and Expenditure of Urban Households

单位:元/人 (yuan/person)

指　　标	Item	2018	2017	指　　标	Item	2018	2017
可支配收入	**Disposable Income**	**35115.00**	**32186.32**	从政府和组织得到的实物产品和服务折价	Discounted Products and Services from Government	37.92	28.03
工资性收入	**Income from Wages and Salaries**	**22055.92**	**19134.96**	现金政策性惠农补贴	Cash Aids under Benefting-Farmers Policy	7.00	3.37
工　资	Income from Laborage and Allowance	21482.84	18520.82	**转移性支出**	**Transfer Expenditure**	**2078.02**	**1361.82**
实物福利	Material Benefits	24.59	29.74	个人所得税	Individual Income Tax	109.34	58.04
其　他	Others	548.49	584.4	社会保障支出	Social Security Expenditure	1550.77	1145.22
经营净收入	**Net Business Income**	**4260.90**	**2885.87**	外来从业人员寄给家人的支出	Expenditure on Family Members Working Outside	12.76	5.33
第一产业净收入	Frimary Industry	21.08	78.26	赡养支出	Expenditure on Supportingthe Old	326.99	62.81
第二产业净收入	Secondary Industry	263.39	156.77	其他经常性转移支出	Expenditure on Transfer	78.16	90.42
第三产业净收入	Tertiary Industry	3976.42	2650.84	**消费支出**	**Consumption Expenditure**	**28250.28**	**26062.87**
财产净收入	**Net Property Income**	**3932.66**	**2951.1**	#服务性消费支出	Expenditure on Service Consumption	9531.04	8314.4
转移净收入	**Net Income from Transfer**	**4865.51**	**7214.39**	通过互联网购买商品或服务	Purchasing Goods or Services from the Internet	459.00	330.01
转移性收入	**Income from Transfer**	**6943.54**	**8576.21**	食品烟酒	Food,Tobacco and Liquor	7844.34	7987.16
养老金或离退休金	Annuities or Pension	5780.45	7877.58	衣　着	Clothing	2112.64	1820.59
社会救济和补助	Income from Social Relief and Aids	205.45	150.49	居　住	Residence	5536.76	5089.02
政策性生活补贴	Allowance from the Government	13.57	3.95	生活用品及服务	HouseholdItems and Services	1846.02	1834.32
报销医疗费	Income from Medical Reimbursement	199.20	78.09	交通通信	Transport and Communication	5091.18	3336.12
家庭外出从业人员寄回带回收入	Income from Family Members Working Outside	292.83	13.62	教育文化娱乐	Education,Culture and Recreation	3346.72	3876.62
赡养收入	Income from Offsprings	296.00	370.1	医疗保健	Health Care	1787.47	1527.71
其他经常转移性收入	Other Frequent Transfer Income	111.11	50.98	其他用品和服务	Miscellaneous Goods and Services	685.14	591.33

13-5 城镇住户消费支出情况(2018年)
Consumption Expenditure of Urban Households(2018)

单位:元/人 (yuan/person)

指　　标	Item	2018	2017
消费支出	**Consumption Expenditure**	**28250. 28**	**26062. 87**
#服务性消费支出	**Services**	**9531. 04**	**8314. 4**
食品烟酒	**Food, Tobacco and Liquor**	**7844. 34**	**7987. 16**
食　品	Food	4560. 70	5326. 19
谷　物	Grain	449. 55	543. 00
薯　类	Tubers	44. 06	50. 31
豆　类	Beans	84. 37	94. 20
食用油	Oil	157. 17	232. 33
蔬菜和食用菌	Vegetables and Mushrooms	585. 62	835. 86
肉　类	Meat	1130. 58	1362. 87
禽　类	Poultry	347. 22	355. 06
水产品	Aquatic Products	216. 02	222. 94
蛋　类	Eggs	96. 79	117. 81
奶　类	Milk	400. 84	339. 79
干鲜瓜果类	Dried and Fresh Melons and Fruits	648. 33	729. 82
糖果糕点类	Sweets and Cakes	212. 08	214. 92
其他食品	Others	188. 07	227. 28
烟　酒	Tobacco&Liquor	814. 44	921. 98
烟　草	Tobacco	605. 82	642. 52
酒　类	Liquor	208. 62	279. 46
饮　料	Beverages	157. 11	185. 72
饮食服务	Catering Services	2312. 09	1553. 27
食堂用餐	Canteen Dining	63. 25	41. 96
其他在外饮食	Other Dining Out	2245. 91	1508. 53
食品加工服务费	Food Processing Service	2. 94	2. 78

13-5 续表 1 （continued）

单位：元/人 （yuan/person）

指　　标	Item	2018	2017
衣　着	**Clothing**	**2112.64**	**1820.59**
衣　类	Clothes	1719.85	1353.78
鞋　类	Shoes	392.79	466.81
居　住	**Residence**	**5536.76**	**5089.02**
租赁房房租	House Rent	341.06	376.70
住房维修及管理	Housing Maintenance and Management	970.49	713.61
水电燃料及其他	Water, Electricity, Fuel and Others	865.14	1008.74
自有住房折算租金	Imputed Rent for Private Housing	3360.07	2989.97
租赁房房租中租赁公房房租	Public House Rent	28.70	52.74
租赁房房租中租赁私房房租	Private House Rent	312.37	323.95
住房维修及管理中物业管理费	Property Management Fee	198.77	135.02
生活用品及服务	**Articles for Daily Use and Services**	**1846.02**	**1834.32**
家具及室内装饰品	Furniture and Upholstery	311.75	324.82
家用器具	Household Appliance	340.15	392.21
家用纺织品	HouseholdTextile	192.05	193.91
家庭日用杂品	Daily Household Articles	365.11	471.04
个人用品	Individual Articles	474.82	319.41
家庭服务	Family Services	162.15	132.93
其中：家政服务	Household Services	131.53	95.28
交通通信	**Transportation and Communication**	**5091.18**	**3336.12**
交　通	Transport	4097.55	1955.75
交通工具	Vehicles	1489.21	456.47
交通费	Expenditure on Vehicles	655.58	454.54
交通工具用燃料	Fuel of Vehicles	1035.42	606.78
交通工具使用及维修	Expenditure on Vehicles Use and Maintenance	917.35	437.96
其中：车辆保险支出	Expenditure on Car Insurance	270.70	104.44

13-5 续表2 （continued）

单位：元/人 （yuan/person）

指 标	Item	2018	2017
通 信	Communication	993. 63	1380. 37
通信工具	Communication Tools	339. 47	365. 10
通信服务	Communication Services	654. 16	1015. 27
教育文化娱乐	**Education, Culture and Recreation**	**3346. 72**	**3876. 62**
教 育	Education	1788. 52	1529. 33
学前教育	Preschool Education	372. 18	214. 25
小学教育	Elementary Education	239. 33	175. 51
初中教育	Junior Middle School Education	255. 59	273. 04
高中教育	Senior High School Education	306. 82	301. 29
中专职高教育	Secondary Vocational Education	37. 27	27. 64
大专及以上教育	College Diplomaor Above	466. 92	425. 98
成人教育	Adult Education	110. 41	111. 62
文化娱乐	Culture and Recreation	1558. 20	2347. 29
文娱耐用消费品	Durable Consumer Goods of Culture and Recreation	176. 91	248. 44
其他文娱用品	Other Cultural and Recreational Articles	263. 31	238. 42
文化娱乐服务	Cultural and Recreational Services	1117. 97	1860. 43
医疗保健	**Medical Care**	**1787. 47**	**1527. 71**
医疗器具及药品	Medical Apparatus and Medicine	569. 93	802. 92
医疗服务	Medical Services	1217. 54	724. 79
门诊总费用	Total Outpatient Expenditure	627. 86	404. 41
住院总费用	Hospitalization Expenditure	589. 68	320. 38
其他用品和服务	**Other Articles and Services**	**685. 14**	**591. 33**
其他用品	Other Articles	330. 50	379. 48
其他服务	Other Services	354. 64	211. 85

13-6 城镇住户按相对收入五等分分组情况(2018 年)

指　　标		Item	
家庭总收入	**(元/人)**	**Total Households Income**	**(yuan/person)**
#可支配收入	(元/人)	Disposable Income	(yuan/person)
工资性收入	**(元/人)**	**Income from Wages and Salaries**	**(yuan/person)**
工　资	(元/人)	Income from Laborage and Allowance	(yuan/person)
其他工资性收入	(元/人)	Other Income from Wages and Salaries	(yuan/person)
从单位得到的实物收入和服务	(元/人)	Products and Services from the Company	(yuan/person)
经营净收入	**(元/人)**	**Net Business Income**	**(yuan/person)**
财产净收入	**(元/人)**	**Income from Properties**	**(yuan/person)**
利息净收入	(元/人)	Interest Income	(yuan/person)
红利收入	(元/人)	Bonus Income	(yuan/person)
储蓄性保险净收益	(元/人)	Net Income from Endowment Insurance	(yuan/person)
转让承包土地经营权租金净收入	(元/人)	Net Rent Income from Contracted Land Transfer	(yuan/person)
出租房屋财产性收入	(元/人)	House Rent	(yuan/person)
出租机械专利版权等资产的收入	(元/人)	Income from Machinery and Copyright Rent	(yuan/person)
其他财产净收入	(元/人)	Other Net Income	(yuan/person)
房屋虚拟租金	(元/人)	Virtual House Rent	(yuan/person)
转移净收入	**(元/人)**	**Net Income from Transfer**	**(yuan/person)**
转移性收入	**(元/人)**	**Income from Transfer**	**(yuan/person)**
养老金或离退休金	(元/人)	Annuities or Pension	(yuan/person)
社会救济和补助	(元/人)	Income from Social Relief and Aids	(yuan/person)
政策性生活补贴	(元/人)	Allowance from the Government	(yuan/person)
报销医疗费	(元/人)	Reimbursement of Medical Expenses	(yuan/person)
家庭外出从业人员寄回带回收入	(元/人)	Income from Family Members Working Outside	(yuan/person)
赡养收入	(元/人)	Income from Offsprings	(yuan/person)
其他经常转移收入	(元/人)	Other Frequent Transfer Income	(yuan/person)
从政府得到的实物产品和服务	(元/人)	Products and Services from Government	(yuan/person)
现金政策性惠农补贴	(元/人)	Cash Aids under Benefting-Farmers Policy	(yuan/person)

Relative Income of Urban Households by Five-equal Partition(2018)

合 计 Total	低 20% Low Income Households20%	较低 20% Lower Middle Income Households20%	中间 20% Middle Income Households20%	较高 20% Upper Middle Income Households20%	高 20% High Income Households20%
39760.1	**18836.5**	**24320.5**	**34193.6**	**47810.7**	**86811.2**
35115.0	12531.6	22014.9	31416.6	43578.5	80813.6
22055.9	**7630.8**	**13894.0**	**18308.2**	**27634.5**	**42236.1**
21482.8	7552.0	13717.5	17846.6	26649.6	40685.4
548.5	67.0	165.8	428.4	950.6	1504.6
24.6	11.8	10.7	33.1	34.3	46.1
4260.9	**2061.2**	**3775.0**	**3996.1**	**6630.1**	**20173.6**
3932.7	**1741.5**	**2086.9**	**3740.5**	**3950.3**	**9187.3**
-96.5	-142.0	-87.4	38.7	-239.6	126.4
446.6	12.3	0.2	282.9	19.4	2139.8
0.6			0.8	1.8	
22.4	3.2	15.7	10.5	84.1	4.7
1827.1	808.7	997.1	1548.2	2076.8	4039.2
170.4	30.9			41.9	587.9
19.1	8.7	-0.4	2.4	2.8	89.9
1543.0	1019.6	1161.7	1856.9	1963.1	2199.4
4865.5	**1098.2**	**2259.0**	**5371.9**	**5363.6**	**9216.6**
6943.5	**2118.4**	**3569.5**	**6844.2**	**7794.5**	**12942.3**
5780.5	1242.2	3010.4	6059.5	6804.3	10945.9
205.5	389.9	144.1	46.6	216.0	88.8
13.6	12.1	0.6	6.5	5.6	30.8
199.2	86.3	39.5	224.0	210.4	335.3
292.8	69.8	14.9	177.3	182.1	929.1
296.0	238.8	303.3	190.0	226.0	334.0
111.1	45.2	15.4	112.4	113.0	243.9
37.9	24.1	27.5	27.2	36.4	34.6
7.0	10.0	13.8	0.6	0.7	

13-6 续表 1

指　　标		Item	
转移性支出	**(元/人)**	**Transfer Expenditure**	**(yuan/person)**
个人所得税	(元/人)	Individual Income Tax	(yuan/person)
社会保障支出	(元/人)	Social Security Expenditure	(yuan/person)
个人缴纳的养老保险	(元/人)	Endowment Insurance by Individual	(yuan/person)
个人缴纳的医疗保险	(元/人)	Medicare Paid by Individual	(yuan/person)
个人缴纳的失业保险	(元/人)	Unemployment Insurance Paid by Individual	(yuan/person)
其他社会保障支出	(元/人)	Others	(yuan/person)
外来从业人员寄给家人的支出	(元/人)	Expenditure on Lottery	(yuan/person)
赡养支出	(元/人)	Expenditure on Supporting the Old	(yuan/person)
其他转移性支出	(元/人)	Expenditure on Transfer	(yuan/person)
经常性捐赠支出	(元/人)	Expenditure on Frequent Donations	(yuan/person)
经常性赔偿支出	(元/人)	Expenditure on Frequent Compensation	(yuan/person)
其他经常转移支出	(元/人)	Others	(yuan/person)
家庭总支出	**(元/人)**	**Total Households Expenditure**	**(yuan/person)**
消费支出	**(元/人)**	**Consumption Expenditure**	**(yuan/person)**
食品烟酒	**(元/人)**	**Food and Liquor**	**(yuan/person)**
食　品	(元/人)	Food	(yuan/person)
谷　物	(元/人)	Grain	(yuan/person)
薯　类	(元/人)	Tubers	(yuan/person)
豆　类	(元/人)	Beans	(yuan/person)
食用油	(元/人)	Oil	(yuan/person)
蔬菜和食用菌	(元/人)	Vegetables and Mushrooms	(yuan/person)
肉　类	(元/人)	Meat	(yuan/person)
禽　类	(元/人)	Poultry	(yuan/person)
水产品	(元/人)	Aquatic Products	(yuan/person)
蛋　类	(元/人)	Eggs	(yuan/person)
奶　类	(元/人)	Milk	(yuan/person)
干鲜瓜果类	(元/人)	Dried and Fresh Melons and Fruits	(yuan/person)
糖果糕点类	(元/人)	Sweet and Sugar	(yuan/person)
其他食品	(元/人)	Others	(yuan/person)
烟　酒	(元/人)	Tobacco and Liquor	(yuan/person)
烟　草	(元/人)	Tobacco	(yuan/person)
酒　类	(元/人)	Liquor	(yuan/person)

(continued)

合 计 Total	低 20% Low Income Households20%	较低 20% Lower Middle Income Households20%	中间 20% Middle Income Households20%	较高 20% Upper Middle Income Households20%	高 20% High Income Households20%
2078.02	**1020.28**	**1310.47**	**1472.27**	**2430.93**	**3725.68**
109.34	3.49	8.37	34.27	91.26	451.60
1550.77	890.89	1029.47	1132.44	1917.17	2361.21
1090.47	583.05	734.21	818.12	1217.91	1759.78
336.68	114.74	267.97	267.23	440.25	498.60
25.42	6.58	15.02	25.47	32.66	39.60
98.21	186.52	12.26	21.62	226.36	63.22
12.76	27.24	0.65	9.26	1.44	11.39
326.99	82.57	207.41	227.29	367.98	737.34
78.16	16.09	64.57	69.00	53.08	164.15
0.82		0.03	1.88	0.15	1.92
0.01		0.03			
77.33	16.09	64.51	67.11	52.94	162.23
43048.60	**24545.03**	**27057.60**	**36581.56**	**55043.30**	**80547.03**
28250.28	**14323.21**	**19800.49**	**27418.41**	**35292.36**	**53346.46**
7844.34	**4334.43**	**6499.81**	**7865.59**	**9652.28**	**12825.11**
4560.70	3065.26	4231.37	4894.59	5251.18	5933.86
449.55	359.30	431.97	477.45	510.84	485.83
44.06	36.98	46.20	47.03	45.05	43.89
84.37	67.80	88.94	87.65	91.68	83.95
157.17	134.11	170.80	162.65	145.51	156.98
585.62	444.39	577.42	651.62	656.92	644.60
1130.58	829.31	1094.95	1244.17	1210.37	1338.68
347.22	194.04	331.18	403.26	404.02	453.79
216.02	99.77	178.15	222.89	293.98	355.65
96.79	64.22	99.25	97.10	114.17	123.75
400.84	246.02	346.11	375.63	489.10	631.56
648.33	325.08	526.75	710.42	810.55	1033.96
212.08	135.84	168.72	222.97	265.88	315.27
188.07	128.39	170.91	191.77	213.10	265.95
814.44	382.97	603.54	738.62	1056.32	1519.20
605.82	325.66	451.30	545.87	754.98	1102.86
208.62	57.31	152.24	192.75	301.35	416.34

13-6 续表 2

指　　标		Item	
饮　料	(元/人)	Beverage	(yuan/person)
饮食服务	(元/人)	Catering Service	(yuan/person)
衣　着	**(元/人)**	**Clothing**	**(yuan/person)**
衣　类	(元/人)	Clothes	(yuan/person)
鞋　类	(元/人)	Shoes	(yuan/person)
居　住	**(元/人)**	**Residence**	**(yuan/person)**
租赁房房租	(元/人)	House Rent	(yuan/person)
住房维修及管理	(元/人)	Housing Maintenance and Management	(yuan/person)
水电燃料及其他	(元/人)	Water, Electricity, Fuel and Others	(yuan/person)
自有住房折算租金	(元/人)	Imputed Rent for Private Housing	(yuan/person)
生活用品及服务	**(元/人)**	**Articles for Daily Use and Services**	**(yuan/person)**
家具及室内装饰品	(元/人)	Furniture and Upholstery	(yuan/person)
家用器具	(元/人)	Household Appliance	(yuan/person)
家用纺织品	(元/人)	HouseholdTextile	(yuan/person)
家庭日用杂品	(元/人)	Daily Household Articles	(yuan/person)
个人用品	(元/人)	Individual Articles	(yuan/person)
家庭服务	(元/人)	Family Services	(yuan/person)
#家政服务	(元/人)	Household Services	(yuan/person)
交通通信	**(元/人)**	**Transportation and Communication**	**(yuan/person)**
交　通	(元/人)	Transportation	(yuan/person)
通　信	(元/人)	Communication	(yuan/person)
教育文化娱乐	**(元/人)**	**Education, Culture and Recreation**	**(yuan/person)**
教　育	(元/人)	Education	(yuan/person)
文化娱乐	(元/人)	Culture and Recreation	(yuan/person)
医疗保健	**(元/人)**	**MedicalCare**	**(yuan/person)**
医疗器具及药品	(元/人)	MedicalApparatus and Medicine	(yuan/person)
医疗服务	(元/人)	Medical Services	(yuan/person)
其他用品和服务	**(元/人)**	**Other Articles and Services**	**(yuan/person)**
其他用品	(元/人)	Other Articles	(yuan/person)
其他服务	(元/人)	Other Services	(yuan/person)
消费支出中服务消费支出	(元/人)	Consumption Expenditures on Services	(yuan/person)

(continued)

合　计 Total	低 20% Low Income Households20%	较低 20% Lower Middle Income Households20%	中间 20% Middle Income Households20%	较高 20% Upper Middle Income Households20%	高 20% High Income Households20%
157. 11	86. 83	113. 43	135. 47	202. 04	297. 54
2312. 09	799. 37	1551. 47	2096. 91	3142. 74	5074. 52
2112. 64	**886. 54**	**1554. 92**	**1727. 90**	**2670. 83**	**4420. 74**
1719. 85	697. 47	1222. 96	1406. 25	2145. 11	3758. 62
392. 79	189. 07	331. 96	321. 65	525. 72	662. 11
5536. 76	**3068. 87**	**4129. 74**	**5500. 32**	**7552. 36**	**9388. 27**
341. 06	160. 65	286. 51	225. 02	624. 00	511. 59
970. 49	184. 15	510. 92	699. 97	1684. 12	2629. 96
865. 14	607. 30	802. 74	909. 01	951. 53	1112. 33
3360. 07	2116. 77	2529. 57	3666. 33	4292. 72	5134. 39
1846. 02	**700. 92**	**1104. 80**	**1602. 62**	**2374. 52**	**4187. 66**
311. 75	63. 33	97. 84	332. 81	271. 04	1006. 42
340. 15	110. 89	241. 74	305. 39	447. 35	737. 89
192. 05	56. 09	125. 93	172. 32	333. 71	374. 44
365. 11	211. 57	305. 64	376. 63	412. 56	579. 17
474. 82	237. 60	307. 30	349. 12	570. 14	1027. 42
162. 15	21. 44	26. 34	66. 34	339. 72	462. 32
131. 53	10. 39	5. 19	39. 78	284. 95	416. 03
5091. 18	**2369. 08**	**2514. 11**	**4824. 49**	**5960. 67**	**11948. 17**
4097. 55	1841. 93	1716. 04	3823. 15	4733. 54	10321. 50
993. 63	527. 15	798. 07	1001. 34	1227. 13	1626. 68
3346. 72	**1792. 76**	**2320. 15**	**2860. 39**	**4215. 21**	**6416. 87**
1788. 52	1367. 84	1517. 57	1535. 77	2064. 71	2560. 08
1558. 20	424. 93	802. 57	1324. 61	2150. 50	3856. 79
1787. 47	**913. 14**	**1293. 85**	**2518. 48**	**1915. 75**	**2567. 94**
569. 93	307. 88	487. 98	592. 92	641. 22	940. 06
1217. 54	605. 26	805. 88	1925. 56	1274. 53	1627. 88
685. 14	**257. 46**	**383. 10**	**518. 63**	**950. 74**	**1591. 70**
330. 50	132. 85	245. 90	265. 27	411. 26	713. 68
354. 64	124. 61	137. 21	253. 36	539. 48	878. 02

13-7 农村住户基本情况
Basic Conditions of Rural Households

指 标		Item		2018	2017
调查户数	**(户)**	**Households Surveyed**	**(household)**	**480**	**474**
调查户常住人口	**(人)**	**Permanent Residents per Surveyed Households**	**(person)**	**1782**	**1646**
平均每户常住人口	(人)	Average Number of Permanent Residents per Household	(person)	3.7	3.5
每户整、半劳动力	(人)	Number of Full/Semi Labor Force Per Household	(person)	2.47	2.51
整、半劳动力占常住人口比重	(%)	The Proportion of Full Semi Labor Force	(%)	66.61	72.42
6周岁及以上住户成员受教育程度	**(人)**	**Education Level of Households at or Above 6 Years Old**	**(person)**	**1597**	**1557**
未上过学	(人)	Never Been to School	(person)	95	48
小 学	(人)	Elementary School	(person)	640	544
初 中	(人)	Junior High School	(person)	678	731
高 中	(人)	Senior High School	(person)	104	146
大学专科	(人)	JuniorCollege	(person)	59	57
大学本科	(人)	UndergraduateCollege	(person)	21	31
研究生	(人)	Postgraduate School	(person)		
年末住房面积	**(平方米/人)**	**Living Space at Year-end**	**(sq. m/person)**	**55.70**	**55.30**
年末住房价值	**(元/平方米)**	**Houses Value at Year-end**	**(yuan/sq. m)**	**1633.51**	**1692.33**

13-8 农村住户家庭经营情况
Basic Conditions of Household Business in Rural Households

指 标		Item		2018	2017
经营耕地面积	**(亩/人)**	**Area of Cultivated Land**	**(mu/person)**	**1.20**	**1.48**
#有效灌溉面积	(亩/人)	Area of Effective Irrigation	(mu/person)	0.14	0.24
经营林地面积	**(亩/人)**	**Areas of Forests Managed**	**(mu/person)**	**0.43**	**0.34**
经营园地面积	**(亩/人)**	**Areas of Gardens Managed**	**(mu/person)**	**0.11**	**0.10**
经营养殖水面面积	**(亩/人)**	**Areas of Meadow Managed**	**(mu/person)**	**0.00**	**0.01**
年内出售猪头数	**(头/户)**	**Number of Selling Fattened Hogs in the Year**	**(head/household)**	**0.72**	0.73
出售、自宰肥猪肉产量	(公斤/户)	Output of Pork Slaughtered by Peasants Themselves and Sold	(kg/household)	5.85	9.40
每头猪肉产量	(公斤/头)	Output of Per Slaughtered Hog	(kg/head)	116.09	141.18
年内出售菜羊只数	**(只/百户)**	**Number of Sold Mutton Sheep and Goat in the Year**	**(head/100 households)**	**0.83**	**2.53**
出售、自宰羊的肉产量	(公斤/户)	Output of Mutton Slaughtered by Peasants Themselves and Sold	(kg/household)	0.25	0.97
年内出售肉牛数	**(头/百户)**	**Number of Sold Fattened Cattle in the Year**	**(head/100 households)**	**9.38**	**14.35**

注:2017年数据作修订,以此为准。
a) The data have been revised in 2017, taking this as the criterion.

13-9 农村家庭人均总收入
Per Capita Annual Income of Rural Households

单位:元 (yuan)

指　　标	Item	2018	2017	2018 年比 2017 年增长(%) Growth Rate in 2018 over 2017(%)
全年总收入	**Total Revenue of the Year**	**19677**	**16317**	**20.6**
工资性收入	Income from Wages and Salaries	8180	8531	-4.1
经营性收入	Net Business Income	9243	6412	44.2
财产性收入	Property Income	428	416	2.9
转移性收入	Income from Transfer	1827	958	90.
非收入所得	Other Income	2833	1446	95.9
借贷性所得	Income from Debit and Credit	3398	713	376.6
家庭经营收入	Income from Household Operation	9243	6412	44.2
第一产业(不含惠农补贴)	Primary Industry(Not Including Income from Benefting-Farmers Policy)	3482	3543	-1.7
农业收入	Farming	2017	2103	-4.1
林业收入	Forestry	50	48	5.6
牧业收入	Animal Husbandry	1412	1195	18.1
渔业收入	Fishery	3	197	-98.4
第二产业	Secondary Industry	1644	515	219.1
采矿业收入	Mining Industry	1		
制造业收入	Manufacturing Industry	114	24	371.9
建筑业收入	Construction	1529	491	211.3
第三产业	Tertiary Industry	4117	2354	74.9
批发和零售业	Wholesale and Retail Trade	1718	546	214.7
交通运输仓储和邮政业	Transportation, Warehousing and Postal Services	1070	732	46.2
住宿和餐饮业	Accommodation and Catering Industry	751	694	8.2
房地产业	Real Estate			
租赁和商务服务业	Leasing and Business Services	396	41	875.4
居民服务修理和其他服务业	Resident Maintenance Services and Others	133	228	-41.4
其　他	Others	4	53	-92.8
农林牧渔服务业	Services of Farming, Forestry, Animal, Husbandry and Fishery	44	62	28.5
转移性收入	**Income from Transfer**	**1827**	**958**	**90.7**
养老金或离退休金	Annuities or Pension	650	367	77.3
社会救济和补助	Income from Social Relief and Aids	170	27	522.0
政策性生活补贴	Allowance from the Government	27	48	-42.7
家庭外出从业人员寄回带回收入	Income from Family Members Working Outside	516	120	329.9
赡养收入	Income from Offsprings	170	173	-2.0
报销医疗费	Income from Medical Reimbursement	110	39	181.8
从政府和组织得到的实物产品和服务折价	Discounted Products and Services from Government	26	36	-25.6
现金政策性惠农补贴	Cash Aids under Benefting-Farmers Policy	65	46	43.0
其他转移性收入	Others	92	103	-10.2
财产性收入	**Property Income**	**428**	**416**	**2.9**
利息收入	Interest Income	5	30	-83.1
红利收入	Income from Collective Dividend and Bonus	20	30	-34.4
储蓄性保险净收益	Net Income from Endowment Insurance of Savings	1	0	724.9
转让承包土地经营权租金净收入	Net Income from Management Transfer of the Contracted Land	97	19	409.2
出租房屋财产性净收入	Net Income from House Rent	224	314	-28.5
出租机械专利版权等资产的净收入	Income from Machinery and Copyright Rent	3	22	-88.5
其他财产净收入	Other Net Income	78	1	11345.9

13-10 农村家庭人均可支配收入
Per Capita Disposable Income of Rural Households

单位:元 (yuan)

指　　标	Item	2018	2017	2018年比2017年增长(%) Growth Rate in 2018 over 2017(%)
绝对数	**Absolute Value**			
全年可支配收入	**Annual Disposable Income**	**15648.08**	**14264.34**	**9.7**
工资性收入	**Income from Wages and Salaries**	**8978.32**	**8381.29**	**7.1**
经营性净收入	**Net Income from Household Operation**	**5276.50**	**4649.58**	**13.5**
第一产业	Primary Industry	1562.54	2573.42	-39.3
农业收入	Farming	1097.18	1598.21	-31.3
林业收入	Forestry	-257.53	21.16	-1317.1
牧业收入	Animal Husbandry	724.09	821.53	-11.9
渔业收入	Fishery	-1.20	132.52	-100.9
第二产业	Secondary Industry	1453.46	473.99	206.6
采矿业	Industry	0.51		
制造业	Manufacturing	84.54	10.12	735.4
电力热力燃气及水生产和供应业	Electricity, Heat, Gas and Water Production and Supply Industries			
建筑业	ConstructionIndustry	1368.41	463.87	195.0
第三产业	Tertiary Industry	2260.50	1602.17	41.1
批发和零售业	Wholesale and Retail Trade	925.85	441.00	109.9
交通运输仓储和邮政业	Transportation, Warehousing and Postal Service	654.34	615.09	6.4
住宿和餐饮业	Accomodation and Catering Industries	398.68	206.53	93.0
房地产业	Real Estate Industries	-1.04		
租赁和商务服务业	Leasing and Commerical Services	230.25	28.19	716.8
居民服务修理和其他服务业	Resident Maintenance Services and Others	104.08	206.79	-49.7
其　他	Others	-3.41	47.57	-107.2
农林牧渔服务业	Services of Farming, Forestry, Animal, Husbandry and Fishery	-48.25	58.00	-183.2
财产净收入	**Property Net Income**	**409.41**	**377.83**	**8.4**
转移性净收入	**Net Income from Transfer**	**983.85**	**855.64**	**15.0**

13-11 农村家庭人均经营费用和生产性固定资产购置
Per Capita Expenditure for Households Business Operations and Purchase of Productive Fixed Assets of Rural Households

单位:元 (yuan)

指　　标	Item	2018	2017	2018 年比 2017 年增长(%) Growth Rate in 2018 over 2017(%)
生产经营费用支出	**Expenditure on Production and Operation**	**3282.5**	**2179.0**	**50.6**
第一产业经营费用支出	Primary Industry	1872.5	1246.1	50.3
农　业	Farming	862.7	548.9	57.2
林　业	Forestry	314.4	36.6	758.6
牧　业	Animal Husbandry	691.0	584.3	18.3
渔　业	Fishery	4.3	76.3	-94.3
第二产业经营费用支出	Secondary Industry	66.4	29.4	126.0
采矿业	Mining and Quarrying	0.7		
制造业	Manufacturing	24.8	13.4	85.6
电力热力燃气及水生产和供应业	Electricity, Heating, Gas and Water Production and Supply			
建筑业	Construction	41.0	16.1	155.3
第三产业经营费用支出	Tertiary Industry	1343.6	903.5	48.7
批发和零售业	Wholesale and Retail Trade	562.6	118.7	374.0
交通运输仓储和邮政业	Transport, Storage and Post	329.7	82.7	298.7
住宿和餐饮业	Hotel and Catering Services	247.0	664.1	-62.8
房地产业	Real Estates	1.0	1.4	-25.9
租赁和商务服务业	Leasing and Business Services	82.7	16.7	394.9
居民服务修理和其他服务业	Resident Maintenance Services and Others	23.2	12.8	80.8
其　他	Others	0.4	1.6	-72.4
农林牧渔服务业	Farming, Forestry, Animal Husbandry, Fishery	96.9	5.4	1690.4
购置资产支出	Expenditure on Assets Purchase	1076.3	481.2	123.7
建造住房支出	Expenditure on House-building	55.7	197.7	-71.8
购买住房支出	Expenditure on House Purchase	632.6	69.0	816.9
购建第一产业生产性固定资产	Creating Fixed Assets of Primary Industry	200.0	108.9	83.6
购买或建造农业生产性用房	Purchase of Agricultural Production House	79.8	19.6	308.1
购买役畜	Purchase of Draught Animal	22.7	21.4	5.9
购买产品畜	Purchase of Commodity Animals	47.8	48.5	-1.3
购买或建造农业设施	Purchase of Agricultural Facilities	31.4	1.6	1860.9
购建第二产业生产性固定资产支出	Creating Fixed Assets of Secondary Industry	51.1		
采矿业	Mining and Quarrying			
制造业	Manufacturing	1.3		
电力热力燃气及水生产和供应业	Electricity, Heating, Gas and Water Production and Supply			
建筑业	Construction	49.8		
购建第三产业生产性固定资产支出	Creating Fixed Assets of Tertiary Industry	136.9	93.6	46.3
批发和零售业	Wholesale and Retail Trade	12.8	8.3	55.0
交通运输仓储和邮政业	Transport, Storage and Post	105.4	85.2	23.6
住宿和餐饮业	Hotel and Catering Services			
房地产业	Real Estates			
租赁和商务服务业	Leasing and Business Services	2.3		
居民服务修理和其他服务业	Resident Maintenance Services and Others	13.9	0.1	12534.9
其　他	Others	2.5		
购建其他资产支出	Expenditure on Other Purchase		12.0	-100.0

13-12 农村居民人均现金收入
Per Capita Annual Cash Income of Farmers

单位:元 (yuan)

指 标	Item	2018	2017	2018 年比 2017 年增长(%) Growth Rate in 2018 over 2017(%)
现金收入(未扣除生产费用)	**Cash Income(Including Expenditure on Production)**	**20665.88**	**21992.27**	**-6.0**
现金工资性收入	Cash Income from Wages and Salaries	8936.28	12111.40	-26.2
工 资	Wages and Salaries	8872.96	12025.15	-26.2
其他工资性收入	Other Income from Wages and Salaries	63.32	86.25	-26.6
现金经营性收入	Cash Business Income	9412.34	8034.82	17.1
第一产业现金收入	Cash Income from Primary Industry	3110.99	3958.29	-21.4
第二产业现金经营收入	Cash Income from Secondary Industry	1798.37	732.12	145.6
第三产业现金经营收入	Cash Income from Tertiary Industry	4502.97	3344.40	34.6
现金财产性收入	Cash Property Income	467.93	590.81	-20.8
利息收入	Interest Income	5.62	43.14	-87.0
红利收入	Income from Collective Dividend and Bonus	21.59	42.78	-49.5
储蓄性保险收益	Income from Endowment Insurance of Savings	1.62	0.25	549.7
转让承包土地经营权租金收入	Income from Management Transfer of the Contracted Land	106.05	27.05	292.0
出租房屋财产性净收入	House Rent	245.16	445.55	-45.0
出租机械专利版权等资产的净收入	Income from Machinery and Copyright Rent	2.76	31.09	-91.1
其他财产性收入	Other Property Income	85.13	0.96	8768.1
现金转移性收入	Cash Income from Transfer	1849.34	1255.24	47.3
养老金或离退休金	Annuities or Pension	711.38	521.15	36.5
社会救济和补助	Income from Social Relief and Aids	185.47	38.73	378.9
政策性生活补贴	Allowance from the Government	30.04	68.06	-55.9
家庭外出从业人员寄回带回收入	Income from Family Members Working Outside	564.43	170.55	230.9
赡养收入	Income from Offsprings	185.78	246.15	-24.5
其他转移性收入	Other Income from Transfer	100.74	145.68	-30.8
现金政策性惠农补贴	Cash Aids under Benefting-Farmers Policy	71.49	64.93	10.1
非收入所得	**Other Income**	**3098.55**	**2054.24**	**50.8**
出售资产所得	Income from Selling Properties	712.42	716.78	-0.6
非经常性转移所得	Income from Irregular Transfer	2368.10	1315.39	80.0
其他非收入所得	Others	18.02	22.06	-18.3
借贷性所得	**Income from Debit and Credit**	**3716.92**	**1013.09**	**266.9**
提取储蓄存款	Drawing Money from Banks	1651.29	364.64	352.9
借入款	Loan Payable	1596.25	403.34	295.8
收回借出款	Loans Received	131.71	64.87	103.0
收回储蓄性保险本金	Insurance Savings Capital Received			
住房贷款	Housing Loan	1.10	2.02	-45.7
汽车贷款	Car Loan	90.31	113.92	-20.7
教育贷款	Education Loans	17.82		
其他贷款	Other Loans	150.69	30.45	394.9
其他借贷所得	Others	77.76	33.84	129.8

13-13 农村家庭人均生活消费支出
Per Capita Annual Living Expenditures of Rural Households

单位:元 (yuan)

指　　标	Item	2018	2017	2018年比2017年增长(%) Growth Rate in 2018 over 2017(%)
平均每人生活消费支出	**Per Capita Consumption Expenditure**	**13164**	**12369**	**6.4**
食品烟酒	Food	3120	3361	-7.2
衣　着	Clothing	830	855	-3.0
居　住	Residence	3443	3161	8.9
生活用品及服务	Household Facilities, Articles and Related Services	779	796	-2.1
交通和通讯	Transport and Communications	2775	2119	31.0
教育文化娱乐	Education, Culture, Recreation, and Related Services	1110	1206	-8.0
医疗保健	Health Care and Medical Services	919	666	38.1
其他用品和服务	Miscellaneous Goods and Services	188	204	-8.1

13-14 农村家庭人均主要消费品消费量
Per Capita Consumption on Major Consumer Goods of Rural Households

单位:元 (yuan)

指　　标	Item	2018	2017	2018年比2017年增长(%) Growth Rate in 2018 over 2017(%)
粮食消费量	Grain	104.03	121.19	-14.2
油脂类消费量	Oil and Fats	8.40	10.41	-19.3
蔬菜及菜制品消费量	Vegetables and Its Products	61.14	78.93	-22.5
肉　类	Meat	27.99	27.28	2.6
禽　类	Poultry	4.33	5.63	-23.1
水产品	Aquatic Products	1.85	1.75	5.6
蛋类及蛋制	Eggs and Processed Products	3.00	4.18	-28.2
奶和奶制品	Milk and Processed Products	3.62	4.64	-22.0
干鲜瓜果类	Dried and Fresh Melons and Fruit	29.28	30.27	-3.3
糖果糕点类	Sweet and Sugar	3.53	3.23	9.3
饮　料	Beverage	0.12	0.30	-58.5
烟叶消费量	Tobacco Consumption	40.16	43.23	-7.1
酒	Liquor	7.40	7.84	-5.6

13-15 农村家庭每百户耐用消费品拥有量
Ownership of Durable Consumer Goods Per 100 Rural Households

指　　标		Item		2018	2017	2018 年比 2017 年增长(%) Growth Rate in 2018 over 2017(%)
洗衣机	(台)	Washing Machine	(set)	100.3	99.50	0.8
电冰箱	(台)	Refrigerator	(set)	97.1	93.30	4.1
空调机	(台)	Air Conditioner	(set)	1.3	1.20	8.3
热水器	(台)	Water Heater	(set)	65.5	62.90	4.1
摩托车	(辆)	Motorcycle	(unit)	53.8	51.70	4.1
生活用汽车	(辆)	Automobile	(unit)	46	30.30	51.8
电话机	(部)	Telephone	(set)	7.2	12.80	-43.8
移动电话	(部)	Mobile Telephone	(set)	293.2	262.80	11.6
彩色电视机	(台)	Color TV Set	(set)	106.7	106.70	持平 even
摄像机	(台)	Radio Camera	(set)			
照相机	(台)	Camera	(set)	1.8	2.90	-37.9

13-16 农村居民人均出售产品现金收入
Per Capita Annual Cash Income of Rural Households from Selling Products

单位:元　　(yuan)

指　　标	Item	2018	2017	2018 年比 2017 年增长(%) Growth Rate in 2018 over 2017(%)
出售农林牧渔业产品	**Products on Sale**	**3111**	**3958**	**-21.4**
农业产品	Farming Products	1694.22	2146.43	-21.1
林业产品	Forestry Products	50.36	57.45	-12.3
牧业产品	Animal Husbandry Products	1363.91	1478.12	-7.7
渔业产品	Fishery Products	2.50	276.29	-99.1

13-17 农村住户人均主要产品产量及商品率(2018年)
Per Capita Output and Commodity Rate of Major Agricultural Products of Rural Households(2018)

指　　标	Item	产品产量(公斤) Output(kg)	出售量(公斤) Sale(kg)	商品率(%) Commodity Rate(%)
主要产品	Main Products			
谷　物	Grain	257.34	64.63	25.12
#小　麦	Wheat	0.22	0.08	37.50
稻　谷	Rice	72.64	19.19	26.41
玉　米	Corn	184.47	42.67	23.13
高　粱	Sorghum			
薯　类	Tubers	8.22	0.78	9.45
红薯产量	Output of Sweet Potatoes	3.32	0.07	2.23
马铃薯产量	Output of Potatoes	4.89	0.65	13.25
其他薯类产量	Output of Others	0.01	0.06	585.81
豆类产量	Output of Beans	4.46	2.44	54.67
大豆产量	Output of Soybean	4.28	2.30	53.84
其他豆类产量	Output of Other Beans	0.18	0.13	74.85
棉花产量	Cotton Yield			
油料产量	Oilseed Yield	13.29	2.65	19.94

13-18 农村住户按相对收入五等分分组情况(2018年)

指　标		Item	
家庭总收入	**(元/人)**	**Total Households Income**	**(yuan/person)**
#可支配收入	**(元/人)**	**Disposable Income**	**(yuan/person)**
工资性收入	**(元/人)**	**Income from Wages and Salaries**	**(yuan/person)**
#工资及补贴收入	(元/人)	Income from Laborage and Allowance	(yuan/person)
#实物福利	(元/人)	Material Welfare	(yuan/person)
#其　他	(元/人)	Others	(yuan/person)
经营净收入	**(元/人)**	**Net Business Income**	**(yuan/person)**
#第一产业经营净收入	(元/人)	Net Business Income of Primary Industry	(yuan/person)
#第二产业经营净收入	(元/人)	Net Business Income of Secondary Industry	(yuan/person)
#第三产业经营净收入	(元/人)	Net Business Income of Tertiary Industry	(yuan/person)
财产净收入	**(元/人)**	**Income from Properties**	**(yuan/person)**
#利息净收入	(元/人)	Interest Income	(yuan/person)
#红利收入	(元/人)	Bonus Income	(yuan/person)
#储蓄性保险净收益	(元/人)	Net Income from Endowment Insurance	(yuan/person)
#转让承包土地经营权租金净收入	(元/人)	Net Rent Income from Contracted Land Transfer	(yuan/person)
#出租房屋财产性收入	(元/人)	House Rent	(yuan/person)
#出租机械专利版权等资产的收入	(元/人)	Income from Machinery and Copyright Rent	(yuan/person)
#其他财产净收入	(元/人)	Other Net Income	(yuan/person)
转移净收入	(元)	Income from Transfer	(yuan)
#养老金或离退休金	(元)	Annuities or Pension	(yuan)
社会救济和补助	(元)	Income from Social Relief	(yuan)
#最低生活保障收入	(元)	Basic Living Allowances	(yuan)
赡养收入	(元)	Income of Supporting the Old	(yuan)
现金政策性惠农补贴	(元)	Cash Aids under Benefting-Farmers Policy	(yuan)
家庭总支出	**(元/人)**	**Total Households Expenditure**	**(yuan/person)**
消费支出	**(元/人)**	**Consumption Expenditure**	**(yuan/person)**
食品烟酒	(元/人)	Food	(yuan/person)
衣　着	(元/人)	Clothing	(yuan/person)
居　住	(元/人)	Residence	(yuan/person)
生活用品及服务	(元/人)	Household Articles and Services	(yuan/person)
交通通信	(元/人)	Transportation and Communication	(yuan/person)
教育文化娱乐	(元/人)	Education, Culture and Recreation Services	(yuan/person)
医疗保健	(元/人)	Health Care	(yuan/person)
其他用品和服务	(元/人)	Others	(yuan/person)
社会保障支出	(元/人)	Social Security Expenditure	(yuan/person)
食　品	**(元/人)**	**Food**	**(yuan/person)**
谷　物	(元/人)	Grain	(yuan/person)
薯　类	(元/人)	Tubers	(yuan/person)
豆　类	(元/人)	Beans	(yuan/person)
食用油	(元/人)	Oil	(yuan/person)
蔬菜和食用菌	(元/人)	Vegetables and Mushrooms	(yuan/person)
肉　类	(元/人)	Meat	(yuan/person)
禽　类	(元/人)	Poultry	(yuan/person)
水产品	(元/人)	Aquatic Products	(yuan/person)
蛋　类	(元/人)	Eggs	(yuan/person)
奶　类	(元/人)	Milk	(yuan/person)
干鲜瓜果类	(元/人)	Dried and Fresh Melons and Fruit	(yuan/person)
糖果糕点类	(元/人)	Sweet and Sugar	(yuan/person)
其他食品	(元/人)	Others	(yuan/person)

Relative Income of Rural Households by Five-equal Partition(2018)

合 计 Total	低 20% Low Income Households20%	较低 20% Lower Middle Income Households20%	中间 20% Middle Income Households20%	较高 20% Upper Middle Income Households20%	高 20% High Income Households20%
19677. 29	**8757. 17**	**11679. 91**	**15100. 63**	**21923. 38**	**47430. 39**
14264. 34	**5390. 57**	**9396. 85**	**13111. 20**	**18914. 82**	**36744. 95**
8978. 32	**3576. 24**	**6455. 60**	**9257. 64**	**11462. 40**	**13016. 53**
8903. 66	3522. 92	6439. 36	9242. 51	11367. 06	12843. 95
11. 20	4. 83	4. 77	8. 08	18. 00	6. 29
63. 46	48. 50	11. 47	7. 05	77. 34	166. 28
5276. 50	**804. 27**	**1648. 31**	**2590. 55**	**5492. 70**	**18645. 25**
1562. 54	719. 06	877. 37	1750. 96	2317. 12	1841. 18
1453. 46	67. 80	107. 60	-7. 47	381. 38	7566. 17
2260. 50	17. 40	663. 34	847. 06	2794. 21	9237. 90
409. 41	**184. 92**	**182. 46**	**283. 43**	**482. 96**	**803. 40**
-49. 25	-27. 26	-47. 06	-8. 74	-19. 30	-131. 49
21. 57	26. 72	24. 51	4. 70	0. 54	93. 56
1. 62	8. 96				
106. 12	41. 64	0. 63	42. 23	313. 29	18. 14
248. 24	125. 65	213. 74	214. 11	167. 74	496. 95
3. 17	0. 02	1. 39	3. 30	13. 31	6. 04
77. 95	9. 18	-10. 75	27. 82	7. 38	320. 20
983. 85	**825. 13**	**1110. 48**	**979. 58**	**1476. 75**	**4279. 78**
546. 76	254. 83	185. 69	359. 41	575. 33	2960. 20
79. 56	358. 28	155. 83	141. 09	71. 05	18. 61
14. 50	137. 73	45. 09	3. 24	15. 67	
169. 85	229. 47	187. 94	127. 33	380. 68	416. 02
65. 36	82. 55	75. 91	56. 18	64. 10	97. 85
22928. 77	**15255. 97**	**18937. 93**	**18820. 32**	**22313. 67**	**43171. 22**
13163. 98	**9408. 83**	**10679. 75**	**11443. 47**	**13897. 76**	**22697. 67**
3119. 55	2175. 93	2484. 04	2840. 68	3598. 79	4848. 00
829. 73	626. 47	651. 05	771. 98	847. 58	1344. 92
3443. 14	2624. 33	3040. 43	2782. 06	3032. 86	5981. 35
779. 39	515. 10	606. 14	824. 68	891. 45	1161. 64
2775. 41	1189. 81	1664. 32	2192. 61	2895. 65	6047. 53
1110. 15	929. 64	1109. 26	1048. 78	1038. 13	1526. 62
918. 94	1186. 77	905. 41	824. 26	1397. 60	1521. 32
187. 67	160. 77	219. 09	158. 41	195. 70	266. 29
348. 41	571. 30	282. 35	196. 93	221. 41	384. 37
2157. 33	**1618. 28**	**1788. 46**	**2056. 19**	**2457. 33**	**2962. 24**
363. 98	343. 03	342. 44	319. 07	373. 64	420. 44
31. 77	30. 33	31. 86	29. 54	26. 24	44. 97
47. 49	37. 15	38. 87	44. 08	60. 76	60. 33
134. 45	105. 57	112. 86	119. 10	150. 34	171. 38
213. 48	156. 06	180. 83	204. 56	228. 68	276. 07
660. 72	455. 32	478. 67	628. 87	821. 74	1049. 46
100. 19	61. 26	68. 32	101. 20	118. 20	140. 97
42. 91	27. 04	41. 99	39. 93	44. 04	59. 29
40. 54	31. 16	32. 32	34. 66	47. 14	63. 44
124. 58	78. 54	130. 04	127. 98	162. 83	101. 22
224. 44	156. 41	178. 55	227. 83	246. 52	359. 07
70. 95	54. 06	61. 90	72. 48	77. 47	104. 58
101. 82	82. 36	89. 81	106. 87	99. 73	111. 02

13-18 续表

指　　标		Item	
烟　酒	**(元/人)**	**Tobacco and Liquor**	**(yuan/person)**
烟　草	(元/人)	Tobacco	(yuan/person)
酒　类	(元/人)	Liquor	(yuan/person)
饮　料	(元/人)	Beverage	(yuan/person)
饮食服务	(元/人)	Catering Service	(yuan/person)
食堂用餐	(元/人)	Dining in Canteen	(yuan/person)
其他在外饮食	(元/人)	Dining Outside	(yuan/person)
食品加工服务费	(元/人)	Food Processing Service Fee	(yuan/person)
衣　着	**(元/人)**	**Clothing**	**(yuan/person)**
衣　类	(元/人)	Garments	(yuan/person)
鞋　类	(元/人)	Shoes	(yuan/person)
居　住	**(元/人)**	**Residence**	**(yuan/person)**
租赁房房租	(元/人)	House Rent	(yuan/person)
住房维修及管理	(元/人)	Housing Maintenance and Management	(yuan/person)
水电燃料及其他	(元/人)	Water, Electricity, Fuel and Others	(yuan/person)
自有住房折算租金	(元/人)	Imputed Rent for Private Housing	(yuan/person)
生活用品及服务	**(元/人)**	**Articles for Daily Use and Services**	**(yuan/person)**
家具及室内装饰品	(元/人)	Furniture and Upholstery	(yuan/person)
家用器具	(元/人)	Household Appliance	(yuan/person)
家用纺织品	(元/人)	HouseholdTextile	(yuan/person)
家庭日用杂品	(元/人)	Daily Household Articles	(yuan/person)
个人用品	(元/人)	Individual Articles	(yuan/person)
家庭服务	(元/人)	Family Services	(yuan/person)
#家政服务	(元/人)	Household Services	(yuan/person)
交通和通讯	**(元/人)**	**Transportation and Communications**	**(yuan/person)**
交　通	(元/人)	Transportation	(yuan/person)
通　信	(元/人)	Communication	(yuan/person)
教育文化娱乐	**(元/人)**	**Education, Culture and Recreational Services**	**(yuan/person)**
教　育	(元/人)	Culture and Recreational Articles	(yuan/person)
文化娱乐	(元/人)	Education	(yuan/person)
医疗保健	**(元/人)**	**MedicalCare**	**(yuan/person)**
医疗器具及药品	(元/人)	MedicalApparatus and Medicine	(yuan/person)
医疗服务	(元/人)	Medical Services	(yuan/person)
其它商品和服务	**(元/人)**	**Other Goods and Services**	**(yuan/person)**
其它用品	(元/人)	Other Goods	(yuan/person)
其他服务	(元/人)	Other Services	(yuan/person)

(continued)

合 计 Total	低 20% Low Income Households20%	较低 20% Lower Middle Income Households20%	中间 20% Middle Income Households20%	较高 20% Upper Middle Income Households20%	高 20% High Income Households20%
571. 30	**306. 89**	**462. 07**	**438. 17**	**707. 17**	**1067. 82**
466. 01	244. 87	382. 03	348. 29	568. 73	893. 46
105. 29	62. 02	80. 04	89. 88	138. 44	174. 36
62. 82	37. 46	49. 69	66. 33	78. 88	88. 27
328. 10	213. 30	183. 83	279. 99	355. 42	729. 67
16. 33	7. 80	11. 14	12. 54	26. 79	14. 29
305. 14	202. 38	168. 06	255. 14	323. 23	707. 44
6. 63	3. 12	4. 63	12. 30	5. 39	7. 95
829. 73	**626. 47**	**651. 05**	**771. 98**	**847. 58**	**1344. 92**
608. 76	447. 58	476. 64	570. 72	622. 21	1038. 06
220. 97	178. 90	174. 41	201. 26	225. 37	306. 86
3443. 14	**2624. 33**	**3040. 43**	**2782. 06**	**3032. 86**	**5981. 35**
86. 64	11. 81	71. 16	34. 80	159. 06	140. 14
430. 14	108. 40	382. 29	469. 16	223. 51	1181. 98
624. 72	494. 18	510. 66	586. 82	666. 90	912. 18
2301. 65	2009. 95	2076. 33	1691. 27	1983. 39	3747. 04
779. 39	**515. 10**	**606. 14**	**824. 68**	**891. 45**	**1161. 64**
113. 65	40. 80	69. 05	109. 36	132. 70	227. 12
183. 24	165. 98	143. 41	172. 27	224. 46	212. 72
82. 30	34. 72	51. 58	134. 36	70. 27	122. 53
227. 35	159. 65	195. 13	229. 48	270. 00	299. 95
147. 61	104. 08	133. 12	162. 76	170. 81	200. 76
25. 24	9. 87	13. 85	16. 45	23. 20	98. 55
13. 09	1. 67	2. 41	0. 15	8. 23	89. 26
2775. 41	**1189. 81**	**1664. 32**	**2192. 61**	**2895. 65**	**6047. 53**
2200. 03	772. 41	1188. 16	1732. 06	2178. 32	5175. 89
575. 38	417. 40	476. 17	460. 55	717. 33	871. 64
1110. 15	**929. 64**	**1109. 26**	**1048. 78**	**1038. 13**	**1526. 62**
786. 12	696. 74	861. 05	825. 24	646. 28	879. 83
324. 03	232. 90	248. 21	223. 54	391. 85	646. 79
918. 94	**1186. 77**	**905. 41**	**824. 26**	**1397. 60**	**1521. 32**
202. 17	208. 29	256. 42	221. 28	183. 19	454. 73
716. 77	978. 48	648. 98	602. 99	1214. 42	1066. 59
187. 67	**160. 77**	**219. 09**	**158. 41**	**195. 70**	**266. 29**
114. 80	99. 79	138. 39	106. 05	134. 30	144. 34
72. 87	60. 99	80. 70	52. 37	61. 40	121. 95

13-19 各区(市、县)城镇常住居民人均可支配收入及消费性支出

Per Capita Annual Disposable Income and Per Capita Consumption Expenditure of Permanent Urban Households by District (City, County)

单位:元 (yuan)

区(市、县)名称	District (City, County)	城镇常住居民人均可支配收入 Per Capita Disposable Income of Permanent Urban Residents				城镇居民人均消费性支出 Per Capita Consumption Expenditure of Urban Residents			
		2018	2017	2018年比2017年增长(%) Growth Rate in 2018 over 2017(%)	扣价增速(%) Growth Rate of Discount (%)	2018	2017	2018年比2017年增长(%) Growth Rate in 2018 over 2017 (%)	扣价增速(%) Growth Rate of Discount (%)
南明区	Nanming	35740	32895	8.6	6.8	33312	31400	6.1	4.3
云岩区	Yunyan	35809	32959	8.6	6.8	27808	27844	-0.1	-1.8
花溪区	Huaxi	34462	31559	9.2	7.4	24677	20717	19.1	17.1
乌当区	Wudang	34285	31420	9.1	7.3	30352	29072	4.4	2.7
白云区	Baiyun	34358	31507	9.0	7.2	32188	25514	26.2	24.0
观山湖区	Guanshanhu	34601	31657	9.3	7.5	31508	30591	3.0	1.3
开阳县	Kaiyang	34457	31482	9.4	7.6	19441	15817	22.9	20.9
息烽县	Xifeng	33067	30185	9.5	7.7	18572	18769	-1.0	-2.7
修文县	Xiuwen	34197	31302	9.2	7.4	27517	25642	7.3	5.5
清镇市	Qingzhen	34276	31317	9.4	7.6	20453	17137	19.4	17.4

13-20 各区(市、县)农村常住居民人均可支配收入及生活消费支出

Per Capita Annual Disposal Income and Per Capita Consumption Expenditure of Permanent Rural Residents by District (City, County)

单位:元 (yuan)

区(市、县)名称	District (City, County)	农村常住居民人均可支配收入 Per Capita Annual Net Income of Permanent Rural Residents				农民人均生活消费支出 Per Capita Consumption Expenditure of Rural Residents			
		2018	2017	2018年比2017年增长(%) Growth Rate in 2018 over 2017(%)	扣价增速(%) Growth Rate of Discount (%)	2018	2017	2018年比2017年增长(%) Growth Rate in 2018 over 2017 (%)	扣价增速(%) Growth Rate of Discount (%)
南明区	Nanming	-	16434	-	-	-	22691	-	-
云岩区	Yunyan	-	16520	-	-	-	17976	-	-
花溪区	Huaxi	16211	14782	9.7	8.2	15529	14172	9.6	8.1
乌当区	Wudang	17062	15574	9.6	8.0	17051	15209	12.1	10.6
白云区	Baiyun	18071	16511	9.5	7.9	15379	16501	-6.8	-8.1
观山湖区	Guanshanhu	17091	15730	8.7	7.2	15523	15524	0.0	-1.4
开阳县	Kaiyang	15032	13640	10.2	8.7	9569	7872	21.6	19.9
息烽县	Xifeng	14393	13089	10.0	8.4	10359	8907	16.3	14.7
修文县	Xiuwen	14441	13130	10.0	8.5	13624	13220	3.1	1.6
清镇市	Qingzhen	15281	13885	10.1	8.5	11595	10559	9.8	8.3

注:新样本轮换周期,南明区和云岩区已没有农村调查点。

a) There is no rural survey site in Nanming and Yunyan districts as a result of the new sample rotation.

主要统计指标解释

商品零售价格指数 是反映城乡商品零售价格变动趋势的一种经济指数。零售物价的变动直接反映城乡居民的生活支出和国家的财政收入,反映居民购买力和市场供需平衡,反映消费与积累的比例。

居民消费价格指数 是反映一定时期内城乡居民所购买的生活消费品价格和服务项目价格变动趋势和程度的相对数,是对城市居民消费价格指数和农村居民消费价格指数进行综合汇总计算的结果。

可支配收入 指调查户在调查期内获得的、可用于最终消费支出和储蓄的总和,即调查户可以用来自由支配的收入。可支配收入既包括现金,也包括实物收入。按照收入的来源,可支配收入包含五项,分别为:工资性收入、经营净收入、财产净收入、转移净收入和自有住房折算净租金。计算公式为:

可支配收入 = 工资性收入 + 经营净收入 + 财产净收入 + 转移净收入 + 自有住房折算净租金

其中:经营净收入 = 经营收入 - 经营费用 - 生产性固定资产折旧- 生产税净额(生产税-生产补贴)

财产净收入 = 财产性收入 - 财产性支出

转移净收入 = 转移性收入 - 转移性支出

工资性收入 指就业人员通过各种途径得到的全部劳动报酬和各种福利,包括受雇于单位或个人、从事各种自由职业、兼职和零星劳动得到的全部劳动报酬和福利。

经营净收入 指住户或住户成员从事生产经营活动所获得的净收入,是全部经营收入中扣除经营费用、生产性固定资产折旧和生产税净额(生产税减去生产补贴)之后得到的净收入。计算公式具体为:

经营净收入 = 经营收入 - 经营费用 - 生产性固定资产折旧- 生产税净额(生产税-生产补贴)

财产净收入 指住户或住户成员将其所拥有的金融资产和自然资源交由其他机构单位、住户或个人支配而获得的回报并扣除相关的费用之后得到的净收入。财产净收入包括利息净收入、红利收入、储蓄性保险净收益和转让承包土地经营权租金净收入等。

财产净收入不包括将非金融资产(如住房、生产经营用房、机械设备、专利、专有技术、商标商誉等)交由其他机构单位、住户或个人支配而获得的回报,这应该计入经营净收入。财产净收入也不包括转让资产所有权的溢价所得,这应该计入“非收入所得”。

转移性收入 指国家、单位、社会团体对住户的各种经常性转移支付和住户之间的经常性收入转移。包括政府、非行政事业单位、社会团体对居民转移的养老金或退休金、社会救济和补助、政策性生活补贴、救灾款、经常性捐赠和赔偿以及报销医疗费等;住户之间的赡养收入、经常性捐赠和赔偿以及农村地区(村委会)在外(含国外)工作的本住户非常住成员寄回带回的收入等。

转移性收入不包括行政事业单位人员未缴纳任何社会保险费而获得的离退休金和报销医疗费。转移性收入不包括国家为扶持农业进行的相关生产补贴,如粮食直补、购置和更新大型农机具补贴、良种补贴、购买生产资料综合补贴、退耕还林还草补贴、畜牧业补贴等,这应视为第一产业经营活动中的生产补贴,即一种负的生产税。转移性收入不包括住户之间的实物馈赠。

自有住房折算净租金 指现住房产权为自有住房(含自建住房、自购商品房、自购房改住房、自购保障性住房、拆迁安置房、继承或获赠住房)的住户为自身消费提供住房服务的折算价值扣除缴纳的各项税费后得到的净租金。自有住房折算净租金的计算方法为:自有住房年度折算净租金=自有住房年度折算租金-购建房年度分摊成本。购建房年度分摊成本按照购建房价格以及城乡相应的年折旧率计算。

自有住房折算净租金为一种实物收入,不包括在现金可支配收入的计算中。

自有住房折算租金 指现住房为自有住房(含自建住房、自购商品房、自购保障性住房、继承或获赠住房、免费借用房)的住户为自身消费提供住房服务的折算价值。提供的住房服务价值一般等于在市场上租用同样大小、质量和类型的房屋所要支付的租金。考虑到很多地方还不存在规范和成熟的房屋租赁市场,目前自有住房折算租金采用折旧法计算。具体方法是:自有住房折算租金=自有住房市场现价估值×年折旧率(城乡不同)。

自有住房折算租金属于实物消费,不包括在现金消费支出中。

城市住户

家庭人口 指居住在一起,经济上合在一起共同生活的家庭成员。凡计算为家庭人口的成员其全部收支都包括在本家庭中。

家庭总收入 指家庭成员得到的工薪收入、经营净收入、财产性收入、转移性收入之和,不包括出售财物收入和借贷收入。

家庭总支出 指除借贷支出以外的全部家庭支出。包括消费性支出、购房建房支出、转移性支出、财产性支出、社会保障支出。

家庭消费性支出 指家庭用于日常生活的支出,包括食品、衣着、家庭设备用品及服务、医疗保健、交通和通信、教育文化娱乐服务、居住、其它商品和服务等八大类支出。

家庭服务性消费支出 指家庭用于支付社会提供的各种非商品性服务费用。

家庭收入分组方法 将所有调查户依户人均可支配收入由低到高排队,按10%,10%,20%,20%,20%,10%,10%的比例依次分成:最低收入户、低收入户、中等偏下收入户、中等收入户、中等偏上收入户、高收入户、最高收入户等七组。总体中最低5%的户为困难户。

恩格尔系数 指食物支出金额在生活消费总支出金额中所占的比例。计算公式为:

恩格尔系数=食品支出金额/生活消费总支出金额×100%

农村住户

农村住户 指农村常住户。农村常住户指长期(一年以上)居住在乡镇(不包括城关镇)行政管理区域内的住户,以及长期居住在城关镇所辖行政村范围内的农村住户。户口不在本地而在本地居住一年及以上的住户也包括在本地农村常住户范围内;有本地户口,但举家外出谋生一年以上的住户,无论是否保留承包耕地都不包括在本地农村住户范围内。

家庭常住人口 指全年经常在家或在家居住6个月以上,而且经济和生活与本户连成一体的人口。外出从业人员在外居住时间虽然在6个月以上,但收入主要带回家中,经济与本户连为一体,仍视为家庭常住人口;在家居住,生活和本户连成一体的国家职工、退休人员也为家庭常住人口。但是现役军人、中专及以上(走读生除外)的在校学生、以及常年在外(不包括探亲、看病等)且已有稳定的职业与居住场所的外出从业人员,不算家庭常住人口。家庭常住人口主要作为计算农村住户平均每人收入、消费和积累水平及分析家庭人口状况的依据。

整、半劳动力 整劳动力指男子18周岁到50周岁,女子18周岁到45周岁;半劳动力指男子16周岁到17周岁,51周岁到60周岁;女子16周岁到17周岁,46周岁到55周岁,同时具有劳动能力的人。虽然在劳动年龄之内,但已丧失劳动能力的人,不应算为劳动力;超过劳动年龄,但能经常参加劳动,计入半劳动力数内。常住人口中的职工,若这些职工为劳动力,就包括在本户的整半劳动力中。

农民人均总收入 指调查期内农村住户和住户成员从各种来源渠道得到的收入总和。按收入的性质划分为工资性收入、家庭经营收入、财产性收入和转移性收入。

现金收入 指农村住户和住户成员在调查期内得到以现金形态表现的收入。按来源分成工资性收入、家庭经营现金收入、财产性收入、转移性收入。

农民人均总支出 指农村住户用于生产、生活和再分配的全部支出。家庭经营费用支出、购置生产性固定资产支出、生产性固定资产折旧、税费支出、生活消费支出、财产性支出和转移性支出。

农民人均生活消费支出 指农民家庭用于物质生活和精神生活方面的支出。生活消费支出包括食品、衣着、居住、家庭设备用品及服务、医疗保健、交通和通讯、文教娱乐用品及服务、其他商品及服务等消费支出。

Explanatory Notes on Main Statistical Indicators

Retail Price Index reflect the trend and degree of changes in retail prices of commodities. The change and adjustment in retail prices directly reflects the living expenditure of urban and rural residents and government revenue, purchasing power of residents and the equilibrium of market supply and demand, and the ratio of consumption to accumulation.

Consumer Price Index reflect the trend and degree of changes in prices of consumer goods and services purchased by urban and rural households during a given period. They are obtained by combining Consumer Price Indices of Urban Household and Consumer Price Indices of Rural Household.

Disposable Income refers to the actual income at the disposal of members of the households which can be used for final consumption and savings, including cash and physical income. It is classified, by source of income, into income from wages and salaries, net business income, net income from properties, transfer and discount net lease from self-own house.

Disposable income = income from wages and salaries + net business income + property income + trasfer income + discount net lease from self-own house

Of which, net business income = total operation income - expenditure of operation - depreciation of productive fixed assets - net tax on production (product tax - production subsidy)

net income from properties = total income from properties- expenses on properties

net income from transfer = total income from transfer - expenses on transfers

Income from Wages and Salaries refers to the total remuneration and welfare of employee obtained through various channels, including employed by units or individuals and engaged in various freelance, part-time and sporadic labor job.

Net Businesss Income refers to net income of households or household members acquired through engaging in production and business activities. It equals to total operating income deducts operating expenses, depreciation of fixed assets for production and net taxes on production (taxes on production minus subsidies on production). The formula for calculation is as follows:

Net business income = total operation income - expenditure of operation - depreciation of productive fixed assets - net tax on production (product tax-production subsidy)

Net Income from Properties refers to rewards of households or household members gained by authorizing their financial assets and natural resoures to other institutional units, households or individuals and the net income after deducting related expenses. Property income includes interest income, dividend income, savings insurance and net rental income throuth transferring management rights of contracted land etc.

Net property income do not include the rewards gained through authorizing non-financial assets (such as housing, production and operation of buildings, machinery and equipment, patents, proprietary technology, trademarks, goodwill, etc.) to other institutional units, households or individuals. The non-financial assets should be considerd into "net business income" and rewards through transferring ownership of assets should be considered into the "non-revenue income".

Income from Transfers refers to various current transfer payment provided by countries, institutions and social organizations for households and current transfers between households, including pensions, social relief and assistance, living allowance, disaster relief, regular donations and compensation and reimbursement of medical expenses transferred to residents by government, non-administrative institutions and community groups; alimony income, regular donations and compensation and reimbursement of medical expenses between households in rural areas (village committee) as well as income sent back home by non-permanent family menbers working outside (including abroad).

Transfer income does not include pensions gained by personnel in administrative institutions who did not pay any social insurance and reimbursement of medical expenses. Transfer income does not include the relevant agricultural production subsidies supported by country, such as direct food subsidies, subsidies for updating and purchasing large farm machinery, seed subsidies, general subsidies for purchasing production materials, subsidies for forest and grass and livestocks, which should be regarded as production subsidy for operation of first industry, that is, a negative tax on production. Nor do material gifts between households.

Discounted net Rental of Self-owned Housing refers to net rent, that is discounted value after deducting all kinds of taxes, gained by households with self-owned housing property (including self-built housing, purchased commercial residental buliding, reformed housing and affordable housing, resettlement housing, inherited or received housing) through offering housing services for their own consumption. Calculating method of discounted net rent of self-owned housing is: discounted annual net rent of self-owned housing = discounted annual rent annual cost sharing of house purchasig or building. Annual cost-sharing of house purchasig or building is calculated on the price of house purchasig or building in accordance with the corresponding annual depreciation rate of urban and rural areas.

Discounted net rental of self-owned housing is a kind of material income and it is not in the calculation of disposable cash income.

Discounted Rental of Self-owned Housing refers to discounted value gained by households with self-owned housing property(including self-built housing, purchased commercial residental buliding, affordable housing, inherited or received housing, free of charge housing) through offering housing services for their own consumption. The value of housing services is generally equal to the rental of the same size, quality and type of housing to be paid on the market. For normal and matural housing rental market does not exist in many places, currently the discounted rental of self-owned housing is calculated with the depreciation method. The specific method is: discounted rental of self-owned housing = market price valuation ×annual depreciation rate(rural and urban areas are different).

Discounted rental of self-owned housing is kind of material consumption and it is not included in the cash consumption expenditure.

Urban Households

Population of Urban Households refer to members of households living and sharing economically together in the urban areas. All the income and expenditure of all the members of such households are included in the income and expenditure of the household.

Total Income of Urban Households refers to the sum of wage income; net business income; income from properties; and income from transfers of members of the households. Income from selling of properties and income from borrowing are not included.

Total Expenditure of Urban Households refers to all expenditure of households except expenditure on lending. It includes cash expenditure, property, transfer expenditure, social insurance expenditure and expenditure on house purchasing or house building.

Consumption Expenditure of Urban Households refers to total expenditure of households for consumption in daily life, including expenditure on the eight categories of food, clothing, housing, household appliances and services, health care and medical services, transport and communications, education, cultural and recreational services, housing as well as miscellaneous goods and services.

Consumption Expenditure of Urban Households on Services refers to expenditure of households on various kinds of non-commodity services provided by society.

Urban Households by Income Group All households in the sample are grouped, by per capita disposable income of the household, into groups of lowest income, low income, lower middle income, middle income, upper middle income, high income and highest income, each group consisting of 10%, 10%, 20%, 20%, 20%, 10% and 10% of all households respectively. The lowest 5% of households are also referred to as poor households.

Engel's Coefficient refers to the percentage of expenditure on food to the total consumption expenditure, using the following formula:

Engel′s coefficient = expenditure on food / total living consumption expenditure × 100%

Rural Households

Rural Households refer to usual resident households in rural areas. Usual resident households in rural areas are households residing on a long term basis (for more than one year) in the areas under the administration of township governments (not including county towns), and in the areas under the administration of villages in county towns. Households residing in the current addresses for over one year with their household registration in other places are still considered as resident households of the locality. For households with their household registration in one place but all members of the households having moved away to make a living in another place for over one year, they will not be included in the rural households of the area where they are registered, irrespective of whether they still keep their contracted land.

Permanent Resident Population refers to persons staying at home regularly or for over 6 months during a year and integrated with the household economically and in terms of living. Members of the household staying away from the household for over 6 months but keeping a close economic relation with the household by sending the majority of income to the household are regarded as usual resident of the household. Government staff and workers or retirees living as close members of the household are also considered as usual resident. However, servicemen, students of secondary technical schools or schools of higher education and persons with stable jobs and residence outside the household (excluding those visiting relatives or seeking medical service) are not included as resident population of the household. Resident population is used in calculating income, consumption, accumulation on per capita basis of rural households and in analyzing composition of rural households.

Full/Semi Labor Force full labor force refers to persons capable of work, aged 18−50 for males and 18−45 for females. Semi labor force refers to persons capable of work, aged 16−17 and 51−60 for males and 16−17 and 46−55 for females. Persons at their working ages but not capable of work are not to be included as labor force. Persons not at working ages but participating regularly in work are included in semi labor force. For staff and workers who are usual residents, are included as full or semi labor force of the household if they are in the labor force.

Total Income of Rural Residents refers to the sum of income earned from various sources by the rural households and their members during the reference period, and is classified as income from wages and salaries, income from household operations, income from properties and income from transfers.

Cash Income refers to income received by rural households and their members in the form of cash during the reference period. It is classified, by source of income, into income from wages and salaries, cash income from household operations, income from properties and income from transfers.

Total Expenditure refers to total expenses of rural households on production, consumption and redistribution, including expenditure on household operations, purchase of productive fixed assets, taxed and fees, consumption expenditure, expenses on properties, and expenses on transfers.

Consumption Expenditure of Rural Households refers to expenditure by rural households on their material and cultural life, including expenditure on food, clothing, housing, household appliances, articles and services, health and medical service, transportation and communications, articles and services on culture, education and recreation, and other goods and services.

Fourteen

科技、教育、文化、广播

Science and Technology, Education, Culture and Radio

14-1 各级各类学校概况(2018年)

单位:人

类　　别	Item	学校数(所) Number of Schools (unit)	毕业生 Graduates
各类学校总计	**Total**	**2223**	**404860**
研究生培养机构	Institutions Providing Postgraduate Programs	7	4764
#高等学校	Institutions of Higher Education	6	4758
普通高等学校	Regular Institutions of Higher Education	34	115114
普通高等教育	Regular Higher Education		86083
成人高等教育	Adult Higher Education		29031
中等职业教育(学校)	Secondary Vocational Education	56	38701
#普通中专	Regular Secondary Specialized Schools	26	31206
职业高中	Vocational Senior Secondary Schools	25	6759
成人中专学校	Adult Specialized Secondary Schools	5	736
普通中学	Regular Secondary Schools	322	78373
#初　中	Junior Secondary Schools	249	48634
#职业中学(初中)	Vocational Junior Secondary Schools		
#高　中	Senior Secondary Schools	73	29739
小　学	Primary Schools	538	53786
特殊教育学校	Special Education	10	289
工读学校	Schools for Juvenile Delinquents	2	260
技工学校	Technical Schools		
成人高等学校	Institutions of Higher Education for Adult	2	1184
普通高等教育	Regular Higher Education		
成人高等教育	Adult Higher Education	2	1184
职业技术培训机构	Vocational and Technical Training Institutions	279	47532
成人基础教育	Adult Basic Education		
成人小学	Adult Primary Schools		
幼儿园	Kindergarten	973	64857

注:1)每万人中在校学生数按常住半年及以上口径人口数计算;
2)技工学校为市本级数。

Basic Statistics on Schools(2018)

(person)

招　生 New Enrollment	在校生 Total Enrollment	毕业班学生 Current-year Graduates	专任教师 Full-time Teachers	每一专任教师负担学生 Number of Students for Per Full-time Teacher	每万人口中在校学生 Number of Students Per 10 000 Population
431456	**1468234**	**367187**	**79865**	**18. 4**	**3007. 5**
7132	19014	5786			38. 9
7124	18992	5780			38. 9
140003	437600	125746	20492	21. 4	896. 4
120948	378986	96406			776. 3
19055	58614	29340			120. 1
47879	126589	37879	5199	24. 3	259. 3
38201	102145	31738	2621	39. 0	209. 2
9296	22774	5674	1472	15. 5	46. 6
382	1670	467	1067	1. 6	3. 4
81987	237185	76829	18890	12. 6	485. 8
52677	149480	47436	11721	12. 8	306. 2
29310	87705	29393	7169	12. 2	179. 7
81928	398899	51670	21016	19. 0	817. 1
455	2122	519	228	9. 3	4. 3
327	327		20	16. 4	0. 7
434	4394	3901	353	12. 4	9. 0
434	4394	3901	353	12. 4	9. 0
	66543		1814	36. 7	136. 3
71311	175561	64857	11853	14. 8	359. 6

a) Total enrollment per ten thousand person is calculated on the basis of resident population for over half year;
b) Technical Schools belong to city-level.

14-2 普通高等教育(学校)基本情况(2018 年)

单位:人

类　　别	Item	学校数(所) Number of Schools (unit)
总　　计	**Total**	**34**
本科大学	**Universities with Full Undergraduate Courses**	**5**
贵州大学	Guizhou University	1
贵州医科大学	Guizhou Medcial University	1
贵州师范大学	Guizhou Normal University	1
贵州财经大学	Guizhou University of Finance and Economics	1
贵州民族大学	Guizhou Minzu University	1
本科院校	**Institutions with Full Undergraduate Courses**	**6**
贵阳中医学院	Guiyang College of Traditional Chinese Medicine	1
贵州师范学院	Guizhou Normal College	1
贵州理工学院	Guizhou Institute of Technology	1
贵阳学院	Guiyang University	1
贵州商学院	Guizhou Commercial College	1
贵州警察学院	Guizhou Police College	1
本科独立学院	**Undergraduate Independent Institutions**	**6**
贵阳中医学院时珍学院	Shizhen Institute of Guiyang College of Traditional Chinese Medicine	1
贵州大学科技学院	The College of Science and Technology of Guizhou University	1
贵州大学明德学院	Mingde College of Guizhou University	1
贵州民族大学人文科技学院	The College of Humanities Sciences of Guizhou Minzu University	1
贵州师范大学求是学院	Qiushi College of Guizhou Normal College	1
贵州医科大学神奇民族医药学院	ShenQi Ethnic Medicine College of Guizhou Medical University	1
专科院校(高等专科学校)	**Non-university Tertiary(Junior College)**	**1**
贵阳幼儿师范高等专科学校	Guiyang Preschool Education College	1
专科院校(高等职业学校)	**Non-university Tertiary(Advanced Vocational School)**	**16**
贵州交通职业技术学院	Guizhou Polytechnic College of Communications	1
贵州城市职业学院	Guizhou City Vocational College	1
贵州工业职业技术学院	Guizhou Industry Polytechnic College	1
贵州电力职业技术学院	Guizhou Power Vocational and Technical College	1
贵州轻工职业技术学院	Guizhou Light Industry Technical College	1
贵阳护理职业学院	Guiyang Nursing Vocational College	1
贵阳职业技术学院	Guiyang Vocational and Technology College	1
贵州职业技术学院	Guizhou Vocational and Technology Institute	1
贵州工商职业学院	Guizhou Technology and Business Institute	1
贵州建设职业技术学院	Guizhou Polytechnic of Construction	1
贵州农业职业学院	Guizhou Vocational College of Agriculture	1
贵州水利水电职业技术学院	Guizhou School of Water Conservancy and Electric Power	1
贵州电子商务职业技术学院	Guizhou Electronic Commerce Vocational College	1
贵州装备制造职业学院	Guizhou Equipment Manufacturing Vocational College	1
贵州食品工程职业学院	Guizhou Vocational College of Foodstuff Engineering	1
贵州航空职业技术学院	Guizhou Aerospace Vocational and Technical College	1

Basic Statistics on Regular Higher Education(Schools)(2018)

(person)

毕业生 Graduates	普通高等教育 Regular Higher Education	成人高等教育 Adult Higher Education	招　生 New Enrollment	普通高等教育 Regular Higher Education	成人高等教育 Adult Higher Education
115114	**86083**	**29031**	**140003**	**120948**	**19055**
46705	**25560**	**21145**	**43041**	**29239**	**13802**
12480	7315	5165	9971	8740	1231
6552	3980	2572	9865	5007	4858
12999	5576	7423	10467	7172	3295
6362	4864	1498	8153	4515	3638
8312	3825	4487	4585	3805	780
22123	**16065**	**6058**	**24332**	**20413**	**3919**
2653	2339	314	5028	4697	331
5531	3004	2527	4931	3882	1049
2774	2774		3310	2919	391
4330	3545	785	4187	3903	284
1630	1630		1479	1479	
5205	2773	2432	5397	3533	1864
9901	**9901**		**15901**	**15901**	
962	962				
1529	1529		2611	2611	
1740	1740		2891	2891	
1702	1702		4623	4623	
2338	2338		3398	3398	
1630	1630		2378	2378	
2569	**2162**	**407**	**2137**	**2137**	
2569	2162	407	2137	2137	
33816	**32395**	**1421**	**54592**	**53258**	**1334**
3561	3561		4723	4723	
4434	4434		5508	5508	
3398	3313	85	4273	4273	
753	653	100	22		22
4407	4407		4085	4085	
1814	1814		2505	2475	30
4344	4067	277	5182	4003	1179
2448	2448		4177	4177	
4729	4729		6227	6227	
2547	2547		3607	3607	
422	422		2497	2497	
			3948	3948	
			2750	2750	
			1899	1899	
			1010	1010	
959		959	2179	2076	103

14-2 续表

单位:人

类　　别	Item	在校生 Total Enrollment
总　　计	**Total**	**437600**
本科大学	**Universities with Full Undergraduate Courses**	**156221**
贵州大学	Guizhou University	42514
贵州医科大学	Guizhou Medcial University	25820
贵州师范大学	Guizhou Normal University	36635
贵州财经大学	Guizhou University of Finance and Economics	29402
贵州民族大学	Guizhou Minzu University	21850
本科院校	**Institutions with Full Undergraduate Courses**	**79066**
贵阳中医学院	Guiyang College of Traditional Chinese Medicine	14795
贵州师范学院	Guizhou Normal College	16637
贵州理工学院	Guizhou Institute of Technology	12144
贵阳学院	Guiyang University	12014
贵州商学院	Guizhou Commercial College	4504
贵州警察学院	Guizhou Police College	18972
本科独立学院	**Undergraduate Independent Institutions**	**53622**
贵阳中医学院时珍学院	Shizhen Institute of Guiyang College of Traditional Chinese Medicine	2678
贵州大学科技学院	The College of Science and Technology of Guizhou University	9051
贵州大学明德学院	Mingde College of Guizhou University	9839
贵州民族大学人文科技学院	The College of Humanities Sciences of Guizhou Minzu University	13870
贵州师范大学求是学院	Qiushi College of Guizhou Normal College	11704
贵州医科大学神奇民族医药学院	ShenQi Ethnic Medicine College of Guizhou Medical University	6480
专科院校(高等专科学校)	**Non-university Tertiary(Junior College)**	**7327**
贵阳幼儿师范高等专科学校	Guiyang Preschool Education College	7327
专科院校(高等职业学校)	**Non-university Tertiary(Advanced Vocational School)**	**141364**
贵州交通职业技术学院	Guizhou Polytechnic College of Communications	15189
贵州城市职业学院	Guizhou City Vocational College	15566
贵州工业职业技术学院	Guizhou Industry Polytechnic College	12652
贵州电力职业技术学院	Guizhou Power Vocational and Technical College	1290
贵州轻工职业技术学院	Guizhou Light Industry Technical College	11023
贵阳护理职业学院	Guiyang Nursing Vocational College	7542
贵阳职业技术学院	Guiyang Vocational and Technology College	12627
贵州职业技术学院	Guizhou Vocational and Technology Institute	11323
贵州工商职业学院	Guizhou Technology and Business Institute	16505
贵州建设职业技术学院	Guizhou Polytechnic of Construction	10611
贵州农业职业学院	Guizhou Vocational College of Agriculture	4904
贵州水利水电职业技术学院	Guizhou School of Water Conservancy and Electric Power	6772
贵州电子商务职业技术学院	Guizhou Electronic Commerce Vocational College	5101
贵州装备制造职业学院	Guizhou Equipment Manufacturing Vocational College	2509
贵州食品工程职业学院	Guizhou Vocational College of Foodstuff Engineering	1536
贵州航空职业技术学院	Guizhou Aerospace Vocational and Technical College	6214

(continued)

(person)

		毕业班学生 Current Graduates			教职工 Teachers and Staff	
普通高等教育 Regular Higher Education	成人高等教育 Adult Higher Education		普通高等教育 Regular Higher Education	成人高等教育 Adult Higher Education		#专任教师 Full-time Teachers
378986	**58614**	**125746**	**96406**	**29340**	**28880**	**20492**
115495	**40726**	**47589**	**26774**	**20815**	**11969**	**7957**
32431	10083	13737	7843	5894	3836	2395
19377	6443	5310	3725	1585	1670	1230
24026	12609	14408	5632	8776	2587	1804
20816	8586	8241	5624	2617	2223	1302
18845	3005	5893	3950	1943	1653	1226
66847	**12219**	**20231**	**15342**	**4889**	**5254**	**3770**
14196	599	2779	2511	268	1340	1010
13273	3364	5119	2804	2315	1097	726
11471	673	3073	2875	198	835	570
11597	417	2955	2822	133	677	482
4504		1511	1511		400	284
11806	7166	4794	2819	1975	905	698
53622		**9753**	**9753**		**2803**	**1999**
2678		1129	1129		341	285
9051		1610	1610		190	76
9839		1587	1587		337	253
13870		1764	1764		722	545
11704		2364	2364		691	533
6480		1299	1299		522	307
6324	**1003**	**3280**	**2965**	**315**	**369**	**257**
6324	1003	3280	2965	315	369	257
136698	**4666**	**44893**	**41572**	**3321**	**8485**	**6509**
15189		5786	5786		745	616
15566		5253	5253		773	686
12640	12	4962	4954	8	732	650
1165	125	741	645	96	179	99
11023		3829	3829		906	751
7512	30	2736	2736		369	283
10955	1672	4500	4007	493	649	481
11323		3622	3622		501	360
16505		4782	4782		926	645
10611		4305	4305		550	455
4904		342	342		409	294
6772		562	562		392	272
5101		479	479		442	286
2509					266	206
1536					210	151
3387	2827	2994	270	2724	436	274

14-3 高等教育研究生及本科分科学生数(2018年)
Number of Undergraduate and Postgraduate Students in Institutions of Higher Education by Field of Study(2018)

单位:人 (person)

指标	Item	毕业生 Graduates		招生 New Enrollment		在校生 Total Enrollment		毕业班学生 Current Graduates	
		研究生以上学历 Master's Degree above	本科 Undergraduate Students	研究生以上学历 Master's Degree above	本科 Undergraduate Students	研究生以上学历 Master's Degree above	本科 Undergraduate Students	研究生以上学历 Master's Degree above	本科 Undergraduate Students
总计	**Total**	**4764**	**58846**	**7132**	**75546**	**19014**	**255953**	**5786**	**59703**
哲学	Philosophy	41	42	40	51	129	185	45	48
经济学	Economics	191	2514	231	2985	667	11156	219	2523
法学	Law	557	3747	846	4269	2259	13704	649	3139
教育学	Education	442	4168	743	5254	1562	15903	590	4396
文学	Literature	200	6399	269	6706	737	24211	234	5591
历史学	History	37	353	40	405	127	1521	52	329
理学	Science	435	4834	620	4832	1828	17954	600	4579
工学	Engineering	923	12179	1271	16147	3441	56296	1035	12655
农学	Agriculture	250	1150	488	1304	1342	4684	359	1030
医学	Medicine	851	9662	1106	14259	3001	40131	933	8952
管理学	Management	674	10211	1177	14572	3187	51814	861	12163
艺术学	Arts	163	3587	301	4762	734	18394	209	4298

14-4 高等教育专科分科学生数(2018年)
Number of Students in Junior College by Field of Study(2018)

单位:人 (person)

指标	Item	毕业生 Graduates	招生 New Enrollment	在校生 Total Enrollment	毕业班学生 Current Graduates
总计	**Total**	**57452**	**64891**	**186041**	**69944**
农林牧渔	Agriculture, Forestry, Animal Husbandry and Fishery	460	1396	3355	493
交通运输	Communication and Transportation	1004	1639	4221	1424
生化与药品	Biochemistry and Drugs	607	941	2675	734
资源开发与测绘	Exploiture of Resources & Surveying and Mapping	8123	9154	26801	10411
材料与能源	Materials and Sources of Energy	195	751	1726	394
土建	Civil Construction	3119	5625	14038	4873
水利	Water Conservancy	370	275	847	351
制造	Manufacturing		38	117	43
电子信息	Electronic Information	797	1924	4233	1006
环保、气象与安全	Environmental Protection, Meteorology and Security	4455	6131	16695	5901
轻纺食品	Textile and Food	2969	5311	14619	4940
财经	Finance and Economics	5617	4982	16942	6795
医药卫生	Medicine and Health	12158	14877	39106	12447
旅游	Tourism	1573	2611	6668	2599
公共事业	Public Service	2270	2836	7025	2309
文化教育	Culture and Education	122	142	423	133
艺术设计传媒	Art Design and Media	9094	4433	18518	10785
公安	Public Security	1857	759	3560	1600
法律	Law	2662	1066	4472	2706

14-5 研究生基本情况(2018 年)
Statistics on Postgraduates(2018)

类别	Item	学校数(所) Number of Schools (unit)	毕业生 Graduates			招生 New Enrollment			在校生 Total Enrollment			毕业班学生 Current Graduates		
				博士 Doctor	硕士 Master		博士 Doctor	硕士 Master		博士 Doctor	硕士 Master		博士 Doctor	硕士 Master
高等院校小计	**Institutions of Higher Education**	**7**	**4764**	**110**	**4654**	**7132**	**280**	**6852**	**19014**	**913**	**18101**	**5786**	**380**	**5406**
贵州大学	Guizhou University	1	2387	89	2298	3571	159	3412	9852	592	9260	2907	301	2606
贵州医科大学	Guiyang Medical University	1	590	19	571	721	51	670	2041	123	1918	663	42	621
贵阳中医学院	Guiyang College of Traditional Chinese Medicine	1	260		260	410		410	1055		1055	297		297
贵州师范大学	Guizhou Normal University	1	849	2	847	1318	49	1269	3060	146	2914	1034	29	1005
贵州财经大学	Guizhou University of Finance and Economics	1	444		444	643		643	1796		1796	551		551
贵州民族大学	Guizhou Minzu University	1	228		228	461	21	440	1188	52	1136	328	8	320
中国航天科工集团第十研究院	The 10th Academy of China Aerospace Science&Industry Corportation	1	6		6	8		8	22		22	6		6

14-6 职业技术培训机构基本情况(2018 年)
Basic Statistics on Vocational Training Institutions(2018)

单位:人 (person)

类别	Item	学校数(所) Number of Schools (unit)	教学班(点)(个) Number of Classes (unit)	毕业生 Graduates	在校生 Total Enrollment	教职工 Teachers and Staff	#专任教师 Full-time Teachers	聘请校外教师 Teachers Engaged from Other Schools
总计	**Total**	**279**	**2647**	**47532**	**66543**	**2889**	**1814**	**472**
职工技术培训学校(机构)	**Vocational/Technical Training School(Institutions)**							
其他部门办	Run by Non-ed. Dept.							
农村成人文化技术培训学校(机构)	**Technical Training Schools/ Institutions for Peasants**	**66**	**66**	**10379**	**10390**	**13**	**9**	**103**
教育部门办	**Run by Education Departments**	**66**	**66**	**10379**	**10390**	**13**	**9**	**103**
县办	Run by Counties							
乡办	Run by Townships	14	14	3499	3449	10	9	72
村办	Run by Villages	52	52	6880	6941	3		31
其他培训机构(含社会培训构)	**Others(Including Social Training Institutions)**	**213**	**2581**	**37153**	**56153**	**2876**	**1805**	**369**
民办	Run by Private Institutions	213	2581	37153	56153	2876	1805	369

14-7 中等职业教育(学校)基本情况(2018年)

单位:人

类　别	Item	毕业生 Graduates	#普通中专 Regular Secondary Specialized Schools
总　计	**Total**	**38701**	**31206**
#女	Female Students	21059	17604
按类别划分	**By Field of Study**		
农林牧渔	Agriculture, Forestry, Animal Husbandry and Fishery	1010	867
资源环境	Resources and Environment	67	67
能源与新能源	Energy and New Energy	275	275
土木水利	Civil and Hydraulic Engineering	4335	3906
加工制造	Manufacturing	2931	2189
石油化工	Petroleum and Chemical	123	123
轻纺食品	Textile and Food	168	85
交通运输	Transport	5271	4140
信息技术	Information Technology	4181	1806
医药卫生	Medicine and Health	7274	6732
休闲保健	Leisure and Health	383	335
财经商贸	Finance and Trade	3827	3060
旅游服务	Tourism Services	2064	1341
文化艺术	Culture and Arts	185	185
体育与健身	Sports and Fitness	173	173
教　育	Education	4842	4494
司法服务	Justice Services	89	64
公共管理与服务	Public Management and Services	624	578
其　他	Others	879	786

注:中等职业教育学校共56所,其中普通中专26所,职业高中24所,成人中专6所。

Statistics on Secondary Vocational Education (2018)

(person)

		招 生 New Enrollment			
职业高中 Vocational Senior Secondary Schools	成人中专 Adult Specialized Secondary Schools		#普通中专 Regular Specialized Secondary Schools	职业高中 Vocational Senior Secondary Schools	成人中专 Adult Specialized Secondary Schools
6759	**736**	**47879**	**38201**	**9296**	**382**
3174	281	22210	18250	3823	137
	143	877	624		253
		24	24		
		101	101		
429		4897	4330	567	
411	331	1811	1649	162	
		40	40		
21	62	72	52	20	
1131		11528	8134	3394	
2348	27	4639	3041	1598	
542		6120	4854	1266	
29	19	622	519	103	
706	61	4074	3234	711	129
723		2677	2185	492	
		707	667	40	
		238	238		
348		6719	5776	943	
25					
46					
	93	2733	2733		

a) There are 56 secondary vocational schools including 26 regular specialized secondary schools, 24 vocationgal senior secondary schools, and 6 adult specialized secondary schools.

14-7 续表

单位:人

类别	Item	在校生 Total Enrollment	#普通中专 Regular Secondary Specialized Schools	职业高中 Vocational Senior Secondary Schools	成人中专 Adult Specialized Secondary Schools
总计	**Total**	**126589**	**102145**	**22774**	**1670**
#女	Female Students	61865	51717	9525	623
#文化基础课	Cultural Basic Courses				
#实习指导课	Internship Tutorials				
按类别划分	**By Field of Study**				
农林牧渔	Agriculture, Forestry, Animal Husbandry and Fishery	2966	1741		1225
资源环境	Resources and Environment	113	113		
能源与新能源	Energy and New Energy	434	434		
土木水利	Civil and Hydraulic Engineering	12836	11269	1567	
加工制造	Manufacturing	6387	5497	882	8
石油化工	Petroleum and Chemical	104	104		
轻纺食品	Textile and Food	273	233	40	
交通运输	Transport	22031	16529	5502	
信息技术	Information Technology	12884	7608	5276	
医药卫生	Medicine and Health	18835	15750	3085	
休闲保健	Leisure and Health	1538	1227	311	
财经商贸	Finance and Trade	12621	10153	2031	437
旅游服务	Tourism Services	8459	6520	1939	
文化艺术	Culture and Art	1345	1237	108	
体育与健身	Sports and Fitness	598	598		
教育	Education	19164	17282	1882	
司法服务	Justice Services	90	64	26	
公共管理与服务	Public Management and Services	650	525	125	
其他	Others	5261	5261		

注:专任教师总计中包括其他机构教师。

(continued)

(person)

毕业班学生 Current-year Graduates	#普通中专 Regular Specialized Secondary Schools	职业高中 Vocational Senior Secondary Schools	成人中专 Adult Specialized Secondary Schools	专任教师 Full-time Teachers	#普通中专 Regular Specialized Secondary Schools	职业高中 Vocational Senior Secondary Schools	成人中专 Adult Specialized Secondary Schools
37879	**31738**	**5674**	**467**	**5199**	**2621**	**1472**	**1067**
14806	12177	2435	194	2816	1620	763	408
				1639	745	453	413
				195	32	35	128
745	437		308	243	83		160
52	52			25			25
227	227			23			23
3886	3471	415		280	220	29	31
2266	1904	354	8	175	111	49	15
32	32			17	13	4	
80	80			17	8	9	
4800	4059	741		388	138	213	37
3951	2335	1616		437	208	184	45
4974	4340	634		472	315	153	4
424	347	77		25	22	3	
4511	3557	803	151	277	215	42	20
2730	2256	474		233	127	97	9
307	249	58		148	106	29	13
147	147			128	76	40	1
6311	5853	458		267	145	83	39
64	64			34	11	17	6
569	525	44		54	11	22	21
1803	1803			122	35	10	77

a) Full-time teachers here include teachers from other institutions.

14-8 普通中学基本情况(2018 年)

单位:人

类别	Item	学校数(所) Number of Schools (unit)	初中 Junior Secondary Schools
总计	**Total**	**322**	**116**
#女	Female Students		
教育部门和集体办	Run by Education Departments and Collectives	177	103
民办	Run by Private Institutions	141	13
其他部门办	Run by Other Departments	2	
城区合计	**Cities**	**226**	**64**
教育部门和集体办	Run by Education Departments and Collectives	99	52
民办	Run by Private Institutions	124	12
其他部门办	Run by Other Departments	1	
镇区合计	**Counties and Towns**	**66**	**37**
教育部门和集体办	Run by Education Departments and Collectives	53	37
民办	Run by Private Institutions	12	
其他部门办	Other Departments in Running Schools	1	
乡村合计	**Rural**	**30**	**15**
教育部门和集体办	Run by Education Departments and Collectives	25	14
民办	Run by Private Institutions	5	1
其他部门办	Run by Other Departments		

注:学生数不含十二年一贯制学校的小学生人数。

14-8 续表

单位:人

类别	Item	招生 New Enrollment	
		初中 Junior Secondary Schools	高中 Senior Secondary Schools
总计	**Total**	**52677**	**29310**
#女	Female Students	24708	15204
教育部门和集体办	Run by Education Departments and Collectives	40164	21083
民办	Run by Private Institutions	12369	7483
其他部门办	Run by Other Departments	100	333
城区合计	**Cities**	**35731**	**21380**
教育部门和集体办	Run by Education Departments and Collectives	24952	16305
民办	Run by Private Institutions	10718	4664
其他部门办	Run by Other Departments	17	
镇区合计	**Counties and Towns**	**13971**	**7355**
教育部门和集体办	Run by Education Departments and Collectives	12429	4778
民办	Run by Private Institutions	1459	2244
其他部门办	Run by Other Departments	83	333
乡村合计	**Rural**	**2975**	**575**
教育部门和集体办	Run by Education Departments and Collectives	2783	
民办	Run by Private Institutions	192	575
其他部门办	Run by Other Departments		

Regular Secondary Schools(2018)

(person)

					毕业生 Graduates	
高　中 Senior Secondary Schools	完全中学 Six-grades Secondary Schools	职业初中 Vocational Junior Secondary Schools	九年一贯制学校 9-Year Schools	十二年一贯制学校 12-Year Schools	初　中 Junior Secondary Schools	高　中 Senior Secondary Schools
25	**29**		**133**	**19**	**48634**	**29739**
					22627	16018
22	15		32	5	36468	24587
2	13		100	13	11873	5089
	1			1	236	63
21	**20**		**108**	**13**	**33655**	**21530**
18	11		15	3	22563	18127
2	8		92	10	10965	3403
	1				70	
4	**9**		**11**	**5**	**12072**	**8007**
4	4		6	2	11156	6460
	5		5	2	750	1484
				1	166	63
			14	**1**	**2907**	**202**
			11		2749	
			3	1	158	202

a) Number of students exclude pupils in Twelve-year Education Schools.

(continued)

(person)

在校生 Total Enrollment		毕业班学生 Current Graduates		教职工 Teachers and Staff	
初　中 Junior Secondary Schools	高　中 Senior Secondary Schools	初　中 Junior Secondary Schools	高　中 Senior Secondary Schools		#专任教师 Full-time Teachers
149480	**87705**	**47436**	**29393**	**24983**	**22132**
70218	46294	22459	15636	15381	13817
114958	66316	36572	22938	16850	15685
33929	19409	10602	5880	7707	6137
478	594	227	103	127	114
103432	**65008**	**33227**	**21555**	**17893**	**16042**
73154	51162	23536	17338	11148	10740
30081	12460	9615	3745	6409	5075
82		41		37	31
38059	**21471**	**11661**	**7519**	**5741**	**4954**
34296	15154	10647	5600	4601	4044
3367	5723	828	1816	1050	827
396	594	186	103	90	83
7989	**1226**	**2548**	**319**	**1349**	**1136**
7508		2389		1101	901
481	1226	159	319	248	235

14-9 小学基本情况(2018 年)
Statistics on Primary Schools(2018)

单位:人 (person)

类别	Item	学校数(所) Number of Schools (unit)	#独立设置少数民族学校 Independent Primary Schools for Minorities	其它机构(教学点) Others Insitutions	毕业生 Graduates	招生 New Enrollment	在校生 Total Enrollment	毕业班学生 Current Graduates	教职工 Teachers and Staff	#专任教师 Full-time Teachers
总计	**Total**	**538**	**15**	**76**	**53786**	**81928**	**398899**	**51670**	**19094**	**17774**
#女	Female Students				25193	38091	186722	23968	14181	13369
教育部门和集体办	Run by Education Departments and Collectives	452	14	76	43188	68576	334630	43062	16927	16151
民办	Run by Private Institutions	86	1		10455	13150	63078	8418	2167	1623
其他部门办	Run by Other Departments				81	85	407	55		
城区合计	**Cities**	**277**	**4**	**1**	**37138**	**54507**	**266834**	**35882**	**12076**	**11401**
教育部门和集体办	Run by Education Departments and Collectives	194	3	1	27010	42288	206992	27769	10059	9870
民办	Run by Private Institutions	83	1		10066	12102	59058	7978	2017	1531
其他部门办	Run by Other Departments									
镇区合计	**Counties and Towns**	**77**		**1**	**10301**	**16700**	**80629**	**10036**	**3903**	**3510**
教育部门和集体办	Run by Education Departments and Collectives	75		1	9946	15792	77172	9667	3766	3428
民办	Run by Private Institutions	2			274	823	3050	314	137	82
其他部门办	Run by Other Departments				81	85	407	55		
乡村合计	**Rural**	**184**	**11**	**74**	**6347**	**10721**	**51436**	**5752**	**3115**	**2863**
教育部门和集体办	Run by Education Departments and Collectives	183	11	74	6232	10496	50466	5626	3102	2853
民办	Run by Private Institutions	1			115	225	970	126	13	10
其他部门办	Run by Other Departments									

14-10 特殊教育基本情况(2018 年)
Statistics on Special Education Schools(2018)

单位:人 (person)

类别	Item	班数(个) Number of Classes (unit)	毕业生 Graduates	招生 New Enrollment	在校生 Total Enrollment	教职工 Teachers and Staff	#专任教师 Full-time Teachers
总计	**Total**	**150**	**289**	**455**	**2122**	**275**	**228**
#女	Female		113	163	839	202	179
按特殊教育分	**Disability Classification**						
视力残疾	Visual Deficiency	12	35	42	160		
听力残疾	Hearing Disability	35	91	126	428		
智力残疾	Mental Dificiency	84	100	160	949		
其他残疾	Other Disability	19	63	127	585		
按地域分	**Classification by Region**						
城市	Cities	108	205	294	1341	199	165
镇区	Towns	42	72	130	592	76	63
农村	Rural		12	31	189		

注:特殊学校数全市合计 10 所,其中弱智学校 4 所,其他学校 6 所。
a) There are 10 special education schools altogether including 4 mental deficiency schools and 6 others.

14-11 成人高等学校基本情况(2018 年)
Statistics on Institutions of Adult Higher Education(2018)

单位:人 (person)

类别	Item	学校数(所) Number of Schools (unit)	毕业生 Graduates	普通高等教育 Regular Higher Education	成人高等教育 Adult Higher Education	招生 New Enrollment	普通高等教育 Regular Higher Education	成人高等教育 Adult Higher Education
总计	**Total**	**2**	**1184**		**1184**	**434**		**434**
贵州广播电视大学	Guizhou Radio&TV University	1	1156		1156	429		429
贵州铝厂职工大学	Guizhou Aluminum Plant University for Employees	1	28		28	5		5

14-11 续表 (continued)

单位:人 (person)

类别	Item	在校生 Total Enrollment	普通高等教育 Regular Higher Education	成人高等教育 Adult Higher Education	毕业班学生 Current-year Graduates	普通高等教育 Regular Higher Education	成人高等教育 Adult Higher Education	教职工 Teachers and Staff	#专任教师 Full-time Teachers
总计	**Total**	**4394**		**4394**	**3901**		**3901**	**549**	**353**
贵州广播电视大学	Guizhou Radio&TV University	4384		4384	3901		3901	489	306
贵州铝厂职工大学	Guizhou Aluminum Plant University for Employees	10		10				60	47

14-12 广播电视宣传基本情况(2018年)
Basic Statistics on Radio and TV(2018)

单位:小时 (hour)

指　标	Item	全年广播电视节目播出时间 Length of Radio and Television Programs	按节目类型分 Grouped by Program Type	
			新闻资讯 News	专题服务 Special Subject
无线广播合计	**All Radio Broadcasting Stations**	**31876**	**6094**	**4974**
地(市)级广播电台	Prefectural Level	31876	6094	4974
电视播映合计(含有线电视)	**All Television Stations (including cable TV)**	**57527**	**9557**	**4571**
地(市)级电视台	Prefectural Level	33661	7133	3773
县电视台	County Level	23866	2424	798

14-12 续表 (continued)

单位:小时 (hour)

指　标	Item	按节目类型分 Grouped by Program Type			
		综艺益智 General Entertainment	广播影视剧 Radio Play	广　告 Advertising	其　他 Others
无线广播合计	**All Radio Broadcasting Stations**	**5326**	**4515**	**5082**	**5885**
地(市)级广播电台	Prefectural Level	5326	4515	5082	5885
电视播映合计(含有线电视)	**All Television Stations (including cable TV)**	**2453**	**17492**	**8813**	**14642**
地(市)级电视台	Prefectural Level	1593	4290	7258	9615
县电视台	County Level	860	13202	1555	5027

14-13 广播电视节目制作
Production of Radio and Television Programs Produced

单位:小时 (hour)

指　　标	Item	2018	2017	2018年比2017年增长(%) Growth Rate in 2018 over 2017(%)
广播节目制作	**Production of Radio Programs**	**22531**	**21945**	**2.7**
#新闻资讯	News Programs	2572	2162	19.0
专题服务	Special Subject Programs	4314	5211	-17.2
综　艺	Variety Shows	4960	2705	83.4
广播剧	RadioPlays	1119	902	24.1
广　告	Advertisements	3688	3774	-2.3
其　他	Others	5878	7191	-18.3
电视节目制作(含有线电视)	**Production of TV Programs (including cable TV)**	**8381**	**8407**	**-0.3**
#新闻资讯	News Programs	2725	2778	-1.9
专题服务	Special Subject Programs	1909	1763	8.3
综　艺	Variety Shows	548	458	19.7
广　告	Advertisements	2313	2495	-7.3
其　他	Others	886	914	-3.1

注:本表为市级及市级以下数据。
a) The data are from in city-level units or below.

14-14 广播电视事业发展情况
Basic Statistics on Radio and Television Industry

指　　标	Item	2018	2017
调频电视转播发射台 (座)	**Relaying Stations of Frequency Modulation Broadcasting (unit)**	**3**	**7**
调频发射机功率 (千瓦)	Modulation Transmitter Power (kilowatt)	20	20
电视发射机功率 (千瓦)	Television Transmitter Power (kilowatt)	3.25	1.35
广播人口覆盖率 (%)	Radio Coverage Rate of Population (%)	100	100
农村广播综合人口覆盖率 (%)	Radio Coverage Rate of Population in Rural Areas (%)	100	100
电视人口覆盖率 (%)	TV Coverage Rate of Population (%)	99.72	98.13
农村电视综合人口覆盖率 (%)	TV Coverage Rate of Population in Rural Areas (%)	99.50	99.48

注:本表为市级及市级以下数据。
a) The data are from in city-level units or below.

14-15 文化事业机构及人员(2018年)
Number of Institutions and Personnel in Cultural Industry(2018)

指　标	Item	机　构(个) Number of Institutions (unit)	人　员(人) Numbers of Employed Persons(person)
总　计	**Total**	**2898**	**19993**
文化合计	Total Item of Culture	2872	19640
#艺术表演团体	Art Performance Troupes	36	1704
艺术表演场馆	Artistic Performance Stadium	6	84
公共图书馆	Public Libraries	14	281
文化馆	Cultural Center	13	203
文化站	Cultural Stations	175	580
艺术展览创作机构	Art Exhibition and Creation Agencies	2	49
文化科研机构	Cultural Study Institutions	1	16
文化市场经营机构	Cultural Market Management Institutions	2599	15963
文化行政主管部门	Executive Departments of Culture	12	555
其他文化机构	Other Cultural Institutions	14	205
文物合计	Total Item of Cultural Relics	26	353
#博物馆	Museums	11	280
文化保护管理机构	Cultural Protection and Management Institutions	8	12
文物科研机构	Cultural Relic Study Institutions	2	26
文物商店	Antique Store	1	
其他文物机构	Other Cultural Relic Institutions	4	35

14-16 专利申请及授权
Patent Applications Accepted and Granted

单位:件 (piece)

指 标	Item	2018	2017	2018 年比 2017 年增长(%) Growth Rate in 2018 over 2017(%)
专利申请受理量	**Number of Patent Aplications Accepted**	**17850**	**14118**	**26.4**
发明专利	Inventions	5749	4747	21.1
实用新型专利	Utility Models	11032	8086	36.4
外观设计专利	Designs	1069	1285	-16.8
专利授权量	**Number of Patent Aplications Granted**	**9113**	**5641**	**61.5**
发明专利	Inventions	1160	1072	8.2
实用新型专利	Utility Models	6871	3772	82.2
外观设计专利	Designs	1082	797	35.8

14-17 公共图书馆
Public Libraries

指 标	Item	2018	2017
公共图书馆个数 (个)	Number of Public Libraries (unit)	14	14
总藏书 (万册、件)	Total Collections (10 000 copies)	1112.34	794.79
#图 书 (万册、件)	Books (10 000 copies)	445.65	388.92
电子图书 (万册、件)	Electronic books (10 000 copies)	569.12	620.49
电子阅览室终端数 (个)	Terminals in Electronic Media Reading Rooms (set)	580	553
书刊文献外借人次 (万人次)	Borrowing from Libraries (10 000 person-times)	57.63	61.92
书刊文献外借册次 (万册次)	Number of Books and Periodicals Lent to Readers (10 000 copies-times)	115.88	109.37
累计发放有效借书证 (万 张)	Accumulative Number of Library Cards Distributed (10 000 units)	21.48	19.34

主要统计指标解释

普通高等学校 指按照国家规定的设置标准和审批程序批准举办,通过国家统一招生考试,招收高中毕业生为主要培养对象,实施高等教育的全日制大学、独立设置的学院和高等专科学校、短期职业大学。

成人高等学校 指按照国家有关规定审批,招收通过全国成人高教统一招生考试的具有高中毕业或同等学历的在职从业人员,利用脱产、半脱产、业余或函授等多种形式对其实施高等学历教育,培养高等教育专科或本科毕业水平的专门人才,修业年限、课程设置和总学时数均按高等学历教育要求付诸实施的学校。包括广播电视大学、职工高等学校、农民高等学校、管理干部学院、教育学院、独立设置的函授学院等。

中等职业教育学校 指按规定的设置标准和审批程序批准建立的,招收初中(或部分高中)毕业生或同等学历者,实施中等职业技术教育,培养中等职业技术人才的学校。招收初中毕业生的,修业年限一般为三至四年;招收高中毕业生的,修业年限一般为二年至三年。包括中等专业学校、技工学校、职业中学(高中)等。统计中等职业学校时应注意,已承担培养学生任务的中等职业技术学校和独立设置的高等学校中专部或中专学校计算校数。正在筹建、尚未招生的中等职业学校和高等学校附设的中专班不计校数。

普通中学 指按规定的审批程序批准设立的,招收小学、初中(或部分高中)毕业生或同等学历者,实施普通中学教育的学校。

专任教师 指主要从事教学工作的人员。包括临时(一年以内)调去帮助做其他工作的教学人员。高等学校函授部、夜大学的专任教师和承担科研任务,未担任教学工作仍属教师编制的人员,应计入专任教师中。不包括调离教学岗位,担任行政领导工作或其他工作的原教学人员。

文化事业机构 指从事专业文化工作和为专业文化工作服务的独立建制的单位。不包括这些单位另外举办独立核算的其他机构和各部门的业余文化组织。

Explanatory Notes on Main Statistical Indicators

Regular Institutions of Higher Learning refer to educational establishments set up according to the government evaluation and approval procedures, enrolling graduates from senior secondary schools and providing higher education courses and training for senior professionals. They include full-time universities, colleges, and institutions of higher professional education, institutions of higher vocational education and others.

Institutions of Higher Learning for Adults refer to educational establishments approved according to relevant government rules, enrolling staff and workers with senior secondary or equivalent education through uniform national matriculation examinations, and providing them with regular higher education in various forms such as full-time, part-time, spare-time and correspondence courses in accordance with requirements of regular higher education in years of education, curricula, and total learning hours, so that they meet the standards for graduation of universities or junior colleges. Institutions of higher learning for adults include radio and TV universities, colleges for staff and workers, colleges for farmers, colleges for management cadres, teachers′ colleges, and independent correspondence colleges.

Second Vocational Schools refer to those recruiting junior high school (or partly senior high school) graduates or people having the same educational level implement medium vocational education based on regulated setting standards and examination and approval procedure. The lengthy of secondary schools which receive junior high school graduates is usually three to four years; the lengthy of those which receive senior high school graduates is usually two to three years. The secondary vocational schools include medium professional schools, technical schools, vocational middle schools (senior high schools) and etc. Note that medium vocational technical schools taking the mission of developing students and independently established secondary specialized schools of higher education or medium professional schools are counted. The medium vocational technical schools are preparing and are not recruiting students and medium professional classes attaching to higher education are not accounted.

Regular High Schools refer to those recruiting primary schools, junior high schools (senior high schools) graduates or people having the same educational level implement regular high education based on regulated setting standards and examination and approval procedure.

Full-time Teachers refer to those engaging in teaching activities, include the teaching staff dispatched to do other jobs temporarily (within one year). Correspondence departments of higher schools, full-time teachers of evening universities, people with authorized qualifications who taking the mission of doing research but do not teaching students should be regarded as full-time teachers. Former teaching staff who are dispatched off teaching post or bear administrative leadership or other jobs are not regarded as full-time teachers.

Cultural Institutions refers to institutions engaged in professional culture work and independent institutions providing services to cultural work. Institutions with independent accounting departments and amateur cultural organizations are not included.

Fifteen

民政、卫生、体育及其他

Social Welfare, Public Health, Sports and Others

15-1 民政事业基本情况(2018年)
Statistics on Civil Administration Departments(2018)

指　　标	Item	单位数(个) Number of Institutions (unit)	职工人数(人) Number of Staff (person)	固定资产原价(万　元) Original Cost of Fixed Assets (10 000 yuan)	收入合计(万元) Total Revenue (10 000 yuan)	支出合计(万元) Total Expenditure (10 000 yuan)
优抚安置单位	**Institutions for Veteran Benefit and Placement**	**11**	**177**	**2267**	**2013**	**1939**
军供站	Military Supply Stations	1	32	223	1206	842
烈士纪念建筑物管理单位	Martyr Memorial Building Management Units	10	145	2044	807	1097
收养类单位	**Adoptive Institutions**	**96**	**1846**	**46192**	**14495**	**15017**
社会福利院	Social Welfare Homes	2	111	9506	2892	2940
儿童福利院	Social Welfare Homes for Children	1	75	4530	2377	2490
精神疾病服务机构	Psychiatric Service Agencies	1	54	1012	1458	1481
养老机构	Pension Agencies	92	1606	31144	7768	8106
救助类单位	**Institutions for Relief**	**1**	**48**	**710**	**2443**	**1847**
救助管理站	Relief Stations	1	48	710	2443	1847
殡仪服务单位	**Funeral and Interment Institutions**	**17**	**1151**	**28588**	**34826**	**13021**
殡仪馆	Funeral Home	5	401	19253	12931	5399
公　墓	Cemetery	9	728	9217	21619	7359
殡葬管理	Funeral and Interment Management Institutions	3	22	118	276	263
福利彩票发行单位	**Welfare Lottery Issuing Institutions**	**1**	**77**	**581**	**2150**	**2100**
其他事业单位	**Other Institutions**	**7**	**108**	**4725**	**4460**	**4371**
行政机关	**Administrative Institutions**	**11**	**351**	**13616**	**96501**	**99350**

注:优抚安置单位数据来源于市退役军人事务局,统计口径与往年不一致。

a) Data of Institutions for Veteran Benefit and Placement come from Municipal Bureau of Veterans Affairs, so the statistical caliber is different from the previous years.

15-2 城乡各种福利院机构和人员情况
Statistics on Welfare Institutions and Personnel in Rural and Urban Area

指　　标	Item	2018	2017	2018年比2017年增长(%) Growth Rate in 2018 over 2017(%)
机构数(个)	**Number of Institutions(unit)**	**96**	**91**	**5.5**
社会福利院	Social Welfare Homes	2	2	持平 even
儿童福利院	Social Welfare Homes for Children	1	1	持平 even
精神病福利院	Welfare Homes for Psychiatric Patients	1	1	持平 even
养老机构	Pension Agencies	92	87	5.7
职工人数(人)	**Number of Staff (person)**	**1846**	**1606**	**14.9**
社会福利院	Social Welfare Homes	111	114	-2.6
儿童福利院	Social Welfare Homes for Children	75	75	持平 even
精神病福利院	Welfare Homes for Psychiatric Patients	54	51	5.9
养老机构	Pension Agencies	1606	1366	17.6
床位数(张)	**Number of Beds (bed)**	**11920**	**11818**	**0.9**
社会福利院	Social Welfare Homes	800	800	持平 even
儿童福利院	Social Welfare Homes for Children	500	500	持平 even
精神病福利院	Welfare Homes for Psychiatric Patients	100	100	持平 even
养老机构	Pension Agencies	10520	10418	1.0
在院人数(人)	**Inpatients(person)**	**4775**	**4749**	**0.6**
社会福利院	Social Welfare Homes	368	359	2.5
儿童福利院	Social Welfare Homes for Children	355	355	持平 even
精神病福利院	Welfare Homes for Psychiatric Patients	95	92	3.3
养老机构	Pension Agencies	3957	3943	0.4

15-3 民政事业发展情况
Basic Statistics on Civil Affairs

指标		Item		2018	2017	2018年比2017年增长(%) Growth Rate in 2018 over 2017 (%)
抚恤、补助对象情况		**Pension and Subsidy**				
抚恤、补助优抚对象总数	(人)	Total Quantity	(person)	17669	17704	-0.2
定期抚恤	(人)	People Receiving Regular Pensions	(person)	269	269	持平 even
定期补助	(人)	People Receiving Regular Subsidies	(person)	15203	15272	-0.5
伤残人员	(人)	Injured and Disabled Persons	(person)	2197	2163	1.6
优待、烈士褒扬情况		**Preferential Treatment and Resettlement**				
优待优抚对象	(人)	Number of Household Receiving Preferential Treatment	(person)	17669	17704	-0.2
安置退役士兵、复员干部	(人)	Number of Ex-servicemen Receiving Resettlement	(person)	1604	1580	1.5
低保、救济和医疗救助情况		**Minimum Living Allowance, Relief and Medical Assistance**				
城市居民最低生活保障家庭数	(户)	Number of Households Receiving Minimum Living Allowance in Urban Areas	(household)	28485	29795	-4.4
城市居民最低生活保障人数	(人)	Number of Persons Receiving Minimum Living Allowance in Urban Areas	(person)	47434	50990	-7.0
#女 性	(人)	Female	(person)	21726	22456	-3.3
农村居民最低生活保障家庭数	(户)	Number of Households Receiving Minimum Living Allowance in Rural Areas	(household)	16120	19474	-17.2
农村居民最低生活保障人数	(人)	Number of Persons Receiving Minimum Living Allowance in Rural Areas	(person)	30113	36556	-17.6
#女 性	(人)	Female	(person)	12455	15436	-19.3
农村五保户供养人数	(人)	Number of Persons Receiving Livelihood Guarantees in Five Aspects in Rural Areas	(person)	3139	2881	9.0
#女 性	(人)	Female	(person)	243	239	1.7
特困人员救助供养	(人)	Relief and Support to people with Poverty	(person)			
#城市特困人员救助供养	(人)	Relief and Support to people with Poverty in Uvban Areas	(person)	277	233	18.9
农村特困人员救助供养	(人)	Relief and Support to people with Poverty in Rural Areas	(person)	3139	2811	11.7
社区服务情况		**Community Service**				
社区服务志愿者组织数	(个)	Number of Community Voluntary Organizations	(unit)	637		
注册社区志愿者人数	(人)	Number of Registered Community Volunteers	(person)	16878		

注：由于机构改革，优抚、优待情况由市退役军人事务局提供，去年同期数有调整。

a) Due to the institutional restructuring, data of household receiving preferential treatment are offered by the Municipal Bureau of Veterans Affairs, so the data is different from the previous years.

15-4 卫生机构、床位和人员(2018 年)

单位:人

指　　标	Item	机构数(个) Number of Institutions (unit)	床位数(张) Number of Bed (bed)
总　　计	**Total**	**3220**	**37727**
医　院	**Hospitals**	**192**	**32707**
综合医院	General Hospitals	124	21333
中医医院	Hospitals of Traditional Chinese Medicine	19	2791
中西医结合医院	Hospitals of Traditional Integrated Chinese and Western Medicine	5	1686
专科医院	Specialized Hospitals	43	6847
口腔医院	Stomatological Hospitals	2	120
眼科医院	Ophthalmic Hospitals	3	186
耳鼻喉科医院	Otorhinolaryngology Hospital	2	80
肿瘤医院	Cancer Hospitals	1	1194
妇产(科)医院	Obstetrics and Gynecology Hospitals	6	220
精神病医院	Psychiatric Hospitals	5	1140
皮肤病医院	Dermatological Hospitals	4	213
结核病医院	Tuberculosis Hospitals		
骨科医院	Orthopaedic Hospitals	5	1673
康复医院	Convalescent Hospitals	4	446
整形外科医院	Plastic Surgery Hospitals	1	120
美容医院	Beauty Hospitals	3	60
其他专科医院	Other Specialized Hospitals	6	367
基层医疗卫生机构	**Primary-level Medical and Sanitary Institutions**	**2976**	**3301**
社区卫生服务中心(站)	Health Service Centers(stations) for Community	148	1309
社区卫生服务中心	Community Health Service Centers	71	1199
社区卫生服务站	Community Health Service Stations	77	110
卫生院	Health Centers	76	1992
乡镇卫生院	Township Health Centers	76	1992
中心卫生院	Central Health Centers	32	1337
乡卫生院	Countryside Health Centers	44	655
村卫生室	Village Clinics	1366	
门诊部	Outpatient Departments	67	
综合门诊部	Comprehensive Outpatient Departments	27	
中医门诊部	Chinese medicine clinic	3	
中西医结合门诊部	Outpatient Departments of Integrated Traditional Chinese and Western Medicine		
专科门诊部	Specialist Outpatient Departments	37	
诊所、卫生所、医务室	Clinics, Health Centers and Infirmaries	1319	
诊　所	Clinics	1231	
卫生所、医务室	Health Centers and Infirmaries	88	

Basic Statistics on Health Care Institutions(2018)

(person)

卫生技术人员 Medical Technical Personnel	#医生 Doctor	#执业医师 Licensed Doctor	注册护士 Registered Nurse	药师(士) Pharmacist	技师(士) Technician	#检验师 Inspector	其他 Others
49439	**17794**	**16548**	**23395**	**1951**	**2687**	**1940**	**93558**
34695	**11923**	**11559**	**17379**	**1402**	**1878**	**1299**	**2113**
23405	8095	7834	11634	935	1281	908	1460
2756	897	862	1374	105	133	89	247
1569	530	527	799	91	73	52	76
6935	2393	2329	3554	269	389	249	330
549	272	269	239	11	23	12	4
267	75	70	143	9	7	5	33
55	18	17	31	3	3	2	
1330	404	400	677	68	101	57	80
367	113	110	204	11	28	15	11
748	262	259	414	26	28	18	18
155	33	27	99	10	9	8	4
1375	568	562	615	59	84	51	49
235	64	54	119	8	8	4	36
157	59	52	89	4	5	3	
353	94	85	223	5	6	5	25
372	117	110	183	15	22	13	35
10669	**4424**	**3623**	**4884**	**434**	**334**	**209**	**947**
2959	952	811	1426	152	157	95	272
2231	690	585	1065	119	131	78	226
728	262	226	361	33	26	17	46
2494	927	554	797	110	143	89	462
2494	927	554	797	110	143	89	462
1480	545	350	508	61	93	58	273
1014	382	204	289	49	50	31	190
387	226	69	161				
750	310	280	362	25	21	17	32
329	138	130	152	17	15	11	7
29	13	12	10	4	2	2	
392	159	138	200	4	4	4	25
4079	2009	1909	1738	147	13	8	172
3750	1859	1770	1595	137	6	2	153
329	150	139	143	10	7	6	19

15-4 续表

单位:人

指　　标	Item	机构数(个) Number of Institutions (unit)	床位数(张) Number of Bed (bed)
专业公共卫生机构	**Professional Public Health Institutions**	**42**	**1719**
疾病预防控制中心	Disease Prevention & Treatment Centers	13	
省　属	Provincial Centers	1	
省辖市(地区)属	Centers of Provincially Administered Cities	1	
地辖市属	Municipal Centers	7	
县　属	County Centers	3	
其　他	Others	1	
专科疾病防治院(所、站)	Specialized Disease Prevention & Treatment Institutions (Centers or Stations)	2	
专科疾病防治院	Specialized Disease Prevention & Treatment Agencies		
妇幼保健院(所、站)	Maternal and Child Health Care Institutions(Centers or Stations)	11	1719
按隶属分	**By Administration**		
省辖市(地区)属	Centers of Provincially Administered Cities	1	1178
地辖市属	Municipal Centers	7	325
县　属	County Centers	3	216
其　他	Others		
按类型分	**By Types**		
妇幼保健院	Maternal and Child Health Hospitals	8	1607
妇幼保健所	Maternal and Child Health Centers		
妇幼保健站	Maternal and Child Health Stations	2	100
生殖保健中心	Reproductive Health Centers	1	12
急救中心(站)	First Aid Centers (Stations)	1	
采供血机构	Blood Banks	2	
卫生监督所(中心)	Health Supervision Institutions(Centers)	12	
省　属	Provincial Centers	1	
省辖市(地区)属	Centers of Provincially Administered Cities	1	
地辖市属	Municipal Centers	7	
县　属	County Centers	3	
计划生育技术服务机构	Family Planning Technical Service Organization	1	
其他卫生机构	**Other Institutions**	**10**	
疗养院	Sanatoriums	1	
医学科学研究机构	Institutions of Medical Scientific Research	1	
医学在职培训机构	Institutions of Medical In-service Training	3	
临床检验中心(所、站)	Clinical Laboratory Center (station)	2	
其　他	Others	3	

(continued)

(person)

卫生技术人员 Medical Technical Personnel	#医生 Doctor	#执业医师 Licensed Doctor	注册护士 Registered Nurse	药师(士) Pharmacist	技师(士) Technician	#检验师 Inspector	其他 Others
3971	**1426**	**1348**	**1506**	**113**	**434**	**392**	**492**
845	435	409	63	10	223	214	114
394	202	200	15	2	124	121	51
132	56	56	5	1	42	42	28
198	112	98	31	5	36	32	14
84	47	37	12	2	16	14	7
37	18	18			5	5	14
22	12	8	10				
2575	919	871	1313	98	164	133	81
1705	602	602	936	57	87	75	23
577	225	189	255	29	49	36	19
293	92	80	122	12	28	22	39
2432	873	828	1259	91	146	120	63
122	31	29	51	7	15	10	18
21	15	14	3		3	3	
34	12	12	22				
163	34	34	83	2	37	37	7
290							290
79							79
49							49
118							118
44							44
42	14	14	15	3	10	8	
104	**21**	**18**	**26**	**2**	**41**	**40**	**14**
38	14	11	22	1	1		
14	3	3	4		1	1	6
48	2	2			38	38	8
4	2	2		1	1	1	

15-5 县(区)诊所、卫生室、医务室基本情况(2018年)

指标	Item	机构数(个) Number of Institutions (unit)	总人员数(人) Medical Personnel (person)	卫生技术人员(人) Medical Technical Personnel(person)
合计	**Total**	**1319**	**4149**	**4079**
按管理类别分	**By Management**			
非营利性	Non-profit	90	350	337
营利性	Profit	1229	3799	3742
按经济类型分	**By Ownership**			
国有	State-owned	69	290	282
集体办	Collective-owned	6	23	21
联营	Jointly Operated			
私营	Privately Operated	1203	3674	3624
其他	Others	41	162	152
按设置、主办单位分	**By Sponsor**			
政府办	Run by Government	11	89	85
社会办	Run by Society	81	286	274
私人办	Run by Private	1227	3774	3720
按诊所类别分	**By Types**			
普通	General	947	2602	2639
中医	Traditional Chinese Medicine	101	254	241
中西医结合	Traditional Chinese Medicine and Western Medicine	37	146	143
口腔	Stomatological	133	766	686
其他	Others	13	41	41

15-6 县(区)村卫生室基本情况(2018年)

指标	Item	合计 Total	村办 Run by Villages
机构数 (个)	**Number of Institutions (unit)**	**1366**	**316**
执业(助理)医师 (人)	Licensed(Assistant) Doctor (person)	226	304
注册护士 (人)	Registered Nurse (person)	161	33
乡村医生和卫生员 (人)	Village Doctors and Health Workers (person)	1613	370
乡村医生 (人)	Village Doctors (person)	1464	359
#以中医、中西医结合或民族医为主的人数 (人)	Personnel with Integrated Knowledge of Traditional Chinese and Western Medicine or of Minority Groups' Arts of Healing (person)	149	17
当年考核合格的乡村医生数 (人)	Qualified Village Doctors of the Current Year (person)	1154	287
卫生员 (人)	Health Workers (person)	149	24
诊疗人次数 (万人次)	Visits (10 000 times)	206.16	36.63
#出诊人次数 (万人次)	Patients (10 000 times)	8.86	0.31

Basic Statistics on Clinics and Health Centers at County(District) Level(2018)

执业医师 Licensed Doctors	执业助理医师 Licensed Assistant Doctors	注册护士 Registered Nurses	药剂师（士） Pharmacist	技　师（士） Technician	#检验师(士) Inspector	其　他 Others	诊疗人次数（万人次） Visits (10 000 person-time)
2009	**1909**	**1738**	**147**	**13**	**8**	**172**	**451. 94**
155	142	144	10	7	6	21	27. 96
1854	1767	1594	137	6	2	151	423. 98
130	119	117	10	6	5	19	20. 85
12	12	8	1				4. 90
1797	1712	1541	132	6	2	148	417. 96
70	66	72	4	1	1	5	8. 23
30	27	33	6	4	3	12	3. 49
134	124	125	4	3	3	8	24. 23
1845	1758	1580	137	6	2	152	424. 22
1393	1703	1134	87	1		91	353. 45
134	3	47	48	2	2	7	22. 54
62	2	70	2	1		6	12. 86
249	62	324		2		49	33. 71
21		20					2. 29

Basic Statistics on Village Clinics at County(District) Level(2018)

按主办单位分 By Sponsor				按行医方式分 By Medicine		
乡镇卫生院设点 Township Hospitals	联合办 Jointly Run	私人办 Run by Private	其　他 Others	中　医 Chinese Traditional Medicine	西　医 Western Medicine	中西医结合 Integration of Traditional Chinese and Western Medicine
92	17	633	320	23	1187	156
		94	62	4	173	49
		66	62	5	134	22
109	20	721	393	22	1398	193
97	20	644	357	19	1266	179
6		69	57	3	98	48
85	20	502	260	15	999	140
12		77	36	3	132	14
14. 27	2. 13	98. 98	54. 15	2. 19	177. 68	26. 29
0. 22	0. 00	0. 89	7. 44	0. 18	7. 09	1. 59

15-7 体育事业基本情况(2018 年)
Basic Statistics on Sports(2018)

指标		Item		合计 Total	省级 Provincial Level	市级 Municipal Level
运动员		**Number of Athletes**		**1355**	**158**	**1197**
国家级运动员(运动健将)	(人)	National Athletes(master of sports)	(person)	239		239
省级运动员	(人)	Provincial Athletes	(person)	158	158	
一线在队人员	(人)	First-team Player	(person)	157		157
二线在队人员	(人)	Second-team Player	(person)	283		283
三线在队人员	(人)	Third-team Player	(person)	518		518
体育设施个数		**Sports Facilities**		**1016**		**1016**
市级生态体育公园	(个)	The Municipal Sport&Eco Park	(unit)	1		1
全民健身路径设施	(个)	Facilities on Fitness Paths	(unit)	1013		1013
市属全民健身中心	(个)	Municipal Fitness Centers	(unit)	1		1
市属健身房	(个)	Municipal Fitness Rooms	(unit)	1		1
体育设施占地面积		**Area of Sports Facilities**		**6114438**		**6114438**
市级生态体育公园	(平方米)	The Municipal Sport&Eco Park	(s. k. m.)	3663000		3663000
全民健身路径设施	(平方米)	Facilities on Fitness Paths	(s. k. m.)	2431200		2431200
市属全民健身中心	(平方米)	Municipal Fitness Centers	(s. k. m.)	18500		18500
市属健身房	(平方米)	Municipal Fitness Rooms	(s. k. m.)	1738		1738

15-8 体育系统机构和从业人员(2018 年)
Number of Institutions and Engaged Persons in Sports(2018)

指标		Item		合计 Total	省属 Provincial Level	市属 Municipal Level
机构数	**(个)**	**Number of Institution**	**(unit)**	**32**	**22**	**10**
行政机关	(个)	Administrative Organizations	(unit)	2	1	1
体育运动学校	(个)	Sports Schools	(unit)	2	1	1
业余体校	(个)	Spare-time Sports Schools	(unit)			
体育场馆	(个)	Stadium and Gymnasium	(unit)	5	1	4
其他事业单位	(个)	Other Public Institutions	(unit)	22	18	4
从业人员	**(人)**	**Number of Engaged Persons**	**(person)**	**1332**	**1177**	**155**
行政机关	(人)	Administrative Organizations	(person)	59	45	14
体育运动学校	(人)	Sports Schools	(person)	233	162	71
业余体校	(人)	Spare-time Sports Schools	(person)			
体育场馆	(人)	Stadiums and Gymnasiums	(person)	125	80	45
其他事业单位	(人)	Other Public Institutions	(person)	915	890	25

注:省属为在贵阳市地域上,但隶属于省的机构和人员;市属为在贵阳市地域上,同时也隶属于市的机构和人员。

a) Provincial-level institutions and engaged persons refer to those administrated by Guizhou provincial government in Guiyang City; Municipal-level ones refer to those administrated by Guiyang municipal government.

15-9 举办体育业务情况(2018年)
Basic Statistics on Sports Activities(2018)

指　　标	Item	合计 Total	省级 Provincial Level	市级 Municipal Level	区、县(市)级 Prefectural (County, District) Level
运动会或比赛	**Sports Games**				
举办综合运动会 (次)	Number of Comprehensive Games (time)	2	1	1	
举办专项体育赛事活动(次)	Specialized Sports Events Held (time)	6		6	
全民健身活动	**National Fitness Activities**				
举办全民健身活动次数(次)	Activities of Full Fitness (time)	340		340	
#1000人以上 (次)	Over 1 000 Participators (time)	55		55	
参加活动人数 (人)	Number of Participators (person)	280000		280000	
国际体育活动情况	**International Sports Games**				
出访起数 (起)	Times of Attending International Sports Games (time)				
出访人次 (人次)	Number of Participators Attending International Sports Games (person)				
举办培训班情况	**Training Classes**				
举办培训班次数 (次)	Times of Training Classes (time)	4		4	
参加培训班人数 (人)	Number of Participators (person)	180		180	

15-10 婚姻情况
Statistics on Marriages

指　　标	Item	2018	2017	2018年比2017年增长(%) Growth Rate in 2018 over 2017(%)
国内婚姻	**Marriages with Citizens of Mainland China**			
登记结婚对数 (对)	Number of Registered Marriages (pair)	42333	42550	-0. 5
初　婚 (人)	First Marriages (person)	63018	78944	-20. 2
再　婚 (人)	Marriages After Divorces (person)	21648	6156	251. 7
登记离婚对数 (对)	Number of Registered Divorces (pair)	24150	22093	9. 3
涉外婚姻	**Marriages with Citizens out of Mainland China**			
登记结婚对数 (对)	Number of Registered Marriages (pair)	450	423	6. 4
内地公民 (人)	Citizen of Mainland China (person)	450	423	6. 4
香港、澳门、台湾居民 (人)	Citizen of Hong Kong, Macao and Taiwan (person)	159	174	-8. 6
华　侨 (人)	Overseas Chinese (person)	10	10	0. 0
外国人 (人)	Foreigners (person)	281	239	17. 6
登记离婚对数 (对)	Number of Registered Divorces (pair)	71	75	-5. 3

15-11 社会保险及就业情况
Social Insurance and Employment

指 标	Item	2018	2017	2018年比2017年增长(%) Growth Rate in 2018 over 2017(%)
城镇就业和失业	**Rural Employment and Unemployment**			
城乡统筹就业人数 (人)	Number of Engaged Person in Urban and Rural Areas (person)	271349	270086	0.5
城镇失业人员就业人数 (人)	Number of Re-employed Person in Urban Areas (person)	48455	48637	-0.4
农村富余劳动力转移人数 (人)	Number of Surplus Rural laborer Transferring to Urban Areas (person)	38246	38156	0.2
就业困难对象 (人)	Number of People Having Difficulties Getting Employed (person)	11602	11589	0.1
城镇新增就业人数 (人)	Number of New Jobs in Urban Areas (person)	233103	231930	0.5
城镇登记失业人员期末实有人数 (人)	Actual Number of Registered Unemployment in Urban Areas at the Year-end (person)	34951	34971	-0.1
#女 性 (人)	Female (person)	16941	17619	-3.8
城镇登记失业率 (%)	Registered Unemployment Rate in Urban Areas (%)	3.11	3.13	-0.02个百分点
社会保险	**Social Insurance**			
城镇职工基本养老保险 (人)	Basic PensionInsuranceforUrbanEmployees (person)	2238658	1864859	20.0
在职职工养老保险 (人)	Endowment Insurance for On-the-job Staff (person)	1871787	1575898	18.8
离退休退职人员养老保险 (人)	Endowment Insurance for Retirees (person)	366871	288961	27.0
失业保险 (人)	Unemployment Insurance (person)	808085	745727	8.4
城镇职工基本医疗保险 (人)	Basic MedicalInsuranceforUrbanEmployees (person)	1466481	1384451	5.9
#退休人员 (人)	Retirees (person)	383248	367246	4.4
生育保险 (人)	Maternity Insurance (person)	1385748	1301986	6.4
工伤保险 (人)	Work-related Injury Insurance (person)	1069438	975294	9.7
城乡居民养老保险参保人数 (人)	Number of Insured Urban and Rural Residents of Endowment Insure (person)	797478	830416	-4.0
城镇居民医疗保险参保人数 (人)	Number of Insured Urban Residents of Medical Insurance (person)	741760	741729	0.0

15-12 社会治安
Basic Statistics on Social Securities

指 标	Item	2018	2017	2018年比2017年增长(%) Growth Rate in 2018 over 2017(%)
火灾事故 (起)	Number of Fire Accidents (case)	1096	234	368.4
死亡人数 (人)	Number of Deaths (person)	7	3	133.3
受伤人数 (人)	Number of Injuries (person)	7		
直接损失额 (万元)	Direct Property Losses (10 000 yuan)	780.53	536.32	45.5
刑事案件立案数 (件)	Number of Criminal Cases Registered (case)	6788	7639	-11.1
犯罪人数 (人)	Number of Offenders (person)	9638	10724	-10.1

注:1)火灾为消防部门提供的生产经营性火灾。
2)刑事案件立案数和犯罪人数均为贵阳市中级人民法院数据。
a) Data of fire accident are operation fire accidents provided by the fire authorities.
b) The data of criminal cases registered and offenders are provided by Guiyang Intermediate People´s Court.

主 要 统 计 指 标 解 释

卫生机构 包括医疗机构、疾病预防控制中心(防疫站)、采供血机构、卫生监督及监测(检验)机构、医学科研和在职培训机构、健康教育所等。

医疗机构 包括医院、社区卫生服务中心(站)、疗养院、卫生院、门诊部、诊所(卫生所、医务室)、妇幼保健院(所、站)、专科疾病防治院(所、站)、急救中心(站)和临床检验中心。医疗机构分为非赢利性医疗机构和赢利性医疗机构。

医　院 指设有固定床位,能收容病人住院并能为病人提供医疗、护理服务的医疗机构,包括县及县以上医院、农村乡卫生院和其他医院三部分。县及县以上医院按业务性质不同分为综合医院和专科医院。

卫生技术人员 指卫生事业机构支付工资的全部职工中现任职务为卫生技术工作的专业人员,包括执业医师、执业助理医师、注册护士、药剂人员、检验员和其他初级卫生技术人员。

医　生 指在医疗、预防保健机构工作且取得《执业医师证书》的执业医师和执业助理医师。

体育场 指有400米跑道(中心含足球场),有固定道牙,跑道6条以上,并有固定看台的室外田径场地。体育场按看台容纳观众人数分为:甲级25000人以上,乙级15000-25000人,丙级5000-15000人,丁级5000人以下。

体育馆 指有固定看台,可供篮球、排球、羽毛球、乒乓球、体操等项目训练比赛活动用的室内运动场地。体育馆按看台容纳观众人数分为:甲级6000人以上,乙级4000-6000人,丙级2000-4000人,丁级2000人以下。

城镇登记失业人员 指有非农业户口,在一定的劳动年龄内(16周岁至退休年龄),有劳动能力,无业而要求就业,并在当地就业服务机构进行求职登记的人员。

城镇登记失业率 城镇登记失业人员与城镇单位就业人员(扣除使用的农村劳动力、聘用的离退休人员、港澳台及外方人员)、城镇单位中的不在岗职工、城镇私营业主、个体户主、城镇私营企业和个体就业人员、城镇登记失业人员之和的比。计算公式为:

城镇登记失业率=城镇登记失业人数/(城镇单位就业人员-使用的农村劳动力-聘用的离退休人员-聘用的港澳台及外方人员)+不在岗职工+城镇私营业主+城镇个体户主+城镇私营企业及个体就业人员+城镇登记失业人数×100%

城镇职工基本养老保险参保人数 指报告期末按照法律、法规和有关政策规定参加城镇基本养老保险并在社保经办机构已建立缴费记录档案的职工人数(包括中断缴费但未终止养老保险关系的职工人数,不包括只登记未建立缴费记录档案的人数)和离休、退休和退职人员的人数。取自人力资源和社会保障部统计年报。

城镇基本医疗保险参保人数 指报告期末按有关规定参加城镇职工基本医疗保险和城镇居民基本医疗保险的人数。取自人力资源和社会保障部统计年报。

失业保险参保人数 指报告期末按照法律、法规和有关政策规定参加了失业保险的城镇企业、事业单位的职工及地方政府规定参加失业保险的其他人员的人数。取自人力资源和社会保障部统计年报。

工伤保险参保人数 指报告期末依据有关规定参加工伤保险的职工人数和有雇工的个体工商户的雇工数。取自人力资源和社会保障部统计年报。

生育保险参保人数 指报告期末依据有关规定参加生育保险的人数。取自人力资源和社会保障部统计年报。

社会福利院数 指年末在所辖区内由民政部门主办的社会福利院、儿童福利院、精神病人福利院、其他收养性单位,以及民政部指导的城乡社会办的各类敬老院、养老院等。

社会福利院床位数 指福利院报告期末床位的实际收养能力。

社区服务设施数 指报告期末城镇(街道办事处、居委会)设立以非盈利为目的,为本社区居民服务,特别是为老年人、残疾人、儿童服务的社区服务中心、活动站、服务站、养老院、老年公寓、残疾人工疗站、残疾儿童日托所家务服务站、婚姻介绍所等福利性设施以及职工社会保险管理服务的机构数。几种不同类型的社区服务单位,共用一个场所的,只能统计为一个社区服务设施。条件是:(1)独立核算单位;(2)有固定的从业人员;(3)有一定的服务项目;(4)有一定的场所。

城市居民最低生活保障人数 指在报告期末,家庭平均收入在当地规定的最低生活保障线以下的城市居民数。包括"三无对象",失业人员和在职、下岗、退休人员等。

交通事故死亡人数 指实际因交通事故死亡的人数。

交通事故损失额 指道路交通事故造成的车辆、财产直接损失折款,不含现场抢救(险)、人身伤亡善后处理的费用,也不含停工、停产、停业等所造成的财产间接损失。

火灾事故损失额 指火灾事故所造成的直接财产损失折款。火灾直接财产损失是指被烧毁、烧损、烟熏和灭火中破拆、水渍以及因火灾引起的污染等所造成的损失。

Explanatory Notes on Main Statistical Indicators

Health Care Institutions refer to medical institutions, disease prevention and control centers (epidemic prevention stations), blood gathering and supplying institutions, health supervision and inspection (check-up) institutions, medical scientific research and on-job training institutions, health education centers and so on.

Medical Organizations refer to hospitals, health service centers (stations) in communities, sanatoria, health centers, out-patient clinics, clinics (health stations and infirmaries), maternity and child care agencies (centers and stations), special disease prevention and curing agencies (centers and stations), first aid centers (stations) and clinical inspection centers. Medical organizations are grouped by two types: profit-making and non-profit-making medical organizations.

Hospitals refer to medical institutions with permanent hospital beds, including hospitals at county and higher levels, township health certers and other hospitals, which are able to take in patients and provide them with medical and nursing services. Hospitals at county and higher levels can be divided into general hospitals and specialized hospitals according to their business scope.

Medical Technical Personnel refer to the professional staff engaged in, getting payment from health care institutions and working in medical technical position, such as licensed doctors, licensed assistant doctors, registered nurses, pharmacists, laboratory technicians and others.

Doctors refer to the medical workers who have obtained the licenses of qualified doctors or qualified assistant doctors and are employed in medical treatment, disease provension or health care institutions.

Stadiums refer to stadiums for track and field events with six lane 400-meter tracks around soccer fields, permanent track marks and permanent bleachers. Stadiums are classified according to seating capacity. They include: Class A stadiums have the capacity of seating 25000 people each. Class B stadiums have the capacity of seating 15000 to 25000 people each. Class C stadiums have the capacity of seating 5000 to 15000 people each, and Class D stadiums have the capacity of seating fewer than 5000 people. This indicator reflects numbers of large and medium-sized stadiums.

Gymnasiums refer to indoor sports grounds with permanent seats in which basketball, volleyball, badminton, table tennis and gymnastics competitions can be held. Gymnasiums are classified according to seating capacity. They include Class A gymnasiums with the capacity of seating over 6000 people, Class B gymnasiums seating 4000 to 6000 people, Class C gymnasiums seating 2000 to 4000 people, and Class D gymnasiums seating fewer than 2000 people.

Urban Registered Unemployed Persons refer to the persons with non-agricultural household registration at certain working ages (from 16 years old to retirement age), who are capable of working, unemployed and willing to work, and have been registered at the local employment services agencies to apply for a job.

Urban Registered Unemployment Rate refers to the ratio of the number of the registered unemployed persons to the total number of persons employed in various units (minus the employed rural labour force, re-employed retirees and Hong Kong, Macao, Taiwan or foreign employees), laid-off staff and workers in urban units, owners of private enterprises in urban areas, owners of self-employed individuals in urban areas, employees of private enterprises in urban areas, employees of self-employed individuals in urban areas and the registered umemployed persons in urban aresa. It is calculated as follows:

Urban registered unemployment rate = urban registered unemployed persons/[(persons employed in various units — employed rural labour force — re-employed retirees — Hong Kong, Macao, Taiwan or foreign employees) + laid-off staff and workers + employment in urban private sectors and individuals + urban registered unemployed person] × 100%

Number of Basic Endowment Insurance for Urban Employees refers to number of employees who join the urban basic endowment insurance and has payment records in social security administration department in accordance with relevant laws and regulations at the end of reference period (including those not stop the basic endowment insurance relation but stop capturing spends; excluding those who has registered but without payment records) and retirees and registered persons. The information comes from statistic report of Ministry of Labor and Social Security.

Number of Urban Basic Endowment Insurance refers to number of those people who join the basic endowment insurance for urban employees and urban basic endowment insurance in accordance with relevant regulations at the end of reference period. The information comes from statistic report of Ministry of Labor and Social Security.

Number of Unemployment Insurance refers to number of staffs from town enterprises and institutions joining unemployment insurance and other personnel joining unemployment insurance stipulated by local government in accordance with relevant laws and regulationsat the end of reference period. The information comes from statistic report of Ministry of Labor and Social Security.

Number of Work-related Injury Insurance refers to number of staffs joining work-related injure insurance and employees from individual businesses in accordance with relevant regulations at the end of reference period. The information comes from statistic report of Ministry of Labor and Social Security.

Number of Maternity Insurance refers to number of those who join maternityinsurance in accordance with relevant regulations at the end of reference period. The information comes from statistic report of Ministry of Labor and Social Security.

Number of Social Welfare Homes refers to social welfare homes, social welfare homes for children, welfare homes for psychiatric patients and other adoptive institutions sponsored by civil administration department under the local jurisdiction and various old people′s home etc. covering urban and rural areas instructed by ministry of civil affairs at year-end.

Number of Social Welfares′ Beds refers to actual adoptive capacity of social welfares′ beds in the reference period.

Number of Social Welfares′ Beds refers to actual adoptive capacity of social welfares′ beds in the reference period.

Number of Community Service Facilities refers to number of nonprofit institutions set up by towns and cities (subdistrict office, neighborhood office) to serve the local community residents at the end of reference period. It included welfare facilities such as community service center for the old, the disable and children, activity stations, service stations, old people′s home, elderly apartment, work therapy station for the disabled, day nursery and house work service station for disabled children, matchmaking service center, and social insurance management services for employees. Various different types of community services units sharing one place are calculated as one community service facility. The following are some requirements: 1 independent accounting units; 2 fixed facility; 3 offer certain service items; 4 certain places.

Number of Residents Receiving Minimum Living Allowance in Urban Area refers to number of cities residents whose average household income is below the local minimum subsistence level. It includes three non-personnel, unemployment person, in-service staff, lay-off workers and retirees etc.

Number of Deaths in Traffic Accidents refers to actual number of person caused to death due to traffic accidents.

Amount of Loss in Traffic Accidents refers to direct losses converted into cash of cars and property caused by road accidents. It excludes onsite care (insurance), treatment fees for personal injuries and deaths and indirect property loss caused by shut down, production halts and closure etc.

Amount of Loss in Fire Accidents refers to direct property loss converted into cash caused by fire accidents. Direct property loss caused by fire accidents refers to losses caused by burnout, sparkwear and smudging as well as forcible entry, waterlogging during firefighting and pollution caused by fire accidents.

全国、全省及省会城市和副省级城市主要经济指标

Major Economic Indicators of China, Guizhou, Provincial Capitals and Deputy Provincial Cities in China

16-1 全国、全省及省会城市和副省级城市主要经济指标
Major Economic Indicators of China, Guizhou Province, Provincial Capitals and Deputy Provincial Cities in China

单位:亿元 (100 million yuan)

城市名称	City	生产总值 GDP	位次 Ranking	2018年比2017年增长(%) Growth Rate in 2018 over 2017 (%)	位次 Ranking	第一产业增加值 Added Value of Primary Industry	位次 Ranking	2018年比2017年增长(%) Growth Rate in 2018 over 2017 (%)	位次 Ranking	第二产业增加值 Added Value of Secondary Industry	位次 Ranking
全 国	**National Total**	**900309.50**		**6.6**		**64734.00**		**3.5**		**366000.90**	
贵州省	**Guizhou Province**	**14806.45**		**9.1**		**2159.54**		**6.9**		**5755.54**	
西 部 省会城市	**Provincial Capital Cities of Western China**										
贵 阳	Guiyang	3798.45	20	9.9	1	153.10	18	6.6	1	1413.67	19
*成 都	Chengdu	15342.77	2	8.0	10	522.59	2	3.6	7	6516.19	1
昆 明	Kunming	5206.90	17	8.4	7	222.16	16	6.3	2	2038.02	16
*西 安	Xi´an	8349.86	8	8.2	8	258.82	14	3.3	8	2925.61	11
兰 州	Lanzhou	2732.94	23	6.5	15	42.98	24	6.0	3	937.98	22
西 宁	Xining	1286.41	26	9.0	3	46.08	23	4.2	6	467.99	25
银 川	Yinchuan	1901.48	24	7.2	13	67.31	21	3.6	7	867.33	23
乌鲁木齐	Urumqi	3060.14	21	7.6	11	26.25	26	2.2	12	950.18	21
南 宁	Nanning	4026.90	18	5.4	17	421.30	4	4.3	5	1225.80	20
呼和浩特	Hohhot	2903.50	22	3.9	19	108.40	20	2.1	13	801.40	24
其 它 省会城市	**Other Provincial Cities**										
石家庄	Shijiazhuang	6082.60	15	7.4	12	420.50	5	3.2	9	2285.50	15
太 原	Taiyuan	3884.48	19	9.2	2	41.05	25	0.7	16	1439.13	18
*沈 阳	Shenyang	6292.40	14	5.4	17	260.10	13	3.2	9	2376.60	14
*长 春	Changchun	7175.70	12	7.2	13	301.90	9	1.7	15	3511.70	9
合 肥	Hefei	7822.90	11	8.5	6	277.60	10	2.2	12	3612.30	8
福 州	Fuzhou	7856.81	9	8.6	5	494.66	3	4.3	5	3204.90	10
南 昌	Nanchang	5274.67	16	8.9	4	190.68	17	3.2	9	2660.92	13
*济 南	Jinan	7856.60	10	7.4	12	272.40	12	2.5	11	2829.30	12
郑 州	Zhengzhou	10143.30	7	8.1	9	147.10	19	2.1	13	4450.70	7
长 沙	Changsha	11003.40	6	8.5	6	318.70	7	3.3	8	4660.20	5
*武 汉	Wuhan	14847.29	3	8.0	10	362.00	6	2.9	10	6377.75	2
海 口	Haikou	1510.51	25	7.6	11	63.96	22	4.5	4	276.00	26
*杭 州	Hangzhou	13509.00	4	6.7	14	306.00	8	1.8	14	4572.00	6
*南 京	Nanjing	12820.40	5	8.0	10	273.42	11	0.6	17	4721.61	4
*哈尔滨	Harbin	6300.50	13	5.1	18	525.50	1	-0.1	18	1689.30	17
*广 州	Guangzhou	22859.35	1	6.2	16	223.44	15	2.5	11	6234.07	3
其它副省级城市	**Other Deputy Provincial Cities**										
*大 连	Dalian	7668.48		6.5		442.70		3.0		3241.58	
*宁 波	Ningbo	10745.50		7.0		306.00		2.2		5507.50	
*厦 门	Xiamen	4791.41		7.7		24.40		2.6		1980.16	
*青 岛	Qingdao	12001.50		7.4		386.90		3.5		4850.60	
*深 圳	Shenzhen	24221.98		7.6		22.09		3.9		9961.95	

注:加*号为副省级城市。

a) The cities marked with" * "are deputy provincial cities.

16-1 续表 1 (continued)

单位:亿元 (100 million yuan)

城市名称	City	2018年比2017年增长(%) Growth Rate in 2018 over 2017 (%)	位次 Ranking	#工业增加值 Added Value of Industry	位次 Ranking	2018年比2017年增长(%) Growth Rate in 2018 over 2017 (%)	位次 Ranking	第三产业增加值 Added Value of Tertiary Industry	位次 Ranking	2018年比2017年增长(%) Growth Rate in 2018 over 2017 (%)	位次 Ranking
全 国	**National Total**	**5.8**		**305160.20**		**6.1**		**469574.60**		**7.6**	
贵州省	**Guizhou Province**	**9.5**		**4378.91**		**9.0**		**6891.37**		**9.5**	
西部省会城市	**Provincial Capital Cities of Western China**										
贵 阳	Guiyang	7.9	8	874.96	11	7.5	8	2231.68	20	11.3	1
*成 都	Chengdu	7.0	11	5663.75	1	7.6	7	8303.99	3	9.0	8
昆 明	Kunming	10.0	2	1266.94	9	13.6	1	2946.71	16	7.3	17
*西 安	Xi´an	8.5	5	1874.36	8	9.0	2	5165.43	8	8.3	11
兰 州	Lanzhou	4.9	19	646.48	13	5.8	13	1751.97	23	7.4	16
西 宁	Xining	8.8	4	299.10	16	8.0	4	772.34	26	9.4	5
银 川	Yinchuan	5.5	17	622.02	14	7.7	6	966.84	25	9.2	6
乌鲁木齐	Urumqi	5.4	18	730.06	12	5.1	16	2083.70	21	8.6	10
南 宁	Nanning	2.2	23			1.6	18	2379.80	19	7.8	14
呼和浩特	Hohhot	2.4	22	587.99	15	3.3	17	1993.70	22	4.6	20
其它省会城市	**Other Provincial Cities**										
石家庄	Shijiazhuang	4.8	20					3376.70	14	10.2	3
太 原	Taiyuan	10.3	1					2404.30	18	8.8	9
*沈 阳	Shenyang	5.7	16	1910.50	7	6.6	11	3655.70	13	5.4	19
*长 春	Changchun	7.3	10					3362.10	15	7.8	14
合 肥	Hefei	9.5	3					3933.10	12	8.0	13
福 州	Fuzhou	8.4	6	2416.16	6	8.8	3	4157.26	10	9.2	6
南 昌	Nanchang	8.5	5					2423.07	17	10.1	4
*济 南	Jinan	7.8	9					4754.80	9	7.5	15
郑 州	Zhengzhou	8.1	7	3746.20	5	6.9	10	5545.50	7	8.3	11
长 沙	Changsha	6.8	12					6024.50	6	10.7	2
*武 汉	Wuhan	5.7	16					8107.54	4	10.1	4
海 口	Haikou	6.0	14	153.00	17	7.8	5	1170.56	24	8.1	12
*杭 州	Hangzhou	5.8	15	4160.00	3	6.3	12	8632.00	2	7.5	15
*南 京	Nanjing	6.5	13	4055.14	4	7.3	9	7825.37	5	9.1	7
*哈尔滨	Harbin	2.7	21	1081.00	10	5.4	15	4085.70	11	7.5	15
*广 州	Guangzhou	5.4	18	5621.73	2	5.5	14	16401.84	1	6.6	18
其它副省级城市	**Other Deputy Provincial Cities**										
*大 连	Dalian	11.9		2633.02		14.1		3984.20		2.9	
*宁 波	Ningbo	6.2		4953.70		6.7		4932.00		8.1	
*厦 门	Xiamen	8.1		1672.23		8.5		2786.85		7.5	
*青 岛	Qingdao	7.3						6764.00		7.7	
*深 圳	Shenzhen	9.3		9254.00		9.0		14237.94		6.4	

注:加*号为副省级城市。

a) The cities marked with "*" are deputy provincial cities.

16-1 续表 2 （continued）

单位：亿元 (100 million yuan)

城市名称	City	规模以上工业增加值 Added Value of Industry above Designated Size	位次 Ranking	2018年比2017年增长(%) Growth Rate in 2018 over 2017 (%)	位次 Ranking	固定资产投资 Total Investment in Fixed Assets	位次 Ranking	2018年比2017年增长(%) Growth Rate in 2018 over 2017 (%)	位次 Ranking	房地产投资 Real Estate Investment	位次 Ranking
全　国	**National Total**			**6.2**		**645675.00**		**5.9**		**120263.50**	
贵州省	**Guizhou Province**			**9.0**				**15.8**			
西部省会城市	**Provincial Capital Cities of Western China**										
贵　阳	Guiyang			7.4	13			15.0	3		
*成　都	Chengdu			8.5	7			10.0	11	2267.80	3
昆　明	Kunming			14.0	1			5.5	20		
*西　安	Xi´an			9.4	5			8.5	15		
兰　州	Lanzhou	614.98	5	6.0	17			12.1	4	586.62	8
西　宁	Xining			8.0	9			9.0	14	292.25	11
银　川	Yinchuan			7.5	12			-21.9	23	295.25	10
乌鲁木齐	Urumqi	678.72	4	2.4	23			10.0	11		
南　宁	Nanning			1.5	24			11.8	5	1106.36	6
呼和浩特	Hohhot			3.1	22			-26.5	24	174.30	12
其它省会城市	**Other Provincial Cities**										
石家庄	Shijiazhuang			5.4	21			6.4	19		
太　原	Taiyuan			10.8	3	1217.82	3	26.2	1	531.76	9
*沈　阳	Shenyang	6292.40	1	7.6	11			15.3	2		
*长　春	Changchun			8.5	7			6.7	18		
合　肥	Hefei			11.3	2			7.1	17	1527.17	4
福　州	Fuzhou			9.0	6			11.7	6		
南　昌	Nanchang			9.5	4			10.9	8		
*济　南	Jinan			7.1	14			9.6	12	1369.30	5
郑　州	Zhengzhou			6.8	15			10.9	8		
长　沙	Changsha			8.2	8			11.5	7		
*武　汉	Wuhan			5.7	19			10.6	10		
海　口	Haikou	135.01	6	8.0	9			-6.2	21	609.42	7
*杭　州	Hangzhou			6.3	16			10.8	9		
*南　京	Nanjing	3091.83	3	7.8	10	4718.05	2	9.4	13	2354.17	2
*哈尔滨	Harbin			5.8	18			-7.2	22		
*广　州	Guangzhou	4451.11	2	5.5	20	5938.40	1	8.2	16	2701.93	1
其它副省级城市	**Other Deputy Provincial Cities**										
*大　连	Dalian			15.9				10.1			
*宁　波	Ningbo	3730.80		6.3				3.6			
*厦　门	Xiamen	1611.35		8.8				10.1			
*青　岛	Qingdao			6.8				7.9			
*深　圳	Shenzhen	9109.54		9.5				20.6			

注：加 * 号为副省级城市。
a) The cities marked with" * "are deputy provincial cities.

16-1 续表 3 (continued)

单位:亿元 (100 million yuan)

城市名称	City	2018年比2017年增长(%) Growth Rate in 2018 over 2017 (%)	位次 Ranking	工业投资 Industrial Investment	位次 Ranking	2018年比2017年增长(%) Growth Rate in 2018 over 2017 (%)	位次 Ranking	社会消费品零售总额 Total Retail Sales of Consumer Goods	位次 Ranking	2018年比2017年增长(%) Growth Rate in 2018 over 2017 (%)	位次 Ranking
全 国	**National Total**	**9.5**				**6.5**		**380986.90**		**9.0**	
贵州省	**Guizhou Province**	**6.7**				**13.1**		**3971.21**		**8.2**	
西部省会城市	**Provincial Capital Cities of Western China**										
贵 阳	Guiyang	-3.9	19			10.5	12	1299.47	23	8.0	13
*成 都	Chengdu	-8.8	20			7.5	15	6801.80	3	10.0	4
昆 明	Kunming	9.3	10			3.9	17	2787.41	16	10.0	4
*西 安	Xi´an	7.9	12			28.7	4	4658.72	8	9.6	7
兰 州	Lanzhou	35.7	2			-19.6	24	1352.10	22	7.4	15
西 宁	Xining	-16.8	22			18.0	7	564.38	25	6.7	16
银 川	Yinchuan	-26.7	23			0.1	19	552.73	26	4.8	20
乌鲁木齐	Urumqi	56.7	1			37.0	3	1353.99	21	2.8	22
南 宁	Nanning	15.5	5			8.7	14	2214.70	17	9.0	10
呼和浩特	Hohhot	-26.9	24			-49.7	25	1603.20	20	5.6	19
其它省会城市	**Other Provincial Cities**										
石家庄	Shijiazhuang	-16.8	22			4.9	16	2934.10	15	9.1	9
太 原	Taiyuan	11.2	8	206.06	1	53.1	2	1811.90	19	8.1	12
*沈 阳	Shenyang	22.4	3			0.7	18	4051.20	12	9.2	8
*长 春	Changchun	35.7	2			-18.3	23	3003.60	13	6.2	17
合 肥	Hefei	-1.9	17			17.5	8	2976.74	14	9.1	9
福 州	Fuzhou	-15.0	21			25.0	5	4666.46	7	11.3	1
南 昌	Nanchang	12.6	6			15.2	9	2131.63	18	11.1	2
*济 南	Jinan	11.1	9			-5.2	20	4404.50	9	10.0	4
郑 州	Zhengzhou	-3.0	18			11.8	11	4268.09	10	9.7	6
长 沙	Changsha	0.7	16			22.1	6	4765.04	6	9.9	5
*武 汉	Wuhan	3.5	14			12.1	10	6843.90	2	10.5	3
海 口	Haikou	1.0	15					757.56	24	5.9	18
*杭 州	Hangzhou	12.2	7			-11.3	22	5715.00	5	9.0	10
*南 京	Nanjing	8.5	11			8.9	13	5832.46	4	8.4	11
*哈尔滨	Harbin	17.6	4			-8.9	21	4125.10	11	4.2	21
*广 州	Guangzhou	6.4	13			53.8	1	9256.19	1	7.6	14
其它副省级城市	**Other Deputy Provincial Cities**										
*大 连	Dalian	21.5				39.5		3880.05		7.8	
*宁 波	Ningbo	15.5				-0.3		4154.90		8.1	
*厦 门	Xiamen	0.5				12.0		1542.42		6.6	
*青 岛	Qingdao	11.6				7.4		4842.50		10.0	
*深 圳	Shenzhen	23.6				8.2		6168.87		7.6	

注:加*号为副省级城市。

a) The cities marked with "*" are deputy provincial cities.

16-1 续表 4 （continued）

单位：亿美元 （100 million dallors）

城市名称	City	进出口总额 Total Value of Imports and Exports	位次 Ranking	2018年比2017年增长(%) Growth Rate in 2018 over 2017 (%)	位次 Ranking	#出口总额 Total Value of Exports	位次 Ranking	2018年比2017年增长(%) Growth Rate in 2018 over 2017 (%)	位次 Ranking	实际利用外资 Foreign Investment Utilized	位次 Ranking
全国	**National Total**	**305008.1 亿元**		**9.7**		**164127.8 亿元**		**7.1**			
贵州省	**Guizhou Province**	**500.96 亿元**		**-9.1**		**337.58 亿元**		**-13.7**		**44.86**	
西部省会城市	**Provincial Capital Cities of Western China**										
贵阳	Guiyang	34.94	8	15.2	13	25.15	9	9.0	16	15.89	13
*成都	Chengdu	753.60	2	29.3	5	415.10	2	35.8	2	76.30	2
昆明	Kunming	131.20	7	67.6	1	37.63	8	27.9	4		
*西安	Xi´an	3303.87 亿元		29.6	4	1957.49 亿元		26.1	5	63.54	5
兰州	Lanzhou	133.18 亿元		23.9	6	75.6 亿元		17.3	10		
西宁	Xining	31.28 亿元		-5.0	24	10.98 亿元		-20.34	24		
银川	Yinchuan	168.83 亿元		-37.6	26	127.79 亿元		-34.8	25		
乌鲁木齐	Urumqi	513.50 亿元		12.4	14	54.48	6	3.2	21		
南宁	Nanning	738.79 亿元		21.7	9	355.09 亿元		28.8	3	13.69	16
呼和浩特	Hohhot	116.7 亿元		7.0	18	55.9 亿元		8.7	17		
其它省会城市	**Other Provincial Cities**										
石家庄	Shijiazhuang	915.50 亿元		6.1	19	571.60 亿元		7.6	18	14.50	14
太原	Taiyuan	164.70	5	21.8	8	100.39	5	18.8	8	0.09	19
*沈阳	Shenyang	149.50	6	16.4	11	52.00	7	10.8	13	14.30	15
*长春	Changchun	1054.6 亿元		10.7	16	152.50 亿元		17.5	9	3.30	17
合肥	Hefei	308.13	4	23.5	7	182.46	4	25.3	6	32.30	12
福州	Fuzhou	2512.2 亿元		5.0	20	1654.82 亿元		11.6	12	55.39	7
南昌	Nanchang	787.6 亿元		18.2	10	451.67 亿元		6.2	19	34.89	11
*济南	Jinan	825.00 亿元		16.2	12	519.30 亿元		14.6	11	178.20 亿元	
郑州	Zhengzhou	4105 亿元		2.2	23	2577.1 亿元		10.7	14	42.11	8
长沙	Changsha	1283.34 亿元		36.8	3	823.15 亿元		40.0	1	57.80	6
*武汉	Wuhan	2148.40 亿元		11.0	15	1275.20 亿元		10.2	15	109.27	1
海口	Haikou	341.17 亿元		62.3	2	67.24 亿元		21.2	7	2.54	18
*杭州	Hangzhou	5245 亿元		3.1	22	3417 亿元		-1.0	23	68.30	3
*南京	Nanjing	654.91	3	7.6	17	378.79	3	10.8	13	38.53	9
*哈尔滨	Harbin	209.70 亿元		-8.0	25	103.50 亿元		5.2	20	36.50	10
*广州	Guangzhou	1484.83	1	3.7	21	848.51	1	-0.5	22	66.11	4
其它副省级城市	**Other Deputy Provincial Cities**										
*大连	Dalian	4701.41 亿元		13.9		1889.6 亿元		8.5		26.78	
*宁波	Ningbo	1301.00		16.0		841.70		14.5		43.20	
*厦门	Xiamen	6002.05 亿元		3.2		3338.51 亿元		2.6		107.31 亿元	
*青岛	Qingdao	5321.2 亿元		5.7		3172.2 亿元		4.7		86.90	
*深圳	Shenzhen	29983.74 亿元		7.0		16274.69 亿元		-1.6		82.03	

注：加 * 号为副省级城市。

a) The cities marked with“ * ”are deputy provincial cities.

16-1 续表 5 (continued)

单位:亿元 (100 million yuan)

城市名称	City	2018 年比 2017 年增长(%) Growth Rate in 2018 over 2017 (%)	位次 Ranking	一般公共预算收入 Public Budgetary Revenue	位次 Ranking	2018 年比 2017 年增长(%) Growth Rate in 2018 over 2017 (%)	位次 Ranking	一般公共预算支出 Public Budgetary Expenditure	位次 Ranking	2018 年比 2017 年增长(%) Growth Rate in 2018 over 2017 (%)	位次 Ranking
全　国	**National Total**			**183359.80**		**6.2**		**220904.10**		**8.7**	
贵州省	**Guizhou Province**	**15.3**		**1726.85**		**7.0**		**5029.68**		**9.0**	
西部省会城市	**Provincial Capital Cities of Western China**										
贵　阳	Guiyang	18.1	5	411.34	18	8.9	17	624.22	19	7.2	16
*成　都	Chengdu	17.5	6	1424.20	5	9.4	14				
昆　明	Kunming			595.63	13	6.2	22	756.80	15	-2.5	22
*西　安	Xi'an	14.9	7	684.71	11	10.8	10	1151.61	7	10.2	13
兰　州	Lanzhou			253.32	22	8.9	16	465.68	21	11.4	12
西　宁	Xining			92.94	26	17.4	2	297.48	24	3.2	18
银　川	Yinchuan			181.17	24	2.1	24	370.80	22	8.5	14
乌鲁木齐	Urumqi			458.28	17	14.3	4	659.79	18	43.9	1
南　宁	Nanning	43.0	2	358.96	21	8.1	19	697.93	17	8.0	15
呼和浩特	Hohhot			204.70	23	1.5	25	357.00	23	-11.3	23
其它省会城市	**Other Provincial Cities**										
石家庄	Shijiazhuang	12.3	9	519.70	14	12.8	6	994.70	10	23.7	2
太　原	Taiyuan	-91.9	18	373.23	20	19.7	1	542.53	20	13.2	8
*沈　阳	Shenyang	41.3	3	720.60	9	10.0	12	964.90	11	12.9	9
*长　春	Changchun			478.00	15	6.2	22	894.30	14	2.1	19
合　肥	Hefei	6.9	12	712.49	10	8.6	18	1004.91	9	4.1	17
福　州	Fuzhou			680.38	12	7.3	20	923.41	13	-1.6	21
南　昌	Nanchang	9.7	11	461.75	16	10.7	11	752.13	16	15.2	6
*济　南	Jinan	41.0	4	752.80	8	11.2	8	1018.30	8	22.1	3
郑　州	Zhengzhou	4	16	1152.05	6	9.0	15	1763.33	3	16.4	5
长　沙	Changsha	10.1	10	879.71	7	9.9	13	1329.52	6	12.4	10
*武　汉	Wuhan	13.3	8	1528.70	3	11.0	9	1929.54	2	12.3	11
海　口	Haikou	778.0	1	169.88	25	13.9	5	237.38	25	19.6	4
*杭　州	Hangzhou	3.3	17	1825.10	1	12.5	7	1717.10	4	11.4	12
*南　京	Nanjing	4.9	15	1470.02	4	15.6	3	1532.71	5	13.2	8
*哈尔滨	Harbin	6.1	13	384.40	19	4.4	23	962.20	12	0.4	20
*广　州	Guangzhou	5.1	14	1632.30	2	6.5	21	2505.84	1	14.6	7
其它副省级城市	**Other Deputy Provincial Cities**										
*大　连	Dalian	-17.6		703.98		7.0		1001.44		8.9	
*宁　波	Ningbo	7.2		1379.70		10.8		1594.10		13.0	
*厦　门	Xiamen			754.53		8.3		892.49		12.0	
*青　岛	Qingdao	10.0		1231.90		6.5		1561.20		11.3	
*深　圳	Shenzhen	10.8		3538.41		6.2		4282.54		-6.8	

注:加*号为副省级城市。

a) The cities marked with"*"are deputy provincial cities.

16-1 续表 6 (continued)

单位:亿元 (100 million yuan)

城市名称	City	全部金融机构人民币存款余额 Balance of Deposits in All Financial Institutions	位次 Ranking	比年初增长(%) Growth Rate over the Year Beginning (%)	位次 Ranking	住户存款 Balance of Savings Deposits in Urban and Rural Areas	位次 Ranking	比年初增长(%) Growth Rate over the Year Beginning (%)	位次 Ranking
全国	**National Total**	**1775226.00**		**8.2**					
贵州省	**Guizhou Province**	**26473.34**		**1.5**		**10588.61**		**10.5**	
西部省会城市	**Provincial Capital Cities of Western China**								
贵阳	Guiyang	11357.44	15	5.0	12	2835.74	15	7.2	16
*成都	Chengdu	36656.00	2	6.5	9	13141.00	2	9.8	9
昆明	Kunming	13583.62	10	0.9	19				
*西安	Xi´an	20948.18	6	4.5	13	8360.33	3	11.5	5
兰州	Lanzhou	8716.44	18	2.4	17				
西宁	Xining	3786.52	22	-2.0	21	1436.77	19	6.9	17
银川	Yinchuan	3704.56	23	3.3	16	1664.79	18	11.2	7
乌鲁木齐	Urumqi	8427.91	19	1.3	18	2871.11	14	10.4	8
南宁	Nanning	10093.13	17	7.8	5	3542.83	13	11.5	5
呼和浩特	Hohhot	5770.80	20	-8.6	22	2174.09	16	11.3	6
其它省会城市	**Other Provincial Cities**								
石家庄	Shijiazhuang	13225.16	11	13.0	1	6473.25	7	14.7	2
太原	Taiyuan	12019.50	12	3.4	15	4767.46	11	8.7	14
*沈阳	Shenyang	17553.60	7	12.8	2	7288.10	4	12.2	3
*长春	Changchun	11475.70	14	0.1	20	4993.20	10	9.3	12
合肥	Hefei								
福州	Fuzhou	13827.40	9	5.3	11	4385.51	12	7.9	15
南昌	Nanchang	10605.78	16	5.9	10				
*济南	Jinan	16571.90	8	3.8	14	5008.10	9	12.1	4
郑州	Zhengzhou	21767.20	5	7.0	7	7157.32	5	9.5	11
长沙	Changsha								
*武汉	Wuhan	25720.46	4	7.3	6				
海口	Haikou	4842.53	21	-8.9	23	1706.46	17	9.7	10
*杭州	Hangzhou								
*南京	Nanjing	33740.63	3	12.7	3	6914.84	6	14.8	1
*哈尔滨	Harbin	11504.00	13	9.4	4	5394.30	8	9.2	13
*广州	Guangzhou	52647.47	1	6.7	8	16042.06	1	9.7	10
其它副省级城市	**Other Deputy Provincial Cities**								
*大连	Dalian	13485.06		-0.6		6039.97		11.5	
*宁波	Ningbo								
*厦门	Xiamen	10446.80		4.3		2610.18		13.9	
*青岛	Qingdao	15532.00				5914.00			
*深圳	Shenzhen	68697.64		6.3		13478.94		22.8	

注:加*号为副省级城市;全国和贵州省为比上年同期增长。

a) The cities marked with "*" are deputy provincial cities. The national total and Guizhou province are year-on-year growth.

16-1 续表 7 (continued)

单位:元 (yuan)

城市名称	City	全部金融机构人民币贷款余额 Balance of Deposits in All Financial Institutions	位次 Ranking	比年初增长(%) Growth Rate over the Year Beginning (%)	位次 Ranking	城镇常住居民人均可支配收入 Per Capita Annual Disposable Income of Urban Households	位次 Ranking	2018年比2017年增长(%) Growth Rate in 2018 over 2017 (%)	位次 Ranking
全 国	**National Total**	**1362967.00**		**13.5**		**39251**		**7.8**	
贵州省	**Guizhou Province**	**24715.05**		**18.5**		**31592**		**8.6**	
西部省会城市	**Provincial Capital Cities of Western China**								
贵 阳	Guiyang	12412.75	12	19.3	2	35115	21	9.1	2
*成 都	Chengdu	31423.00	2	10.8	13	42128	11	8.2	7
昆 明	Kunming	16224.73	7	9.7	15	42988	10	8.0	9
*西 安	Xi′an	19729.82	6	16.4	6	38729	15	8.1	8
兰 州	Lanzhou	11010.54	16	14.2	9	35014	22	8.3	6
西 宁	Xining	5416.90	21	5.1	19	32500	24	8.2	7
银 川	Yinchuan	4797.87	23	7.6	17	35586	18	7.9	10
乌鲁木齐	Urumqi	6982.00	20	12.0	12				
南 宁	Nanning	12052.13	13	15.1	8	35276	20	6.2	14
呼和浩特	Hohhot	7956.25	19	3.8	20	46565	7	7.0	12
其它省会城市	**Other Provincial Cities**								
石家庄	Shijiazhuang	10171.75	18	12.7	11	35563	19	8.0	9
太 原	Taiyuan	12491.74	11	10.1	14	33672	23	7.0	12
*沈 阳	Shenyang	14726.80	9	13.7	10	44054	9	6.5	13
*长 春	Changchun	11463.10	15	10.8	13				
合 肥	Hefei					41484	12	9.3	1
福 州	Fuzhou	14917.40	8	12.0	12	44457	8	8.5	4
南 昌	Nanchang	11950.32	14	17.1	5	40844	13	8.4	5
*济 南	Jinan	14700.10	10	23.6	1	50146	5	7.5	11
郑 州	Zhengzhou	21202.24	5	17.8	4	39042	14	8.3	6
长 沙	Changsha					50792	4	8.2	7
*武 汉	Wuhan	26839.44	4	19.0	3	47359	6	9.1	2
海 口	Haikou	4858.20	22	7.1	18	36137	17	8.5	4
*杭 州	Hangzhou					61172	1	8.7	3
*南 京	Nanjing	28402.34	3	15.5	7	59308	3	8.7	3
*哈尔滨	Harbin	10921.20	17	9.6	16	37828	16	6.5	13
*广 州	Guangzhou	39764.44	1	19.3	2	59982	2	8.3	6
其它副省级城市	**Other Deputy Provincial Cities**								
*大 连	Dalian	11345.96		1.1		43550		7.3	
*宁 波	Ningbo					60134		8.0	
*厦 门	Xiamen	9759.61		10.0		54401		8.8	
*青 岛	Qingdao	15194.00				50817		7.7	
*深 圳	Shenzhen	48282.38		17.6		57543		8.7	

注:加*号为副省级城市。

a) The cities marked with"*"are deputy provincial cities.

16-1 续表 8 (continued)

单位:元 (yuan)

城市名称	City	农村常住居民人均可支配收入 Per Capita Annual Disposable Income of Rural Residents	位次 Ranking	2018年比2017年增长(%) Growth Rate in 2018 over 2017 (%)	位次 Ranking	居民消费价格指数(%) CPI (%)	位次 Ranking	2018年比2017年增长(%) Growth Rate in 2018 over 2017 (%)	位次 Ranking
全国	**National Total**	**14617**		**8.8**		**102.1**		**2.1**	
贵州省	**Guizhou Province**	**9716**		**9.6**		**101.8**		**1.8**	
西部省会城市	**Provincial Capital Cities of Western China**								
贵阳	Guiyang	15648	16	9.7	2	101.7	13	1.7	12
*成都	Chengdu	22135	6	9.0	6	101.4	15	1.4	14
昆明	Kunming	14895	17	8.7	8	101.7	13	1.7	12
*西安	Xi´an	13286	22	9.0	6	101.9	11	1.9	10
兰州	Lanzhou	12368	23	9.4	3	101.7	13	1.7	12
西宁	Xining	11504	24	9.1	5	102.7	2	2.7	2
银川	Yinchuan	14160	20	8.2	12	102.2	8	2.2	7
乌鲁木齐	Urumqi					102.2	8	2.2	7
南宁	Nanning	13654	21	9.1	5	102.5	4	2.5	4
呼和浩特	Hohhot	17190	12	9.4	3	102.1	9	2.1	8
其它省会城市	**Other Provincial Cities**								
石家庄	Shijiazhuang	14518	19	8.8	7	102.3	6	2.3	6
太原	Taiyuan	16860	14	8.1	13	101.8	12	1.8	11
*沈阳	Shenyang	16530	15	6.9	15	103.0	1	3.0	1
*长春	Changchun					102.0	10	2.0	9
合肥	Hefei	20389	8	9.7	2	102.0	10	2.0	9
福州	Fuzhou	19419	9	8.7	8	101.5	14	1.5	13
南昌	Nanchang	17866	11	9.2	4	102.3	7	2.3	6
*济南	Jinan	17924	10	8.0	14	102.6	3	2.6	3
郑州	Zhengzhou	21652	7	8.4	11	102.4	5	2.4	5
长沙	Changsha	29714	2	8.6	9	102.0	10	2.0	9
*武汉	Wuhan	22652	5	8.5	10	101.9	11	1.9	10
海口	Haikou	14886	18	8.2	12	102.4	5	2.4	5
*杭州	Hangzhou	33193	1	9.2	4	102.3	7	2.3	6
*南京	Nanjing	25263	4	9.2	4	102.4	5	2.4	5
*哈尔滨	Harbin	16934	13	9.0	6	102.5	4	2.5	4
*广州	Guangzhou	26020	3	10.8	1	102.4	5	2.4	5
其它副省级城市	**Other Deputy Provincial Cities**								
*大连	Dalian	18103		7.3		103.0		3.0	
*宁波	Ningbo	33633		8.9		102.2		2.2	
*厦门	Xiamen	22410		9.5		101.8		1.8	
*青岛	Qingdao	20820		7.5		102.1		2.1	
*深圳	Shenzhen					102.8		2.8	

注:加*号为副省级城市。
a) The cities marked with“ * ”are deputy provincial cities.

Seventeen

主要年份指标

Major Indicators in Main Years

17-1 全市年末从业人员数
Number of Employed Persons at Year-end

单位:万人　　(10 000 persons)

年　份 Year	从业人员 Number of Employed Persons	第一产业 Primary Industry	第二产业 Secondary Industry	第三产业 Tertiary Industry	城镇私营(含个体) Urban Private Enterprises (Include Self-employed Individuals)	农村从业人员 Rural Employed Persons
1978	102.69	51.36	32.04	19.29	0.66	52.19
1979	104.70	50.97	34.61	19.12	0.72	51.89
1980	107.94	52.12	35.59	20.23	0.98	53.15
1981	111.82	53.12	35.86	22.84	1.37	55.13
1982	114.92	54.69	36.30	23.93	1.56	56.81
1983	116.09	54.72	36.65	24.72	1.86	58.29
1984	125.17	55.84	39.67	29.66	2.59	60.93
1985	133.41	56.89	46.75	29.77	2.92	63.98
1986	139.64	59.57	45.85	34.22	5.02	65.97
1987	143.07	62.16	48.69	32.22	3.71	68.55
1988	146.47	67.70	48.51	33.26	3.96	71.50
1989	152.09	68.67	48.95	34.47	4.98	76.61
1990	159.57	71.50	49.99	38.08	5.15	80.89
1991	164.06	72.42	52.77	38.87	5.44	81.25
1992	169.85	74.77	52.20	42.88	5.24	83.76
1993	173.71	76.93	53.00	43.78	6.06	88.46
1994	181.94	79.11	56.28	46.55	4.11	90.63
1995	184.30	78.07	56.29	49.94	9.02	84.96
1996	189.73	78.85	56.00	54.88	17.28	94.71
1997	195.86	77.79	59.96	58.11	18.78	96.98
1998	200.35	77.24	63.27	59.84	19.82	98.95
1999	200.58	79.32	59.40	61.86	19.66	99.73
2000	204.29	87.01	53.70	63.58	24.55	116.83
2001	202.75	79.52	52.21	71.02	27.83	105.69
2002	205.06	76.39	51.41	77.26	29.52	106.04
2003	210.15	77.95	52.75	79.45	29.83	109.38
2004	211.66	72.98	55.33	83.35	38.41	110.24
2005	200.52	94.01	37.18	69.34	21.81	111.08
2006	206.69	93.17	39.39	74.14	24.35	115.19
2007	204.89	85.40	39.93	79.55	26.95	114.75
2008	209.74	81.41	42.03	86.31	28.46	117.60
2009	213.42	76.62	45.25	91.55	35.05	116.66
2010	212.98	70.40	46.49	96.09	46.65	118.83
2011	217.93	65.73	48.93	103.26	44.02	118.41
2012	223.57	61.07	54.72	107.78	40.47	117.48
2013	232.13	57.81	61.65	112.67	45.80	116.51
2014	242.02	54.86	68.68	118.48	45.95	115.77
2015	251.79	52.23	75.12	124.44	43.85	114.09
2016	262.12	48.14	81.06	132.92	37.68	111.10
2017	272.72	46.05	87.05	139.62	50.23	113.58
2018	276.70	38.71	88.95	149.03	39.24	107.50

注:2005-2010 年为第六次人口普查调整数。
a) Data from 2005 to 2010 refer to the adjusted figures of the Sixth Population Census.

17-2 全市城镇非私营单位从业人员和工资情况
Number of Staff and Their Wages Bill in Urban Non-Private Units

年份 Year	从业人员期末人数（万人）Number of Staff at Year-end (10 000 persons)	国有单位 State-owned Units	城镇集体单位 Urban Collective-owned Units	其它单位 Others	从业人员工资总额（万元）Total Wages of All Staff (10 000 yuan)	国有单位 State-owned Units	城镇集体单位 Urban Collective-owned Units	其它单位 Others	在岗职工平均工资（元）Average Salary of On-Post Staff (yuan)
1978	49. 84	37. 01	12. 83		29466	23411	5876		
1979	52. 10	38. 58	13. 52		33116	26859	6089		
1980	53. 80	40. 30	13. 50		39884	32369	7419		
1981	55. 32	42. 46	13. 86		41777	33352	8298		
1982	56. 55	43. 53	14. 02		43699	34756	8967		
1983	55. 94	42. 77	14. 17		45583	35490	9730		
1984	56. 79	43. 18	14. 53	0. 08	53492	41153	12160		
1985	60. 05	43. 12	16. 43	0. 50	64125	51292	12833		
1986	61. 61	45. 53	16. 02	0. 06	73409	59618	13748	43	
1987	63. 26	46. 90	16. 34	0. 02	82510	67533	14929	48	
1988	63. 77	48. 05	15. 59	0. 13	97748	107830	16819	98	
1989	64. 32	49. 25	14. 87	0. 20	109392	91423	17662	306	
1990	68. 31	50. 68	17. 23	0. 39	134771	109630	24155	985	
1991	70. 33	51. 67	18. 28	0. 38	149080	119246	28633	1200	
1992	71. 22	51. 78	18. 79	0. 65	173728	137969	33572	2186	
1993	72. 71	52. 92	18. 83	0. 96	209844	164713	41114	4016	
1994	70. 75	52. 84	16. 95	0. 95	280397	228097	47217	5083	
1995	66. 60	51. 85	12. 64	1. 98	316787	263713	41337	11736	
1996	68. 32	52. 23	13. 20	2. 89	366122	296943	50759	18420	5461
1997	69. 00	52. 76	13. 29	2. 95	397699	324947	50808	21944	5814
1998	60. 99	42. 58	10. 45	7. 96	397802	284117	51178	62507	6588
1999	55. 55	38. 82	8. 57	8. 16	419681	308397	47082	64202	7592
2000	53. 62	38. 00	7. 44	8. 18	473641	351290	46795	75556	8784
2001	50. 11	36. 09	5. 57	8. 45	525095	404655	39109	81331	10611
2002	53. 95	37. 82	5. 22	10. 91	575551	428048	38616	108887	10987
2003	55. 45	35. 26	5. 06	15. 13	664234	449066	39755	175413	12182
2004	57. 30	34. 98	4. 53	17. 79	791311	527475	38079	225757	14099
2005	60. 59	36. 73	4. 13	19. 73	964896	640431	42929	281536	16553
2006	59. 11	35. 58	3. 44	20. 10	1086325	722521	44864	318937	18524
2007	65. 31	39. 76	3. 26	22. 28	1420653	949233	54442	416977	22581
2008	64. 52	38. 93	3. 13	22. 46	1704279	1142652	54080	507547	26388
2009	66. 25	37. 86	2. 60	25. 79	1803395	1134357	49720	619318	28026
2010	69. 84	41. 08	2. 35	26. 41	2087789	1311053	45471	731265	31192
2011	72. 15	40. 54	2. 39	29. 22	2742300	1742040	53787	946474	38674
2012	75. 86	37. 97	1. 61	36. 28	3236338	1798308	51845	1386185	42974
2013	89. 16	33. 19	1. 50	54. 47	4508238	1866776	54506	2586956	50817
2014	93. 06	36. 53	1. 23	55. 30	5434671	2383933	54369	2996369	59334
2015	93. 34	32. 74	1. 05	59. 55	5813417	2402964	45721	3364732	63949
2016	105. 74	35. 11	1. 12	69. 52	7047969	2707080	51675	4289214	70535
2017	109. 06	35. 18	1. 19	72. 69	7784665	2918831	54745	4811089	73939
2018	106. 33	33. 74	1. 12	71. 47	8375134	3083474	76041	5215619	82685

注:2011 年起在岗职工包含劳务派遣人员。2015 年前职工人数为在岗职工人数。

a) Since 2011, the number of dispatch personnels has been included in the number of on-post staff. The number of employed persons before 2015 refers to the on-post staff.

17-3 全市生产总值
Gross Domestic Product in the Whole City

(当年价 current price)

年 份 Year	生产总值(万元) GDP (10 000 yuan)	第一产业 Primary Industry	第二产业 Secondary Industry	工 业 Industry	第三产业 Tertiary Industry	三次产业构成(%) Composition of Industries(%) 第一产业 Primary Industry	第二产业 Secondary Industry	第三产业 Tertiary Industry
1978	107690	14397	70431	64767	22862	13.4	65.4	21.2
1979	124916	15407	83509	75982	26000	12.3	66.9	20.8
1980	141506	17245	95319	80858	28942	12.2	67.4	20.5
1981	147901	21118	93196	75788	33587	14.3	63.0	22.7
1982	164450	24851	102662	83044	36937	15.1	62.4	22.4
1983	203635	26134	129612	109573	47889	12.8	63.7	23.5
1984	254855	33954	154675	130672	66226	13.3	60.7	26.0
1985	321865	33546	203833	174913	84486	10.4	63.3	26.3
1986	357145	39171	223663	190081	94311	11.0	62.6	26.4
1987	403620	47769	250578	210426	105273	11.8	62.1	26.1
1988	451562	60834	266003	233152	124725	13.5	58.9	27.6
1989	536413	65565	328769	292330	142079	12.2	61.3	26.5
1990	602246	61985	349856	309923	190405	10.3	58.1	31.6
1991	711129	76889	401664	349428	232576	10.8	56.5	32.7
1992	833254	79843	458544	402584	294867	9.6	55.0	35.4
1993	981275	92664	531798	455580	356813	9.4	54.2	36.4
1994	1236708	142405	664107	551460	430196	11.5	53.7	34.8
1995	1491181	173209	806196	673211	511776	11.6	54.1	34.3
1996	1711880	206626	856467	745809	648787	12.1	50.0	37.9
1997	1966287	223112	1004980	865175	738195	11.3	51.2	37.5
1998	2198003	228912	1127141	971497	841950	10.4	51.3	38.3
1999	2398261	237523	1190858	1026612	969880	9.9	49.7	40.4
2000	2747006	245146	1313146	1135571	1188714	8.9	47.8	43.3
2001	3106207	253040	1469275	1248086	1383892	8.1	47.3	44.6
2002	3480244	268513	1634422	1392477	1577309	7.7	47.0	45.3
2003	3959219	291554	1815433	1550526	1852232	7.4	45.9	46.8
2004	4691204	323566	2202055	1912079	2165583	6.9	46.9	46.2
2005	5256159	350217	2493874	1918003	2412068	6.7	47.4	45.9
2006	6172427	379455	2878516	2289128	2914456	6.2	46.6	47.2
2007	7289734	456333	3128264	2427007	3705137	6.3	42.9	50.8
2008	8768210	472885	3646658	2791288	4648667	5.4	41.6	53.0
2009	9719382	500766	3951065	2905012	5267551	5.1	40.7	54.2
2010	11218174	571048	4569539	3298719	6077587	5.1	40.7	54.2
2011	13830724	625514	5868389	3782150	7336821	4.6	42.4	53.0
2012	17103048	722826	7173223	4556811	9206999	4.2	42.0	53.8
2013	20854234	815234	8486400	5523510	11552600	3.9	40.7	55.4
2014	24972691	1080236	9765900	6334582	14126555	4.3	39.1	56.6
2015	28911581	1298860	11085216	7141495	16527505	4.5	38.3	57.2
2016	31577101	1371360	12187910	7828196	18017831	4.3	38.6	57.1
2017	35379637	1473307	13751804	8725688	20154526	4.2	38.8	57.0
2018	37984539	1531032	14136716	8749589	22316790	4.0	37.2	58.8

注:2004 年起,农林牧渔服务业划入第一产业;1997 年-2004 年为第一次经济普查调整数,2005 年-2008 年为第二次经济普查调整数。

a) Since 2004, services of agriculture, forestry, animal husbandry and fishery have been divided into primary industry; data from 1997-2004 refer to the adjusted figures of the First Economic Census; data from 2005-2008 refer to the adjusted figures of the Second Economic Census.

17-4 全市生产总值指数

Indices of Gross Domestic Product in the Whole City

(以上年为 100)

年 份 Year	生产总值 (万元) GDP (10 000 yuan)	第一产业 Primary Industry	第二产业 Secondary Industry	工 业 Industry	第三产业 Tertiary Industry	人均生产总值 Per Capita GDP 当年价(元) Current Price (yuan)	指 数(%) Indices(%)
1978	127.7	102.3	143.2	146.2	105.0		
1979	111.1	105.5	113.6	114.8	106.0	530	
1980	108.1	110.7	108.6	105.5	102.2	592	106.7
1981	99.1	100.7	97.2	98.1	107.4	610	97.7
1982	113.4	117.6	113.3	115.4	108.8	667	111.6
1983	116.9	106.4	118.1	114.0	124.8	816	115.5
1984	115.5	110.3	114.7	110.3	125.2	1011	114.3
1985	115.4	97.5	118.8	117.4	118.5	1260	113.9
1986	106.4	107.1	104.6	103.2	114.0	1374	104.5
1987	109.3	105.5	109.2	112.5	112.6	1523	107.2
1988	111.8	101.7	108.1	107.0	133.8	1682	110.4
1989	107.9	99.6	105.9	103.8	119.2	1974	106.6
1990	107.1	85.8	104.5	107.8	124.4	2155	104.1
1991	108.9	126.6	105.2	104.0	112.3	2471	105.8
1992	110.7	106.8	102.1	98.5	131.4	2844	108.7
1993	107.1	106.3	103.9	101.5	113.0	3293	105.3
1994	111.8	107.2	112.2	109.1	112.3	4063	109.4
1995	109.8	100.6	115.9	117.3	102.2	4796	106.4
1996	112.9	101.4	117.6	118.2	107.4	5414	112.1
1997	111.5	107.5	112.0	112.3	111.6	6143	110.2
1998	111.9	103.6	112.3	112.7	112.9	6793	110.7
1999	112.0	103.6	112.6	112.7	112.8	7300	110.4
2000	111.7	102.3	111.6	111.6	113.7	8216	109.8
2001	111.8	103.8	111.6	111.8	113.7	9153	110.1
2002	112.6	103.8	113.0	113.3	113.8	10123	111.2
2003	113.3	106.7	113.6	113.9	114.1	11394	112.1
2004	113.7	107.6	113.9	116.8	114.4	13412	112.9
2005	114.6	107.6	116.2	115.0	113.9	13544	113.8
2006	114.7	107.6	112.1	114.9	118.5	15731	114.0
2007	115.8	108.7	112.6	114.8	119.9	18181	113.3
2008	113.1	107.2	109.0	108.4	117.6	21420	110.8
2009	113.3	108.1	112.4	110.3	114.6	23237	110.8
2010	114.3	108.0	115.1	114.9	114.3	26209	111.7
2011	117.1	102.8	121.3	122.3	115.2	31712	114.9
2012	115.9	108.5	118.8	116.2	114.1	38673	114.3
2013	116.0	106.3	118.6	116.8	114.6	46479	114.3
2014	113.9	106.6	113.9	112.1	114.3	55018	112.6
2015	112.5	106.4	114.6	110.2	111.1	63003	111.3
2016	111.7	105.9	112.1	109.9	111.9	67772	110.1
2017	111.3	106.3	110.0	109.5	112.6	74493	109.2
2018	109.9	106.6	107.9	107.5	111.3	78449	107.8

注:本表资料指数均按可比价格计算;人均生产总值 2005 年以前按常住一年及以上人口计算,2005 年开始按常住半年及以上人口计算 2006 年-2010 年按第六次人口普查调整数计算;生产总值 1997-2004 年为第一次经济普查调整数,2005-2008 年为第二次经济普查调整数。

a) The indices in the table were calculated at comparable prices; the per capita GDP was calculated according to the population living for at least a year before 2005 and at least half a year after 2005; data from 2006 to 2010 refer to the adjusted figure of the Sixth Population Census; GDP from 1997 to 2004 refer to the adjusted figures of the First Economic Census, and the Second Economic Census from 2005 to 2008.

17-5 全市农林牧渔业总产值
Gross Output Value of Agriculture, Forestry, Animal Husbandry and Fishery

单位:万元 (10 000 yuan)

年 份 Year	农林牧渔业总产值 Gross Output Value of Agriculture, Forestry, Animal Husbandry and Fishery	农 业 Agriculture	#种植业 Crop Farming	林 业 Forestry	牧 业 Animal Husbandry	渔 业 Fishery	农林牧渔服务业 Services of Agriculture, Forestry, Animal Husbandry and Fishery
1978	20394	16714	14538	528	3127	25	
1979	22314	18176	15789	647	3439	51	
1980	22427	17882	15721	650	3851	43	
1981	27815	21299	18738	722	5750	43	
1982	34372	27362	24269	1122	5839	50	
1983	35441	27113	23954	1631	6601	97	
1984	43753	34835	27225	1418	7353	146	
1985	45351	30964	28087	1966	11913	508	
1986	51032	35060	31728	1636	13648	688	
1987	62352	40370	23457	1865	19657	460	
1988	82895	50676	45443	1849	29230	1140	
1989	91274	55190	51080	1813	33366	906	
1990	89660	57196	52893	3366	28128	1270	
1991	107985	73751	69828	2983	29871	1380	
1992	116180	77572	72342	3461	32744	2403	
1993	133030	87928	78291	4101	41239	2762	
1994	207946	136776	129369	4339	63429	3402	
1995	263352	171414	163235	5867	79997	6074	
1996	311117	205301	195636	7217	91948	6651	
1997	340619	271209	206892	7168	108391	7851	
1998	347982	213746	201028	8717	117443	8076	
1999	362061	218136	206334	8500	126938	8487	
2000	369939	230774	215146	8170	123709	7286	
2001	389659	237175	221221	6769	137845	7870	
2002	410318	231154	224798	8944	151940	8059	10221
2003	439373	257259	257259	6149	157215	7627	11123
2004	503219	288665	288665	5625	197452	9117	2360
2005	547663	313678	313678	4514	215686	10646	3139
2006	540166	325357	325357	4543	199088	6486	4692
2007	627533	388066	388066	4332	220979	8460	5696
2008	729872	454631	454631	8917	250719	9718	5887
2009	784592	518431	518431	5604	242702	11520	6335
2010	832429	554555	554555	5137	253598	12273	6866
2011	965503	622118	622118	8608	313870	13617	7290
2012	1114911	732370	732370	7556	352089	14832	8064
2013	1258807	825910	825910	9608	397573	16365	9351
2014	1706832	1200009	1200009	10424	463499	22233	10667
2015	2004103	1291882	1291882	12773	558798	24579	116071
2016	2256078	1440107	1440107	12922	646853	25803	130393
2017	2479970	1625176	1625176	15659	671290	28989	138854
2018	2562556	1760261	1760261	25963	614982	5930	155420

注:2003年起农林牧渔业总产值按国民经济新行业分类划分,2002年数据作相应调整;2006、2007年为第二次农业普查调整数。

a) Since 2003, the gross output value of agriculture, forestry, animal husbandry and fishery has been grouped by new sectors on national economic industry and the data of 2002 were adjusted accordingly; data of 2006 and 2007 refer to the adjusted figures of the Second Agriculture Census.

17-6 全市社会消费品零售总额及构成
Total Retail Sales of Consumer Goods and Its Composition

单位：万元 (10 000 yuan)

年份 Year	社会消费品零售总额 Total Retail Sales of Consumer Goods	社会消费品零售总额指数(%) Total Retail Sales of Consumer Goods Indices(%)	按行业分 Grouped by Sector	
			批发和零售业 Wholesale and Retail Trades	住宿和餐饮业 Hotels and Catering Services
1978	48458	110.7	46568	1890
1979	55731	115.0	53749	1982
1980	67017	120.3	65023	1994
1981	75482	112.6	72902	2580
1982	81863	108.5	78480	3383
1983	90399	110.4	86855	3544
1984	107105	118.5	102441	4664
1985	132380	123.6	126982	5398
1986	153254	115.8	147431	5823
1987	180877	118.0	174369	6508
1988	231322	127.9	224348	6974
1989	240265	103.9	232566	7699
1990	249475	103.8	238633	10842
1991	274794	110.1	262841	11953
1992	328166	119.4	312617	15549
1993	414257	126.2	398338	15919
1994	476925	115.1	447329	29596
1995	592299	124.2	555178	37121
1996	729769	123.2	669557	60212
1997	827542	113.4	751346	76196
1998	895491	108.2	801213	94278
1999	970716	108.4	851946	118770
2000	1116154	115.0	967921	148234
2001	1251209	112.1	1025823	225386
2002	1404732	112.3	1131446	273286
2003	1580464	112.5	1265470	318594
2004	1805206	114.2	1426010	379196
2005	2043210	113.2	1612469	430741
2006	2349623	115.0	1847308	502315
2007	2793885	118.9	2182612	611273
2008	3558943	123.0	2850347	708596
2009	4052951	116.0	3401740	651211
2010	4847785	119.6	4107415	740370
2011	5843292	120.5	5052744	790548
2012	6831866	116.9	6197888	633978
2013	8409565	115.0	7668682	740883
2014	9511218	113.1	8688617	822601
2015	10601690	111.5	9687808	913882
2016	11953393	112.7	11534503	418890
2017	13352766	111.7	12885450	467316
2018	12994714	108.0	12495224	499490

注：2003年起制造业已划入批发零售贸易业；2004年起餐饮业指标调整为住宿和餐饮业；2000年-2005年为第一次经济普查调整数，2008年为第二次经济普查调整数；2010年起社会消费品零售总额不含其他行业；2013年和2014年为第三次经济普查调整数；因国家制度调整，2017年数据与2018年数据不可比(2017年数据未按2018年统计口径调整)。

a) Since 2003, manufacturing industry has been divided into the wholesale and retail trades; since 2004, the indices of catering have been adjusted to accommodation and catering service; data from 2000 to 2005 refer to the adjusted figures of the First Economic Census; data in 2008 refer to the adjusted figures of the Second Economic Census; Since 2010, the retail sales of social consumer goods exclude other businesses; data in 2013 and 2014 refer to the adjusted figures of the Third Economic Census; Due to the dhanges in national statistical systems, the data of total retail sales of consumer goods in 2017 has not been adjusted according to the related caliber of 2018, thus, There is no comparability between the data in 2018 and 2017.

17-7 全市财政收支、外贸外资
Local Budgetary Revenue and Expenditures and Their Composition

单位：万元 (10 000 yuan)

年 份 Year	一般公共预算收入 (万元) Public Finance Budget Revenues	一般公共预算支出 (万元) Public Finance Budget Expenditure	进出口总额 (万美元) Total Value of Imports and Exports (10 000 USD)	进 口 Imports	出 口 Exports	实 际 利用外资 (万美元) Actual Utilized Foreign Investment (10 000 USD)	内资实际到位金额 (亿 元) Actual Domestic Investment in Place (100 million yuan)
1978	25761	8984					
1979	26891	9424					
1980	29851	10041					
1981	31420	11065					
1982	37437	13492					
1983	44177	16541					
1984	51016	26067					
1985	60780	26930					
1986	72490	33082					
1987	82370	38224					
1988	96507	44953					
1989	118124	67982					
1990	136291	71991					
1991	149939	73851					
1992	155344	81143					
1993	172183	92093					
1994	64040	105844					
1995	86341	131104					
1996	113498	147782					
1997	130506	166153					2365
1998	167353	207261	52019	21838	30181	1747	
1999	197907	261554	41436	14613	26823	692	
2000	241483	310569	48967	18386	30581	2755	
2001	279687	361699	49428	16313	33115	4384	
2002	330788	459589	57240	19745	37495	2918	39.58
2003	403855	502919	85186	32866	52320	4450	90.26
2004	497019	599316	120519	45424	75094	5237	122.42
2005	498015	725719	113637	37506	76131	6045	161.01
2006	615798	882349	111855	31755	80100	7010	209.64
2007	759154	1064287	169227	45998	123229	8100	252.00
2008	890503	1422818	225165	84115	141050	9350	303.01
2009	1053636	1698423	181076	54751	126325	11220	368.52
2010	1363034	2043801	227537	83445	144092	13470	453.76
2011	1870940	2773807	376943	98919	278023	27874	528.90
2012	2411920	3493275	505104	83706	421398	47415	1198.23
2013	2772077	3936020	631821	73915	557909	63000	1665.98
2014	3315962	4486298	784221	57033	727188	76174	2260.95
2015	3741476	5035189	912149	122417	789732	92740	2765.69
2016	3663181	5252621	392747	63964	328783	111988	1412.87
2017	3778473	5824776	299156	72009	227146	134540	1638.50
2018	4113402	6242193	349380	97884	251496	158906	2218.67

注：财政收支1994年起为新口径，2005年起财政收入为40%所得税口径。2017年内资实际到位金额调整为引进省外到位资金，2016年数据作同口径调整。

a) Since 1994, data refer to the new caliber; since 2005, budgetary revenue has referred to the caliber of 40% income tax. The actual domestic investment in 2017 has been adjusted as the actual investment from outside of Guizhou province. The data of 2016 has been adjusted at the same caliber accordingly.

17-8 全市居民收支情况
Income and Expenditure of Urban and Rural Households

单位:元 (yuan)

年份 Year	居民消费价格指数(%) Consumer Price Index (%)	城镇常住居民人均可支配收入 Per Capita Annual Disposable Income of Permanent Urban Households	城市居民人均消费性支出 Per Capita Annual Consumption Expenditure of Urban Residents	#食品 Food	教育文化娱乐服务 Education, Culture, Recreation and Services	农村常住居民人均可支配收入 Per Capita Disposable Income of Permanent Rural Residents	农民人均生活消费支出 Per Capita Consumption Expenditure of Rural Residents	#食品 Food
1979		343	313					
1980		413	385					
1981		453	418			266		
1982		477	431			290		
1983		501	447	277	16	288		
1984		593	527	306	29	342		
1985		805	740	365	95	377		
1986		969	873	438	77	411		
1987		1103	1010	513	70	479		
1988		1276	1228	635	73	593		
1989		1421	1277	734	79	644		
1990		1558	1361	781	84	680		
1991		1691	1514	879	71	672		
1992		2154	1869	1048	170	739		
1993		2581	2205	1221	179	901		
1994		3700	3087	1704	226	1039		
1995		4550	3964	2187	288	1343		
1996	111. 7	4866	4526	2335	450	1650	1282	890
1997	102. 5	5343	4808	2274	569	1834	1279	835
1998	100. 5	5369	5036	2180	624	1940	1410	918
1999	97. 6	6082	5327	2214	476	2010	1418	883
2000	98. 7	6453	5550	2208	648	2104	1453	852
2001	103. 2	6909	5780	2170	822	2229	1532	854
2002	98. 4	7306	5801	2210	1017	2352	1552	793
2003	100. 8	7985	6324	2447	1034	2510	1704	805
2004	102. 1	8989	6912	2750	1156	2809	1967	866
2005	100. 7	9928	7693	2946	1113	3135	2296	980
2006	101. 1	11222	8808	3334	1351	3442	2454	1314
2007	105. 1	12781	10183	3897	1355	4088	3036	1271
2008	107. 0	13817	10507	4383	1206	4818	3463	1435
2009	97. 7	15041	11519	4718	1685	5316	3928	1605
2010	102. 9	16597	12940	4905	1744	5976	4384	1736
2011	105. 5	19420	14300	5528	1764	7381	5494	2241
2012	102. 6	21796	15718	6011	1924	8488	6161	2380
2013	103. 2	22816	17995	6265	3044	9606	6527	1927
2014	102. 7	24961	19501	6176	2874	10827	8724	2609
2015	102. 3	27241	22532	6935	3337	11918	9875	2851
2016	101. 1	29502	24335	7656	3620	12967	11044	3105
2017	101. 0	32186	26063	7987	3877	14264	12369	3361
2018	101. 7	35115	28250	7844	3347	15648	13164	3120

注:1、1991 年(包括 1991 年)以前,教育文化娱乐服务指标的名称为文娱用品。

2、国家实施城乡一体化住户调查改革方案,城镇居民人均可支配收入、农民人均纯收入从 2014 年起改为城镇常住居民人均可支配收入、农村常住居民人均可支配收入;2013 年数据作同口径调整,2013 年及以后数据与往年不可比。

a) Before 1991(includes 1991), education, culture, recreation and services indices are called cultural and recreational articles.

b) Since 2014, rural per capita net income has been replaced by per capita net income of rural residents, and urban per capita net income has been replaced by per capita net income of urban residents, due to the promotion of the reform program of "the unity of city and countryside" in 2014. The data in 2013 has been adjusted accordingly, so the data in and after 2013 has no comparability with the data in the previous years.

17-9 全市常住人口及构成
Permanent Resident Population and Its Proportion

单位:万元 (10 000 yuan)

年 份 Year	年末总人口 Total Population at Year-end	按城镇乡村分 By Urban and Rural Area		按性别分 By Gender		出生率(‰) Birth Rate(‰)	死亡率(‰) Death Rate(‰)	自然增长率(‰) Natural Growth Rate(‰)	人口密度(人/平方公里) Population Density(person/sq. km)
		市 镇 Urban Area	乡 村 Rural Area	男 Male	女 Female				
1979	237.48	139.20	98.28	122.93	114.55	13.38	6.33	7.05	295.59
1980	240.53	146.81	93.72	124.41	116.12	14.68	6.53	8.08	299.39
1981	244.66	140.40	104.26	127.13	117.53	17.65	6.85	10.80	304.53
1982	248.30	142.32	105.98	128.80	119.50	15.90	6.69	9.21	309.06
1983	250.57	143.78	106.78	130.13	120.43	12.96	6.61	6.35	311.88
1984	253.48	147.53	105.96	131.55	121.93	14.23	6.52	7.70	315.51
1985	257.27	152.33	104.93	133.52	123.74	14.11	6.38	7.73	320.22
1986	262.75	156.06	106.68	136.45	126.30	16.35	6.31	10.04	327.04
1987	267.31	159.28	108.02	139.13	128.18	16.65	6.04	10.60	332.72
1988	269.64	163.83	105.81	140.22	129.42	15.91	6.28	9.63	335.62
1989	273.78	168.39	105.39	142.51	131.27	17.42	6.62	10.80	340.78
1990	285.15	175.43	109.71	148.26	136.88	18.21	5.73	12.48	354.92
1991	290.43	179.39	111.04	151.13	139.30	13.71	6.39	7.32	361.50
1992	295.58	256.68	38.89	153.27	142.31	11.99	6.52	5.47	367.91
1993	300.34	261.01	39.33	155.64	144.70	11.79	5.95	5.84	373.84
1994	308.37	268.73	39.64	160.25	148.12	12.87	5.81	7.06	383.83
1995	313.48	273.21	40.27	162.69	150.79	11.91	5.60	6.31	390.19
1996	318.85	278.21	40.64	165.24	153.61	12.02	6.15	5.87	396.88
1997	321.26	280.25	41.01	166.28	154.98	13.08	5.67	7.41	399.88
1998	325.87	284.27	41.60	168.66	157.21	13.85	5.92	7.93	405.61
1999	331.21	289.34	41.87	171.21	160.00	14.48	5.66	8.82	412.26
2000	337.45	206.42	131.03	177.40	160.05	14.87	6.07	8.80	420.03
2001	341.29	208.77	132.52	179.42	161.87	13.55	5.94	7.62	424.81
2002	346.27	214.58	131.69	182.03	164.24	12.90	5.80	7.10	431.01
2003	348.70	217.48	131.22	177.38	171.32	12.00	5.81	6.19	434.03
2004	350.85	221.83	129.02	178.65	172.20	12.07	5.92	6.15	436.71
2005	388.09	244.76	143.33	198.35	189.74	12.33	6.90	5.43	483.06
2006	396.66	250.17	146.50	200.83	195.83	11.85	6.10	5.75	493.73
2007	405.26	255.59	149.67	205.42	199.84	10.96	6.36	4.60	504.43
2008	413.44	265.35	148.09	209.50	203.94	10.75	6.31	4.44	514.61
2009	423.12	275.88	147.24	214.88	208.24	11.06	6.17	4.89	526.66
2010	432.93	294.96	137.97	222.79	210.14	11.11	4.48	6.63	538.87
2011	439.33	304.02	135.31	225.82	213.51	10.29	4.58	5.71	546.84
2012	445.17	313.97	131.20	229.14	216.03	10.73	4.76	5.97	554.11
2013	452.19	326.03	126.16	232.68	219.51	10.69	4.90	5.79	557.83
2014	455.60	333.50	122.10	234.24	221.36	10.47	4.99	5.48	566.43
2015	462.18	338.55	123.63	237.35	224.83	10.21	4.96	5.25	574.61
2016	469.68	348.31	121.37	240.57	229.11	11.05	5.20	5.85	583.96
2017	480.20	359.19	121.01	244.81	235.39	11.76	5.68	6.08	590.47
2018	488.19	368.24	119.95	250.05	238.14	13.07	4.53	8.54	601.99

注:1979 年—2004 年为常住一年口径数,2005 年起为常住半年口径数。

a) Data from 1979 to 2004 refer to the calibers of permanent residents living in Guiyang for a year; data in 2005 refer to the calibers of permanent residents living in Guiyang for half a year.

17-10 全市旅游接待
Tourists Reception

单位:万元 (10 000 yuan)

年份 Year	旅游总收入(亿元) Total Tourism Earnings (100 million yuan)	比上年增长(%) Growth Rate over Last Year(%)	国内旅游收入(亿元) Earnings from Domestic Tourism (100 million yuan)	比上年增长(%) Growth Rate over Last Year(%)	旅游外汇收入(万美元) Foreign Exchange Earnings from Tourism (10 000 USD)	比上年增长(%) Growth Rate over Last Year(%)	旅游人数(万人次) Number of Tourists (10 000-person-time)	比上年增长(%) Growth Rate over Last Year(%)	接待海外游客(万人次) Number of Foreign Visitors (10 000-person-time)	比上年增长(%) Growth Rate over Last Year(%)	接待国内游客(万人次) Number of Dometic Tourists (10 000-person-times)	比上年增长(%) Growth Rate over Last Year(%)
1997	5.84		4.02		1160.67		869.56		4.37		865.19	
1998	20.51	251.2	19.52	385.6	1201.00	3.5	899.41	3.4	4.21	-3.6	895.20	3.5
1999	23.03	12.3	21.90	12.2	1369.00	14.0	960.92	6.8	4.52	7.4	956.40	6.8
2000	30.47	32.3	29.24	33.5	1484.00	8.4	998.63	3.9	4.96	9.7	993.67	3.9
2001	36.03	18.2	34.67	18.6	1633.00	10.0	1005.44	0.7	5.95	19.9	999.49	0.6
2002	41.62	15.5	40.04	15.5	1908.91	16.9	1016.37	1.1	6.75	13.4	1009.62	1.0
2003	38.74	-6.9	38.07	-4.9	806.52	-57.7	923.85	-9.1	2.26	-66.6	921.59	-8.7
2004	48.70	25.7	47.60	25.0	1332.07	65.2	1166.42	26.3	3.72	64.9	1162.70	26.2
2005	60.38	24.0	58.40	22.7	2480.24	86.2	1458.82	25.1	6.15	65.3	1452.67	24.9
2006	84.54	40.7	81.43	41.2	3904.16	42.2	1853.67	35.0	8.92	35.0	1844.75	35.0
2007	125.28	48.2	120.81	48.4	5872.28	50.4	2326.23	25.5	12.09	35.6	2314.14	25.4
2008	187.29	51.0	182.29	50.9	6268.90	6.8	2625.85	12.9	13.58	12.9	2612.27	12.9
2009	294.85	57.4	292.09	60.2	4042.28	-35.5	3288.47	25.2	9.11	-32.9	3279.36	25.5
2010	425.96	44.5	424.24	45.2	2486.66	-38.5	3946.91	20.0	6.13	-32.7	3940.78	20.2
2011	612.37	43.8	609.93	43.8	3726.76	49.9	5250.42	33.0	9.78	60.3	5240.64	33.0
2012	602.70	28.6	600.01	28.6	4474.08	20.1	4924.21	23.6	11.62	18.8	4912.59	23.6
2013	728.66	20.9	725.50	20.9	5229.79	16.9	6022.50	22.3	13.42	15.5	6009.08	22.3
2014	874.39	20.0	870.86	20.0	5661.94	8.3	7240.09	20.2	14.59	8.7	7225.50	20.2
2015	1040.53	19.0	1036.56	19.0	6034.70	6.6	8477.80	17.1	15.85	8.6	8461.95	17.1
2016	1389.51	33.5	1384.08	33.5	7902.86	31.0	11091.79	30.9	18.37	15.9	11073.42	30.9
2017	1871.95	34.7	1860.24	34.4	18562.96	134.9	14877.54	34.1	40.95	123.0	14836.59	34.0
2018	2456.56	31.2	2440.44	31.2	23359.56	25.8	18846.25	26.7	54.06	32.0	18792.19	26.7

附　录

Appendix

2018 年贵阳市国民经济和社会发展统计公报[1]

贵阳市统计局　国家统计局贵阳调查队

2019 年 3 月 30 日

2018 年,在市委、市政府的坚强领导下,全市坚持贯彻习近平新时代中国特色社会主义思想,以深化推进供给侧结构性改革为主线,坚持防范三大风险,稳步推进三大战略行动。全市经济运行保持总体平稳、稳中有进的良好态势。

一、综　合

初步核算,2018 年全市实现地区生产总值[2]3798. 45 亿元,同比增长 9. 9%。其中,第一产业增加值 153. 10 亿元,增长 6. 6%;第二产业增加值 1413. 67 亿元,增长 7. 9%;第三产业增加值 2231. 68 亿元,增长 11. 3%。人均生产总值 78449 元,同比增长 7. 8%。

图 1:2014-2018 年地区生产总值及增长速度

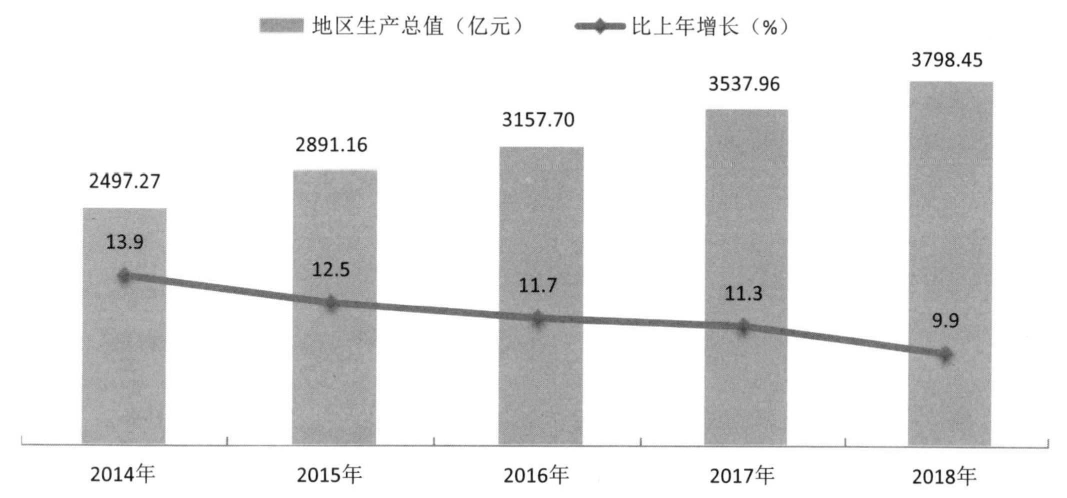

三次产业结构比为 4. 0:37. 2:58. 8,“三二一”结构继续呈现。与上年比,第一产业比重下降 0. 2 个百分点,第二产业比重下降 1. 6 个百分点,第三产业比重提高 1. 8 个百分点。

表 1:2014-2018 年地区生产总值

指标名称	2014 年	2015 年	2016 年	2017 年	2018 年	2018 年比 2017 年增长(%)
地区生产总值(亿元)	2497.27	2891.16	3157.70	3537.96	3798.45	9.9
第一产业	108.02	129.89	137.14	147.33	153.10	6.6
第二产业	976.59	1108.52	1218.79	1375.18	1413.67	7.9
第三产业	1412.66	1652.75	1801.77	2015.45	2231.68	11.3
人均地区生产总值(元)	55018	63003	67771	74493	78449	7.8

全年居民消费价格指数比上年上涨 1.7%,其中教育文化和娱乐类上涨 3.9%、交通和通信类上涨 3.0%、衣着类价格上涨 1.6%、食品烟酒类上涨 1.0%。全年工业生产者出厂价格指数上涨 2.3%,工业生产者购进价格指数上涨 2.6%。全年鲜菜价格上涨 1.5%。

表 2:2018 年居民消费价格比上年涨跌幅度

指标名称	涨跌幅度(%)
居民消费价格	**1.7**
非食品和能源价格	**1.7**
服务项目价格	**1.9**
消费品价格	**1.6**
1. 食品烟酒类	1.0
2. 衣着类	1.6
3. 居住类	1.1
4. 生活用品及服务类	1.2
5. 交通和通讯类	3.0
6. 教育文化和娱乐类	3.9
7. 医疗保健类	1.4
8. 其他用品和服务类	-0.2
商品零售价格	**2.3**

新建住宅价格指数持续上涨,从环比数据来看,12 月新建商品住宅指数价格上涨 0.6%;从同比数据来看,12 月新建商品住宅价格指数上涨 18.8%。12 月二手住宅价格指数环比上涨 0.5%,同比上涨 12.6%。

图 2:2018 年月度居民消费价格指数

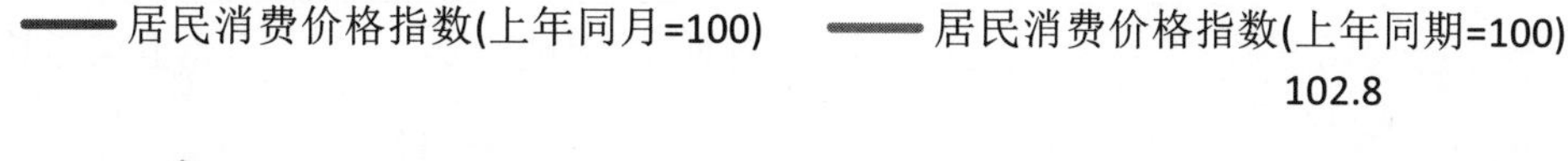

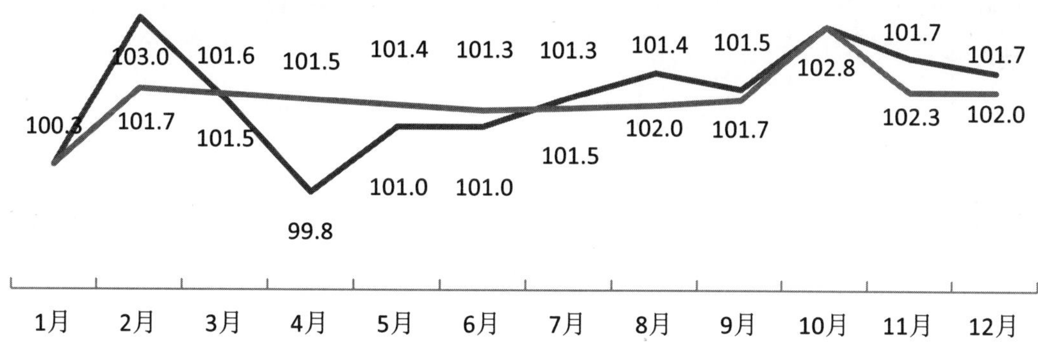

供给侧结构性改革深入推进。年末商品房待售面积 147.56 万平方米,比上年末减少 87.03 万平方米,同比下降 37.1%。其中,商品住宅待售面积 74.67 万平方米,减少 66.52 万平方米,同比下降 47.1%;办公楼待售面积 24.00 万平方米,减少 8.04 万平方米;商品房待售面积 1 年至 3 年(含 1 年)90.79 万平方米,减少 43.18 万平方米,同比下降 32.2%。全年规模以上工业企业每百元主营业务收入中的成本为 71.52 元,比上年下降 3.4 元。全年水利、环境和公共设施管理业、教育、卫生和社会工作投资分别比上年增长 30.2%、70.2%和 110.0%。“三去一降一补”工作深入开展,全年淘汰落后产能 99 万吨,减免税费 203.96 亿元,完成补短板投资 956.76 亿元。

新动能新产业新业态增长较快。全年规模以上高技术制造业增加值增长 15.1%,装备制造业增加值增长 11.1%。全年高技术产业投资增长 57.9%,占固定资产投资(不含农户)的比重为 4.7%。全年限额以上通过公共网络实现的商品销售额 73.00 亿元,增长 16.8%。全年规模以上其他营利性服务业互联网和相关服务业营业收入达到 16.06 亿元,增长 89.8%,占全部规模以上其他营利性服务业营业收入比重达到 10.4%。。发展质量效益持续改善。全年一般公共预算收入 411.34 亿元,比上年增长 8.9%,其中税收收入 319.84 亿元,增长 7.9%。全年全市规模以上工业企业实现营业利润 203.62 亿元,比上年增长 20.6%。全年规模以上服务业企业实现营业利润 4.68 亿元,比上年增长 12.1%。城乡居民人均可支配收入分别达到 35115 元、15648 元,分别增长 9.1%、9.7%,与经济增长基本保持同步。强力推进脱贫攻坚。大力推动贵阳大市场带动全省人扶贫,实施对口帮扶项目 59 个,安排对口帮扶资金 1.49 亿元,采购本省农产品 120 万吨,提供就业岗位 17.6 万个,带动省内 10 万贫困人口稳定脱贫。

二、农　业

全年粮食播种面积 133.47 万亩,比上年下降 18.6%;油菜籽播种面积 44.25 万亩,比上年增长 0.5%;烤烟播种面积 5.13 万亩,比上年下降 42.3%;蔬菜及食用菌播种面积 173.68 万亩,比上年增长 13.7%。

全年粮食产量 38.17 万吨,比上年下降 12.6%。其中,夏粮产量 3.67 万吨,增长 674.0%;秋粮产量 34.50 万吨,下降 20.1%。

表 3:2018 年主要农产品产量

指　　标	绝对数(万吨)	比上年增长(%)
粮食作物产量	**38.17**	**-12.6**
按夏秋粮分		
夏　粮	3.67	-7.7
秋　粮	34.50	-13.1
按类别分		
#稻　谷	16.89	-2.0
小　麦	0.58	22.4
玉　米	15.28	-30.1
大　豆	0.34	32.9
薯　类	4.97	31.1
油料作物	5.33	-4.8
#油菜籽	4.98	-5.4
花　生	0.15	2.2
烤　烟	0.79	-29.1
蔬菜及食用菌	237.28	15.0
茶　叶	0.48	-5.0
园林水果	31.78	31.2
#梨	3.20	8.3
桃	3.85	76.2
柑　橘	1.92	127.2
杨　梅	0.76	
猕猴桃	9.16	88.3
葡　萄	2.93	61.8

全年肉类总产量 13.00 万吨,比上年增长 4.2%;禽蛋产量 3.50 万吨,比上年下降 14.7%;奶类产量 3.80 万吨,比上年下降 4.5%;水产品产量 0.23 万吨,比上年下降 81.0%。

表 4:2018 年主要畜产品产量

指　　标	单　位	绝对数	比上年增长(%)
当年肉猪出栏头数	万　头	112.18	2.6
当年肉用牛出栏头数	万　头	4.13	4.2
当年羊出栏头数	万　只	3.74	7.1
当年家禽出栏头数	万　只	1482.67	10.7

指　　标	单　位	绝对数	比上年增长(%)
大牲畜年末存栏头数	万　头	13.14	-7.71
#牛	万　头	12.20	-5.8
肉　牛	万　头	10.79	148.1
奶　牛	万　头	1.41	-14.6
马	万　匹	0.93	-26.8
猪年末存栏数	万　头	75.90	-2.5
羊年末存栏数	万　只	3.92	-14.5
家禽年末存栏数	万　只	1181.67	6.2
当年肉类总产量	万　吨	13.00	4.2
#猪　　肉	万　吨	9.86	2.7
牛　肉	万　吨	0.52	4.7
羊　肉	万　吨	0.07	16.7
禽　肉	万　吨	2.5	10.1
其他畜产品产量			
#生牛奶	吨	38021	-4.5
蜂　蜜	吨	94	154.4
禽　蛋	吨	34980	-14.7

全市年末拥有农业机械总动力199.41万千瓦，比上年增长1.5%；实现机耕面积20.90万公顷，比上年下降2.0%；机播面积9666公顷，比上年增长11.1%；机灌面积39159公顷，比上年增长0.8%；机收面积33423公顷，比上年下降3.5%。农用化肥施用量(折纯)5.41万吨，比上年下降0.4%。

三、工业和建筑业

全年规模以上工业[3]增加值比上年增长7.4%。重点产业(行业)规模以上工业增加值比上年增长8.7%，占规模以上工业增加值的85.2%；其中，电力生产及供应业增加值增长16.2%、特色食品业增加值增长12.5%、橡胶及塑料制品业增长11.5%、装备制造业增加值增长11.1%、医药制造业增加值增长10.0%。工业园区规模以上工业企业增加值比上年增长7.5%，占规模以上工业增加值的87.7%。

35个行业24升11降。全市35个工业行业中，24个行业呈增长趋势，其中文教、工美、体育和娱乐用品制造业增长50.8%、电气机械和器材制造业增长23.9%、专用设备制造业增长21.0%、食品制造业增长19.2%，这四个行业增价值占全市规模以上工业增加值的7.8%。

表 5:2018 年工业园区生产情况

工业园区	比上年增长(%)
全市规模以上工业增加值	7.4
#园区工业增加值	7.5
南明临空经济产业园	21.1
云岩产业园	-22.2
花溪产业园	11.7
小河-孟关装备制造业生态工业园区	12.6
乌当医药食品工业园区	2.1
白云铝及铝加工基地	-25.2
麦架-沙文生态科技产业园	22.3
贵阳综合保税区	193.9
观山湖电子商务和现代制造业产业园	82.4
开阳磷煤化工基地	0.9
息烽县磷煤化工生态工业基地	0.1
修文工业园区	9.2
清镇铝煤生态工业基地	19.9

表 6:2018 年规模以上重点产业(行业)生产情况

行业分类	比上年增长(%)
全市规模以上工业增加值	7.4
重点产业(行业)	8.7
磷煤化工	-0.6
铝及铝加工	-7.1
特色食品业	12.5
烟草制造业	9.4
医药制造业	10.0
装备制造业	11.1
#汽车制造业	-1.7
#电子信息产业制造业	7.2
电力生产及供应业	16.2
橡胶及塑料制品业	11.5

表 7:2018 年规模以上工业主要行生产情况

行业分类	比上年增长(%)
化学原料和化学制品制造业	-4.5
酒、饮料和精制茶制造业	8.3
医药制造业	10.0
非金属矿物制品业	-1.8
橡胶和塑料制品业	11.5
金属制品业	-17.4
通用设备制造业	-9.3
铁路、船舶、航空航天和其他运输设备制造业	16.1
电气机械和器材制造业	23.9
计算机、通信和其他电子设备制造业	18.6

图 3:2014-2018 年规模以上工业增加值增长速度

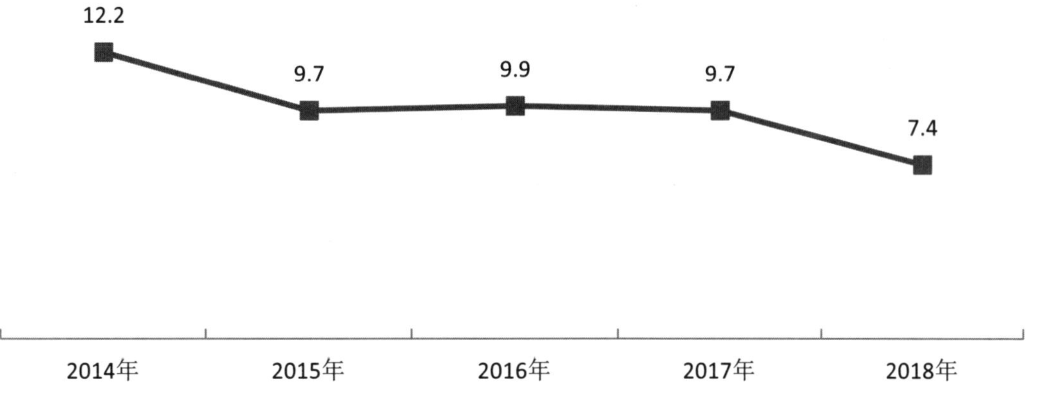

在规模以上工业企业中,轻工业增加值比上年增长 12.4%,重工业增加值比上年增长 2.7%;国有企业增加值比上年增长 11.9%;国有控股企业增加值比上年增长 10.1%;非公有制工业增加值占规模以上工业增加值的 37.6%,比上年增长 3.2%;外商及港澳台投资企业比上年增长 2.4%。

高技术产业(制造业)快速增长。全市规模以上高技术产业(制造业)增加值比上年增长 15.1%,增速高于全市平均水平 7.7 个百分点。总量占全市规模以上的 18.9%,比重较上年提高 1.4 个百分点。

表 8:2018 年主要工业产品产量

指　　标	单　位	绝对数	比上年增长(%)
白　酒	千　升	4370.25	-1.5
啤　酒	千　升	164023.00	-19.6
发电量	亿千瓦时	132.68	11.8
电解铝	万　吨	38.76	19.7
钢　材	万　吨	84.20	4.2
橡胶轮胎外胎	万　条	568.37	14.7

指　　标	单　位	绝对数	比上年增长(%)
磷矿石(折含五氧化二磷 30%)	万　吨	1374.50	-4.3
农用氮、磷、钾化学肥料(折纯)	万　吨	376.50	-0.2
彩色电视机	万　台	123.52	4.4
水　泥	万　吨	1160.43	7.9
卷　烟	亿　支	476.40	1.5
中成药	万　吨	3.27	5.0

全年规模以上工业企业 772 个,比上年增加 29 个。主营业务收入 2160.52 亿元,比上年下降 1.4%;亏损企业亏损额下降 49.3%;实现利税总额 411.43 亿元,比上年增长 11.4%;实现利润总额 206.20 亿元,比上年增长 15.8%。

全市建筑业增加值 538.71 亿元,比上年增长 8.6%。具有资质等级的总承包和专业承包建筑企业 319 户,资质以上建筑企业房屋建筑施工面积 8352.73 万平方米,比上年下降 12.8%;房屋建筑竣工面积 2453.67 万平方米,比上年增长 19.0%。

图 4:2014-2018 年建筑业增加值及增长速度

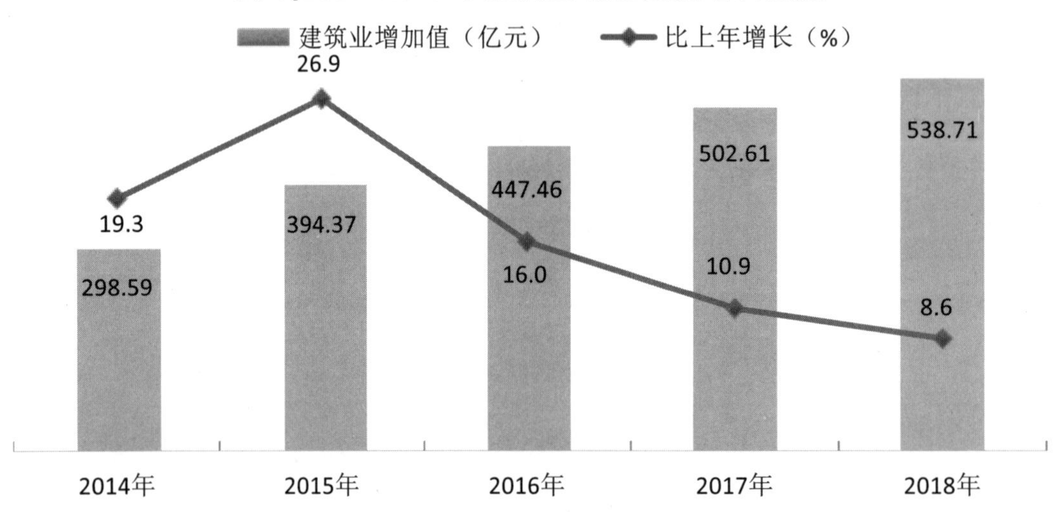

四、固定资产投资

全年固定资产投资[1]比上年增长 15.0%。分产业看,第一产业投资下降 5.5%;第二产业投资增长 9.4%;第三产业投资增长 16.4%。

表 9:2018 年分行业固定资产投资增长速度

指　　标	比上年增长(%)
固定资产投资	15.0
第一产业	-5.5
第二产业	9.4
#工　业(不含工业园区基础设施)	10.5
#化学原料及化学制品制造业	8.8
医药制造业	18.5
非金属矿制品业	-45.5

指　　标	比上年增长(%)
黑色金属冶炼及压延加工业	-82.2
有色金属冶炼及压延加工业	-90.2
电气机械及器材制造业	5.2 倍
第三产业	16.4
#交通运输、仓储和邮政业	34.7
#道路运输业	58.2
信息传输、计算机服务和软件业	50.5
水利、环境和公共设施管理业	30.2
#公共设施管理业	25.6
教育	70.2
卫生和社会工作	1.1 倍
文化、体育和娱乐业	69.3

全年固定资产投资到位资金比上年增长 7.8%。其中,国家预算内资金下降 46.4%;国内贷款增长 7.3%;自筹资金增长 8.1%;其他资金下降 29.5%。

全年房地产开发企业投资比上年下降 3.9%。其中,住宅投资增长 7.4%;办公楼投资下降 19.1%;商业营业用房投资下降 26.6%;其他投资下降 10.6%。

表 10:2018 年房地产主要指标完成情况

指　标	绝对数	比上年增长(%)
本年施工面积(万平方米)	6118.03	4.0
#住　　宅	3796.34	4.1
本年新开工面积(万平方米)	1366.64	51.3
#住　　宅	951.95	69.5
本年竣工房屋面积(万平方米)	216.20	-31.1
#住　　宅	127.42	-36.9
本年销售商品房面积(万平方米)	1118.97	3.8
现房销售面积	54.99	-33.6
#住　　宅	35.88	-15.3
期房销售面积	1063.98	6.9
#住　　宅	911.63	9.1
本年商品房销售额(亿元)	1044.89	34.0
现房销售额	51.44	-20.9
#住　　宅	19.28	-3.4
期房销售额	993.45	38.9
#住　　宅	816.36	47.9

五、国内贸易

全年实现社会消费品零售总额1299.47亿元,比上年增长8.0%。按经营地统计,城镇消费品零售额1146.56亿元,增长10.8%,其中城区消费品零售额1083.70亿元,增长10.4%;乡村消费品零售额152.91亿元,下降9.3%。按消费形态分,商品零售1250.41亿元,增长7.8%;餐饮收入49.06亿元,增长12.9%。

表11:2018年社会消费品零售总额完成情况

行业分类	绝对数(亿元)	比上年增长(%)
社会消费品零售总额	1299.47	8.0
#限额以上	816.26	3.0
按销售单位所在地分		
城　镇	1146.56	10.8
#城　区	1083.70	10.4
乡　村	152.91	-9.3
按消费形态分		
餐饮收入	49.06	12.9
商品零售	1250.41	7.8
#限额以上企业(单位)商品零售	788.74	3.1
#粮油、食品类	53.34	9.2
饮料类	9.30	13.5
烟酒类	44.00	-1.8
服装鞋帽、针纺织品类	53.81	-0.7
化妆品类	13.54	20.2
金银珠宝类	5.47	-12.8
日用品类	36.47	41.7
体育、娱乐用品类	1.98	-45.8
书报杂志类	5.09	5.0
家用电器和音响器材类	41.46	19.1
中西药品类	27.04	10.3
文化办公用品类	9.44	-11.6
家具类	0.78	-33.2
通讯器材类	12.75	-0.2
石油及制品类	130.05	14.7
建筑及装潢材料类	5.91	27.9
汽车类	318.06	-6.6

六、对外经济

全年外贸进出口总额34.94亿美元,比上年增长[5]15.2%。其中出口25.15亿美元,增长9.0%;进口9.79亿美元,增长34.9%。

全年批准外商投资项目52项,比上年增长57.6%。实际直接利用外资15.89亿美元,比上年增长18.1%。

图5:2014-2018年外贸进出口总额

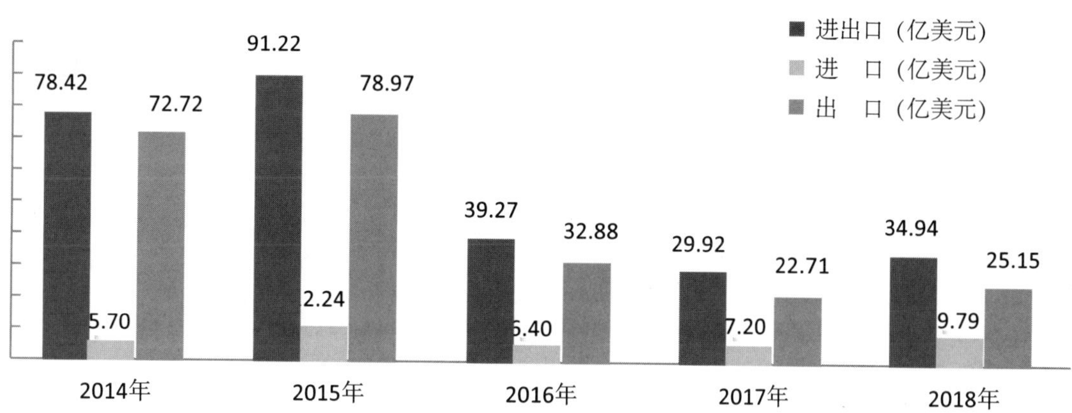

表12:2018年外贸进出口情况

指　　标	绝对数(亿美元)	比上年增长(%)
海关进出口总额	34.94	15.2
按企业性质分		
三资企业	1.30	
国有企业	22.66	
集体企业	0.37	
民营企业及其他	10.60	
按贸易方式分		
一般贸易	25.76	
加工贸易	6.30	
其他贸易	2.88	
出口总额	25.15	9.0
按企业性质分		
三资企业	0.82	
国有企业	19.05	
集体企业	0.16	
民营企业及其他	5.12	
按贸易方式分		
一般贸易	19.71	

指　　标	绝对数(亿美元)	比上年增长(%)
加工贸易	4.24	
其他贸易	1.20	
进口总额	9.79	34.9
按企业性质分		
三资企业	0.48	
国有企业	3.61	
集体企业	0.21	
民营企业及其他	5.48	
按贸易方式分		
一般贸易	6.05	
加工贸易	2.06	
其他贸易	1.68	

表 13:2018 年分国别(地区)外贸进出口情况

单位:亿美元

国家或地区	外贸进出口总额		
		出　口	进　口
总　计	34.94	25.15	9.79
亚　洲	21.63	14.80	6.84
#香　港	3.39	3.39	0.00
印　度	0.91	0.88	0.03
日　本	0.95	0.74	0.21
韩　国	0.80	0.56	0.24
台　湾	2.51	0.08	2.42
东　盟	6.63	5.09	1.55
非　洲	2.18	1.67	0.52
欧　洲	3.82	3.11	0.71
#欧　盟	3.20	2.67	0.52
拉丁美洲	1.57	1.55	0.02
北美洲	2.68	1.61	1.07
#美　国	1.93	1.43	0.50
大洋洲	3.06	2.42	0.64
#澳大利亚	1.73	1.17	0.56

七、交通、邮电和旅游

贵阳机场通航点达到 118 个，比上年增加 16 个城市地区。其中国际通航点 16 个，国际通航地区 3 个。全年各种运输方式完成旅客发送量 82534 万人次，比上年增长 12.5%；完成货物运输量 55446 万吨，比上年增长 16.0%。

表 14：2018 年运输完成情况

指　　标	绝对数	比上年增长(%)
旅客发送量(万人次)	82534	12.5
铁　路	3962	39.4
公　路	76415	11.5
航　空	2009	11.0
水　运	148	-20.5
货物运输量(万吨)	55446	16.0
铁　路	2971	1.5
公　路	52451	17.0
航　空	11	9.9
水　运	13	6.9

全市年末民用车辆拥有量 149.24 万辆，比上年末增长 13.6%，其中汽车拥有量 115.74 万辆，比上年末增长 16.3%。私人汽车拥有量 90.35 万辆，比上年末增长 3.1%。

全市邮电业务总量 478.94 亿元，比上年增长 127.9%，其中邮政业务总量 21.73 亿元，增长 21.6%。电信业务总量 457.21 亿元，比上年增长 137.8%。邮政业务收入 23.73 亿元，比上年增长 18.5%。快递业务量 10199.79 万件，比上年增长 30.2%。移动电话年末用户 804.94 万户，比上年增长 7.5%。其中，4G 用户数 569.03 万户。固定宽带接入用户数 190.52 万户，比上年增长 30.9%；移动互联网用户数 625.99 万户，比上年增长 11.1%。

全市全年旅游总人数 18846.25 万人次，比上年增长 26.7%，其中接待国内游客 18792.19 万人次，接待外国(海外)游客 54.06 万人次。旅游总收入 2456.56 亿元，比上年增长 31.2%，其中旅游外汇收入达 23359.56 万美元，增长 25.8%。

表 15：2018 年旅游情况

指　　标	单　位	绝对数	比上年增长(%)
接待海外旅游人数	人　次	540590	32.0
外国人	人　次	292392	39.2
港澳同胞	人　次	148644	29.0
台湾同胞	人　次	99554	18.0
接待海外旅游人天数	人　天	1154522	28.1

指　　标	单　位	绝对数	比上年增长(%)
外国人	人　天	643262	39.2
港澳同胞	人　天	312152	23.2
台湾同胞	人　天	199108	7.3
旅游外汇收入	万美元	23359.56	25.8
国内旅游			
接待国内游客	万人次	18792.19	26.7
旅游收入	亿　元	2440.44	31.2
旅游总收入	亿　元	2456.56	31.2

八、财政、金融、证券和保险

全年完成财政总收入 903.26 亿元,比上年增长 15.4%;一般公共预算收入 411.34 亿元,比上年增长 8.9%;一般公共预算支出 627.54 亿元,比上年增长 7.7%。

表 16:2018 年财政收支完成情况

指　　标	绝对数(亿元)	比上年增长(%)
财政总收入	903.26	15.4
#一般公共预算收入	411.34	8.9
税收收入	319.84	7.9
#增值税	120.21	15.5
营业税	0.20	-13.4
企业所得税	46.30	25.0
个人所得税	27.70	72.9
非税收入	91.50	12.4
一般公共预算支出	627.54	7.7
#一般公共服务	93.72	20.0
公共安全	55.71	10.4
教育	120.47	15.0
科学技术	24.81	48.9
社会保障和就业	53.27	-1.9
医疗卫生与计划生育	44.94	5.7
城乡社区	81.87	12.2

全市年末金融机构本外币各项存款余额 11418.52 亿元,比年初增加 510.25 亿元,其中,住户存款余额 2853.94 亿元,增加 190.06 亿元;金融机构本外币各项贷款余额 12508.73 亿元,增

加 2002.30 亿元。全市年末金融机构人民币各项存款余额 11357.44 亿元,比年初增加 542.93 亿元,其中,住户存款余额 2835.74 亿元,增加 189.13 亿元;非金融企业存款余额 4309.66 亿元,比年初减少 485.80 亿元。金融机构人民币各项贷款余额 12412.75 亿元,比年初增加 2009.34 亿元,其中,短期贷款余额 399.72 亿元,增加 77.42 亿元;中长期贷款余额 2140.15 亿元,增加 416.52 亿元。

全年保险保费收入 161.53 亿元,比上年增长 13.3%。保险赔付支出 60.15 亿元,比上年增长 21.3%。

表 17:2018 年保险业情况

指　　标	绝对数(亿元)	比上年增长(%)
保费收入	161.53	13.3
财产险	78.56	15.0
#机动车辆保险	54.84	7.1
人身险	82.97	11.7
人寿险	64.34	4.8
健康险	15.18	55.8
意外伤害险	3.45	9.3
赔付支出	60.15	21.3
财产险	41.26	18.6
#机动车辆保险	29.69	15.2
人身险	18.89	27.6
人寿险	14.95	31.3
健康险	3.19	17.4
意外伤害险	0.74	6.1

全市年末共有上市公司 20 家,其中上交所 9 家,深交所 11 家。上市公司总市值 1545.68 亿元,比上年下降 17.6%。证券公司 2 家,证券营业部 79 家,资金账户数 93.88 万户,成交金额达到 7396.50 亿元。期货营业部 10 家,成交金额 3425.34 亿元。

九、科学技术和教育

全年专利申请受理量为 17850 件,比上年增长 26.4%。专利授权量 9113 件,比上年增长 61.5%,其中发明专利 1160 件,比上年增长 8.2%;实用新型专利 6871 件,增长 82.2%;外观设计专利 1082 件,增长 35.8%。每万人发明专利拥有量达 12.81 件。2018 年,新增省级备案科技型企业 692 家、新入库国家科技型中小企业 313 家;新增高新技术企业 470 余家,总数较上年度增长 94%;新增创新型企业 10 家。新增重点实验室 2 家、工程技术研究中心 5 家、院士工作站 2 家。新增科技企业孵化器(众创空间)10 家、科技创新人才团队 17 个、农业科技园区 2 个。

全年研究生教育招生 6852 人,在校生 18101 人,毕业生 5406 人;普通高等教育招生 12.09

万人,在校生 37.90 万人,毕业生 9.64 万人;成人高等教育招生 1.95 万人,在校生 6.30 万人,毕业生 3.32 万人;中等职业教育招生 4.79 万人,在校生 12.66 万人,毕业生 3.87 万人;普通高中招生 2.93 万人,在校生 8.77 万人,毕业生 2.97 万人;普通初中招生 5.27 万人,在校生 14.95 万人,毕业生 4.86 万人;普通小学招生 8.19 万人,在校生 39.89 万人,毕业生 5.38 万人;特殊教育招生 287 人,在校生 1329 人,毕业生 183 人;幼儿园招生 7.13 万人,在校生 17.56 万人,毕业生 6.49 万人。

全市本级(不含省属中职、高校)各级各类学校共有 1883 所(民办学校 974 所),在校学生 92.19 万人。其中,幼儿园 973 所(民办 728 所),小学 538 所(民办 86 所),初中 249 所(民办 113 所),高中 73 所(民办 28 所),中等职业学校 32 所(民办 18 所),特殊教育学校 10 所,工读学校 2 所,市属高等教育学校 6 所。

全市教职员工 7.29 万人,其中专任教师 5.69 万人。全市中小学学校占地面积 1195.55 万平方米,其中小学生均占地面积 11.48 ㎡,初中生均占地面积 25.03 ㎡。全市学校图书藏量 2335.19 万册。

学前三年毛入园率为 93.05%,九年义务教育巩固率为 95.03%,高中阶段毛入学率为 93.52%,高等教育的毛入学率为 62.08%。2018 年全市随迁子女数为 158917 人(小学 115879 人,初中 43038 人),其中进城务工人员随迁子女数为 120438 人(小学 87684 人,初中 32754 人),义务教育阶段进城务工子女就读公办学校占比为 79.81%,其中小学 69381 人,占比为 79.13%;初中 26735 人,占比为 81.62%。

图 6:2014-2018 年高中、初中和小学招生人数

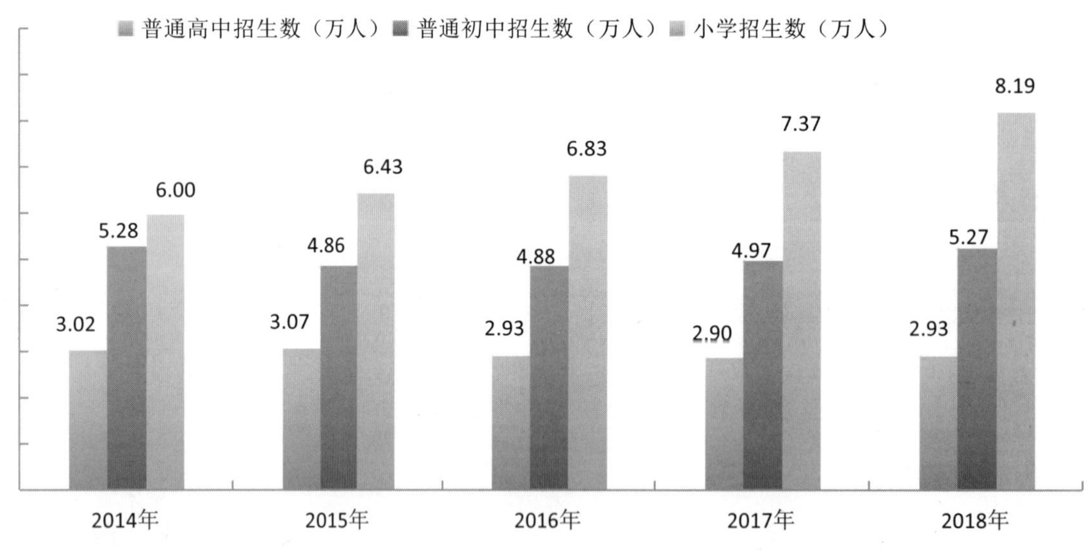

十、文化、卫生和体育

全市共有艺术表演团体 9 个,文化馆(群众艺术馆)12 个,文化站(文化中心)173 个,公共图书馆 13 个,图书馆藏书量 539.26 万册(包含电子图书);广播电视台 2 座,广播人口综合覆盖率 100%,电视人口综合覆盖率 99.72%。

全市年末拥有卫生机构 3220 个,其中医院 192 个,乡镇卫生院 76 个,社区卫生服务中心 71 个,村卫生室 1366 个,社区卫生服务站 77 个;床位总计 37727 张,其中医院床位 32707 张,综合医院 21333 张,专科医院 6847 张,基层医疗卫生机构 3301 张,专业公共卫生机构 1719 张;卫生技术人员 49439 人,其中医院 34695 人,基层医疗卫生机构 10669 人,专业公共卫生机构 3971 人;执业(助理)医师 17796 人,注册护士 23395 人,药师 1951 人。

全市拥有 2 所体育运动学校,1391 名运动员。全年共举办全民健身活动 367 次,其中,1000 人以上的全民健身活动 60 次。全年参加国内体育比赛,贵阳代表队获奖牌 527 枚。其中,金牌 211 枚,银牌 165 枚,铜牌 151 枚。培养、输送的运动员有 5 人次参加 2018 年雅加达亚运会、2018 年巴尔的摩女子佩剑世界杯、2018 年世界青年皮划艇锦标赛等国际比赛,夺得冠军 5 人次、亚军 2 人次、季军 1 人次。全市体育健身设施共计 1016 个;其中全民健身路径设施 1013 个,市级生态体育公园 1 个,市属全民健身中心 1 个,市属健身房 1 个;共计拥有器材数 12156 件,占地 611. 44 万平方米。

全民健身服务开创新亮点。整合了全市体育场地、体育赛事、体育社交、体育培训等各类信息资源,依托贵阳市“筑民生”平台,搭建了全民健身公共服务平台。成功举办 2018 年“共享新时代 · 全民健身贵阳行”三大系列共 24 项子活动,全年开展全民健身活动近 300 场次。成功举办 2018 贵阳国际马拉松赛、2018ITF 国际女子网球巡回赛 · 贵阳站、2018 年全国田径冠军赛暨大奖赛总决赛(亚运会选拔赛)、清镇半程马拉松赛、2018 中国汽车拉力锦标赛(开阳站)等赛事以及贵阳市第十三届运动会。

十一、城市建设和生态环境

全市年末市区道路总长度达到 1458. 80 公里,道路面积 2923. 54 万平方米。全市客运线路 670 条,其中高速公路客运线路 151 条。城市出租汽车 8968 辆,其中安装卫星定位车载终端车辆 8965 辆,全年客运量 33189. 9 万人次。

全市自来水厂 20 个,自来水综合生产能力 172. 60 万立方米/日,供水管道长度达到 5843. 99 公里。全年供水总量 42267. 26 万立方米,售水总量 32569. 60 万立方米,其中公共服务用水 3894. 78 万立方米,居民家庭用水 20631. 42 万立方米。

天然气供气总量 34285 万立方米,比上年增长 11. 7%。其中家庭用量 14493 万立方米,增长 23. 5%。用天然气户数 110. 66 万户,其中家庭用户 109. 98 万户,比上年增长 8. 4%。天然气人口 312. 34 万人,比上年增长 8. 4%。

全市 27 个污水处理厂,处理能力 130. 70 万立方米/日,其中市区污水处理厂 18 座,市区污水处理能力 116. 50 万立方米/日;“三县一市”污水处理厂 9 座,污水处理能力 14. 20 万立方米/日。市区排水管道长度 3457. 63 公里。

全市 16 个县级以上和 39 个建制乡镇集中式饮用水源地均达到Ⅲ类水质标准,水质达标率 100%。全市区域噪声为 58. 2 分贝,交通噪声为 69. 3 分贝,控制在国家标准范围内。新增绿地 112. 67 万平方米,新增城市绿地 129. 74 万平方米;建成区绿地面积 13992. 98 公顷,建成区绿化覆盖面积 14800. 34 公顷,建成区公园绿地面积 4354. 21 公顷,建成区绿化覆盖率 41. 22%,人均公园绿地面积达到 13 平方米,森林覆盖率 52. 0%。

全市环境空气质量综合指数[(6)] 3. 51,比上年下降 2. 8 个百分点。全年空气质量为优和良的天数占全年天数的 97. 8%,比上年上升 2. 7 个百分点。市区大气可吸入颗粒物年平均浓度为

0.057 毫克/立方米，比上年上升 7.5%；二氧化硫年平均浓度为 0.011 毫克/立方米，与上年下降 15.4%；二氧化氮年平均浓度为 0.025 毫克/立方米，比上年下降 7.4%；细颗粒物年平均浓度为 0.032 毫克/立方米，与上年持平。

全年平均气温 14.8℃，较上年平均偏低 0.3℃，极端最高气温 32.9℃，极端最低气温零下 4.7℃。全年平均相对湿度 80%，总降水量 1253.2 毫米，日照时数 1067.2 小时。

十二、人民生活和劳动就业

全年贵阳市居民人均可支配收入为 30309 元。其中，城镇常住居民人均可支配收入 35115 元，比上年增长 9.1%，扣除价格因素，实际增长 7.3%。人均消费性支出 28250 元，比上年增长 8.4%；教育文化娱乐占消费性支出的比重为 13.5%。每百户居民拥有的家用汽车和移动电话机数量分别为 55.9 辆和 247.7 部。

图 7:2014-2018 年城乡居民人均可支配收入

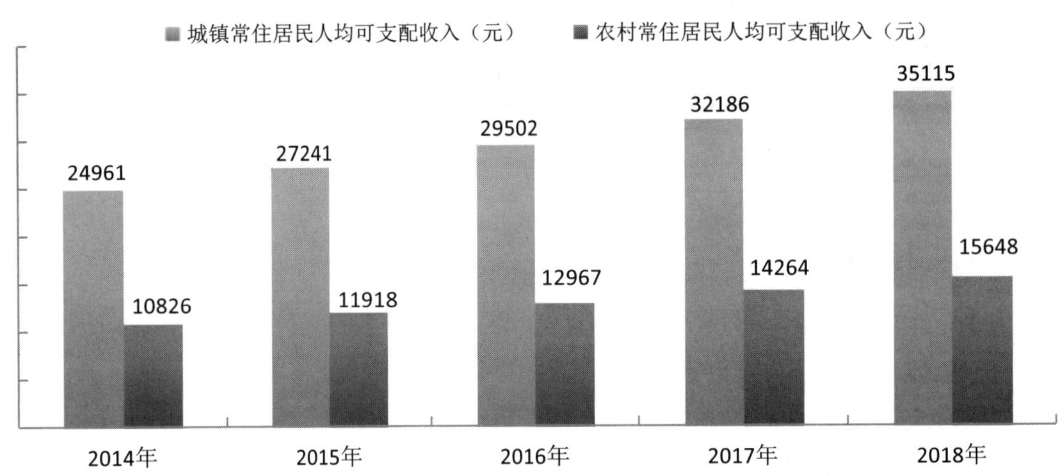

表 18:2018 年末每百户城镇居民家庭耐用消费品拥有量情况

指　　标	单　位	绝对数
家用汽车	辆	55.9
摩托车	辆	9.5
电冰箱	台	101.4
洗衣机	台	102.0
热水器	台	99.9
空　调	台	22.7
彩色电视机	台	106.7
照相机	台	17.2
计算机	台	65.5
中高档乐器	架	9.2
固定电话	部	17.4
移动电话	部	247.7

农村常住居民人均可支配收入为 15648 元,比上年增长 9.7%。扣除物价因素,实际增长 8.2%。人均生活消费支出 13163.98 元,比上年增长 6.4%;教育文化娱乐占生活消费性支出的比重为 10.2%。

表 19:2018 年末每百户农村居民家庭耐用消费品拥有量情况

指　　标	单　位	绝对数
家用汽车	辆	46.0
摩托车	辆	53.8
电冰箱	台	97.1
洗衣机	台	100.3
热水器	台	65.5
空　调	台	1.3
彩色电视机	台	106.7
照相机	台	1.8
计算机	台	12.5
中高档乐器	架	1.0
固定电话	部	7.2
移动电话	部	293.2

全年城乡统筹就业人数达 27.13 万人,比上年增长 0.5%。就业困难对象实现再就业 11602 人。农村富余劳动力转移人数 38246 人。城镇新增就业人数 23.31 万人,比上年增长 0.5%。年末城镇登记失业率为 3.1%。

图 8:2014-2018 年新增就业人数

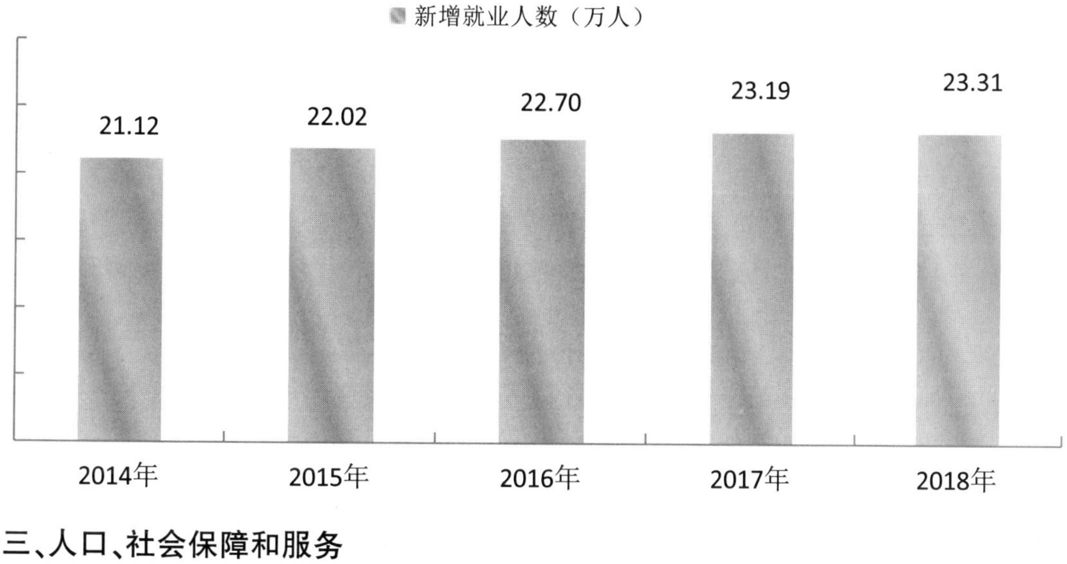

十三、人口、社会保障和服务

全市年末常住人口 488.19 万人,年平均人口 484.20 万人。年出生率 13.07‰,死亡率 4.53‰,自然增长率 8.54‰,城镇化率达 75.43%。

表 20:2018 年末人口数及其构成

指　　标	单　位	绝对数	比上年增长(%)
年平均人口	万　人	484.20	1.9
年末总人口	万　人	488.19	1.7
按市镇、乡村分			
市　镇	万　人	368.24	2.5
乡　村	万　人	119.95	-0.9
按性别分			
男	万　人	250.05	2.1
女	万　人	238.14	1.2
人口出生率	‰	13.07	1.31 千分点
人口死亡率	‰	4.53	-1.15 千分点
自然增长率	‰	8.54	2.46 千分点

全市年末参加城镇职工基本养老保险人数 187.18 万人,比上年增长 0.4%,其中在岗职工基本养老保险 150.49 万人,比上年下降 4.5%,离退休职工基本养老保险 36.69 万人,比上年增长 27.0%;城乡居民基本养老保险人数 79.75 万人,比上年下降 4.0%;失业保险参保人数 68.02 万人,比上年增长 8.4%;城镇职工基本医疗保险参保人数 146.65 万人,比上年增长 5.9%;城镇居民基本医疗保险参保人数 74.18 万人,基本与上年持平;参加生育保险人数 138.57 万人,比上年增长 6.4%。

全市年末城市养老服务机构 89 个,床位数 9863 张,在院人数 3622 人。农村养老服务机构 1 个,床位数 356 张,在院人数 255 人;社区服务中心 161 个,其中农村 70 个;社区服务站 1506 个,其中农村 927 个;城乡居民享受最低生活保障的人数 7.75 万人,其中城市最低生活保障人数为 4.74 万人,农村最低生活保障人数为 3.01 万人;全年民政部门直接接受社会捐赠款 355 万元。

十四、安全生产

全年各类生产安全事故[7] 240 起,比上年下降 15.5%,死亡 179 人,下降 5.3%。其中,道路交通发生安全事故 212 起,下降 17.5%,死亡 143 人,下降 10.6%;工矿商贸发生安全事故 18 起,起数与上年持平,死亡 28 人,增长 33.3%;铁路交通发生安全事故 10 起,增长 11.1%,死亡 8 人,人数和上年持平;职工工伤死亡 28 人,增长 33.3%;煤矿安全事故死亡 0 人。

注　释:

(1)公报中所列数据为初步统计数。

(2)生产总值和各产业增加值绝对数为当年价格,增长速度按可比价格计算。

(3)规模以上工业指年主营业务收入为2000及2000万元以上工业企业。

(4)固定资产投资统计口径为计划总投资500万元及以上固定资产项目投资和全部房地产开发项目投资。

(5)进出口增速按扣除政策性增量后的可比口径计算。

(6)环境空气质量指数(AQI)技术规定(试行)(HJ633-2012)与《环境空气质量标准》(GB3095-2012)同步实施,标准内容可在环境保护部网站(bz. mep. gov. cn)查询。

(7)生产安全事故不含消防火灾事故。

(8)资料来源:本公报中电信数据来自贵州省通信管理局;民航运输数据来自贵州省机场集团;上市公司数据来自证监会贵州监管局;保险业数据来自银保监会贵州监管局;教育数据来自贵州省教育厅、市教育局;艺术表演团体、公共图书馆、文化馆数据来自贵州省文化和旅游厅、市文化和旅游局;广播、电视数据、旅游数据来自市文化和旅游局;体育数据来自省体育局和市体育局;城镇新增就业、登记失业率、社会保障数据来自市人力资源和社会保障局;财政数据来自市财政局;农业机械总动力和机耕面积数据来自市农业农村局;铁路运输数据、公路运输数据、水运数据来自市交通委员会;燃气供应数据来自市住房城乡建设局、市燃气集团有限公司;外商投资、外贸进出口数据来自市商务局;民用车辆数据来自市公安局;邮政业务数据来自市邮政管理局;金融数据来自人民银行贵阳中心支行;科技、专利数据来自市科技局;平均气温及湿度数据来自市气象局;卫生、新农合数据来自市卫健局;社会福利、低保、社会捐赠数据来自市民政局;环境监测自市生态环境局;城市建设、建成区绿化数据来自市综合执法局;自来水及污水处理等数据来自市水务局;公交运营数据来自市公交公司、市道路运输管理局;安全生产数据来自市应急管理局;物价和城乡居民收支数据来自国家统计局贵阳调查队;其他数据均来自市统计局。

The Statistical Communiqué of Guiyang on the 2018 National Economic and Social Development(1)

Guiyang Statistical Bureau　NBS Survey Office in Guiyang

*March*30*th*,2019

Under the leadership of the Guiyang Municipal Committee and the Guiyang Municipal People´s Government in 2018, our city had been implementing the socialist ideas with Chinese characteristics in the new era so as to deepen the supply-front structural reform; sticking to preventing three major risks; and steadily promoting three major strategic actions. Thanks to our unremitting efforts, the municipal economic development had maintained steady progress.

I. General

According to the preliminary accounting, its annual GDP has achieved 379. 845 billion yuan, an increase of 9. 9% over the previous year. From the perspective of industry, the added value of the primary industry was 15. 31 billion yuan with an increase of 6. 6% over the previous year; the second industry was 141. 367 billion yuan with an increase of 7. 9%; and the tertiary industry was 223. 168 billion yuan with an increase of 11. 3%. The average GDP per capita was 78449 yuan, with an increase of 7. 8% over the previous year.

Figure 1: Regional GDP and Growth Rate 2014-2018

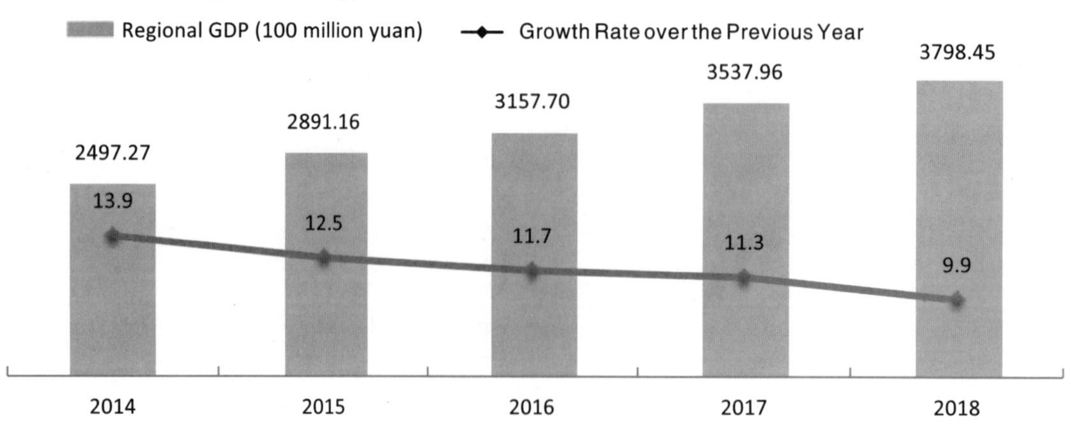

The structure ratio of primary, secondary, tertiary industry was 4. 0:37. 2:58. 8, continuously presented a steady structure of "tertiary, secondary and primary industry". Comparing to the previous year, the proportion of the primary industry and the tertiary industry decreased by 0.2% and 1.6% respectively, while the proportion of the tertiary industry increased by 1.8%.

Table1: GDP by region 2014-2018

Item	2014	2015	2016	2017	2018	Growth Rate over 2017 (%)
GDP(100 million yuan)	2497.27	2891.16	3157.70	3537.96	3798.45	9.9
Primary Industry	108.02	129.89	137.14	147.33	153.10	6.6
Secondary Industry	976.59	1108.52	1218.79	1375.18	1413.67	7.9
Industry	1412.66	1652.75	1801.77	2015.45	2231.68	11.3
Per Capital Gross Domestic Product(yuan)	55018	63003	67771	74493	78449	7.8

The consumer prices in 2018 rose 1.7 percent over the previous year, of which education, culture and recreation prices rose 3.9%, transport and communication prices rose 0.1%, clothes prices rose 1.6%, food, tobacco and liquor prices rose 1.0% over the previous year. The industrial producer prices was up by 2.3% and the purchasing prices of the industrial producer up 2.6%. The prices fresh vegetables rose 1.5% in 2018.

Table 2: Fluctuation Range of Consumer Prices in 2017

Item	Balance Number (%)
Consumer price	1.7
Non-food and energy	1.7
Service price	1.9
Consumer goods price	1.6
1. Food, tobacco and liquor	1.0
2. Clothing	1.6
3. Housing	1.1
4. Living goods and services	1.2
5. Transportation and communications	3.0
6. Education, culture and recreation	3.9
7. Medical and health care	1.4
8. Other articles and services	-0.2
Retail price	2.3

In 2018, the newly-built house price rose consecutively. From a month-on-month perspective, the newly-built commercial housing prices in December increased by 0. 6%, while from a year-on-year perspective, it increased by 18. 8%. The second-hand house price increased by 0. 5% on a month-on-month base, while an increase of 12. 6% at a year-on-year base.

Figure 2: Monthly Changes of Consumer Price Index in 2018

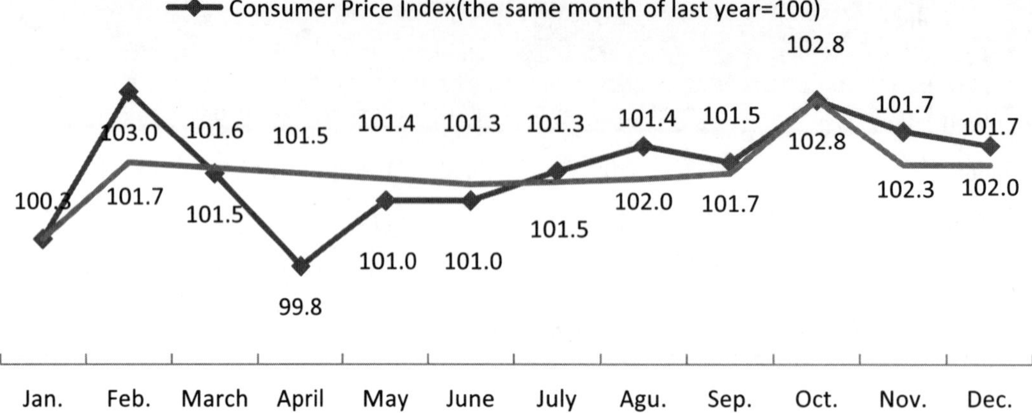

In 2018, continuous progress was made in supply-side structural reform. The area for sale of commercial residential buildings was1475. 6 thousand square meters at the year-end, with 870. 3 thousand square meters decreased over last year, down by 37. 1%. Among which, the area for sale of commercial housing was 746. 7 thousand square meters, with a decrease of 665. 2 thousand square meters, down by 47. 1% with the same period of last year; The area for sale of office buildings was 240. 0 thousand square meters, decreased 80. 4 thousand square meters. The area for sale of commercial residential buildings in 1-3 years(including 1 year) was 907. 9 thousand square meters, with 431. 8 thousand square meters decreased over last year, down by 32. 2% over last year.

The cost of prime operating revenue of per 100 yuan was 71. 52 yuan, decreased 3. 4 yuan over last year. The investment of water conservancy, environmental & public facilities management, education, health and social work increased 30. 2%, 70. 2 and 110. 0% respectively. The policy of " Three Reductions, One Lowering and One Compensation" was put into practice seriously in 2018. 990,000 tons of outdated production capacity was eliminated, taxes of 20. 396 billion yuan were reduced or exempted, and a 95. 676 billion yuan investment was completed to strengthen the weak links.

There was a rapid growth on new kinetic energy, new industry and new form of industries. The growth rate of added value of high-tech manufacturing above designated size was 15. 1%, accounted for 11. 1% of the added value of industries above designated size. The investment of high-tech industries rose by 57. 9%, accounting for 4. 7% of the fixed asset investment (excluding rural households) . Total sales of commodities via internet above designated size was 7. 3 billion yuan, up by 16. 8% over last year. The business income of other profit service industries via and related to internet above designated size was 1. 606 billion yuan, up by 89. 8%, accounting for 10. 4% business income of the total other profit service industries.

Quality effectiveness of development was continuously promoted in 2018. The general public financial budget revenue was 41. 134 billion yuan, up by 8. 9%, among which, total tax revenue was 31. 984 billion yuan, up by 7. 9%. The profits realized by industrial enterprises above designated size in the whole year was 20. 362 billion yuan, up by 20. 6%. The operating profits of service enterprises above designated size in the whole year was 0. 468 billion yuan, with an increase of 12. 1%. Ourur-ban- and rural residents′ per capita disposal income reached 35,115 yuan and 15,648 yuan, registering an increase of 9. 1% and 9. 7% respectively, keeping pace with economic growth.

Efforts were made to get rid of povertyvigorously. By giving full play to the role of " Guiyang Market" , we had realized province-wide poverty alleviation, with 59 support projects set up, 149 million yuan of funds provided, 1. 2 million tons of provincial agricultural products purchased, and 176,000 jobs created. All this had helped around 100,000 impoverished population overcome poverty.

Ⅱ. Agriculture

In 2018, the total sown area of grain was 1334. 7thousand hectares, a decrease of 18. 6% over the previous year; the sown area of rapeseed was 442. 5 thousand hectares, an increase of 0. 5%; the sown area of flue-cured tobacco was 51. 3thousand hectares, a decrease of 42. 3% compared with the precious year; the sown area of vegetables and edible mushroom was 1736. 8thousand hectares, an increase of 13. 7%.

The total output of grain in 2018 was 381. 7 thousand tons decreased by 12. 6%, of which the summer grain was 36. 7thousand tons, up by 674. 0% while the autumn grain was 345. 0 thousand tons decreased by 20. 1%.

Table 3: Output of Major Agricultural Products in 2018

Item	Absolute Number	Growth Rate over 2017(%)
Total grain output	38. 17	-12. 6
By season		
Summer grain	3. 67	-7. 7
Autumn grain	34. 50	-13. 1
By species		
Rice	16. 89	-2. 0
Wheat	0. 58	22. 4
Corn	15. 28	-30. 1
Beans	0. 34	32. 9

Item	Absolute Number	Growth Rate over 2017(%)
Tubers	4.97	31.1
Oil-bearing crops	5.33	-4.8
#Rapeseed	4.98	-5.4
Peanut	0.15	2.2
Flue-cured tobacco	0.79	-29.1
Vegetables and edible mushrooms	237.28	15.0
Tea	0.48	-5.0
Garden Fruits	31.78	31.2
#Pear	3.20	8.3
Peach	3.85	76.2
Tangerine	1.92	127.2
Waxberry	0.76	
Chinese gooseberry	9.16	88.3
Grape	2.93	61.8

The total output of meat was 130 thousand tons, up by 4.2%; the output of poultry and eggs was 35 thousand tons, down by 14.7%; the output of milk was 38 thousand tons, down by 4.5%; the output of aquatic products was 2.3 thousand tons, down by 81.0%.

Table 4: Output of Major Livestock Products in 2018

Item	Unit	Absolute Number	Growth Rate over 2017(%)
Annual slaughtered fattened hogs	10000 heads	112.18	2.6
Annual slaughtered beef cattle	10000 heads	4.13	4.2
Annual slaughtered sheep and goats	10000 heads	3.74	7.1
Annual slaughtered poultry	10000 heads	1482.67	10.7
Large animal at Year-end	10000 heads	13.14	-7.71
#Cattle	10000 heads	12.20	-5.8
Beef Cattle	10000 heads	10.79	148.1
Cow	10000 heads	1.41	-14.6
Draft Cattle	10000 heads	0.93	-26.8
Horse	10000 heads	75.90	-2.5
Hogs at year-end	10000 heads	3.92	-14.5
Sheep and goats at year-end	10000 heads	1181.67	6.2

Item	Unit	Absolute Number	Growth Rate over 2017(%)
Poultry at year-end	10000 heads	13.00	4.2
Total output of meat	1000 tons	9.86	2.7
#Pork	1000 tons	0.52	4.7
Beef	1000 tons	0.07	16.7
Mutton	1000 tons	2.5	10.1
Poultry Meat	1000 tons		
Other livestock products		38021	-4.5
#Milk	ton	94	154.4
Honey	ton	34980	-14.7

The total power of agricultural machinery in Guiyang was 1.9941 million kilowatt at the end of 2018, increased by 1.5% over the previous year; the area of tractor-ploughed farmland reached 209.0 thousand hectares, decreased by 2.0% over the previous year; the area of mechanical sowing farmland reached 9666 hectares, increased by 11.1%; the area of pumping irrigation farmland was 39.159 thousand hectares, increased by 0.8%; the area of machine harvested farmland was 33.423 thousand hectares, decreased by 3.5%. The application amount of agricultural fertilizer (at volume of effective components) was 54.1 thousand tons, decreased by 0.4%.

Ⅲ. Industry and Construction

In 2018, the added value ofindustries above the designated size(3) was up by 7.4%; The added value of keyindustries above the designated sizewas up by 8.7%, accounted for 85.2% over the added value ofindustries above the designated size; of which, the added value of production and supply of electric power was up by 16.2%, for characteristic food was 12.5%, manufacture of chemical fibers and plastics was 11.5%, equipment manufacturing industry 11.1%, and modern medicine was10.0%. The industrial parks above the designated size increased by 7.5%, accounted for 87.7% of the industries above the designated size.

There are 35 industries in Guiyang, among them, 24 remained increasing while 11 decreased . Of which, the growth rate of culture and education, arts and crafts, and sports and recreation reached an increase over 50.8%, manufacture of electrical machinery and equipment increased 23.9%, manufacture of special purpose machinery increased by 21.0%, food processing was up by 19.2%. The added value of these four industries accounted for 5.7% of the industries above designated size in Guiyang.

Table 5: Output of Guiyang Industrial Park

Industrial Park	Growth Rate over 2017(%)
Added Value of Industries Above Designated Size	7.4
#Added Value of Industrial Park	7.5
Nanming Airport Economic Zone	21.1
Yunyan Industrial Park	−22.2
Huaxi Industrial Park	11.7
Xiaohe−Mengguan Equipment Manufacturing Eco−industry Park	12.6
Wudang Food and Drug Industrial Park	2.1
Baiyun Aluminum and Aluminum Industrial Park	−25.2
Maijia−Shawen Eco−tech Industrial Park	22.3
Guiyang Comprehensive Bonded Area	193.9
Guanshanhu E−commerce and Modem Manufacturing Industrial Park	82.4
Kaiyang Phosphorus and Coal Industrial Park	0.9
Xifeng Phosphorus and Coal Industrial Park	0.1
Xiuwen Industrial Park	9.2
Qingzhen Aluminous&Coal Ecological Industry Park	19.9

Table 6: The Production Status of Key Industries above Designated Size

Industry Classification	Growth Rate Over 2017(%)
Added Value of Industries Above Designated Size	7.4
Key Industries	8.7
Phosphor and Coal Chemical Industry	−0.6
Aluminum and Aluminum Processing	−7.1
Special Food Industry	12.5
Tobacco Manufacturing Industry	9.4
Pharmaceutical Industry	10.0
Equipment Manufacturing Industry	11.1
#Automobile Industry	−1.7
#Electronic Information Industry	7.2
Electric Power Production and Supply Industry	16.2
Rubber and Plastic Manufacturing Industry	11.5

Table 7: The Production Status of Main Industries above Designated Size

Industry Classification	Growth Rate Over 2017(%)
Manufacture of Raw Chemical Materials and Chemical Products	-4.5
Manufacture of Liquor, Beverages and Refined Tea	8.3
PharmaceuticalManufacture	10.0
Manufacture and Processing of Non-ferrous Metals	-1.8
Manufacture of Chemical Fibers and Plastics	11.5
Manufacture of Metal Products	-17.4
Manufacture of General Purpose Machinery	-9.3
Manufacture of Railway, Watercraft, Aviation, Aerospace and Other Transport Equipment	16.1
Manufacture of Electrical Machinery and Equipment	23.9
Manufacture of Computers, Communication Equipment and Other Electronic Equipment	18.6

Figure 3: Added Value of Industries Above Designated Size and Growth Rate(2014-2018)

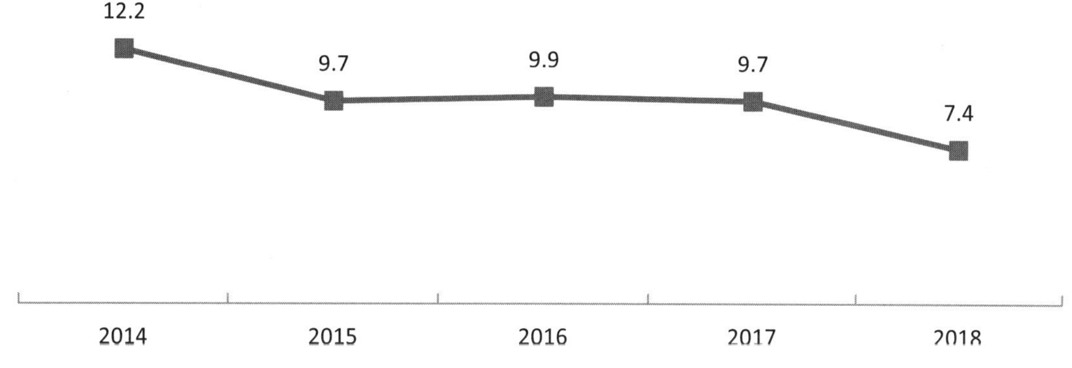

For the added value of the industrial enterprises above the designated size, the light industry increased by 12.4%, the heavy industry increased by 2.7%, the added value of the state-owned enterprises increased by 11.9% over the previous year. The added value of the state-holding enterprises increased by 10.1%. The added value of non-public industries accounted for 37.6% of the industrial enterprises above the designated size, increased by 3.2%. The added value of enterprises by foreign investors and investors from Hong Kong, Macao and Taiwanincreased by 2.4% over the previous year.

The high-tech enterprises (manufacture industry) had a rapid growth. The industrial added value of the high-tech enterprises (manufacture industry) increased by 15.1% over the previous year, with a growth rate 7.7% higher than the average level of Guiyang. The total number accounted for 18.9% of the enterprises above designated size in Guiyang, increased by 1.4% over the previous year.

Table 8: Output of Major Industrial Productsin 2018

Item	Unit	Absolute Number	Growth Rate over 2017(%)
Liquor	1 000 liters	4370. 25	-1. 5
Beer	1 000 liters	164023. 00	-19. 6
Electricity	100 million Kilowatt-hours	132. 68	11. 8
Electrolytic Aluminum	10 000 tons	38. 76	19. 7
Steel	10 000 tons	84. 20	4. 2
Tires	10 000 tires	568. 37	14. 7
Phosphorus ore(30%phosphorus pentoxide)	10 000 tons	1374. 50	-4. 3
Chemical fertilizers (farm-oriented NPK fertilizer purification)	10 000 tons	376. 50	-0. 2
Color TV set	10000 sets	123. 52	4. 4
Cement	10 000 tons	1160. 43	7. 9
Cigarettes	100 million pieces	476. 40	1. 5
Traditional Chinese medicine	10 000 tons	3. 27	5. 0

There were 772 industrial enterprises above the designated size in 2018, 29 increased over the previous year. The revenue made by the industrial enterprises above the designated size was 216. 052 billion yuan, down by 1. 4%. The deficit of unprofitable firm was down by 49. 3%, the total amount of profits and taxes achieved 41. 143 billion yuan, up by 11. 4%. The total profits achieved 20. 620 billion yuan, up by 15. 8%.

The total added value of construction in Guiyang was 53. 871 billion yuan, increased by 8. 6%. There were 319 qualified general and professional contracting construction enterprises. The area constructed by qualified enterprises was 83. 5273 million square meters, decreased by 12. 8%. The floor space of building completed was 24. 5367 million square meters, increasedby19. 0%.

Figurc 4: Addcd Valuc of Construction and Growth Ratc(2014-2018)

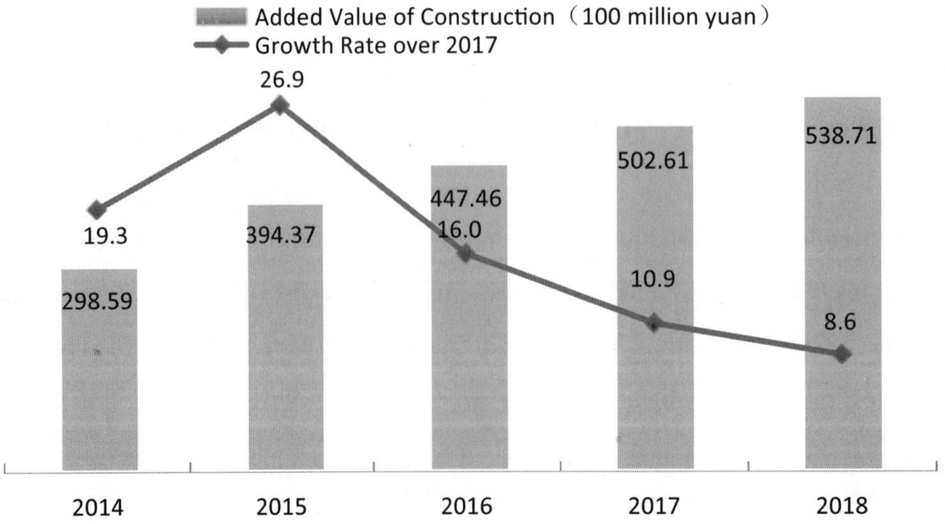

Ⅳ. Investment in Fixed Assets

The total investment in fixed assets(4) of Guiyang in 2018 increased by 15.0% over the previous year. From the perspective of sector, the investment in primary industry was down by 5.5%, the secondary industry was up by 9.4% and the tertiary industry was up by 16.4%.

Table 9: Investment in Fixed Assets by Sector and Growth Rate in 2018

Items	Growth Rate over 2017(%)
Total investment in fixed assets	15.0
Primary industry	-5.5
Secondary industry	9.4
#Industry (Exclude the facilities in Industrial Parks)	10.5
#Manufacture of raw chemical materials and chemical products	8.8
Manufacture of medicines	18.5
Manufacture of non-metallic mineral products	-45.5
Smelting and calendering of ferrous metals	-82.2
Smelting and calendering of non-ferrous metals	-90.2
Manufacture of electrical machinery and apparatus	5.2倍
Tertiary industry	16.4
#Transport, storage and post	34.7
#Road Transport	58.2
Information transmission, software and information technology	50.5
Management of water conservancy, environment and public facilities	30.2
#Management of public facilities	25.6
Education	70.2
Health and Social Work	1.1倍
Culture, Sports and Recreation	69.3

The funded investment of fixed assets increased by 7.8% over the previous year. Of which, the state budgetary appropriation decreased by 46.4%; the domestic loan was increased by 7.3%; the self-raised fund increased by 8.1%; other fund increased by 29.5% over the previous year.

In 2018, the investment in real estate development projects was down by 3.9% over the previous year. Of which, the housing investment was up by 7.4% over 2018; the investment in office buildings was down by 19.1%; the investment in houses for commercial business decreased by 26.6%; Other investment was down by 10.6%.

Table 10: Achievement of the Major Indicators of Developing and Selling Properties in 2018

Items	Absolute Number	Growth Rate over 2017(%)
Floor Space of Construction	6118.03	4.0
#Households	3796.34	4.1
Floor Space of New Construction	1366.64	51.3
#Households	951.95	69.5
Floor Space of Completed Buildings	216.20	-31.1
#Households	127.42	-36.9
Floor Space of Sold Commercial Buildings	1118.97	3.8
Floor Space of Sold Complete Department	54.99	-33.6
#Household	35.88	-15.3
Floor Space of Forward Delivery Housing	1063.98	6.9
#Household	911.63	9.1
Sales Volume of Commercial Buildings	1044.89	34.0
Sales Volume of Complete Department	51.44	-20.9
#Household	19.28	-3.4
Sales Volume of Forward Delivery Housing	993.45	38.9
#Household	816.36	47.9

V. Domestic Trade

In 2018, the total retail sales of consumer goods reached 129.947 billion yuan, up by 8.0% over the previous year. By location, the retail sales of consumer goods in cities and towns was 114.656 billion yuan, up by 10.8%, of which the city was 108.37 billion yuan, increased by 10.4%, the rural was 15.291 billion yuan, decreased by 9.3%. Of patterns of consumption, the commodity retailing was 125.041 billion yuan, up by 7.8% over the previous year. The revenue of catering was 4.906 billion yuan, up by 12.9%.

Table 11: Total Retail Sales of Consumer Goods in 2018

By Industries	Absolute Number (100million US dollars)	Growth Rate over 2017 (%)
Total Retail Sales of Consumer Goods(yuan)	1299.47	8.0
#Above Designed Size	816.26	3.0
By Region		
Town	1146.56	10.8

By Industries	Absolute Number (100million US dollars)	Growth Rate over 2017 (%)
#Urban	1083. 70	10. 4
Rural	152. 91	-9. 3
By Consumption Pattern		
Revenue of Catering	49. 06	12. 9
commodity retailing	1250. 41	7. 8
#Retail Sales of Enterprises(Units) Above Designed Size	788. 74	3. 1
Food and oil	53. 34	9. 2
Beverages	9. 30	13. 5
Tobacco and Liquor	44. 00	-1. 8
Garments, Shoes, Caps and Textiles	53. 81	-0. 7
Cosmetics	13. 54	20. 2
Gold and silver jewelry	5. 47	-12. 8
Daily Necessities	36. 47	41. 7
Sports and Recreation Appliances and Equipment	1. 98	-45. 8
Books, Newspapers and Magazines	5. 09	5. 0
Household Appliances and Stereo Equipment	41. 46	19. 1
Chinese and Western Medicines	27. 04	10. 3
Culture and Official Articles	9. 44	-11. 6
Furniture	0. 78	-33. 2
Communication Equipment	12. 75	-0. 2
Oil and Oil Products	130. 05	14. 7
Construction and Decoration Materials	5. 91	27. 9
Cars	318. 06	-6. 6

Ⅵ. Foreign Trade and Economic Cooperation

The total volume of imports and exports in 2018 was 3. 494 billion US dollars, increased(5) by 15. 2% over the previous year. Of which the export was 2. 515 billion US dollars, increased by 9. 0% and the import was 9. 79 billion US dollars, increased by 34. 9%.

There were 52 projects approving foreign investment in 2018increased by 57. 6% over the previous year. Total volume of foreign investment actually utilized was 1. 589 billion US dollars, increased by 18. 1%.

Figure 5: Total Volume of Imports and Exports and the Growth Rate(2014-2018)

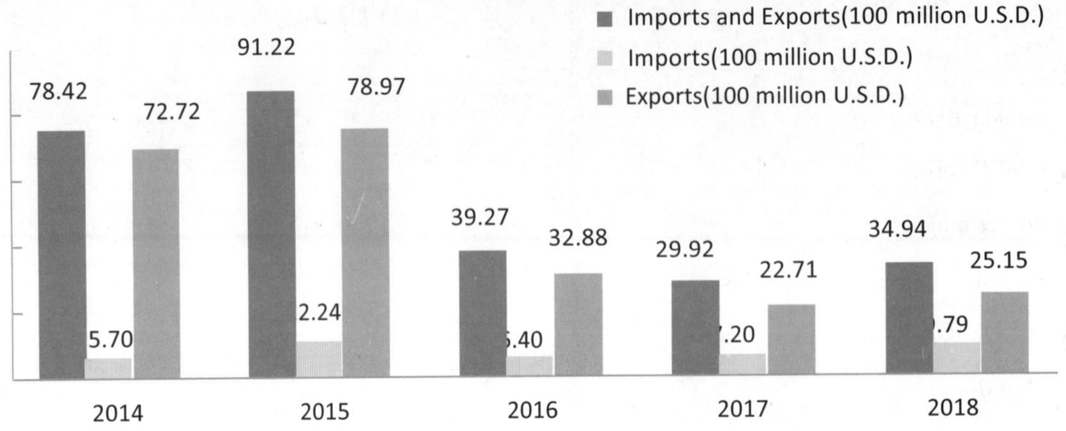

Table 12: Imports and Exports in 2018

By Industries	Absolute Number (100 million US dollars)	Growth Rate over 2017 (%)
Total volume of imports and exports	34. 94	15. 2
By enterprises property		
Three types of foreign-funded enterprises	1. 30	
State-owned enterprises	22. 66	
Collective-owned enterprises	0. 37	
Private enterprises and others	10. 60	
By trade mode		
General trade	25. 76	
Processing trade	6. 30	
Others	2. 88	
Total volume of exports	25. 15	9. 0
By enterprises property		
Three types of foreign-funded enterprises	0. 82	
State-owned enterprises	19. 05	
Collective-owned enterprises	0. 16	
Private enterprises and others	5. 12	
By trade mode		
General trade	19. 71	
Processing trade	4. 24	
Others	1. 20	
Total value of imports	9. 79	34. 9
By enterprises property		

By Industries	Absolute Number (100 million US dollars)	Growth Rate over 2017 (%)
Three types of foreign-funded enterprises	0.48	
State-owned enterprises	3.61	
Collective-owned enterprises	0.21	
Private enterprises and others	5.48	
By trade mode		
General trade	6.05	
Processing trade	2.06	
Total value of imports	1.68	

Table 13: Imports and Exports by Countries and Regions in 2018

Unit: 100 million U.S.D. Country or Region	Total Volume of Imports and Exports	Exports	Imports
Total	34.94	25.15	9.79
Asia	21.63	14.80	6.84
#Hong Kong	3.39	3.39	0.00
India	0.91	0.88	0.03
Japan	0.95	0.74	0.21
South Korea	0.80	0.56	0.24
Taiwan	2.51	0.08	2.42
ASEAN	6.63	5.09	1.55
Africa	2.18	1.67	0.52
Europe	3.82	3.11	0.71
#European Union	3.20	2.67	0.52
Latin America	1.57	1.55	0.02
North America	2.68	1.61	1.07
#America	1.93	1.43	0.50
Oceania	3.06	2.42	0.64
#Australia	1.73	1.17	0.56

Ⅶ. Transportation, Post and Telecommunication, Tourism

In 2018, Guiyang Airport navigable city reached 118, increased 16 cities over the previous year, among which there were 16 international cities, and 3 international districts. The total passenger traffic by all transport means reached 825. 34 million person-time, increased by 12. 5% over the previous year and the freight traffic reached 554. 46 million tons, increased by 16%.

Table 14: Achievement of Transport in 2018

Item	Absolute Number	Growth Rate over 2017(%)
Total passenger traffic (10000 person-time)	82534	12. 5
Railways	3962	39. 4
Highways	76415	11. 5
Civil aviation	2009	11. 0
Waterways	148	-20. 5
Total freight traffic(10000tons)	55446	16. 0
Railways	2971	1. 5
Highways	52451	17. 0
Civil aviation	11	9. 9
Waterways	13	6. 9

The total number of motor vehicles for civilian use reached 1492. 4 thousand by the end of 2018, increased by 13. 6%. Of which the total number of cars was 1157. 4 thousand, increased by 16. 3% and number of the private cars was 903. 5 thousand, increased by 3. 1% over the year-end of 2017.

The turnover of post and telecommunication services reached 47. 894 billion yuan, increased by 127. 9%. Of which post service was 2. 173billion yuan, increased by 21. 6%; telecommunication service was 45. 721 billion yuan, increased by 137. 8%. The revenue of postal business was 2. 373 billion yuan, increased by 18. 5%, among which the volume of express delivery business was 101. 9979million pieces, increased by 30. 2%. The number of mobile phone subscribersreached 8. 0494 million, increased by 7. 5%. Of which4G mobile phone users reached 5. 6903 million. The number of Internet users was 1. 9052 million, increased by 30. 9%. The number of mobile internet users was 6. 2599 subscribers, up by 11. 1% over last year.

The whole year saw 188. 4625 million tourists, increased by 26. 7% over the previous year, of which including 187. 9219 million domestic tourists and 540. 6 thousand foreign tourists. The total revenue from tourism in 2018 was 245. 656 billion yuan, up by 31. 2% over the previous year. Of which foreign exchange reached 233. 5956 million US dollars, up by 25. 8%.

Table 15: Basic Statistics on Tourism in 2018

Item	Unit	Absolute Number	Growth Rate over 2017(%)
Number of foreign tourists	Person-time	540590	32. 0
Foreigners	Person-time	292392	39. 2
Compatriots from Hong Kong and Macao	Person-time	148644	29. 0
Compatriots from Taiwan	Person-time	99554	18. 0
Number of overseas tourists received	Person-day	1154522	28. 1
Foreigners	Person-day	643262	39. 2
Compatriots from Hong Kong and Macao	Person-day	312152	23. 2
Compatriots from Taiwan	Person- day	199108	7. 3
Foreign exchange revenue	10000U. S. D.	23359. 56	25. 8
Domestic tourism			
Domestic tourists	10 000 person-times	18792. 19	26. 7
Tourism revenue	100 million yuan	2440. 44	31. 2
Total Tourism revenue	100 million yuan	2456. 56	31. 2

Ⅷ. Finance, Banking, Stocks and Insurances

The total government revenue in 2018 reached 90. 326 billion yuan, a 15. 4% increase comparedwith the previous year; the public financial budget revenue was 41. 134 billion yuan, a 8. 9% increase comparedwith the previous year; and the public financial budget expenditure was 62. 754 billion yuan, a 7. 7% increase over the previous year.

Table 16: Basic Statistics on Financial Revenue and Expenditure in 2018

Item	Absolute Number (100 million yuan)	Growth Rate over 2017 (%)
General financial revenue	903. 26	15. 4
#Public financialbudget income	411. 34	8. 9
Tax revenue	319. 84	7. 9
#Added-value tax	120. 21	15. 5
Business tax	0. 20	-13. 4
Corporate income tax	46. 30	25. 0
Individual income tax	27. 70	72. 9
Non-tax revenue	91. 50	12. 4
Public financial budget expenditure	627. 54	7. 7

Item	Absolute Number (100 million yuan)	Growth Rate over 2017 (%)
#General public services	93. 72	20. 0
Public security	55. 71	10. 4
Education	120. 47	15. 0
Science and technology	24. 81	48. 9
Social security and employment	53. 27	-1. 9
Medical care and public health & Family planning	44. 94	5. 7
Urban and ruralcommunityaffairs	81. 87	12. 2

By the end of 2018, saving deposits in RMB and foreign currencies in all items of financial institutions in Guiyang totaled 1141. 852 billion yuan, 51. 025 billion more than the figure calculated at the beginning of 2018. Of which household balance reached 285. 394 billion yuan, 19. 006 billion yuan more than the figure calculated at the beginning of 2018. Loan balance in RMB and foreign currencies in all items of financial institutions reached 1250. 873 billion yuan, 200. 230 billion more than that of the beginning of 2018. Saving deposits in RMB in all items of financial institutions in Guiyang at the end of 2018 reached 1135. 744 billion yuan, 54. 293 billion more than the beginning of 2018. Of which, household balance reached 283. 574 billion yuan, 18. 913 billion yuan more than the beginning of 2018. Balance of non-financial companies reached 430. 966 billion yuan, 48. 580 billion yuan less than the beginning of last year. Loan balance in RMB in all items of financial institutions in RMB reached 1241. 275 billion yuan, with an increase of200. 934 billion yuan. Of which short-term loan balance was 39. 972 billion yuan, 7. 742 billion more than that of the beginning of 2018; middle and long term loans was 214. 015 billion yuan, 41. 652 billion more than that of the beginning of 2018.

Total premium income in 2018 reached 16. 153 billion yuan, a 13. 3 percent increase over the previous year. And total compensation expenses amounted to 6. 015 billion yuan, a 21. 3 percent increase over the previous year.

Table 17: Basic Statistics on Insurance in 2018

Item	Absolute Number (100 million yuan)	Growth Rate over 2017(%)
Premium income	161. 53	13. 3
Property insurance	78. 56	15. 0
#Motor vehicle insurance	54. 84	7. 1

Item	Absolute Number (100 million yuan)	Growth Rate over 2017(%)
Life insurance	82. 97	11. 7
Personal insurance	64. 34	4. 8
Health insurance	15. 18	55. 8
Personal accident insurance	3. 45	9. 3
Compensation expenses	60. 15	21. 3
Property insurance	41. 26	18. 6
#Motor vehicle insurance	29. 69	15. 2
Life insurance	18. 89	27. 6
Personal insurance	14. 95	31. 3
Health insurance	3. 19	17. 4
Personal accident insurance	0. 74	6. 1

By the end of 2018, the number of listed companies was 20, including 9 listed in Shanghai Stock Exchange and 11 listed in Shenzhen Stock Exchange. The total market value of those listed companies was 154. 568 billion yuan, down by 17. 6% over the previous year. Besides, there were 2 securities companies, 76 securities exchange departments. The number of capital accounts reached 938. 8 thousand. And the turnover of trades reached 739. 650 billion yuan. Moreover, there were 10 business departments of future goods, with a turnover of 342. 534 billion yuan.

Ⅸ. Science, Technology and Education

In 2018, there were 17850 patent applications for new inventions, a 26. 4% increase comparing to the previous year, and 9113 of them had been authorized, a 61. 5% increase over last year. Among those authorized patents, 1160items were for inventions, up by 8. 2%, 6871 for utility models, up by 82. 2%, and 1082items design patents, up by 35. 8% over the previous year. In 2018, the number of patent inventions per 10 000 persons owned was 12. 81 pieces.

There were 692 new added sci-tech enterprises registered at provincial level, 313 new added small and medium-sized technology-based enterprises, over 470 new high-tech enterprises, increased by 94% over last year, ten new added innovative enterprises, two new added key laboratories, 5 engineering technology research centers, 2 academician workstations, 10 technological entrepreneurship incubators, 17 scientific and technological innovation talent teams and 2 agricultural technology parks.

In 2018, the enrollments of postgraduate education institutions were 6852persons with

18101current students and the number of graduates was 5406; enrollments of higher education institutions were 120. 9 thousand, with 379. 0 thousand current students and the number of graduates was 96. 4 thousand; enrollments of adult higher education were 19. 5 thousand with current students 63. 0 thousand, and the number of graduates was 33. 2 thousand; enrollments of secondaryvocational education were 47. 9 thousand with 126. 6 thousand students currently and the number of graduates was 38. 7 thousand; enrollments of regular high schools were 29. 3 thousand with 87. 7 thousand current studentsand the number of graduates was 29. 7 thousand; enrollments of regular junior secondary schools were 52. 7 thousand with 149. 5 thousand current students and the number of graduates was 48. 6 thousand; enrollments of ordinary primary schools were 81. 9 thousand with 398. 9 thousand students currently, and the number of graduates was 53. 8 thousand; enrollments of special education institutions were 287 with 1329current students and the number of graduates was 183; and enrollments of kindergartens were 71. 3 thousandwith 175. 6 thousand current students and the number of graduates was 64. 9 thousand.

There were around 1,883 schools at different levels (including 974 private schools and excluding secondary vocational schools and institutions of higher learning at the provincial level) set up in our city. The total number of students studying at school was 921,900. Among them, 973 were kindergartens (including 728 privately-operated), 538 primary schools (including 86 privately-operated), and 249 middle schools (including 113 privately-operated), 73 senior high schools (including 28 privately-operated), 32 secondary vocational schools (including 18 privately-operated), 10 special education schools, two work-study schools for delinquent children, and 6 municipal institutions of higher learning.

The total number of faculty and staff was 72,900, of which 56,900 were full-time teachers. The total floor area of municipal primary and middle schools was 11. 9555 million square meters. Among them, the average floor area of primary schools was 11. 48 square meters, and the average floor area of middle schools was 25. 03 square meters. The book collections of all libraries in our city had reached 23. 3519 million volumes.

The kindergarten gross enrollment rate three years before entry into the primary school was 93. 05%, the nine-year compulsory education gross enrollment rate was 95. 03%, the senior high school gross enrollment rate was 93. 52%, and the institution of higher learning gross enrollment rate was 62. 08%. In 2018, the number of offspring migrated together with parents to our city was 158,917 (of which 115,879 studied in the primary school, and 43,038 studied in the middle school). Among them, 120,438 were children whose parents were migrant workers (of which 87,684 studied in the primary school, and 32,754 studied in the middle school). Children who followed their migrant-worker parents to receive a nine-year compulsory education in public schools accounted for 79. 81% of the total, of which 69,381 were in the primary school, taking up 79. 13% of the total, and 26,735 were in the middle school, taking up 81. 62% of the total.

Figure 6: New Students Enrollment (2014-2018)

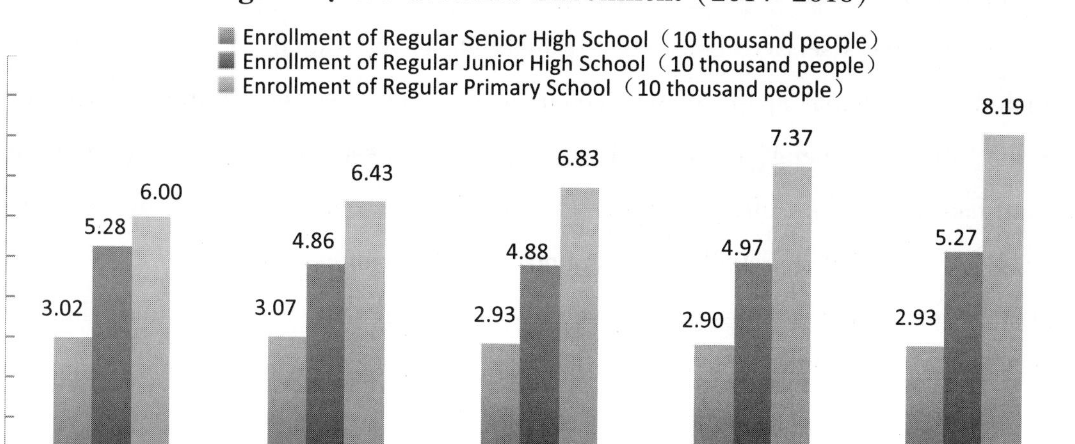

X. Culture, Sanitation and Sports

At the end of 2018, here were 9 art-performing groups, 12 cultural centers and mass cultural centers, 173 cultural stations as well as 13 public libraries with 5. 3926 million copies(including e-books); there were 2 radio stations with 100% comprehensive broadcast coverage of population and 99. 72% coverage of population of television.

By the end of 2018, there were 3,220 medical and health institutions in Guiyang, including 192 hospitals, 76 health centers, 71 community health service centers, 1,366 village clinics and 77 community health service stations. And there were 37727 beds in hospitals, among which 32707 beds in hospitals, 21333 beds in general hospitals, 6847 beds in specialized hospitals, 3301 beds in primary medical and health institutions, and 1719 beds in professional public health institutions.

There were 49439 health workers, including 34695 workers in hospitals, 10669 in primary medical and health institutions, and 3971 in professional public health institutions; 17796 licensed doctors and licensed assistant doctors, 23395 registered nurses and 1951 pharmacists.

In 2018, throughout Guiyang there were 2 sports schools and 1391 athletes. Over the year, 367 mass fitness activities had been held, among which there were 60 activities attracting more than 1,000 participants. As for honors and awards won in domestic sports events in 2018, athletes from Guiyang won 527 medals including 211 gold medals, 165 silver medals and 151 bronze medals. Five athletes brought up by our city participated in the "2018 Jakarta Asian Games", "2018 Baltimore Women's Saber Fencing World Cup", "2018 World Youth Canoeing Championship", and other international competitions. In total, five championships, two runners-up, and one second runner-up were won. There were 1,016 fitness facilities set up in our city, of which 1,013 were fitness routes, one was the municipal ecological sports park, one was the municipal public fitness center, and one municipal gym. Meanwhile, there were around 12,156 pieces of sports facilities, covering an area of around 6. 1144 million square meters.

The city−wide fitness services emerged as a highlight of innovation. A variety of information resources, including municipal sports fields, competitions, activities and training, were integrated. Relying on the "Zhu Min Sheng" Platform of Guiyang, we had established a city−wide public service platform, and had held 24 subsidiary activities of "Three Sports Series" of "Sharing Achievements of the New Era: City−wide Fitness Walk" and around 300 city−wide sports activities. More impressively, we had successfully held a series of sports events, including the "Guiyang International Marathon 2018", "ITF International Women's Tennis Championship 2018 – Guiyang", "National Track and Field Championship and Final (Qualification Trials for the Asian Games)", "Qingzhen Half−Marathon", and "China Rally Championship 2018 – Kaiyang", and "13th Guiyang Municipal Sports Meeting".

XI. Urban Construction and Ecological Environment

The total length of paved roads at the end of 2018 in urban areas was 1458. 80 kilometers, the area of paved roads was 29. 2354 million square meters. The number ofpassenger traffic lines in operationwas 670, among which includes 151passenger traffic lines of high ways in operation. The total number of taxis in Guiyang was 8968, among which 8965 taxis installed with satellite positioning and the total volume of public transportation was 331. 899 million person−time.

There were 20 water supply plants totally in Guiyang. The comprehensive productive capacity of tap water reached 1. 726 million cubic meters per day, with water supply pipelines reaching 5843. 99 kilometers. The total water supply in 2018 reached 422. 6726 million cubic meters and the total volume of water sold reached 325. 696 million cubic meters, including 38. 9478 million cubic meters of consumption for public use and 206. 3142 million cubic meters for household use.

The total natural gas supply in 2018 was 342. 85million cubic meters, up by 11. 7% over the previous year. The total volume of natural gas consumed reached 144. 93 million cubic meters, up by 23. 5%, including natural gas households1106. 6 thousand and 1099. 8 thousand households, up by 8. 4% over last year. The population of using natural gas reached 3123. 4 thousand, increased by 8. 4%.

There were 27 sewage disposal plants in Guiyang at the end of 2018, with the capacity of disposing 1. 307 million cubic meters sewage per day. Among those plants, 18 located in urban areas, with the capacity of disposing 1. 165 millioncubic meters sewage per day. There were totally 11 sewage disposal plants in Qingzhen, Xifeng, Xiuwen and Kaiyang with the capacity of disposing 142 thousandcubic meters sewage per day. And the length of drainage pipelines of urban areas was 3457. 63 kilometers.

The centralized drinking water source areasinmore than 16 counties and 39 villages and towns reached III drinking water quality standard and the water qualification rate was 100%. The regional noise reached 58. 2 decibels and the traffic noise was 69. 3 decibels, both within the control of national standards. The area of newly increased urban green land was 1297. 4 thousand cubic meters. Besides, there were 13. 99298 thousand hectares of greenareas of built-up gardens completed, 14. 80034 thousand hectors of greencoverage of built-up areasaccomplished, 4354. 21 hectors of green areas of built-up parks finished. And the ratio of green coverage of built-up areas was 41. 22% . The public green area per capita was 13 square meters. The ratio of forest coverage was 52%.

The municipal air quality index(7) in 2018 was 3. 51, down by 2. 8 percentage points over the previous year and the proportion of days when air quality meet or above the standards of good or excellent in the whole year accounted for 97. 8%, up by 2. 7 percentage points over the previous year. The annual average concentration of inhalable particles in urban areas was 0. 057 milligram per cubic meter, up by 7. 5%; the annual average concentration of sulfur dioxide was 0. 011 milligram per cubic meter, down by 15. 4% over last year; the annual average concentration of nitrogen dioxide was 0. 025 milligram per cubic meter, down by 7. 4%; and the annual average concentration of fine particles was 0. 032 milligram per cubic meter, the same with last year.

In 2018, the annual average temperature of Guiyang city was 14. 8℃, 0. 3℃ lower than last year. The extreme maximum temperature was 32. 9℃, and the extremely minimum temperature was -4. 7℃. The annual average relative humidity was 80%. The total amount of precipitation was 1253. 2 millimeters and the hours of sunshine reached 1067. 2 hours.

Ⅻ. People's Livelihood and Employment

In 2018, the annual per capita disposable income of Guiyang households was 30309 yuan, among which per capita disposable income of urban households was 35115 yuan, a 9. 1% increase comparedwith the previous year, or a real increase of 7. 3% when the factors of price excluded. The annual per capita consumption expenditure of was 28250 yuan, an increase of 8. 4% comparedwith the previous year, among which, expenditures on services of education, culture and recreation accounted for 13. 5%. The number of family cars and mobile phones per 100 households were 55. 9 and 247. 7 respectively.

Figure 7: Per Capital Annual Disposable Income of Urban and Rural Residents 2014-2018

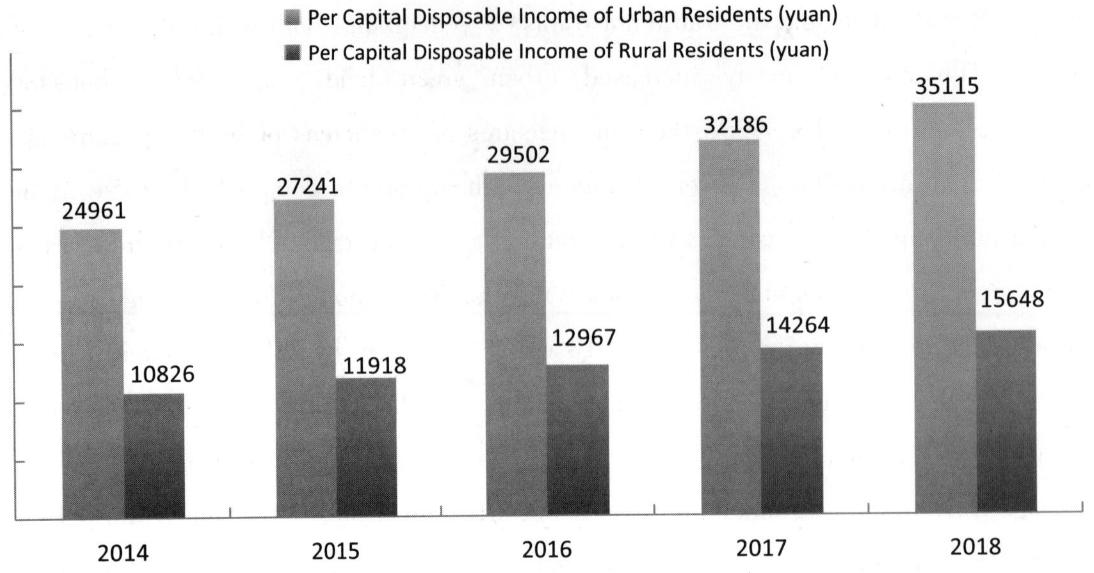

Table 18: Ownership of Family Durable Consumer Goods Per 100 Urban Households at the End of 2018

Item	Unit	Absolute Figure
Family Cars	unit	55. 9
Motorcycle	unit	9. 5
Refrigerator	set	101. 4
Washing machine	set	102. 0
Electric water heater	set	99. 9
Air-condition	set	22. 7
Color TV set	set	106. 7
Camera	set	17. 2
Computer	set	65. 5
Medium and High-grade Instruments	unit	9. 2
Fixed-line Telephone	set	17. 4
Mobile Telephone	set	247. 7

In 2018, the annual per capita disposable incomeof rural households was 15648 yuan, an increase of 9. 7% comparing with the previous year, or a real increase of 8. 2% when the factors of price increase excluded. The annual per capita living expenditure was 13163. 98 yuan, an increase of 6. 4% comparing with the previous year. Expenditures on services of education, culture and recreation accounted for 10. 2% the total living expenditure.

Table 19: Ownership of Family Durable Consumer Goods Per 100 Rural Households at the End of 2018

Item	Unit	Absolute Figure
Family Cars	unit	46.0
Motorcycle	unit	53.8
Refrigerator	set	97.1
Washing machine	set	100.3
Electric water heater	set	65.5
Air-condition	set	1.3
Color TV set	set	106.7
Camera	set	1.8
Computer	set	12.5
Medium and High-grade Instruments	unit	1.0
Fixed-line Telephone	set	7.2
Family Cars	unit	293.2

The overall number of employed people both in urban and rural areas reached 271.3 thousand, with an increase of 0.5% over the last year. And the number of those who had difficulties finding a job and being reemployed was 11,602. The number of surplus rural labor transformed reaches 38,246. The new jobs created in city and counties were 233.1 thousand, an increase of 0.5% over the previous year. And the registered unemployment rate in urban areas at year-end was 3.1%.

Figure 8: Newly Increased Employment 2014-2018

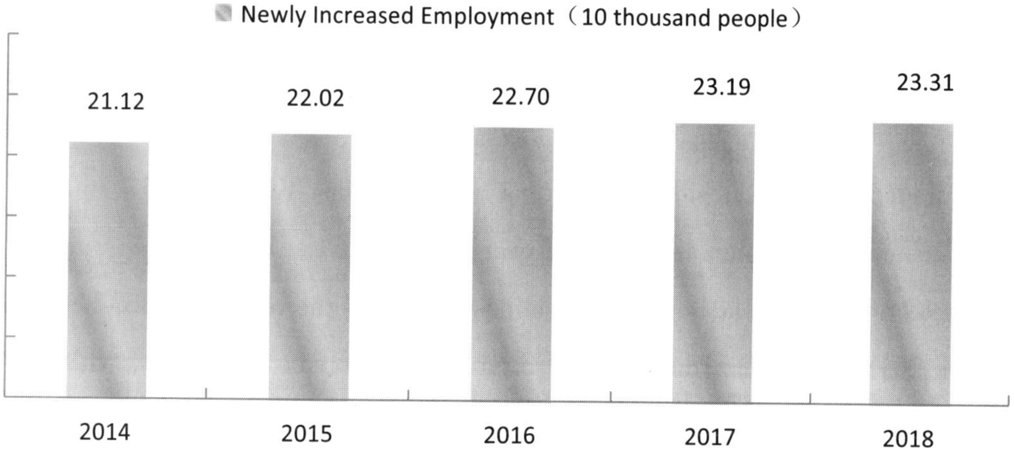

Newly Increased Employment (10 thousand people)

Year	2014	2015	2016	2017	2018
Newly Increased Employment (10 thousand people)	21.12	22.02	22.70	23.19	23.31

XIII. Population, Social Security and Social Services

By the end of 2018, the total permanent residential population of Guiyang City reached 4.8819 million and the annual average population was 4.8420 million. The annual birth rate of 2018 was

13.07‰, the death rate 4.53‰, the natural growth rate 8.54 ‰, and the urbanization rate was 75.43%.

Table 20: Number and Composition of Permanent Residents at the End of 2018

Item	Units	Absolute Figure	Growth Rate over 2017(%)
Annual average population	10 000 persons	484.20	1.9
Total population at year-end	10 000 persons	488.19	1.7
Grouped by towns and countries			
Town	10 000 persons	368.24	2.5
Country	10 000 persons	119.95	-0.9
Grouped by gender			
Male	10 000 persons	250.05	2.1
Female	10 000 persons	238.14	1.2
Birth rate	‰	13.07	1.31‰
Death rate	‰	4.53	-1.15‰
Natural growth rate	‰	8.54	2.46‰

At the end of 2018, a total of 1.8718 million people participated in the basic old-age pension program for urban workers, an increase of 0.4% over last year. Among these participants, 1.5049 million people were on-spot staff, a decrease of 4.5% over last year, 366.9 thousand people were retirees, an increase of 27.0% over last year; 797.5 thousand people were urban and rural residents, decreased by 4.0% over last year and 680.2 thousand people insured unemployment insurance, an increase of 8.4% over last year. Furthermore, 1.4665 million people insured the fundamental medical insurance for urban workers, an increase of 5.9% over last year; 741.8 thousand people insured the medical insurance for urban residents, keeping even with last year; 1.3857 million people insured maternity insurance, an increase of 6.4% over last year.

There were 89 adopting social welfare institutionsthroughout the city with 9863 beds and 3622 adopted people in 2018. Moreover, there were 1 rural pension service institution, with 356 beds and 255 people. There were 161 community service centers, including 70 in rural areas. The number of community service station was 1506, in which 927 in rural areas. As for the lowest living allowances, 77.5 thousand urban and rural residents enjoyed them. Among these people, 47.4 thousand people enjoyed urban minimum living allowances and 30.1 thousand peopleenjoyed rural minimum living allowances. In total, Civil Affairs Departments of Guiyang City received a donation of 3550 thousand yuan directly from the society throughout the year.

XIV. Work Safety

The total number of all kinds of work safety accidents(8) was 240, decreased by 15.5% over last year with a death toll of 179, down by 5.3%. Among which the number of road traffic accidents was 212, down by 17.5% and the death toll of road traffic accidents was 143, down by 10.6%. The number of mining and trading safety accidents was 18, the same with last year, with a death toll of 28, up by 33.3%. Moreover, the number of railway traffic accidents was 10, decreased by 11.1% and the death toll was 8, the same with last year. Besides, the death toll of industrial injury was 28, up by 33.3%. And there was no deathin coalmine accident.

Notes:

(1) Statistics listed in the communique are preliminary data.

(2) Gross value of production and absolute added value of each industry are calculated at current prices and their growth rates are calculated at comparable prices.

(3) Industrial enterprises above designated size refer to those with a main business income of 20billion yuan and above.

(4) The statistical caliber of fixed assetsinvestment refers to the 5million and above of the total planned investment in fixed assets projects and the whole investment in real estate.

(5) The growth rate of imports and exports is calculated at comparable caliber excluding the political increments.

(6) The numbers of operating vehicles include the statistics of three counties and Qingzhen.

(7) The *Ambient Air Quality Standard Technical Regulution* (*HJ*633-2012) (*On Trial*) was implemented synchronously with *Amendment of Ambient Air Quality Standard* (*GB* 3095-2012), the standard information can be reached in the website of Environment Protection Ministry (bz.mep.gov.cn).

(8) Fire accidents are not included in work safety accidents.

(9) Data Sources:

In this communique, telecommunication data come from Communications Authority of Guizhou Province; data of civil aviation transportation come from Guizhou Airport Group; data of listed companies come from Supervision and Regulatory Bureau of Guizhou Province affiliated to China Securities Regulatory Commission; data of insurance industries come from Insurance Regulatory Bureau of Guizhou Province; data of education come from Guizhou Provincial Department of Education and Education Bureau of Guiyang City; data of artistic performance groups, public libraries and cultural centers come from Guizhou Provincial Department of Culture and Tourism, and Guiyang Municipal Administration of Culture and Tourism; data of radio, television and movies come from Guiyang Municipal Administration of Culture and Tourism; data of sports come from Guizhou Administration of Sports and Guiyang Municipal Bureau of Sports ; data of newly increased employed people, unemployment rate based on unemployment registration, social security come from of Guiyang Human Resources and Social Security Bureau; data of finance come from Guiyang Bureau of Finance; data of total agricultural machinery power and areas ploughed by agricultural machinery come from Guiyang Municipal Bureau of Agriculture and Rural Affairs; data of railway, highway and waterway transportation come from Guiyang Municipal Commission of transport; data of gas supply come from Guiyang Bureau of Housing & Urban-rural Development, and Guiyang Gas Group Company Limited; data of foreign investments as well as imports and exports come from Guiyang Administration of Commerce; data of motor vehicles for civil use come from Guiyang Public Security Bureau; data of postal services comes from Guiyang Post Bureau; data of tourism come from Guiyang Tourism Development Commission; data of banking come from Guiyang Central Sub-branch of the People's Bank of China; data of science and technology and patents come from Guiyang Bureau of Science and Technology; data of average temperature and humidity come from Guiyang Meteorological Bureau; data of sanitation and new cooperative medical care system in rural areas come from Guiyang Municipal Health Bureau; data of social welfare, minimum living allowances and social donations come from Guiyang Bureau of Civil Affairs; data of environment monitoring and green coverage in built-up areas come from Guiyang Municipal Bureau of City Administration and Law Enforcement; data of urban construction come from Guiyang urban-management bureau; data of tap water and sewage treatment come from Guiyang Water Authority; data of public traffic operation come from Public Transport Agencies of Guiyang City and Guiyang Transit Administration; data of safety in production come from Guiyang Emergency management Bureau; data of commodity prices, income and expenditure of urban and rural residents come from Guiyang investigation team affiliated to National Bureau of Statistics of China; and other data come from Guiyang Bureau of Statistics.